企业及企业家高发刑事风险防范

黄举维 / 编著

法律出版社 | LAW PRESS
北京

图书在版编目（CIP）数据

企业及企业家高发刑事风险防范 / 黄举维编著.
北京：法律出版社，2025. -- ISBN 978-7-5244-0360-9
Ⅰ. D924.114
中国国家版本馆 CIP 数据核字第 20254XH246 号

企业及企业家高发刑事风险防范　　　　　　　　　　策划编辑　周　洁　林　蕊
QIYE JI QIYEJIA GAOFA XINGSHI　　　黄举维　编著　责任编辑　周　洁
FENGXIAN FANGFAN　　　　　　　　　　　　　　装帧设计　鲍龙卉

出版发行　法律出版社	开本　710 毫米×1000 毫米　1/16
编辑统筹　司法实务出版分社	印张 26.25　　字数 362 千
责任校对　晁明慧	版本　2025 年 7 月第 1 版
责任印制　胡晓雅	印次　2025 年 7 月第 1 次印刷
经　　销　新华书店	印刷　固安华明印业有限公司

地址：北京市丰台区莲花池西里 7 号（100073）

网址：www.lawpress.com.cn　　　　　　　销售电话：010-83938349

投稿邮箱：info@lawpress.com.cn　　　　　客服电话：010-83938350

举报盗版邮箱：jbwq@lawpress.com.cn　　　咨询电话：010-63939796

版权所有·侵权必究

书号：ISBN 978-7-5244-0360-9　　　　　　定价：86.00 元

凡购买本社图书，如有印装错误，我社负责退换。电话：010-83938349

编委会

编委会成员：

忻琳琳　许士军　郑泽林　肖清芳　王辰尹

特约编审：

赖明宇

序 一

习近平总书记指出，"法治是最好的营商环境"。党的二十届三中全会通过的《中共中央关于进一步全面深化改革、推进中国式现代化的决定》特别强调，要营造市场化、法治化、国际化一流营商环境。为了切实贯彻落实上述精神，我们需将法治作为营商环境建设的主线，以法治平等保护市场主体的产权和合法权益，不断提升立法质效、强化执法文明、推进司法公正、确保市场主体平等守法，从而最大限度地激发全社会内生动力和创新活力。企业作为市场最活跃的经济主体，是法治建设的重要参与者，必须防范法律风险、依法合规经营。而企业刑事法律风险，是影响企业健康发展的重大风险之一，是每一个企业不容忽视、不可回避的课题。

本着理论和实践相结合的原则，本书以企业和企业家高发刑事风险为研究对象，立足于长期服务企业和企业家群体的实践经验，对企业和企业家在经营实务中可能面临的最高频刑事犯罪进行深入解读。记得2017年五四青年节前夕，习近平总书记视察中国政法大学时指出，法学学科是实践性很强的学科，法学教育要处理好知识教学和实践教学的关系。因此，无论是学习研究法律还是践行法治，都必须处理好理论与实践的关系，两者不可偏废其一。本书一方面从相关罪名的历史沿革、认定要点、罪名对比等理论角度界定罪与非罪、此罪与彼罪的界限；另一方面，在辩护要点部分结合了人民法院案例库相关典型案例，通过案例分析生动解析这些高频犯罪的罪与非罪界限。本书的出发点和落脚点就是通过理论和实践相结合的方式，为企业和企业家高发刑事风险识别和防范提供一个实务管用的参考指南。

作为一个1977年恢复高考制度后第一批进入高等法学院校法律专业学习的过来人,我至今已在法学教育、法学研究和法治实践领域耕耘了40多个年头了。可能因为我不再年轻,很多人问我,青年法律人最好的模样是什么?我的回答是:"勤学、敏思、立志、笃行。"借此机会,我想把这句话同样送给朝气蓬勃的黄举维律师及其团队,期望以本书的付梓出版作为新的起点,继续保持勤学、敏思、立志、笃行,持续为中国特色社会主义法治建设添砖加瓦,贡献自己的一份力量。

是为序。

黄　进

中国国际法学会副会长

世界法学家协会(WJA)副会长

2025年1月18日于京华

序　　二

恭喜黄举维律师的新作《企业及企业家高发刑事风险防范》一书即将付梓，可喜可贺！

盈科律师事务所是一家全球化法律服务机构，是联合国南南合作全球智库网络联合创始机构，盈科目前在中国设有124家律所，含1家粤港澳联营所，盈科全球法律服务网络已覆盖103个国家和地区的196个国际城市，其中，盈科境外合作律所覆盖了92个国家和地区的174个国际城市。在盈科平台涌现了一批优秀的执业律师，他们在专业法律服务领域深耕，不懈努力，黄举维律师便是其中优秀代表。黄举维律师执业以来，专注于企业法律服务、刑事辩护等领域，为诸多企业提供法律服务，并打造了一支专业过硬、服务优质的法律服务团队，致力于为企业和企业家依法合规发展保驾护航。

企业是市场最活跃的经济组织，企业家是推动社会经济发展的重要力量，改革开放以来，一大批优秀企业和企业家在市场竞争中迅速成长，为创造就业岗位、积累社会财富及推进经济发展做出了重要贡献。以习近平同志为核心的党中央十分重视产权和企业家合法权益保护工作，党的二十大报告指出："优化民营企业发展环境，依法保护民营企业产权和企业家权益，促进民营经济发展壮大。完善中国特色现代企业制度，弘扬企业家精神，加快建设世界一流企业。"成为一流企业需要经济效益增长，更需要在法治的轨道上平稳前行，而刑事风险是企业和企业家必须重视的一个风险。

本书重点选取实务中企业和企业家最高发的融资类犯罪、税务类犯罪、职务类犯罪、诈骗类犯罪等。企业及企业家触发频次较高的罪名，比如：非法吸收公众存款罪、集资诈骗罪、职务侵占罪、挪用资金罪、虚开增值税专用发票罪、诈骗罪、合同诈骗罪等 18 个刑事罪名，本书深入解读企业及企业家高发罪名的定罪要点、相关罪名的区分以及量刑标准，并结合人民法院案例库权威案例，分析这些高发刑事罪名的核心辩护要点，为企业及企业家的刑事风险识别和防范提供了通俗易懂的专业建议。

社会主义市场经济的本质是法治经济。法治经济需要依靠完善中国特色社会主义法律体系、依法行政、公正司法，当然也需要企业和企业家带头做社会主义法治的忠实崇尚者、自觉遵守者、坚定捍卫者。本书重点梳理企业和企业家高发的刑事风险如何认定及辩护，对于企业识别和预防刑事风险提供了重要指引。期待黄举维律师团队以本书的出版为新的契机，为企业和企业家守法合规经营提供盈科方案、盈科智慧！

梅向荣

盈科律师事务所全球董事会主任

2025 年 1 月 1 日

自　　序

　　刑事风险，是企业和企业家可能面临的最严厉法律风险，企业和企业家刑事风险防范是一个重要的理论和现实问题。我国《刑法》对企业犯罪采用双罚制，对涉罪企业的刑罚为罚金刑，但同时对直接负责的主管人员和其他直接责任人处以人身刑。企业刑事法律风险几乎贯穿企业设立到注销的全程，基于刑事法律风险的严厉性，企业或者企业家构成刑事犯罪，可能使企业负责人或者相关责任人面临牢狱之灾，企业陷入经济危机甚至破产倒闭。通过在中国裁判文书网、人民法院案例库检索相关文书，并结合我们长期办理相关刑事案件的实务经验，本书重点选取当前企业及企业家最高发的18种刑事犯罪，如非法吸收公众存款罪、集资诈骗罪、职务侵占罪、挪用资金罪、非国家工作人员受贿罪、诈骗罪、合同诈骗罪、贷款诈骗罪、虚开增值税专用发票罪等。国企中企业家或高管高发的刑事犯罪，如受贿罪、行贿罪、挪用公款罪。

　　本书分为上下两篇：上篇为企业及企业家高发刑事罪名，下篇为涉罪后必知的50个程序问题。上篇逐一解析企业和企业家18个高发刑事罪名的历史沿革、定罪要点，并重点梳理这些高发罪名的核心辩护要点。《人民法院案例库建设运行工作规程》的实施，凸显了案例在司法实践中的关键价值。根据该规程第4条第1款的规定，"人民法院案例库收录的参考案例，应当是裁判已经发生法律效力，且对类案审判具有参考示范价值的案例"。由此可知，人民法院案例库入库案例已成为法官审理案件必须检索、参照的"法律适用公共标尺"。本书在详细解读高发刑事犯罪的辩护要点时，重点选取人民法院案例库有参考示范价值的权威案例，案例是活的法律，通过生动鲜活的案例，有利于企业负责人及相关人员更好地学习法律、运用法律，增强刑事风险防范意识，明确企业行为边界，同时强化企业家自我保护，做到"抓前端、治未病"。本书下篇涉罪后必知的 50 个程序问题，是结合我们办案实务总结的，涉案企业、相关责任人以及家属最关心的程序问题。企业刑事法律风险基于刑事法律规范的规定而产生，通过对刑事实体和程序法律规则的了解，有利于企业负责人事先了解企业经营管理过程中的刑事风险隐患。本书作者通过权威案例，深入解读企业及企业家高发刑事犯罪认定及辩护要点，希望有利于企业相关责任人提升刑事风险意识，从而积极作为，建立健全企业内部管理制度、预警和监督制度，规范企业经营行为，提升企业抵御刑事风险的能力。

本书上篇作者如下：第一章，黄举维、忻琳琳；第二章，黄举维、许士军；第三章，黄举维、郑泽林；第四章，黄举维、郑泽林；第五章，黄举维、忻琳琳；第六章，黄举维、忻琳琳；第七章，黄举维、忻琳琳；第八章，黄举维、忻琳琳；第九章，黄举维、忻琳琳；第十章，黄举维、忻琳琳；第十一章，黄举维、许士军；第十二章，黄举维、忻琳琳；第十三章，黄举维、刘槿歆；第十四章，黄举维、许士军；第十五章，黄举维、郑泽林；第十六章，黄举维、许士军；第十七章，黄举维、许士军、郑泽林；第十八章，黄举维、郑泽林。本书下篇作者：黄举维、肖清芳、王辰尹。

本书可能存在瑕疵或不足，欢迎读者批评指正。也欢迎朋友们与我们作者团队联系，商讨如何防范企业和企业家刑事风险，我们的邮箱是：13811362594@163.com。

黄举维

2025 年 1 月 1 日

目 录

上篇 企业及企业家高发刑事罪名

第一章 职务侵占罪 3
　　第一节　职务侵占罪的定罪与量刑 3
　　第二节　职务侵占罪的核心辩护要点 13

第二章 挪用资金罪 25
　　第一节　挪用资金罪的定罪与量刑 25
　　第二节　挪用资金罪的核心辩护要点 36

第三章 非法吸收公众存款罪 46
　　第一节　非法吸收公众存款罪的定罪与量刑 46
　　第二节　非法吸收公众存款罪的核心辩护要点 55

第四章 集资诈骗罪 62
　　第一节　集资诈骗罪的定罪与量刑 62
　　第二节　集资诈骗罪的核心辩护要点 70

第五章 非国家工作人员受贿罪 79
　　第一节　非国家工作人员受贿罪的定罪与量刑 79
　　第二节　非国家工作人员受贿罪的核心辩护要点 89

第六章 诈骗罪 99
　　第一节　诈骗罪的定罪与量刑 99
　　第二节　诈骗罪的核心辩护要点 107

第七章　合同诈骗罪 …… 128
　　第一节　合同诈骗罪的定罪与量刑 …… 128
　　第二节　合同诈骗罪的核心辩护要点 …… 138

第八章　贷款诈骗罪 …… 152
　　第一节　贷款诈骗罪的定罪与量刑 …… 152
　　第二节　贷款诈骗罪的核心辩护要点 …… 158

第九章　虚开增值税专用发票罪 …… 169
　　第一节　虚开增值税专用发票罪的定罪与量刑 …… 169
　　第二节　虚开增值税专用发票罪的核心辩护要点 …… 177

第十章　逃税罪 …… 187
　　第一节　逃税罪的定罪与量刑 …… 187
　　第二节　逃税罪的核心辩护要点 …… 195

第十一章　销售假冒注册商标的商品罪 …… 206
　　第一节　销售假冒注册商标的商品罪的定罪与量刑 …… 206
　　第二节　销售假冒注册商标的商品罪的核心辩护要点 …… 216

第十二章　假冒注册商标罪 …… 229
　　第一节　假冒注册商标罪的定罪与量刑 …… 229
　　第二节　假冒注册商标罪的核心辩护要点 …… 236

第十三章　串通投标罪 …… 248
　　第一节　串通投标罪的定罪与量刑 …… 248
　　第二节　串通投标罪的核心辩护要点 …… 256

第十四章　组织、领导传销活动罪 …… 266
　　第一节　组织、领导传销活动罪的定罪与量刑 …… 266
　　第二节　组织、领导传销活动罪的核心辩护要点 …… 274

第十五章　拒不执行判决、裁定罪 …… 286
　　第一节　拒不执行判决、裁定罪的定罪与量刑 …… 286
　　第二节　拒不执行判决、裁定罪的核心辩护要点 …… 294

第十六章　行贿罪 ... 302
第一节　行贿罪的定罪与量刑 ... 302
第二节　行贿罪的核心辩护要点 ... 310

第十七章　受贿罪 ... 322
第一节　受贿罪的定罪与量刑 ... 322
第二节　受贿罪的核心辩护要点 ... 335

第十八章　挪用公款罪 ... 345
第一节　挪用公款罪的定罪与量刑 ... 345
第二节　挪用公款罪的核心辩护要点 ... 354

下篇　涉罪后必知的 50 个程序问题

第一章　侦查阶段 ... 367
1. 刑事立案后，案件会经历哪些流程？ ... 367
2. 刑事案件侦查阶段期限最长是多久？ ... 369
3. 刑事案件公检法三个阶段，哪个阶段更重要？ ... 369
4. 侦查阶段犯罪嫌疑人的家属可以做什么？ ... 370
5. 侦查阶段律师可以做什么？ ... 371
6. 被留置期间，律师能提供哪些帮助？ ... 372
7. 律师刑事会见可以起到什么作用？ ... 373
8. 拘传犯罪嫌疑人的时间会持续多久？ ... 374
9. 适用取保候审有哪些法律规定？ ... 374
10. 被取保候审是否意味着被无罪释放？ ... 375
11. 监视居住需要符合哪些条件？ ... 376
12. 什么是"黄金 37 天"？ ... 376
13. 刑事拘留 37 天就会放人吗？ ... 377
14. 刑事拘留与逮捕、行政拘留有什么区别？ ... 378

15. 犯罪嫌疑人被刑事拘留后，会通知家属吗？家属可以
    会见吗？ 379
16. 犯罪嫌疑人被逮捕后，什么时候通知家属？家属可以
    做什么？ 379
17. 申请羁押必要性审查有什么作用？ 380
18. 被逮捕后还能取保候审吗？ 381
19. 被逮捕后多久被作出裁判？ 382

第二章 审查起诉阶段 384
20. 审查起诉的期限是多久？ 384
21. 审查起诉阶段律师能做什么？ 384
22. 家属能否查阅刑事案卷材料？ 385
23. 审查起诉阶段，家属如何为犯罪嫌疑人争取最好的结果？ 386
24. 检察机关在什么情况下决定不起诉，具体适用条件
    是什么？ 386
25. 检察机关决定不起诉和撤回起诉后，当事人还会被追究
    刑事责任吗？会留有案底吗？ 387
26. 刑事案件中是否有必要认罪认罚？ 388
27. 审查起诉阶段签不签认罪认罚具结书？ 388

第三章 审判阶段 390
28. 刑事案件一审审理期限是多久？ 390
29. 一审阶段律师可以做什么？ 391
30. 所有刑事案件都公开审理吗？家属可否旁听？ 392
31. 认罪认罚案件，法院是否一定采纳认罪认罚量刑建议？ 392
32. 一审可以争取无罪吗？ 393
33. 满足什么条件可以争取缓刑？ 393
34. 缓刑和短期刑哪种判决结果更好？ 394
35. 被判处缓刑的当事人可以继续在原单位工作吗？ 394
36. 判决生效前，家属可以会见犯罪嫌疑人或被告人吗？ 395

37. 刑事案件一审结果不理想，二审还有机会吗？ …………… 395

38. 二审阶段律师可以做什么？ ………………………………… 396

39. 被告人对一审判决不服上诉，二审会加重刑期吗？ ………… 397

40. 一审宣判后，同案犯上诉，当事人的判决会生效吗？ ……… 398

41. 提起上诉或抗诉后，一审判决刑期到期会释放被告人吗？ … 398

42. 被告人认罪认罚了，是否还能上诉？上诉是否会加重刑罚？ … 398

43. 对生效刑事判决不服，如何申诉？ ………………………… 399

第四章 执行阶段 …………………………………………………… 401

44. 被判处刑期几个月，在看守所服刑，家属有机会见吗？ …… 401

45. 刑事判决、裁定生效后，被告人什么时候被移送监狱服刑？会通知家属吗？ ………………………………………………… 401

46. 服刑人员需要符合哪些条件才可以减刑？ ………………… 402

47. 服刑人员需要符合哪些条件才可以假释？ ………………… 403

48. 刑事案件中执行查封、扣押有什么限制？ ………………… 404

49. 当事人或家属应该缴纳罚金吗？不缴纳罚金有什么影响？ … 404

50. 法院会主动执行罚金、没收违法所得吗？ ………………… 406

上 篇

企业及企业家高发刑事罪名

第一章　职务侵占罪

第一节　职务侵占罪的定罪与量刑

一、职务侵占罪的罪名概述

职务侵占罪是指公司、企业或者其他单位的人员，利用职务上的便利，将本单位财物非法占为己有，数额较大的行为。《刑法》第271条规定："公司、企业或者其他单位的工作人员，利用职务上的便利，将本单位财物非法占为己有，数额较大的，处三年以下有期徒刑或者拘役，并处罚金；数额巨大的，处三年以上十年以下有期徒刑，并处罚金；数额特别巨大的，处十年以上有期徒刑或者无期徒刑，并处罚金。国有公司、企业或者其他国有单位中从事公务的人员和国有公司、企业或者其他国有单位委派到非国有公司、企业以及其他单位从事公务的人员有前款行为的，依照本法第三百八十二条、第三百八十三条的规定定罪处罚。"

随着社会主义市场经济的不断发展，经济犯罪的数量逐渐上升，职务侵占罪是企业经营过程中的高频经济犯罪类型，通常具有刑民交叉的特点，该类案件往往因股东之间、管理层之间、公司与员工之间的经济利益纠纷而引发。1979年《刑法》第155条将国家工作人员的侵占行为纳入贪污罪，但是对不具有公职身份的其他组织的人员的行为却没有立法规制。1988年《全国人民代表大会常务委员会关于惩治贪污罪贿赂罪的补充规定》扩大了贪污贿赂罪的犯罪主体范围，修改后的主体包括"国家工作人员、集体经济组织工作人员或者其他经手、管理公共财物的人员"。1995年《全国人民代表大会常务委员会关于惩治违反公司法的犯罪的决定》首次将非国家工作人员的职务侵占行为从贪污罪中分离。直到1997年《刑法》全面修改，职务侵占罪才正式独立为一罪，将非国家工作人员的公司、企业或者其他单位的人员侵占本单位财物的行为规定为职务侵占罪，并将本罪划分到"侵犯财产罪"章节中。《刑法修正案（十一）》对职务侵占罪展开量刑修正，提高了法定刑，并增设了罚金刑，突出对民营经济的平等保护。

职务侵占罪对于公司、企业的财产所有权侵害之严重、涉案金额之大远高于同类侵财犯罪中的盗窃和普通诈骗犯罪，在非国家工作人员职务犯罪中占比较为突出，使公司、企业在市场运营过程中遭受重大损失，严重影响公司、企业的正常发展。北京师范大学中国企业家犯罪预防研究中心发布的《2023企业家刑事风险分析报告（2022暨2017—2021数据对照分析）》统计数据表明，自2017年至2022年，企业家职务侵占罪触犯频次高达1210次，2022年企业家职务侵占罪触犯频次高达292次。[①] 在威科先行数据库中，检索到2024年职务侵占罪案件共有2754份裁判文书，可见本罪触犯频率非常之高。

二、职务侵占罪的定罪要点

实务中，职务侵占罪的认定难点主要包括以下三个方面：第一，职务侵占罪的主体范围如何认定；第二，"利用职务上的便利"如何认定；第三，"非法占有"的行为如何认定。

（一）职务侵占罪主体范围的认定

职务侵占罪的犯罪主体是特殊主体，只有公司、企业或者其他单位的工作人员才能构成本罪。对于如何界定职务侵占罪中的"其他单位"，目前尚无专门的立法解释或司法解释予以明确，理论界和实务界存在着争议。从《刑法》第271条职务侵占罪的罪状表述来看，"其他单位"与"公司、企

---

① 参见张远煌、孙昕锴、叶子涵：《2023企业家刑事风险分析报告（2022暨2017—2021数据对照分析）》，载《河南警察学院学报》2023年第4期。

业"处于并列关系，三者之间应具有实质同一性。从《民法典》和其他民事法律看，"公司、企业"的实质特征有二，一是其财产具有一定独立性，二是其具备组织管理性。"主体的组织管理性"为本罪"利用职务上的便利"提供了前提条件，"财产的一定独立性"为界定"本单位财物"指明了侵害的法益所在。因此，"主体的组织管理性"与"财产的一定独立性"，不仅是"公司、企业"在民法、经济法上的实质特征，同时也是职务侵占罪最重要的构成要件要素。① 以"财产的一定独立性"和"主体的组织管理性"为标准有利于准确界定职务侵占罪中"其他单位"的范围。首先，能够解释为"企业、公司"的主体，不属于"其他单位"；其次，个体工商户、农村承包经营户因不符合前述两项标准，不能归属于"其他单位"。第一，个体工商户、农村承包经营户并不符合"财产的一定独立性"标准。《民法典》将个体工商户以及农村承包经营户规定在自然人民事主体之内，并未将其作为与自然人、法人和非法人组织并列的主体，并且该部法律还直接规定了个体工商户、农村承包经营户的债务由个人财产、家庭财产和农户财产、成员财产承担。② 第二，个体工商户、农村承包经营户也不符合"主体的组织管理性"标准。个体工商户的经营者为个人或家庭成员，农村承包经营户是以家庭为单位承包集体土地经营，二者的生产经营方式均无较为完善的组织架构和较为健全的运营管理规范，故不具组织管理性。

需要提醒的是，判断行为人是否构成职务侵占罪，不应局限于行为人是否具备公司、企业或其他单位的正式职工、合同工身份，而应着重审查行为人在其所在岗位和所负担的工作中有无主管、管理或经手单位财物的职责，并审查其是否利用职务上的便利非法占有单位所管理、使用、运输中的财物。

例如，在贺某松职务侵占案（人民法院案例库入库案例：2023-04-1-

---

① 参见孙雄辉、康广文：《依据"财产+组织"标准界定职务侵占罪中的"其他单位"》，载《检察日报》，2024年8月10日，第3版。

② 参见《民法典》第56条第1款规定："个体工商户的债务，个人经营的，以个人财产承担；家庭经营的，以家庭财产承担；无法区分的，以家庭财产承担。"

226-001）中，贺某松在任中铁快运公司郑州车站营业部委外装卸工期间，利用当班装卸旅客托运的行李、包裹的职务便利，2003年5月至2005年12月，先后19次窃取电脑、手机、电磁炉等物品，共计价值45,871元。法院经审理认为，该案贺某松虽未与铁路公司依法签订劳动合同，但因其长期在火车站任装卸工，故其与铁路公司之间存在"事实劳动关系"，依法应认定为铁路公司的工作人员。贺某松担任火车站行包房装卸工，其在车站行包房的职责是根据行李员方向清单进行清点与接车，对列车所卸入库的货物装卸办理交接手续等，其对中转的货物具有一定的管理权和经手权。贺某松盗窃财物的行为，就是利用其当班管理、经手这些财物的职务之便，将自己管理、经手的中转货物库区的货物非法占为己有，完全可以认定为利用了职务上的便利而窃取单位财产，从而构成职务侵占罪。①

又如，于某伟职务侵占案（《刑事审判参考》第235号案例）中，于某伟作为北京市某联运公司临时工，后被任命为上站业务员，具体负责将货物从本单位签收后领出、掌管货票、持货票到火车站将领出的货物办理托运手续等发送业务。2001年9月21日，于某伟与同事到北京站办理货物托运，于某伟对行李车间工作人员谎称有4件货物需取回，暂存行李车间，内有物品总计价值2.152万元。同月23日，于某伟持货票取出该4件货物并予以藏匿，又用原货票将3个装有泡沫和砖头的纸箱发往吉林，还趁机将一箱待发运货物标签撕下，贴上发往东营的标签。法院经审理认为，于某伟作为北京市某联运公司的上站业务员，虽其为临时工，但依其岗位、职责，其享有办理货物托运工作中对相关货物的控制权。于某伟正是利用了单位委托其负责托运货物和掌管货票的职务便利，采取虚构事实、隐瞒真相的方法将临时经手的单位财物非法占为己有，其行为完全符合职务侵占罪的构成特征。

（二）职务侵占罪中"利用职务上的便利"的认定

张明楷教授指出，职务侵占罪中"利用职务上的便利"，是指据为己有

---

① 参见郑州铁路运输法院刑事判决书，(2007)郑铁刑初字第10号。

的财物是基于行为人的职务或业务所占有的本单位财物，而不是指占为己有的行为本身利用了职务上的便利。① 因此，对于公司、企业或其他单位的工作人员利用职务上的便利窃取、骗取本单位的财物的，应认定为盗窃罪、诈骗罪。实务中，一般认为，职务侵占罪中行为人"利用职务上的便利"，不仅包括利用在本单位中从事监督、管理本单位财物等职务便利，也包括利用在本单位中从事劳务活动从而合法持有、保管、使用、支配单位财物的便利，只要是因执行职务而产生的主管、经手、管理单位财物的权力即可认定利用职务上的便利。

例如，聂某某职务侵占案（人民法院案例库入库案例：2024-03-1-226-001）中，2015年，彭某某等人购买某泉国际商业体4楼商铺，计划加盟镇某火锅店。2017年10月，某泉公司将"巴中某泉国际广场"商业外立面装饰工程发包给某睿公司。因该装修风格与镇某火锅店的装修风格不符，彭某某等人请求某泉公司更改设计。聂某某作为营销总监，被安排负责协调处理此事。聂某某以更改设计需收取额外费用为由，要求彭某某等人补足差价15万元，并让其转账至私人账户。彭某某先后转账2次合计10万元到聂某某银行账户，聂某某以某泉国际广场售房部名义出具收条但未将款项上交公司，后于2018年9月离职。法院经审理认为，本案聂某某利用职务上的便利，以某泉公司名义收取彭某某10万元门窗改造费及工程配合费用，据为己有，其行为构成职务侵占罪。首先，聂某某以某泉公司名义从镇某火锅店收取的10万元是应当由某泉公司收取后支付给某睿公司的工程款一部分，不属于聂某某个人所有，而属于某泉公司；其次，聂某某日常虽不负责工程部，但其受时任某泉公司法定代表人黄某某的安排负责处理镇某火锅店外墙装修改造一事，属于根据本单位工作需要临时被授权管理某项日常岗位职责之外的工作事项，不影响认定其具有职务上的便利。②

---

① 参见张明楷：《论刑法中的利用职务上的便利》，载《法治社会》2022年第5期。
② 参见四川省巴中市中级人民法院刑事裁决书，(2022) 川19刑终194号。

（三）职务侵占罪中"非法占为己有"的认定

理论界和实务界对于职务侵占罪中"非法占为己有"的理解均存在一定的争议，主要争议问题集中在三个方面：（1）"非法占为己有"是否以合法持有为前提；（2）"非法占为己有"是否仅限于"本人"占有；（3）"非法占为己有"的具体方式有哪些。

首先，我们认为"非法占为己有"不应以合法持有为前提。具体理由如下：第一，从"非法占为己有"字面含义理解，它是不以行为人合法持有财物为前提的。"占为己有"是将他人的财物转归自己所有，至于财物原本是否已经处于行为人的合法控制之下在所不问。因为无论财物是处于他人的合法控制之下还是已经为行为人所合法持有，行为人最终都侵害了他人的财产所有权。第二，从职务侵占罪和贪污罪的关系来看，职务侵占罪中的"非法占为己有"也不应以合法持有为前提。贪污罪的犯罪手段包括侵吞、窃取、骗取等。"侵吞"指的是行为人利用职务上的便利，将自己主管、经手、管理的公共财物，非法占为己有。[1]"窃取"指的是将自己管理、使用的公共财物以秘密窃取手段转归自己控制的行为（监守自盗）。[2] 而"骗取"指的是指行为人利用职务上的便利，采用虚构事实或者隐瞒真相的方法非法占有公共财物。[3] 从前述定义可知，"侵吞"与"窃取"的公共财物原来即处于行为人的管理或控制之中，而"骗取"的财物原本并不处于行为人的管理或控制之中。因此，应当认为"侵吞"与"窃取"是行为人将合法持有的财物转为非法所有，"骗取"是行为人将未合法持有的财物非法所有。职务侵占罪在某种程度上算是从贪污罪中分解出来的犯罪行为，既然贪污罪的手段中包含了行为人非法拥有自己并未合法持有财物的情形，那么职务侵占罪的手段中也应该包含此种情形，否则会出现定罪混乱的情况。

---

[1] 参见高铭暄、马克昌主编：《刑法学》（第5版），北京大学出版社、高等教育出版社2011年版，第621页。

[2] 参见周光权：《刑法各论》（第2版），中国人民大学出版社2011年版，第405页。

[3] 参见高铭暄、马克昌主编：《刑法学》（第5版），北京大学出版社、高等教育出版社2011年版，第621-622页。

其次，我们认为"非法占为己有"的"己"的范围应当扩展至"本人"和"他人"。理由在于，第一，职务侵占罪归属于"侵犯财产罪"章节中，本罪保护的法益是本单位财物所有权。因此，只要单位财物所有权受到侵害，无论行为人是将单位财物转为其本人占有，还是转为第三人占有，都侵害了本罪保护的法益。第二，如果认为职务侵占罪中的"非法占为己有"仅限于本人占有则会导致放纵犯罪或处罚不公的现象。因为实务中可能会出现行为人和其亲属共谋，将行为人经手的财物转归其亲属占有。在单位财物的所有权受到真实侵害的情况下，如果以占有财物的主体并非行为人本人为由，认定行为人不构成职务侵占罪，这显然是非常荒谬的。

最后，我们认为职务侵占罪中"非法占为己有"的具体方式不应与贪污罪的行为方式保持一致，而应与"侵犯财产罪"中其他罪名的行为方式保持一致，即职务侵占罪的"非法占为己有"具体方式仅包括窃取、骗取和其他手段，而不包括侵吞。因为职务侵占罪规定在"侵犯财产罪"章节中，该章节罪名的行为方式有盗窃、诈骗、抢夺、抢劫等，但没有侵吞。职务侵占罪中的窃取，指行为人利用职务上的便利，采用秘密的手段或方式将自己合法管理、使用的本单位财物非法占有的行为。例如，公司仓管人员盗窃自己经手保管的货物；职务侵占罪中的骗取，指行为人利用职务上的便利使用欺骗的方法，非法占有公司、企业或其他单位财物的行为。例如，公司员工出差，通过伪造票据的方式，虚报差旅费骗取公司款项。职务侵占罪中的其他手段，是指行为人采取窃取、骗取以外的方式利用职务上的便利将公司、企业或其他单位财物非法占为己有的行为。常见的几种情形，如行为人以发放奖金为由非法占有单位财物，行为人利用回扣非法占有单位财物，行为人利用职权长期无偿借用或占有单位财物等。

三、职务侵占罪与相关罪名的对比

实务中，职务侵占罪和盗窃罪、侵占罪之间因有诸多相似之处，比较容易混淆，故下文展开对职务侵占罪和盗窃罪、侵占罪的对比论述。

(一) 职务侵占罪与盗窃罪的对比

职务侵占罪与盗窃罪都是以非法占有财物为目的，侵犯财产所有权的犯罪。由于职务侵占罪中的行为方式通常包括"窃取"，故实务中很容易与盗窃罪发生混淆。例如，严某勇职务侵占案（人民法院案例库入库案例：2024-05-1-226-002）的裁判要旨表明，如果行为人能顺利盗卖财产是基于职务便利这一特殊原因，则应当按照职务侵占罪来定罪处罚，否则就可能认定为盗窃罪。① 职务侵占罪（窃取型）和盗窃罪的对比情况可总结如表1-1-1所示。

表1-1-1 职务侵占罪（窃取型）和盗窃罪的对比

对比要点	职务侵占罪（窃取型）	盗窃罪
犯罪主体	特殊主体，公司、企业或者其他单位的工作人员，非国家工作人员	一般主体，一切达到刑事责任年龄且具有刑事责任能力的自然人
犯罪对象	公司、企业或其他单位的财物	他人占有或控制的财物
主观方面	非法占有公私财物的目的	
客观方面	利用职务之便，窃取公司、企业或其他单位的财物	窃取他人占有的财物，或者多次盗窃、入户盗窃、携带凶器盗窃、扒窃他人财物
侵犯客体	公私财物的所有权	他人财物的所有权
法定刑	犯罪数额较大的，处3年以下有期徒刑或者拘役，并处罚金；数额巨大的，处3年以上10年以下有期徒刑，并处罚金；数额特别巨大的，处10年以上有期徒刑或者无期徒刑，并处罚金	数额较大的，或者多次盗窃、入户盗窃、携带凶器盗窃、扒窃的，处3年以下有期徒刑、拘役或者管制，并处或者单处罚金；数额巨大或者有其他严重情节的，处3年以上10年以下有期徒刑，并处罚金；数额特别巨大或者有其他特别严重情节的，处10年以上有期徒刑或者无期徒刑，并处罚金或者没收财产

---

① 参见北京市房山区人民法院刑事判决书，（2021）京0111刑初1413号。

(二) 职务侵占罪与侵占罪的对比

职务侵占罪和侵占罪在罪名上仅相差两个字，实务中也容易混淆。职务侵占罪和侵占罪存在较多相似之处，如二者主观上都是以非法占有公私财物为目的，客观上都侵害了公私财物所有权。二者的对比情况可总结如表1-1-2所示。

表1-1-2 职务侵占罪和侵占罪的对比

对比要点	职务侵占罪	侵占罪
犯罪主体	特殊主体，公司、企业或者其他单位的工作人员，非国家工作人员	一般主体，一切达到刑事责任年龄且具有刑事责任能力的自然人
犯罪对象	公司、企业或其他单位的财物	代为保管的他人财物、遗忘物或埋藏物
主观方面	非法占有公私财物的目的	
客观方面	利用职务之便将单位财物非法占为己有，行为方式包括窃取、骗取或其他手段，即化公为私，财物是否先已为其持有则不影响本罪成立	必须先合法地持有了他人的财物，再利用各种手段占为己有且拒不交还，而不要求利用职务之便
侵犯客体	公私财物的所有权	他人财物的所有权
法定刑	犯罪数额较大的，处3年以下有期徒刑或者拘役，并处罚金；数额巨大的，处3年以上10年以下有期徒刑，并处罚金；数额特别巨大的，处10年以上有期徒刑或者无期徒刑，并处罚金	犯罪数额较大，处2年以下有期徒刑、拘役或者罚金；数额巨大或者有其他严重情节的，处2年以上5年以下有期徒刑，并处罚金

四、职务侵占罪的量刑标准

根据《刑法》第271条第1款的规定，职务侵占罪有三档法定刑。第一档：公司、企业或者其他单位的工作人员，利用职务上的便利，将本单位财物非法占为己有，数额较大的，处3年以下有期徒刑或者拘役，并处罚金。第二档：公司、企业或者其他单位的工作人员，利用职务上的便利，将本单位财物非法占为己有，数额巨大的，处 3 年以上 10 年以下有期徒刑，并处罚金。第三档：公司、企业或者其他单位的工作人员，利用职务上的便利，将本单位财物非法占为己有，数额特别巨大的，处 10 年以上有期徒刑或者无期徒刑，并处罚金。

根据 2016 年《最高人民法院、最高人民检察院关于办理贪污贿赂刑事案件适用法律若干问题的解释》第 11 条第 1 款的规定，非国家工作人员受贿罪、职务侵占罪中的"数额较大""数额巨大"的数额起点，按照该司法解释关于受贿罪、贪污罪相对应的数额标准规定的 2 倍、5 倍执行。根据该司法解释第 1 条、第 2 条和第 3 条的规定，贪污罪或受贿罪"数额较大"的标准为 3 万元以上不满 20 万元；"数额巨大"标准为 20 万元以上不满 300 万元；"数额特别巨大"标准为 300 万元以上。因此，职务侵占罪的"数额较大"标准应为 6 万元以上不满 100 万元；"数额巨大"标准应为 100 万元以上不满 1500 万元；"数额特别巨大"标准应为 1500 万元以上。

2021 年颁布的《最高人民法院、最高人民检察院关于常见犯罪的量刑指导意见（试行）》对职务侵占罪的量刑幅度和缓刑适用问题予以规定。在量刑幅度方面，《最高人民法院、最高人民检察院关于常见犯罪的量刑指导意见（试行）》第 14 条第 1 款规定，构成职务侵占罪的，根据下列情形在相应的幅度内确定量刑起点：（1）达到数额较大起点的，在 1 年以下有期徒刑、拘役幅度内确定量刑起点；（2）达到数额巨大起点的，在 3 年至 4 年有期徒刑幅度内确定量刑起点；（3）达到数额特别巨大起点的，在 10 年至 11 年有期徒刑幅度内确定量刑起点。依法应当判处无期徒刑的除外。在缓刑适用方面，《最高人民法院、最高人民检察院关于常见犯罪的量刑指导意见（试行）》第 14 条第 4 款规定，构成职务侵占罪的，综合考虑职务侵占的数额、手段、危害后果、退赃退赔等犯罪事实、量刑情节，以及被告人的主观恶性、人身危险性、认罪悔罪表现等因素，决定缓刑的适用。

第二节　职务侵占罪的核心辩护要点

一、行为人是否为公司、企业或者其他单位的工作人员

只要与公司、企业或者其他单位确立了事实上的劳动关系，与公司、企业或者其他单位形成了行政上的隶属关系，就具备了职务侵占罪的主体资格。除了常见的正式工外，合同工和临时工等都可以成为职务侵占罪的犯罪主体，因为合同工、临时工和正式工在工作勤勉廉洁义务上不存在本质区别。若行为人实际上并非公司、企业或者其他单位的工作人员，如名为员工实为挂靠、存在买卖合作关系，则不能认定为涉案单位的工作人员，不构成职务侵占罪。

【典型案例】

张某甲职务侵占案[①]

2011年3月，张某甲与某源食品公司签订合作协议，约定由张某甲在某源食品公司工厂管理生产、销售服务，管理人员自带4个，管理人员工资由张某甲自行支付，其他工人工资由某源食品公司支付。2012年2月至5月，张某甲将某源食品公司383吨金菲玉米粒售往河南某品公司，货款合计1,615,200元；将120余吨售往唐山某晨公司，货款合计524,400元。张某甲违规提供个人账户收取2,139,600元货款用于支付其个人生产、加工玉米粒、毛豆的费用。2011年12月至2012年4月，张某甲向山东某果公司销售毛豆733.4吨。在2012年2月5日至2012年3月20日期间，某源食品公司生产的268.375吨毛豆产品销售到山东某果公司。张某甲个人的毛豆亦销售到该

---

① 参见河北省秦皇岛市中级人民法院刑事判决书，（2015）秦刑终字第372号。

山东某果公司。山东某果公司收到上述毛豆后，于2012年6月10日至2013年4月22日间陆续将货款打到张某甲的银行账号上。张某甲收到货款后，未将应交给某源食品公司的货款如实交给该公司。某源食品公司多次向张某甲催要上述河南某品公司、唐山某晨公司给付的金菲玉米粒货款及山东某果公司给付的毛豆货款，张某甲无力还款并离开某源食品公司。

法院经审理认为，张某甲不符合职务侵占罪的犯罪主体要求。首先，从张某甲与某源食品公司签订的《合作协议合同》内容看，张某甲以其技术和销售渠道资源为基础，为某源食品公司提供生产、销售服务，某源食品公司用产品销售利润提成款给付服务费用，双方之间是一种平等主体之间的合作关系；其次，某源食品公司对张某甲自带的4个工人无管理权，张某甲不享受某源食品公司的社会福利待遇，也充分说明某源食品公司与张某甲之间无隶属关系。判断张某甲与某源食品公司之间的关系是合作还是隶属，应考察二者之间是否存在管理与被管理的实质要件，而不能局限于形式要件，张某甲在公司生产、销售上有着充分的自主空间，某源食品公司员工虽称张某甲为副总经理，并不能否定双方合作的性质。故二审法院最终判决张某甲无罪。

二、涉案单位是否属于职务侵占罪中的公司、企业或其他单位

职务侵占罪保护的法益是公司、企业或者其他单位的财产所有权，如果涉案单位并不符合职务侵占罪被侵害单位的范围要求，则即使行为人实施了有关窃取、骗取等侵占行为，也不能构成本罪。实务中，职务侵占罪中"其他单位"包括哪些单位有一定争议。如前文所述，应当以"财产的一定独立性"和"主体的组织管理性"为标准来准确界定职务侵占罪中"其他单位"的范围。个体工商户、农村承包经营户因不符合前述两项标准，故不能归属于职务侵占罪中的"其他单位"。

【典型案例】

徐某职务侵占案①

2012年9月,徐某与饶某、黄某甲、杨某、殷某等人协商筹备经营娱乐项目事宜,以徐某个人名义申请抚州某娱乐中心个体工商户名称并获预先核准。同年10月,徐某代表抚州某娱乐中心与陈某挂靠的杭州某音响公司签订58万元音响设备采购合同。2012年11月至2013年2月,饶某、黄某甲、杨某、殷某及徐某等人分别签订了抚州某娱乐中心合作协议书和补充协议书,约定并明确了相关事项及各股东的股份和实际出资情况(饶某100万股,实际出资130万元;黄某甲100万股,实际出资110.5万元;徐某85万股,实际出资91万元;杨某85万股,实际出资115万元;殷某100万股,实际出资60万元;黄贞30万股,实际出资35万元)。公司设负责人2人,其中,徐某负责对外业务和经营管理,饶某负责公司财务管理。前述音响设备采购合同签订后,2012年10月至2013年3月,饶某先后共向陈某支付了37万元货款。2012年12月,饶某转账17万元货款至徐某的个人账户,由徐某将该货款付给陈某,后抚州某娱乐中心收到了音响设备,但徐某仅支付给陈某8万元货款,其余9万元货款未付被徐某占用。法院经审理认为,抚州某娱乐中心为注册登记的个体工商户,职务侵占罪主体须为公司、企业或其他单位人员,个体工商户不属于此列且《刑法》及司法解释未明确"其他单位"包含个体工商户,所以徐某作为筹建个体工商户的股东,不具备职务侵占罪的主体资格,其未支付9万元货款且未退还的行为不符合职务侵占罪的构成要件,故最终法院判决徐某无罪。

三、行为人主观上是否具有非法占有目的

职务侵占罪在主观上要求行为人具有非法占有目的,且体现为直接故意。

---

① 参见江西省抚州市临川区人民法院刑事判决书,(2014)临刑初字第331号。

非法占有目的属于行为人主观意识范畴，难以被感知、把握，因此，通常需要结合行为人的客观行为予以判断。实务中，如果行为人有肆意挥霍、携款逃匿、将款项用于违法犯罪活动等行为，一般可以认定其主观上具有非法占有目的。此外，需要注意的是，职务侵占罪中的"非法占为己有"并不以行为人合法持有为前提，"非法占为己有"也不限于"本人占有"，"非法占为己有"的具体方式包括窃取、骗取或其他手段。

【典型案例】

王某某职务侵占案

（人民法院案例库入库案例：2023-05-1-226-007）[①]

2005年9月，烟台某置业公司成立。王某某系烟台某置业公司的法定代表人，王某某出资850万元，为该公司大股东，王某甲出资150万元，王某甲未真实出资只是挂名，实际股东只有王某某。2006年4月，孙某某与王某某、王某甲签订了《股东转让出资协议》，公司出资变为王某某出资510万元，孙某某出资490万元，公司仍由王某某实际负责运营。2008年11月，公司办理了股东变更的工商登记。2013年8月，王某某把股份转让给其女儿王某乙。经查，王某某利用负责公司实际运营的职务便利，采取与借款人签订商品房买卖合同、办理房产抵押登记等方式，私自决定将烟台某置业公司的15套别墅抵押给典当公司、银行或者个人借款私用，王某某通过上述手段抵押借款共计3090万元。另查明，王某某于2007年至2010年间，私自截留王某丙等4人购楼款562.144697万元。二审法院经审理认为，2006年4月以前，烟台某置业公司虽名义上有2名股东，但另一名股东王某甲未实际出资仅系挂名，实际股东只有王某某一人。2006年4月，王某某和王某甲虽与孙某某签订了《股东转让出资协议》，但直到2008年11月30日孙某某才实缴出资，并办理了股东变更的工商登记。因此，应当认为，在2008年11月30日

[①] 参见山东省高级人民法院刑事判决书，（2019）鲁刑终46号。

之前，烟台某置业公司实为王某某一人公司，由其一人经营，存在个人财产与公司财产混同的情况，王某某在2008年11月30日之前私自截留王某丙、李某某的购楼款160.94697万元，主观上难以认定其对这部分160万余元款项具有非法占有目的，客观上也并未侵犯股东孙某某的权益，故不应计算在职务侵占的数额内，应从犯罪数额中予以扣除。一审判决王某某构成职务侵占罪，判处有期徒刑12年，二审改判为有期徒刑8年。

韩某职务侵占案[①]

内蒙古某公司于2010年成立，2014年，公司股东为韩某（持股90%）及其女儿宋某（持股10%）。2014年9月，韩某与辛某某签订《股份转让协议书》，约定公司总资产3300万元，债务2000万元，净资产1300万元。辛某某以现金认购910万元资产，股权占70%。同时约定交付股权转让金的时间为：合同签订后2日内付款60万元，2014年9月16日前付款500万元，2014年10月15日前付款50万元，2015年10月1日前付款200万元，2016年5月1日前付款100万元；韩某与辛某某及宋某分别签订《股权转让出资合同》后，将内蒙古某公司的法定代表人变更为辛某某。2014年9月15日，韩某为辛某某出具收条，该收条载明韩某收到辛某某股权转让金560万元。同日，韩某以内蒙古某公司的名义从某超市预支内蒙古某公司的销售货款33万元，并给某超市出具了借据。同日，某超市财务齐某向韩某银行账户转款33万元后，韩某将该款转入其母亲王某某银行账户。2014年10月，内蒙古某公司按惯例与某超市结算货款，该公司以销售货款冲抵韩某33万元借款后，内蒙古某公司余欠某超市67,584.49元。2015年1月，辛某某向公安机关报案称，韩某、宋某将内蒙古某公司股权转让前的银行贷款近1000万元未用于公司经营及韩某以公司的名义从某超市借走33万元，截至2014年11月2日欠超市6万余元，涉嫌职务侵占。

法院经审理认为，韩某不构成职务侵占罪。理由如下：首先，韩某以内

[①] 参见内蒙古自治区通辽市中级人民法院刑事判决书，（2019）内05刑终19号。

蒙古某公司的名义从某超市借款33万元并出具借据后，法定代表人变更为辛某某后，内蒙古某公司对于韩某从某超市借款33万元及某公司与某超市核销33万元的事实均已记账，仅凭未及时入账的行为不足以认定其具有非法占有之目的。其次，韩某以内蒙古某公司的名义从某超市借款33万元并出具借据后，二者之间存在债权债务关系，辛某某取得转让的股权后，已知韩某向超市借款的事实，仍以公司名义将该借款还清，并取得韩某为某超市出具的借据，其以自己的行为表明对韩某以某公司名义向某超市借款行为的追认，实际转变为韩某与内蒙古某公司之间的债权债务关系，而后至报案前某公司未向韩某主张权利，明显不符合常理，故不能排除双方对此另有约定的可能。法院最终判决韩某无罪。

四、行为人是否实施窃取、骗取或其他手段的职务侵占行为

职务侵占罪要求行为人在客观方面实施将本单位财物非法占为己有的职务侵占行为，行为方式可以包括窃取、骗取或其他手段。窃取，指行为人利用职务上的便利，采用秘密的手段或方式将自己合法管理、使用的本单位财物非法占有的行为。骗取，指行为人利用职务上的便利使用欺骗的方法，非法占有公司、企业或其他单位财物的行为。实务中，常见的职务侵占行为包括行为人虚构报销项目、报销费用，虚构员工冒领工资，采购时虚报项目或虚高价款，截留公司货款归个人使用等。如果行为人并没有实施窃取、骗取或其他手段的职务侵占行为，或者现有证据不足以证明行为人实施了前述职务侵占行为，则行为人不可能构成职务侵占罪。

【典型案例】

楼某伟等职务侵占案[①]

楼某伟系浙江某实业公司的法定代表人，2005年4月，杨某与楼某伟、

---

① 参见湖北省武汉市中级人民法院刑事判决书，(2017) 鄂01刑终1466号。

楼某伟的妻子陈某某签订了《武汉某全置业公司股权转让及股东重组协议书》，武汉某全置业公司的法定代表人变更为楼某伟，浙江某实业公司持股40%；杨某任总经理，持股25%；陈某某持股35%。2005年9月底，武汉市江汉区某工程指挥部拟退回武汉某全置业公司拆迁款2163.06726万元。武汉某全置业公司财务人员刘某向公司领导楼某伟等人提议，将前述退回的拆迁款以循环倒账、不记账的方法，实现"增加开发成本、减少税款"的目的，该提议得到了楼某伟等人的认同。刘某将前述方案告知了分别担任出纳和会计的张某杨、熊某。2005年10月，前述拆迁款到账后，经张某杨、熊某等人的一系列转账操作，2160万元最终转回武汉某全置业公司。2006年12月7日，浙江某实业公司、杨某、陈某某、武汉某全置业公司4方签订协议。各方确认截止协议签订时，浙江某实业公司和陈某某共计投入武汉某全置业公司1.2047亿元，2005年10月浙江某实业公司转入武汉某全置业公司的2160万元不包含在内。

法院经审理认为，楼某伟等人不具有职务侵占犯罪的主观故意。楼某伟、刘某等人指示张某杨、熊某将涉案拆迁回款2160万元进行循环倒账后，以浙江某实业公司投资款的名义进入武汉某全置业公司，并记入该公司"其他应付款"会计科目项下是事实，但目的是增加公司成本，规避税款，而没有证据证明其具有将涉案款项占为己有的主观目的。此外，虽然涉案款项以往来款名义回到武汉某全置业公司，并被记入"其他应付款"科目，但该款项为武汉某全置业公司实际占有和控制，仍属于该公司的财产。前述记账行为并不能直接改变涉案款项的所有权。故最终二审法院改判楼某伟、张某杨、刘某、熊某无罪。

五、行为人侵占本单位财物是否利用职务上的便利

在职务侵占罪的客观要件上，要求行为人必须利用了职务上的便利将单位财物非法占为己有。准确认定单位工作人员非法占有单位财物的行为是否利用了职务上的便利，关键在于正确理解《刑法》第271条第1款规定的

"职务上的便利"的内涵。"利用职务上的便利"应当包括"利用工作上的便利"。基于此，职务侵占罪中的"利用职务上的便利"可理解为单位人员利用主管、管理、经手单位财物的便利条件。所谓主管，一般是指对单位财物有调拨、安排、使用、决定其用途的权力。所谓管理，是指具有决定、办理、处置某一事务的权力，并凭借此权力而对人事、财务产生一定的制约和影响。所谓经手，应是指因工作需要在一定时间内控制单位的财物，包括因工作需要合法持有单位财物的便利，而不包括因工作关系熟悉作案环境、容易接近单位财物等方便条件。

【典型案例】

马某军职务侵占案[1]

2011年9月，四川某酒业公司注册成立，聂某担任法定代表人，公司注册资本200万元，由聂某全额出资，其余4人均不实际出资但享有公司股份，具体比例为聂某持股40%、马某军通过其妻子陈某甲持股24%、李某通过其妻子余某持股16%、陈某乙及尹某各持股10%。宜宾某酒业公司与四川某酒业公司于2011年9月23日签订《五粮液股份公司产品"金碧辉煌"酒包销协议书》，并约定四川某酒业公司的经销区域为全国市场。2011年11月，陈某乙与尹某办理四川某酒业公司部分物品移交事宜，交接清单中给陈某乙的材料包括转账支票、《房屋租赁合同》、《中国经济导报广告合同》、公司公章等，其中移交的转账支票是由尹某事先加盖好四川某酒业公司法定代表人印章的空白转账支票；交接的《中国经济导报广告合同》载明，四川某酒业公司在中国经济导报社所属《中国经济导报地方专版》自2012年1月至12月刊登彩色广告，总价30万元。中国经济导报社另收取设计制作费1.7万元。2011年12月，陈某乙使用上述空白的转账支票从四川某酒业公司账户转账31.7万元至四川记者站账户，用途为宣传资料款。四川记者站在收到上述款

---

[1] 参见四川省成都市中级人民法院刑事判决书，(2018) 川01刑终230号。

项后，马某军于同年12月6日以"差旅费"名义从四川记者站账户提现10万元，并称用于支付印刷费、业务提成等费用。同年12月14日，四川记者站向宜宾某酒业公司转货款21.7万用于购买金碧辉煌酒（藏品），马某军称其收到了上述款项购买的酒品并用于四川记者站的开会、送礼等安排。后中国经济导报未刊登四川某酒业公司相关的广告业务。2012年3月，宜宾某酒业公司与四川某酒业公司终止金碧辉煌酒（藏品）的包销协议。

法院经审理认为，在案证据不足以证实马某军利用职务便利在广告合同中加盖四川某酒业公司公章并实施转款行为。首先，经陈某乙与尹某签字确认的移交清单中同时记载有《中国经济导报广告合同》和公司公章，在案证据不足以认定该合同中四川某酒业公司公章系马某军指使陈某乙所加盖；其次，陈某乙从四川某酒业公司转款系使用尹某向其移交并事先盖好法定代表人印章的空白转账支票，尹某明知陈某乙在取得上述支票后有转走公司款项的可能，但并未采取任何措施而是持放任态度，故不足以排除陈某乙所称其转款行为系受尹某指使的可能性；最后，马某军、陈某乙虽系夫妻关系，但2人的言词证据并不能证实陈某乙将四川某酒业公司的公章、支票等物品交由马某军使用，故不能因陈某乙持有上述物品而认定马某军对四川某酒业公司具有职务上的便利条件。综上，二审法院改判马某军无罪。

六、涉案金额是否达到法定追诉标准

根据2016年《最高人民法院、最高人民检察院关于办理贪污贿赂刑事案件适用法律若干问题的解释》第11条第1款的规定，职务侵占罪中的"数额较大""数额巨大"的数额起点，按照该司法解释关于受贿罪、贪污罪相对应的数额标准规定的2倍、5倍执行。根据该司法解释第1条规定，贪污罪"数额较大"的标准为在3万元以上不满20万元。因此，职务侵占罪的"数额较大"标准为6万元以上不满100万元，即职务侵占罪的追诉标准为6万元。如果涉案数额未达到6万元，则不应追究行为人的刑事责任。需要注意的是，2022年发布的《最高人民检察院、公安部关于公安机关管辖的刑事案件立案追诉标准的规定（二）》第76条规定，职务侵占罪的立案追诉标准为3万元，与前述司法解释规定存在冲突。我们认为，从法律位阶角度出发，《最高人民法院、最高人民检察院关于办理贪污贿赂刑事案件适用法律若干问题的解释》的制定主体为最高人民法院、最高人民检察院，性质上属于司法解释，而《最高人民检察院、公安部关于公安机关管辖的刑事案件立案追诉标准的规定（二）》的制定主体是最高人民检察院和公安部，不属于司法解释，仅属于普通规范性文件。司法解释的法律效力高于普通规范性文件，故对于职务侵占罪的立案追诉标准也应当采取《最高人民法院、最高人民检察院关于办理贪污贿赂刑事案件适用法律若干问题的解释》规定的6万元。

【典型案例】

苏某博职务侵占案[①]

2015年5月至12月，苏某博利用其任抚宁区某石料加工公司车队副队长的职务之便，侵占其从单位领取的本单位的货车保养费3300元、货车超载罚款14,000元、运费2200元、货车维修备用金2000元及手中剩余加油款1100元，共计22,500元。法院经审理认为，苏某博利用职务上的便利，将本单位财物22,500元用于个人消费和投资，其行为属于职务侵占行为。但《最高人民法院、最高人民检察院关于办理贪污贿赂刑事案件适用法律若干问题的解释》第11条规定，职务侵占罪中的"数额较大""数额巨大"的数额起点，按照关于受贿罪、贪污罪相对应的数额标准规定的2倍、5倍执行，该条并无"数额加情节"的具体规定。由于前述司法解释第1条受贿罪、贪污罪的犯罪数额较大的起点是3万元，相对应的职务侵占罪的犯罪起点应当为6万元。本案中，苏某博犯罪数额为22,500元，其犯罪数额没有达到职务侵占罪"数额较大"的起点，其行为不构成犯罪。因此，法院最终判决苏某博无罪。

---

① 参见河北省秦皇岛市中级人民法院刑事判决书，（2017）冀03刑再1号。

七、涉案纠纷是否属于民事、经济纠纷

实践中，需要正确区分民事、经济纠纷与刑事犯罪的界限。如果当事人之间通过签订合同等民事法律行为，建立了平等主体之间的人身和财产权利义务关系，则双方的争议属于民事纠纷。在民事法律框架允许且未违反刑事法律关于职务侵占罪相关规定的情况下，决不能以职务侵占罪追究被告人的刑事责任。唯有准确区分民事、经济纠纷和刑事犯罪的界限，防止将民事纠纷误判为刑事犯罪，才能切实维护当事人合法权益和社会法治秩序。

【典型案例】

董某贤职务侵占案[①]

2004年7月20日董某贤、李某厚、王某协商一致，每人投资20万元在乐亭县成立河北某海岸度假公司，当年7月在乐亭县以38万元的价款从王某勇处购买了"蒙古包度假村"，并由董某贤主持又添置了部分设施，开始经营旅游项目，但并未注册公司，当年李某厚、王某每一两周来乐亭一次参与管理，2005年李某厚、王某基本不参与该度假村的管理，也未追加任何投资。其间董某贤认识了同在乐亭县从事海岸旅游的赵某，2005年4月，经董某贤、赵某协商，董某贤以库某尔公司名义出资123.6万元，购买赵某"海浪花度假村"60%的股份，并与赵某注册乐亭县某海岸度假公司。同年县政府启动拆迁，董某贤与赵某口头协商购买当时王某元在"碧海浴场"经营的唐山碧海旅游开发公司，商定购买资金先由董某贤垫付，待拆迁补偿款下来后，赵某以应得的拆迁款作为其在唐山碧海旅游开发公司的投资，双方仍持原有股份。2005年9月，董某贤垫资460万元购买唐山碧海旅游开发公司，并变更股权为库某尔公司股权90%，董某贤股权10%。2006年3月，乐亭县某海岸度假公司获得698.59万元拆迁补偿款，董某贤未给赵某应得的

[①] 参见北京市高级人民法院刑事判决书，(2016) 京刑再1号。

2,199,956.75元。2007年5月，董某贤将唐山碧海旅游开发公司以2800万元的价格卖给唐山某泰房地产公司及王某乙，买方付款2200万元，董某贤将赵某应分得的880万元占为己有。

再审法院认为，董某贤、赵某等人对"海浪花度假村"的投资和投入资金有分歧，双方对拆迁款的分配没有达成一致意见，故对赵某的拆迁款份额如何使用处于未确定状态。在拆迁款到账之前，库伯尔公司已出资收购了唐山碧海旅游开发公司，没有证据证明收购时使用了拆迁款，亦无证据证明赵某出资收购了唐山碧海旅游开发公司。本案没有证据证明董某贤主观上具有非法占有唐山碧海旅游开发公司财产的故意以及客观上实施了利用职务上的便利，侵占公司财物的行为；亦无证据证明公司或个人的财产遭受了损失。董某贤与赵某对拆迁款的分配及投资争议，应属民事纠纷。因此，再审法院认为董某贤不构成犯罪。

第二章 挪用资金罪

第一节 挪用资金罪的定罪与量刑

一、挪用资金罪的罪名概述

挪用资金罪是指公司、企业或者其他单位的工作人员，利用职务上的便利，挪用本单位资金归个人使用或者借贷给他人，数额较大、超过3个月未还的，或者虽未超过3个月，但数额较大、进行营利活动的，或者进行非法活动的行为。《刑法》第272条规定："公司、企业或者其他单位的工作人员，利用职务上的便利，挪用本单位资金归个人使用或者借贷给他人，数额较大、超过三个月未还的，或者虽未超过三个月，但数额较大、进行营利活动的，或者进行非法活动的，处三年以下有期徒刑或者拘役；挪用本单位资金数额巨大的，处三年以上七年以下有期徒刑；数额特别巨大的，处七年以上有期徒刑。国有公司、企业或者其他国有单位中从事公务的人员和国有公司、企业或者其他国有单位委派到非国有公司、企业以及其他单位从事公务的人员有前款行为的，依照本法第三百八十四条的规定定罪处罚。有第一款行为，在提起公诉前将挪用的资金退还的，可以从轻或者减轻处罚。其中，犯罪较轻的，可以减轻或者免除处罚。"

企业的资金是其存亡与发展的关键，目前我国民营企业还未完全适应法人人格独立制度，普遍存在着企业管理者个人账户与公司账户资金混用的情形，使挪用资金罪一度成为企业家和高级管理人员最容易触犯的罪名之一。2024年7月29日，最高人民检察院在《"数"读上半年检察成绩单——从办案数据看检察工作新进展》一文中通报了2024年上半年的办案数据，起诉民营企业关键岗位人员职务侵占、挪用资金、受贿等利用职务便利实施的涉企犯罪5827人，同比上升41.1%。[①]

40多年来，我国对于挪用资金罪的立法历经了从无到有，再到不断趋于科学的过程。1979年《刑法》中只规定了挪用特定款物罪，并未规定挪用资金罪。而关于挪用资金罪的表述最早出现在1993年《公司法》，但由于该规定中没有明确应如何追究挪用资金的行为，故在当时不具有实操性。随着国家不断加强对非国有财产的保护，立法者也希望通过法律来规制实践中出现的企业内部人员利用职务便利挪用资金的行为。因此，在1995年2月28日第八届全国人民代表大会常务委员会第十二次会议通过了《关于惩治违反公司法的犯罪的决定》，其中对公司董事、监事或者职工挪用公司财物的行为做了规定。在修订1997年《刑法》时，吸收了该1995年决定的相关规定，并且进一步规定挪用资金后不退还的，不再按职务侵占罪或贪污罪定罪处罚，但仍然要加重刑罚，即升格法定刑。但实践中，司法机关对于"不退还"这一问题在认定上时常存在争议，因此自由裁量的空间较大，个案之间量刑悬殊。直到2021年《刑法修正案（十一）》的出台，挪用资金罪进行了更大的调整，在加大对这类犯罪行为打击力度的基础上，罪名的量刑设置也更加科学合理。

二、挪用资金罪的定罪要点

（一）"公司、企业或者其他单位的工作人员"的认定

挪用资金罪的主体之特殊，一则体现为必须是公司、企业或者其他单位具有一定管理性职务的工作人员，区别于单纯的劳务人员；二则体现为单位性质系一般公司、企业及其他单位，其人员所从事的工作不具备公务性质、

[①] 参见崔晓丽：《"数"读上半年检察成绩单——从办案数据看检察工作新进展》，载最高人民检察院网，https://www.spp.gov.cn/zdgz/202407/t20240729_661848.shtml，最后访问日期：2024年12月17日。

不具有行使职权的属性,以此区别于国家工作人员。因此,如主体为《刑法》第272条第2款所规定的公务人员、被委派的从事公务的人员,则不构成挪用资金罪,而是挪用公款罪。

需要注意的是,根据2000年《最高人民法院关于对受委托管理、经营国有财产人员挪用国有资金行为如何定罪问题的批复》,对于受国家机关、国有公司、企业、事业单位、人民团体委托,管理、经营国有财产的非国家工作人员,利用职务上的便利,挪用国有资金归个人使用构成犯罪的,依照挪用资金罪定罪处罚,该类人员并非国家工作人员。

实践中有一类多发的"其他单位的工作人员",即村民委员会等基层组织成员、村支书、村民小组成员等,此类人员利用职务便利挪用集体财产的,构成挪用资金罪;而如果是协助人民政府从事行政管理工作,则具有从事公务性质,利用职务便利挪用公共财产的,成立挪用公款罪。此时,其协助的事项为具有行政管理性质的政府事务,属于政府行政管理职责范围。寺庙、道观、祠堂等宗教活动场所也属于本条所称的"其他单位",其财产属于公共财产或相关信众共有财产,同样受法律保护。宗教活动场所管理人员利用职务便利挪用本单位资金的,可以构成挪用资金罪。此外,业主委员会的工作人员能否成为挪用资金罪的犯罪主体、业主委员会的资金能否成为挪用资金罪的犯罪对象,存在争议。根据相关规范性文件,村民小组、公司筹备组等非法人组织也属于"其他单位"范畴,可以表明高层司法机关扩大挪用资金罪保护范围的意志。因此,业主委员会虽然同样不具备法人资格,但也系经过行政主管部门登记备案的主体,将其纳入挪用资金罪规制范围更有利于维护业主的合法权益。事实上,司法实践中,已有不少生效裁判认定了业主委员会属于本罪的"其他单位"。

(二)"利用职务上的便利"的认定

与职务侵占罪相同,构成挪用资金罪同样需要"利用职务上的便利",指行为人利用其在单位中所担任的职务所赋予的主管、管理或者经手单位资金的权力及方便条件,将本单位资金挪作个人使用或者借贷给他人。"主管"，意指行为人在职务范围内对本单位财物调配、处置的权力；"管理"，是指行为人负责对本单位财物的保管和管理；"经手"，是指行为人虽然不具有主管或管理本单位财物的职责，但因执行职务而在特定的时间内具有支配本单位财物的权力。典型的如会计利用管理公司财务账目的职务便利、出纳利用保管现金的职务便利，未经授权地将公司资金擅自转出供自己私人使用，这种行为都属于利用职务之便挪用资金。因此，如果只是因工作关系而熟悉作案环境，不属于利用职务上的便利。

(三)"挪用"的认定

"挪用"，是指擅自动用单位资金归本人或者他人使用，但准备日后归还，其侵害的法益为单位对财产的占有、使用、收益权，区别于以非法占有为目的的职务侵占罪。"挪用"强调未按照单位内部管理规定履行批准手续、获得授权，如果是经单位决策、行为人是执行单位命令的，则不属于"挪用"。挪用资金罪按照挪用的目的分为3种情形，这3种情形的社会危害程度依次递减，《刑法》处罚力度故有不同：

挪用本单位资金进行非法活动的，"非法活动"包括国家法律所禁止的一切违法、犯罪活动，如走私、贩毒、嫖娼、赌博、非法经营等，为偿还从事此类行为所背负债务而挪用资金，也属于进行非法活动。《刑法》第272条未对非法活动型挪用的数额、时间进行限制，根据2016年《最高人民法院、最高人民检察院关于办理贪污贿赂刑事案件适用法律若干问题的解释》第11条第2款的规定，参照挪用公款罪"数额较大"、"情节严重"以及"进行非法活动"的数额标准规定的2倍执行。基于该规定，挪用资金进行非法活动，数额在6万元以上的，应当追究刑事责任。

挪用本单位资金、数额较大、进行营利活动的，"营利活动"是指经商、炒股、投资等经营性或者其他谋取利润的行为，如拆借、集资、存入银行、公司注册资本验资等。营利活动型挪用要求挪用数额较大，但没有挪用时间的限制，也没有是否实际获利的限制。"数额较大"的标准同样参照适用2016年《最高人民法院、最高人民检察院关于办理贪污贿赂刑事案件适用法律若干问题的解释》第 11 条第 2 款，挪用资金进行营利活动或者超过 3 个月未还，数额在 10 万元以上的，应当认定为"数额较大"。

挪用本单位资金、数额较大、超过 3 个月未还的，这种超期未还型挪用，一般是将资金用在了一般生活开支上，如个人消费、偿还债务、赠与他人等，须同时符合数额较大、超过 3 个月未还的两个条件。"数额较大"的标准参照 2016 年《最高人民法院、最高人民检察院关于办理贪污贿赂刑事案件适用法律若干问题的解释》的规定按照 10 万元执行，"超过 3 个月未还"则从挪用行为终了之日起计算 3 个月，只要非法挪用状态持续满 3 个月，即应予立案追诉。

（四）"本单位资金"的认定

关于"本单位资金"，2002 年《公安部经济犯罪侦查局关于对挪用资金罪有关问题请示的答复》指出，"对于在经济往来中所涉及的暂收、预收、暂存其他单位或个人的款项、物品，或者对方支付的货款、交付的货物等，如接收人已以单位名义履行接收手续的，所接收的财、物应视为该单位资产"，即暂收、预收、暂存他人之财物均为本单位财物，而不限于为单位所有的财物；资金、物品都属于本罪犯罪对象，而不限于货币以及债权、票据等财产性权益。

关于这一答复，实践中虽然对于非为单位所有的财产能否成为挪用资金罪的挪用对象存在争议，但是根据答复可以明确的是，经济往来中对方支付的货款，其本身就属于单位所有的资金，因此即便尚未进入单位账户，其也属于本罪犯罪的对象。恰如 2001 年《全国法院审理金融犯罪案件工作座谈会纪要》第 2 部分第 2 条第 3 款所指出，"对于利用职务上的便利，挪用已经记入金融机构法定存款账户的客户资金归个人使用的，或者吸收客户资金不入账，却给客户开具银行存单，客户也认为将款已存入银行，该款却被行为人以个人名义借贷给他人的，均应认定为挪用公款罪或者挪用资金罪"。

（五）"归个人使用或者借贷给他人"的认定

行为人个人决定以单位名义将本单位资金供其他单位使用、未谋取个人

· 29 ·

利益的，不构成本罪。挪用资金的 3 种情形，都有一个共同的行为外在表现，即"挪用本单位资金归个人使用或者借贷给他人"，针对如何理解这里的"归个人使用"和"借贷给他人"，先后有数份相关解释、答复、批复等文件进行过规定。

2022 年《最高人民检察院、公安部关于公安机关管辖的刑事案件立案追诉标准的规定（二）》第 77 条第 2 款，实际上类比沿用了 2002 年《全国人民代表大会常务委员会关于〈中华人民共和国刑法〉第三百八十四条第一款的解释》，列举了"归个人使用"的 3 种具体情形：（1）将本单位资金供本人、亲友或者其他自然人使用的；（2）以个人名义将本单位资金供其他单位使用的；（3）个人决定以单位名义将本单位资金供其他单位使用，谋取个人利益的。

（六）挪用资金罪的既遂与未遂

本罪中的"挪用"包含了"挪"和"用"两个动作，利用职务上的便利将本单位的资金转移到本人或他人控制之下为"挪"，将资金用作本人或他人的某种需要为"用"。"挪"为手段，"用"是目的。就本罪而言，并非行为人实现了"用"的目的才构成既遂，只要行为人完成了"挪"的行为，单位对资金的占有、使用、收益权即已遭受侵害，资金是否被实际使用，不影响既遂的成立。如果行为人着手实施了"挪"的行为而未完成对资金的控制，则应根据未完成的具体原因再判断属于中止还是未遂。

三、挪用资金罪与相关罪名的对比

（一）挪用资金罪与职务侵占罪的对比

在犯罪客体和犯罪对象上，挪用资金罪侵害的是单位对财产的占有、使用、收益权，财产类型应仅限于"资金"，即货币与财产性权益。职务侵占罪侵害的则是单位对财产的所有权，财产类型除了资金外还包括具有经济价值的物；在犯罪客观方面，挪用资金罪有超期未还型挪用、营利活动型挪用和非法活动型挪用 3 种具体表现情形，不同的挪用情形有不同的入罪、量刑标准,职务侵占罪只是对侵占行为作出概括性的规定:"利用职务上的便利,将本单位财物非法占为己有",统一以"数额较大"为入罪标准;在主观方面,挪用资金罪不存在非法占有目的,职务侵占罪则以非法占有为目的,具体对比如表1-2-1所示。

表1-2-1 挪用资金罪与职务侵占罪的对比

对比要点	挪用资金罪	职务侵占罪
犯罪主体	公司、企业或者其他单位的工作人员	
犯罪客体	公司、企业或者其他单位资金的使用收益权	公司、企业或者其他单位的财产所有权
主观方面	故意	
行为方式	利用职务上的便利,挪用本单位资金归个人使用或者借贷给他人,数额较大、超过3个月未还的或者虽未超过3个月,但数额较大、进行营利活动的,或者进行非法活动的行为	利用职务上的便利,侵占本单位财物,数额较大的行为
犯罪对象	本单位的资金	公司、企业或者其他单位的财物,包括动产和不动产,也包括有形物和无形物,如厂房、电力、煤气、天然气、工业产权等
法定刑	(1)数额较大的,处3年以下有期徒刑或者拘役: ①挪用资金10万元以上,超过3个月未还的或进行营利活动的; ②挪用资金6万元以上,进行非法活动的; (2)数额巨大的,处3年以上7年以下有期徒刑: ①挪用资金400万元以上,超过3个月未还的或进行营利活动的; ②挪用资金200万元以上,进行非法活动的; (3)数额特别巨大的(暂无明确规定),处7年以上有期徒刑	(1)数额较大的,处3年以下有期徒刑或者拘役,并处罚金; (2)数额巨大的,处3年以上10年以下有期徒刑,并处罚金; (3)数额特别巨大的,处10年以上有期徒刑或者无期徒刑,并处罚金 "数额较大""数额巨大"的数额起点,按照《最高人民法院、最高人民检察院关于办理贪污贿赂刑事案件适用法律若干问题的解释》关于受贿罪、贪污罪相对应的数额标准规定的2倍、5倍执行,即6万元、100万元

（二）挪用资金罪与挪用公款罪的对比

在犯罪主体上，挪用资金罪的主体是公司、企业或其他单位的工作人员，不包括国家工作人员；挪用公款罪的主体则是国家工作人员，即国家机关、国有公司、企业、事业单位、人民团体中从事公务的人员和其他依照法律从事公务的人员。在犯罪客体上，挪用资金罪侵犯的是公司、企业或其他单位的资金的占有、使用、收益权，挪用公款罪不仅侵犯了公共财产的使用权，还侵犯公务行为的廉洁性，具体对比如表1-2-2所示。

表1-2-2 挪用资金罪与挪用公款罪的对比

对比要点	挪用资金罪	挪用公款罪
犯罪主体	公司、企业或者其他单位的工作人员	国家工作人员
犯罪客体	公司、企业或者其他单位资金的使用收益权	国家工作人员的职务廉洁性、国家对公共财产的使用、处分权
主观方面	故意	
行为方式	利用职务上的便利，挪用本单位资金归个人使用或者借贷给他人，数额较大、超过3个月未还的或者虽未超过3个月，但数额较大、进行营利活动的，或者进行非法活动的行为	利用职务便利挪用公款，包括： (1) 挪用公款归个人使用，进行非法活动； (2) 挪用数额较大的公款进行营利活动； (3) 挪用数额较大的公款超过3个月未还
犯罪对象	本单位的资金	公款
法定刑	(1) 数额较大的，处3年以下有期徒刑或者拘役： ①挪用资金10万元以上，超过3个月未还的或进行营利活动的； ②挪用资金6万元以上，进行非法活动的 (2) 数额巨大的，处3年以上7年以下有期徒刑： ①挪用资金400万元以上，超	(1) 应当追究刑事责任，处5年以下有期徒刑或拘役： ①挪用公款归个人使用，进行非法活动，数额在3万元以上； ②挪用公款归个人使用，进行营利活动或者超过3个月未还，数额在5万元以上 (2) 情节严重的，5年以上有期徒刑： ①挪用公款归个人使用，进行非法活动，具有以下情形之一：挪用公款数额在100万元以上的；挪用救济等特定款50万元

续表

对比要点	挪用资金罪	挪用公款罪
法定刑	过3个月未还的或进行营利活动的； ②挪用资金200万元以上，进行非法活动的 (3) 数额特别巨大的（暂无明确规定），处7年以上有期徒刑	以上不满100万元；挪用公款不退还数额50万元以上不满100万元； ②挪用公款归个人使用，进行营利活动或者超过3个月未还，具有以下情形之一：挪用公款200万元以上；挪用救济等特定款100万元以上不满200万元；挪用公款不退还100万元以上不满200万元 (3) 挪用公款数额巨大不退还的，处10年以上有期徒刑或者无期徒刑： ①挪用公款归个人使用，进行非法活动，数额在300万元以上； ②挪用公款归个人使用，进行营利活动或者超过3个月未还，数额在500万元以上

（三）挪用资金罪与挪用特定款物罪的对比

在犯罪主体上，挪用资金罪的主体是公司、企业或其他单位的工作人员，不包括国家工作人员；挪用特定款物罪的主体是主管、管理、经手特定款物的工作人员，既包括国家工作人员，也包括集体经济组织人员以及其他经手、管理的人员。在犯罪客体和犯罪对象上，挪用资金罪侵害的是单位对财产的占有、使用、收益权，财产类型应仅限于"资金"，即货币与财产性权益；挪用特定款物罪侵害的是公共财物所有权和特定款物的财经管理制度，为复杂客体，对象为特定款物。在犯罪客观方面，挪用资金罪有超期未还型挪用、营利活动型挪用和非法活动型挪用3种具体表现情形，挪用特定款物罪表现为违反专款专用的财经管理制度，将特定款物用于其他方面，且情节严重、致使国家和人民群众利益遭受重大损害，具体对比如表1-2-3所示。

表1-2-3 挪用资金罪与挪用特定款物罪的对比

对比要点	挪用资金罪	挪用特定款物罪
犯罪主体	公司、企业或者其他单位的工作人员	对保管、分配和使用特定款物直接负责的主管人员和其他直接责任人员

续表

对比要点	挪用资金罪	挪用特定款物罪
犯罪客体	公司、企业或者其他单位资金的使用收益权	国家关于特定款物专门使用的财经管理制度
主观方面	故意	
行为方式	利用职务上的便利,挪用本单位资金归个人使用或者借贷给他人,数额较大、超过3个月未还的或者虽未超过3个月,但数额较大、进行营利活动的,或者进行非法活动的行为	挪用国家用于救灾、抢险、防汛、优抚、扶贫、移民、救济款物,情节严重,致使国家和人民群众利益遭受重大损害的行为
犯罪对象	本单位的资金	国家救灾、抢险、防汛、优抚、扶贫、移民、救济款物
法定刑	(1)数额较大的,处3年以下有期徒刑或者拘役: ①挪用资金10万元以上,超过3个月未还的或进行营利活动的; ②挪用资金6万元以上,进行非法活动的 (2)数额巨大的,处3年以上7年以下有期徒刑: ①挪用资金400万元以上,超过3个月未还的或进行营利活动的; ②挪用资金200万元以上,进行非法活动的 (3)数额特别巨大的(暂无明确规定),处7年以上有期徒刑	(1)涉嫌下列情形之一的,处3年以下有期徒刑或者拘役: ①挪用特定款物数额在5000元以上的; ②造成国家和人民群众直接经济损失数额在5万元以上的; ③虽未达到上述数额标准,但多次挪用特定款物的,或者造成人民群众的生产、生活严重困难的; ④严重损害国家声誉,或者造成恶劣社会影响的; ⑤其他致使国家和人民群众利益遭受重大损害的情形 (2)情节特别严重的,处3年以上7年以下有期徒刑。"情节特别严重"的标准,目前尚无相关解释

四、挪用资金罪的量刑标准

《刑法》条文未对挪用资金罪数额巨大、数额特别巨大作出具体规定,根据《最高人民法院、最高人民检察院关于办理贪污贿赂刑事案件适用法律若干问题的解释》第11条第2款规定,"刑法第272条规定的挪用资金罪中的'数额较大''数额巨大'以及'进行非法活动'情形的数额起点,按照本解释关于挪用公款罪'数额较大''情节严重'以及'进行非法活动'的数额标准规定的二倍执行",即6万元(非法活动型)、10万元(营利活动型或超期未还型且超过3个月)。

虽然2022年《最高人民检察院、公安部关于公安机关管辖的刑事案件立案追诉标准的规定(二)》的出台调低了对挪用资金罪的立案追诉标准,使之与挪用公款罪相同,但该文件在性质上属于规范性文件,而2016年《最高人民法院、最高人民检察院关于办理贪污贿赂刑事案件适用法律若干问题的解释》在性质上属于司法解释,效力高于2022年的新规,故此处挪用资金罪的法定刑区间仍然按照对2016年《最高人民法院、最高人民检察院关于办理贪污贿赂刑事案件适用法律若干问题的解释》的解读进行认定(参照挪用公款罪相应标准的2倍执行)。

结合2016年《最高人民法院、最高人民检察院关于办理贪污贿赂刑事案件适用法律若干问题的解释》第5条、第6条规定,挪用资金罪数额量刑标准如表1-2-4所示。

表1-2-4 挪用资金罪的量刑标准

档次	情形	量刑
数额较大的	挪用资金10万元以上,超过3个月未还的或进行营利活动的	处3年以下有期徒刑或者拘役
数额巨大的	挪用资金6万元以上,进行非法活动的	处3年以上7年以下有期徒刑
	挪用资金400万元以上,超过3个月未还的或进行营利活动的	
	挪用资金200万元以上,进行非法活动的	
数额特别巨大的	暂无明确规定	7年以上有期徒刑

需要注意的是,《刑法修正案(十一)》对挪用资金罪条文进行修改后,量刑档由2档调整为3档。原条文对挪用资金罪规定了"数额较大""数额

巨大或数额较大不退还"2个量刑档次，分别对应3年以下有期徒刑或者拘役、3年以上10年以下有期徒刑；《刑法修正案（十一）》将挪用资金罪的量刑档调整为"数额较大"、"数额巨大"（删除了原条文第2档中"数额较大不退还"的入罪情节）、"数额特别巨大"3档，分别对应3年以下有期徒刑或者拘役、3年以上7年以下有期徒刑、7年以上有期徒刑。

第二节　挪用资金罪的核心辩护要点

一、挪用个体工商户、个人合伙或一人公司等主体的资金是否构成挪用资金罪

前文已述及，司法机关出于保护单位合法财产的需要，对本罪的被害单位作出了一定的扩大解释，像村民小组、业主委员会、个人独资企业、合伙企业，以及尚处于设立阶段的企业乃至已经清算注销的企业，其虽不具备法人资格，但仍可以成为本罪的被害单位。但是，从立法原意出发，既然条文已规定为与自然人相区别的"单位"，其必然需要具有一定的组织性。其中，个体工商户无论是个人经营还是家庭经营，本质上都属于个人，无法成为本罪的被害单位；尚未成立合伙企业的个人合伙、民事合伙，属于合伙协议约束下的债权债务关系，不是一类组织体，也不适合成为本罪的被害单位；一人公司的股东是否能成为挪用资金罪的犯罪主体在实践中存在争议，但仍有部分生效判决认定此类主体不构成挪用资金罪。

【典型案例】

王某浩挪用资金案

（人民法院案例库入库案例：2023-03-1-227-001）[①]

被告人王某浩被选为业主委员会主任，任期至2017年6月止。2015年

[①] 参见广东省深圳市南山区人民法院刑事判决书，（2017）粤0305刑初141号。

12月，王某浩在未经业主大会讨论和表决的情况下私自从业主委员会的中国银行对公账户中分9次共将人民币（以下币种同）44万元转至自己的银行账户，并将其中40万元转账到一位名叫贺某的招商银行账户，用于购买某智能科技有限公司2%的股权，后又将剩余的4万元用于借款转账借贷给业主委员会成员李某。2016年5月，因小区业主要求对小区的账目进行财务审计，王某浩从自己名下另一个招商银行账户向业主委员会的中国银行对公账户分9次转入44万元。法院认为，业主委员会可以认定为《刑法》第271条第1款中的"其他单位"。业主委员会账户内资金属于挪用资金罪中的"本单位资金"。行为人利用职务上的便利，挪用业主委员会账户内资金进行营利活动，同时借贷给他人、超过3个月未还的行为具有明显的社会危害性，符合挪用资金罪的构成要件。

李某海挪用资金、职务侵占案[1]

被告人李某海和孙某甲、吴某等3人共同挂靠江苏佳佳公司做生意，后被告人李某海擅自持盖有佳佳公司印章的收条至其客户公司收取货款人民币204万元。一审法院认为，李某海擅自收取的佳佳公司在中盐公司的货款人民币204万元，其所有权属于被告人李某海以及孙某甲、吴某3人，被告人所侵害的是个人合伙财产，个人合伙不属于挪用资金罪中的"本单位"，因此被告人李某海的行为不构成挪用资金罪。二审法院也认同了此观点。

韩某彪挪用资金案[2]

布袋壕公司性质上是有限责任公司，法定代表人韩某甲（系韩某彪堂兄），持股20%，韩某彪持股80%。2014年韩某甲将其20%的股权以920万元转让给韩某彪，韩某彪是公司实际控制人。2016年，韩某彪为逃避法院的民事执行案件，虚构股权转让的相关材料，将其持有的布袋壕公司80%的股

---

[1] 参见江苏省苏州市中级人民法院刑事判决书，(2015) 苏中刑二终字第00125号。
[2] 参见陕西省清涧县人民法院刑事判决书，(2019) 陕0830刑初55号。

权变更到其亲戚李某甲名下，韩某彪仍为该公司实际控制人。韩某彪共使用布袋壕公司转出的资金 19,798,903 元，用于还贷、交资源价款、子女留学费用、支付韩某甲股权购买款、个人生活开支。法院认为，布袋壕公司是韩某彪实际控制的一人公司，其对布袋壕公司的资金具有完全的支配权。韩某彪的挪用行为是典型的股东个人资产与公司资产混同的表现，其挪用公司资金并不涉及损害其他股东利益的问题，亦无其他社会危害性。韩某彪应对公司债务承担民事连带责任，而非刑事责任。

二、是否侵害单位财产的使用、收益权

挪用资金罪中"归个人使用"的本质是违背单位意志将单位"公款"挪作"私用"，侵害单位对财产的支配权、收益权。即使行为人挪出单位资金，改变资金原定用途，但仍然用于公司经营和发展，也不构成挪用资金罪。此外，可以在资金流转是否本质上体现了单位意志、单位是否知悉、符合单位利益等角度进行辩护。

【典型案例】

姚某某挪用资金案

（人民法院案例库入库案例：2023-16-1-227-001）[①]

为投资某上市项目，博某公司作为普通合伙人出资 25 万元，韩某某、朱某某、陆某某、张某作为有限合伙人每人出资 625 万元，投资设立润某企业。原审被告人姚某某作为执行事务合伙人博某公司委派的代表，负责润某企业经营管理事务。2012 年 10 月 26 日，原审被告人姚某某将润某企业账户中的 2500 万元转入博某公司账户，加上博某公司原有资金经过陆某某账户转入陈某某账户 1108 万元，转入沈某某账户 1800 万元。2012 年 11 月 8 日通过陆某某账户和博某公司账户筹集资金 1630 万元，经过博某公司账户返还到润某企

---

① 参见江苏省高级人民法院刑事裁定书，（2019）苏刑抗 3 号。

业用于投资某上市项目。后因润某企业退出项目，原审被告人姚某某于2013年6月24日、8月1日、9月29日分别将项目退还的投资款1097.6万余元、600万元、130万元从润某企业账户转到博某公司账户，再经过陆某某账户转到陈某某、王某某、吴某、张某、苏州某运输公司等个人或单位账户。法院认为，姚某某将润某企业2500万元转入陆某某账户的行为，虽在形式上有抗诉机关所述的"资金从单位到个人的流转过程"，但姚某某的上述行为未侵犯润某企业的资金使用收益权，其行为不构成挪用资金罪。

三、挪用资金是否"归个人使用"

挪用资金罪的客观方面表现为利用职务上的便利挪用本单位资金归个人使用或者借贷给他人两种情形。其中"归个人使用"的情形意指将资金"挪作私用"，而不包含"挪作公用"（归公司所用）。在挪用资金罪"归个人使用"的规定中，包含个人决定以单位名义将单位的资金用于另一个单位，以谋取个人利益的情形。此时如果删去"谋取个人利益"这一条件，无论是"以单位名义使用"还是"供其他单位使用"都不能归入"归个人使用"的情形。因此认定行为人"谋取个人利益"是此种情形下构成挪用资金罪的必备要件。那也就是说，如果资金始终在单位之间流转，没有归个人使用或没有证据证明归个人使用，无法构成挪用资金罪。当然，该辩点离不开对证据规则的运用以及对条文规范的解读。

【典型案例】

张某甲诈骗、单位行贿、挪用资金再审改判无罪案

（人民法院案例库入库案例：2023-16-1-222-001）[①]

1997年3月，原审被告人张某甲与某丁公司董事长陈某、某庚公司董事长田某商定，用某丁公司的4000万元资金申购新股谋利。同年3月27日，

[①] 参见最高人民法院刑事判决书，（2018）最高法刑再3号。

某丁公司的4000万元资金转至某甲公司关联公司某乙中心在国某证券公司北京方庄营业部开设的股票账户，张某丙根据张某甲的安排具体负责申购新股。为规避风险，某丁公司计财部与某乙中心签订了委托投资国债协议及抵押合同。同年7月，因中国人民银行检查，张某甲、陈某与田某商定，再从某丁公司转出5000万元至某庚公司所兼管的某辛公司。某辛公司将4000万元转至某乙中心账户，用于向某丁公司归还前次4000万元款项。同年8月19日，某乙中心归还了某丁公司4000万元。同年9月3日、9日，某乙中心和某辛公司又分两次共归还某丁公司5000万元。法院认为，张某甲伙同陈某、田某挪用某丁公司资金归个人使用、为个人谋利的事实不清、证据不足。涉案资金均系在单位之间流转，反映的是单位之间的资金往来，无充分证据证实归个人使用、无充分证据证实挪用资金为个人谋利，行为人不构成挪用资金罪。

四、一人公司是否存在财产混同

一人公司相比出资股东在形式上具有更强的聚合性，利益上往往存在深度绑定，更容易存在人格混同、财产混同。公司账户和个人账户资金混同既是可能导致案件发生的原因，也是出罪辩护的有力辩点。如果无法证明一人公司的法定代表人与其公司的财产存在混同，或者无法证明挪用的资金是公司财产还是个人财产，则此时不满足挪用资金罪的客观要件之"归个人使用"，因此不构成挪用资金罪。

【典型案例】

张某磊挪用资金案[①]

2014年4月，张某磊分别代表某成惠州分公司、某成鑫公司签订双方《投资协议》，约定某成惠州分公司向某成鑫公司的土地项目投资54万元人民币，占出资总额的100%。2014年5月27日，张某磊将顿成公司账户中的

---

① 参见广东省惠州市中级人民法院刑事判决书，（2018）粤13刑终227号。

54 万元转入某成鑫公司账户，同年 5 月 30 日，某成鑫公司与卓某、周某签订《合作开发协议》，约定某成鑫公司投资开发卓某、周某的一块土地。法院认为，某成鑫公司虽然是上诉人张某磊单独出资成立的一人有限责任公司，但原公诉机关没有提供证据证明该公司成立后有从事涉案土地之外的其他经营业务，也没有提供证据证明上诉人的个人财产与某成鑫公司的财产有混同，因此现有证据不能证实上诉人张某磊需要对某成鑫公司的债务承担连带责任，上诉人张某磊将某成公司的 54 万元划入其一人有限责任公司的行为不能被认定为归其本人使用。

五、挪用的资金是否属于本单位的资金

对于公司负责人使用个人账户流转公司资金，账户内个人资金和公司资金混同，现有证据不足以证明其使用的系"本单位资金"的，依法不以挪用资金罪论处。此外，还应考察"被害单位"是否对资金具有所有权、控制权，如果行为人挪用与被害单位挂靠、合伙、联营等形式所获得的资金，或者转移、使用名为"预付款"，实为已完工、已交付项目扣除管理费用后的余款，则不能将挪用的款项简单认为是被害单位的资金。

【典型案例】

张某国挪用资金案

（人民法院案例库入库案例：2024-03-1-227-001）[①]

被告人张某国注册成立某商贸公司，2013 年年底司某入股，2 人商定公司除正常经营外，可对外拆借资金赚取利息，并将张某国个人账户作为公司账户使用。2014 年至 2015 年，某水利公司向张某国个人账户转账近 1000 万元用于归还某商贸公司借款，张某国将其中 200 万元用于偿还信用卡等。另查明，张某国与某水利公司负责人侯某等人存在其他经济往来，使用个人账

[①] 参见内蒙古自治区包头市中级人民法院刑事判决书，(2022) 内 02 刑终 233 号。

户收转自有资金，用自有资金为某商贸公司垫付工资、税费、旅游费等支出，截至案发某商贸公司账面欠张某国700万余元。法院认为，对于公司负责人使用个人账户流转公司资金，账户内个人资金和公司资金混同，现有证据不足以证明其使用的系"本单位资金"的，依法不以挪用资金罪论处。

吴某甲挪用资金、职务侵占案①

被告人吴某甲将某中学围墙后面的土地分成8块分别以村委会的名义卖给唐甲、柏某甲、熊某甲、熊某乙4人，并以村委会的名义收取上述土地转让费每户近5万元，没有记入村财务收入账，该宗土地手续在案发时尚未办理。吴某甲将这笔土地转让费中的16万元借给其外家弟弟刘某甲扩建水泥厂，至本案案发时未还。二审时，被告人吴某甲将4购地户的款项全部退还，并将加盖寿雁村村委会公章的收款收据收回。法院认为，上诉人吴某甲挪用的该项资金不属于村集体资金，是唐甲等购地户的资金，其行为侵害的客体与挪用资金罪客体不符，故上诉人吴某甲不构成挪用资金罪。

六、行为人挪用时间是否超过3个月

1998年《最高人民法院关于审理挪用公款案件具体应用法律若干问题的解释》第4条规定，"多次挪用公款不还，挪用公款数额累计计算；多次挪用公款，并以后次挪用的公款归还前次挪用的公款，挪用公款数额以案发时未还的实际数额认定"。

【典型案例】

崔某挪用资金案

（人民法院案例库入库案例：2023-05-1-227-001）②

2015年3月9日，被告人崔某利用担任协会副秘书长及办公室主任的职

---

① 参见湖南省永州市中级人民法院刑事判决书，（2014）永中法刑终字第16号。
② 参见上海市浦东新区人民法院刑事判决书，（2016）沪0115刑初65号。

务便利，分 4 次挪用了某协会的资金，金额分别为 350 万元、360 万元、86 万元、360 万元，以某协会的名义对外借款，金额分别为 350 万元、360 万元、460 万元，截至案发尚欠广某公司 460 万元未归还。法院认为，对于欠广某公司 460 万元至案发时尚不满 3 个月，依法不能认定为刑罚当罚性层面的挪用资金行为，所以被告人的犯罪金额应认定为是其挪用后超过 3 个月仍未归还的部分。

七、行为人挪用的资金是否达到相应金额标准

现行挪用资金罪中的"数额较大"、"数额巨大"以及"数额特别巨大"分别对应不同的数额起点，辩护时需围绕追诉金额是否达到相关标准，结合法律适用问题进行审查。同时，还需注意分析办案机关认定的金额是否包含行为人挪用的资金进行营利活动所产生的利息、利润、收益等，是否包含了非由单位所有、控制的资金，或者是非属于本罪犯罪对象的物等，从而争取最终达到减少涉案资金金额、降低刑罚档次的辩护效果。

【典型案例】

杨某犯职务侵占、挪用资金案[①]

被告人杨某自 2014 年 7 月至 2015 年 2 月担任洪运物业管理有限公司经理期间，利用协助收取客户租金和物业费的职务之便，采取从客户处截留费用不上交公司的方式，挪用公司资金共计人民币 72,060 元。法院认为，被告人杨某利用担任公司经理的职务之便，挪用公司资金 72,060 元供个人使用，超过 3 个月未还，依据从旧兼从轻原则，其数额未达到 2016 年《最高人民法院、最高人民检察院关于办理贪污贿赂刑事案件适用法律若干问题的解释》规定的关于挪用资金罪数额较大的标准，因此不构成挪用资金罪，公诉机关指控的罪名不成立。

[①] 参见安徽省安庆市大观区人民法院刑事判决书，（2016）皖 0803 刑初 13 号。

陈某平职务侵占案[1]

2007年3月至11月，被告人陈某平利用自己担任广浦公司业务员之机，采用转账、提现、存入个人账号等方式擅自挪用公司款项1,008,369.98元，用于偿还个人债务等其他活动，将公司15万元公款非法占为己有。法院认为，综合在案证据，鉴定机构未经审核、鉴定，直接引用公司凭证记载的被告人陈某平欠广浦公司款金额，进行个别增减后作为被告人陈某平未交广浦公司金额，缺乏客观性、公正性和全面性，公诉机关以此为基础确认被告人陈某平的挪用资金数额，指控被告人陈某平犯挪用资金罪，事实不清，证据不足，不予确认。

八、行为人的挪用行为是否超过追诉时效

根据《刑法》第87条的规定，犯罪经过下列期限不再追诉：法定最高刑为不满5年有期徒刑的，经过5年；法定最高刑为5年以上不满10年有期徒刑的，经过10年；法定最高刑为10年以上有期徒刑的，经过15年；法定最高刑为无期徒刑、死刑的，经过20年。如果20年以后认为必须追诉，须报请最高人民检察院核准。挪用资金罪中，一般情况下，处3年以下有期徒刑或者拘役的，追诉时效为5年；处3年以上7年以下有期徒刑的，追诉时效为10年；处7年以上有期徒刑的，追诉时效为15年。

【典型案例】

吴某庆、吴某福等挪用资金、职务侵占案[2]

2008年7月，村民吴某找到该村组长吴某庆，以其经营的水产品经营部资金紧张为由请求借用部分集体资金周转一个月，并表示会按银行的活期存款利率支付利息，吴某庆将此事告知村会计吴某文、出纳吴某福，3人经商量后于2008年7月14日出借了300万元给吴某。2008年12月18日至2009年

---

[1] 参见安阳市文峰区人民法院刑事判决书，(2010) 文刑初字第199号。
[2] 参见广东省湛江市中级人民法院刑事判决书，(2020) 粤08刑终250号。

1月6日，吴某分3次向吴某福个人账户转账归还3,009,732元（其中本金300万元，利息9732元）。2009年1月13日，吴某福将其中的2,868,985.26元转账存入龙腾下村账户。法院认为，本案应适用2016年《最高人民法院、最高人民检察院关于办理贪污贿赂刑事案件适用法律若干问题的解释》。按照该解释，挪用资金300万元属数额较大的情形，法定刑应为3年以下有期徒刑或者拘役，故本案挪用资金罪的追诉时效应为5年。自吴某福在追诉期内犯后罪之日的2009年1月13日开始计算5年，挪用资金罪追诉期限至2014年1月13日届满，本案行为人挪用资金的犯罪行为已过追诉时效。

第三章　非法吸收公众存款罪

第一节　非法吸收公众存款罪的定罪与量刑

一、非法吸收公众存款罪的罪名概述

非法吸收公众存款罪是指违反国家金融管理法规，非法吸收公众存款或者变相吸收公众存款，扰乱金融秩序的行为。《刑法》第176条规定："非法吸收公众存款或者变相吸收公众存款，扰乱金融秩序的，处三年以下有期徒刑或者拘役，并处或者单处罚金；数额巨大或者有其他严重情节的，处三年以上十年以下有期徒刑，并处罚金；数额特别巨大或者有其他特别严重情节的，处十年以上有期徒刑，并处罚金。单位犯前款罪的，对单位判处罚金，并对其直接负责的主管人员和其他直接责任人员，依照前款的规定处罚。有前两款行为，在提起公诉前积极退赃退赔，减少损害结果发生的，可以从轻或者减轻处罚。"

非法吸收公众存款罪属于涉众型金融犯罪，涉案金额大，受害群众广。非法吸收公众存款罪与集资诈骗罪同属于非法集资犯罪，非法集资犯罪案件在金融犯罪案件中占比最大。《2023年度上海金融检察白皮书》显示，上海市非法集资案件在金融犯罪案件占比保持七成以上。《北京市检察机关金融检察白皮书（2021—2023年）》显示，非法集资犯罪案件占金融犯罪案件总数的87%。2023年，由中国司法大数据研究院等单位发布的《中国金融机构从业人员犯罪问题研究白皮书（2022）》显示，2015年至2022年，全国法院审结的金融机构从业人员犯罪案件中，非法吸收公众存款罪占比最高（占

比22.43%）。

非法吸收公众存款罪的立法沿革与我国经济发展进程紧密关联。1995年，全国人大常委会发布《关于惩治破坏金融秩序犯罪的决定》，将非法吸收公众存款罪规定在单行刑法中，最高量刑为10年有期徒刑。1997年，非法吸收公众存款罪正式规定于《刑法》分则中，全文吸收《关于惩治破坏金融秩序犯罪的决定》中对非法吸收公众存款罪的规定。2021年实施的《刑法修正案（十一）》则加大了对非法吸收公众存款罪的惩治力度，将量刑由原来的二个档位调整为三个档位，即3年以下有期徒刑或者拘役，并处或者单处罚金；3年以上10年以下有期徒刑，并处罚金；10年以上有期徒刑，并处罚金。

二、非法吸收公众存款罪的定罪要点

非法吸收公众存款罪的定罪要点主要分为两个方面。一是非法吸收公众存款的客观方面的认定，包括非法吸收公众存款行为以及金额的认定。二是非法吸收公众存款主观方面的认定，即"主观故意"认定。尤其是涉案行为人较多的案件，不同层级的行为人对犯罪的主观认识程度及意志追求程度不同，需单独评价。

（一）非法吸收公众存款行为的认定

非法吸收公众存款行为的认定是非法吸收公众存款罪认定的核心。根据2022年修正的《最高人民法院关于审理非法集资刑事案件具体应用法律若干问题的解释》第1条，非法吸收公众存款的行为必须同时具备以下4个特征：（1）未经有关部门依法许可或者借用合法经营的形式吸收资金；（2）通过网络、媒体、推介会、传单、手机信息等途径向社会公开宣传；（3）承诺在一定期限内以货币、实物、股权等方式还本付息或者给付回报；（4）向社会公众即社会不特定对象吸收资金。以上4个特征可总结为："非法性""公开性""利诱性""社会性"。

其中"非法性"是非法吸收公众存款犯罪的首要特征。根据2019年《最高人民法院、最高人民检察院、公安部关于办理非法集资刑事案件若干问题的意见》第1条,"非法性"的认定应当以国家金融管理法律法规作为依据。对于国家金融管理法律法规仅作原则性规定的,可以根据法律规定的精神并参考中国人民银行、中国银行保险监督管理委员会、中国证券监督管理委员会等行政主管部门依照国家金融管理法律法规制定的部门规章或者国家有关金融管理的规定、办法、实施细则等规范性文件的规定予以认定。"非法"可分为两种情况,第一种情况是单位或个人,包括非银行金融机构,未经国务院银行业监督管理机构批准,面向社会吸收公众存款或者变相吸收公众存款。第二种情况是行为人虽然具有吸收存款的主体资格,但吸收公众存款的方式违反了金融管理法律规定,比如非法提高存款利率等。"公开性"是指行为人利用网络、传单、推介会等对外公开宣传。实践中宣传的方式和途径较为多样,总体上分为主动宣传和放任扩散两种宣传方式,宣传途径则不固定,可以是线上也可以是线下,其目的是让不特定公众能够了解"集资信息"。"利诱性"即行为人承诺在一定期限内以货币、实物、股权等方式还本付息或者给付回报。行为人承诺的利息或者回报往往很高,从而不断吸引"投资者"参与到非法集资当中。"社会性"则要求行为人必须向社会不特定对象吸收存款,"不特定公众"指的除了自己及与自己有一定关系(交往)的人(或团体)之外的所有人,如若吸收存款的对象是亲朋好友、单位内部人员等特定群体,不构成非法吸收公众存款罪。

实践中,非法吸收公众存款罪的行为方式、手段、名目十分多样,且伴随现代科技的发展不断翻新。根据2022年修正的《最高人民法院关于审理非法集资刑事案件具体应用法律若干问题的解释》第2条,2017年《最高人民检察院关于办理涉互联网金融犯罪案件有关问题座谈会纪要》第8条规定,以下行为属于非法吸收公众存款行为:(1)不具有房产销售的真实内容或者不以房产销售为主要目的,以返本销售、售后包租、约定回购、销售房产份额等方式非法吸收资金的;(2)以转让林权并代为管护等方式非法吸收资金的；(3) 以代种植（养殖）、租种植（养殖）、联合种植（养殖）等方式非法吸收资金的；(4) 不具有销售商品、提供服务的真实内容或者不以销售商品、提供服务为主要目的，以商品回购、寄存代售等方式非法吸收资金的；(5) 不具有发行股票、债券的真实内容，以虚假转让股权、发售虚构债券等方式非法吸收资金的；(6) 不具有募集基金的真实内容，以假借境外基金、发售虚构基金等方式非法吸收资金的；(7) 不具有销售保险的真实内容，以假冒保险公司、伪造保险单据等方式非法吸收资金的；(8) 以网络借贷、投资入股、虚拟币交易等方式非法吸收资金的；(9) 以委托理财、融资租赁等方式非法吸收资金的；(10) 以提供"养老服务"、投资"养老项目"、销售"老年产品"等方式非法吸收资金的；(11) 利用民间"会""社"等组织非法吸收资金的；(12) 其他非法吸收资金的行为；(13) 中介机构以提供信息中介服务为名，实际从事直接或间接归集资金，甚至自融或变相自融等行为吸收资金的；(14) 中介机构与借款人合谋或者明知借款人存在违规情形，仍为其非法吸收公众存款提供服务的；(15) 中介机构与借款人合谋，采取向出借人提供信用担保、通过电子渠道以外的物理场所开展借贷业务等违规方式向社会公众吸收资金的；(16) 中介机构与借款人合谋通过拆分融资项目期限、实行债权转让等方式为借款人吸收资金的；(17) 借款人故意隐瞒事实，违反规定，以自己名义或借用他人名义利用多个网络借贷平台发布借款信息，借款总额超过规定的最高限额，或将吸收资金用于明确禁止的投资股票、场外配资、期货合约等高风险行业，造成重大损失和社会影响的。

在陈某先非法吸收公众存款案（人民法院案例库入库案例：2024-03-1-113-001）中，2010年1月，陈某先担任某担保公司实际控制人，经营银行贷款担保等业务。2011年至2013年，陈某在未经有关部门依法许可的情况下，以月息1分5至2分5的高额回报为诱饵，通过口口相传的方式进行宣传，共向46名社会不特定对象吸收存款1823万元。一审、二审法院均判决陈某先构成非法吸收公众存款罪。案件裁判要旨指出："公开性是指向社会不特定对象公开宣传，包括以各种途径向社会公众传播吸收资金的信息，以及明知吸收资金的信息向社会扩散而予以放任等情形。行为人以明示或暗示方式主动授意，或在获悉存在口口相传向社会人员吸收资金时不予控制或排斥，对社会人员直接或以内部人员名义投入的资金均予以吸收的，可以认定为以口口相传的方式向社会不特定对象公开宣传。"[1]

（二）非法吸收公众存款罪的主观故意认定

非法吸收公众存款罪要求行为人主观上具有吸收公众存款的故意，即行为人明知自己非法吸收公众存款的行为会造成扰乱金融秩序的危害结果，仍希望或者放任该种结果发生。2017年《最高人民检察院关于办理涉互联网金融犯罪案件有关问题座谈会纪要》第9条、第10条规定，在非法吸收公众存款罪中，原则上认定主观故意并不要求以明知法律的禁止性规定为要件。特别是具备一定涉金融活动相关从业经历、专业背景或在犯罪活动中担任一定管理职务的犯罪嫌疑人，应当知晓相关金融法律法规及管理规定，如果有证据证明其实际从事的行为应当批准而未经批准，行为在客观上具有非法性，原则上就可以认定其具有非法吸收公众存款的主观故意。在证明犯罪嫌疑人的主观故意时，可以收集运用犯罪嫌疑人的任职情况、职业经历、专业背景、培训经历、此前任职单位或者其本人因从事同类行为受到处罚情况等证据。对于无相关职业经历、专业背景，且从业时间短暂，在单位犯罪中层级较低，纯属执行单位领导指令的犯罪嫌疑人提出辩解的，如确实无其他证据证明其具有主观故意，则可以不作为犯罪处理。以上规定可总结为行为人如若对自己的行为具有"非法性"认知或认知的可能，一般可认定行为人具有非法吸收公众存款的主观故意。

非法吸收公众存款罪要求行为人主观上不具有非法占有目的。不同于集资诈骗罪，非法吸收公众存款的目的一般是利用吸收的资金进行营利。对于行为人"非法占有目的"的判断可参考集资诈骗罪的认定章节。本文列举几种常见的"具有非法占有目的"的情形，2022年修正的《最高人民法院关于

---

[1] 参见山东省滨州市中级人民法院刑事判决书，(2023) 鲁16刑终6号。

审理非法集资刑事案件具体应用法律若干问题的解释》第 7 条第 2 款规定，具有以下情形之一，可以认定为"以非法占有为目的"：（1）集资后不用于生产经营活动或者用于生产经营活动与筹集资金规模明显不成比例，致使集资款不能返还的；（2）肆意挥霍集资款，致使集资款不能返还的；（3）携带集资款逃匿的；（4）将集资款用于违法犯罪活动的；（5）抽逃、转移资金、隐匿财产，逃避返还资金的；（6）隐匿、销毁账目，或者搞假破产、假倒闭，逃避返还资金的；（7）拒不交代资金去向，逃避返还资金的；（8）其他可以认定非法占有目的的情形。

（三）非法吸收公众存款的数额认定

非法吸收公众存款的数额、吸收存款人数、所造成的损失，决定了行为人是否构成犯罪以及刑罚的轻重。2022 年《最高人民检察院、公安部关于公安机关管辖的刑事案件立案追诉标准的规定（二）》第 23 条规定，非法吸收公众存款或者变相吸收公众存款，扰乱金融秩序，涉嫌下列情形之一的，应予立案追诉：（1）非法吸收或者变相吸收公众存款数额在 100 万元以上的；（2）非法吸收或者变相吸收公众存款对象 150 人以上的；（3）非法吸收或者变相吸收公众存款，给集资参与人造成直接经济损失数额在 50 万元以上的。非法吸收或者变相吸收公众存款数额在 50 万元以上或者给集资参与人造成直接经济损失数额在 25 万元以上，同时涉嫌下列情形之一的，应予立案追诉：（1）因非法集资受过刑事追究的；（2）2 年内因非法集资受过行政处罚的；（3）造成恶劣社会影响或者其他严重后果的。

非法吸收公众存款的数额认定是实务中的难点，其认定规则与集资诈骗罪的数额认定存在区别。根据 2022 年修正的《最高人民法院关于审理非法集资刑事案件具体应用法律若干问题的解释》第 6 条，2019 年《最高人民法院、最高人民检察院、公安部关于办理非法集资刑事案件若干问题的意见》第 5 条，以及 2017 年《最高人民检察院关于办理涉互联网金融犯罪案件有关问题座谈会纪要》第 11 条规定，非法吸收公众存款数额认定规则总结如下：（1）数额以行为人参与吸收的资金全额计算；（2）行为人退还部分不扣除，作为量刑情节考虑;(3) 行为人已支付给投资人的本金和利息不能扣除;(4) 反复投资的本金、利息累计计算,作为量刑情节考虑;(5) 犯罪嫌疑人自身及其近亲属所投资的资金不计入犯罪数额;(6) 记录在犯罪嫌疑人名下,但其未实际参与吸收且未从中收取任何形式好处的资金不计入犯罪数额。

三、非法吸收公众存款罪与集资诈骗罪的对比

非法吸收公众存款罪与集资诈骗罪同属于非法集资犯罪。二者的行为模式较为相似,均需满足"非法性""公开性""利诱性""社会性"4个基本特征。行为人主观上是否具有"非法占有目的"是区分非法吸收公众存款罪与集资诈骗罪的关键。相较而言,非法吸收公众存款罪量刑更轻。非法吸收公众存款罪与集资诈骗罪的具体对比情况详见表1-3-1。

表1-3-1 非法吸收公众存款罪与集资诈骗罪的对比

对比要点	非法吸收公众存款罪	集资诈骗罪
犯罪主体	单位、自然人	
侵犯客体	国家金融管理秩序	国家金融管理秩序、出资人的财产所有权
主观方面	故意,利用集资款盈利为目的	故意,以非法占有集资款为目的
行为方式	非法吸收公众存款或者变相吸收公众存款,不要求虚构事实或隐瞒真相	采用虚构事实、隐瞒真相的诈骗方法非法集资
犯罪对象	社会不特定群体的存款	社会不特定群体的财产
行为特征	(1) 非法性,即违反国家金融管理法律规定,未经有关部门依法许可或者借用合法经营的形式吸收资金 (2) 公开性,通过网络、媒体、推介会、传单、手机信息等途径向社会公开宣传 (3) 利诱性,承诺在一定期限内以货币、实物、股权等方式还本付息或者给付回报 (4) 社会性,向社会公众即社会不特定对象吸收资金	

续表

对比要点	非法吸收公众存款罪	集资诈骗罪
追诉标准	具有以下情形之一： （1）非法吸收或者变相吸收公众存款数额在100万元以上的； （2）非法吸收或者变相吸收公众存款对象150人以上的； （3）非法吸收或者变相吸收公众存款，给集资参与人造成直接经济损失数额在50万元以上的； （4）非法吸收或者变相吸收公众存款数额在50万元以上或者给集资参与人造成直接经济损失数额在25万元以上，同时涉嫌下列情形之一的，应予立案追诉： ①因非法集资受过刑事追究的； ②2年内因非法集资受过行政处罚的； ③造成恶劣社会影响或者其他严重后果的	集资诈骗数额10万元以上
法定刑	（1）扰乱金融秩序的（达到立案追诉标准的），处3年以下有期徒刑或者拘役，并处或者单处罚金； （2）数额巨大或者有其他严重情节的，处3年以上10年以下有期徒刑，并处罚金； （3）数额特别巨大或者有其他特别严重情节的，处10年以上有期徒刑，并处罚金	（1）数额较大的，处3年以上7年以下有期徒刑，并处罚金； （2）数额巨大或者有其他严重情节的，处7年以上有期徒刑或者无期徒刑，并处罚金或者没收财产

四、非法吸收公众存款罪的量刑标准

非法吸收公众存款罪主要根据"非法吸收公众存款的数额""吸收存款人数""造成的直接经济损失数额"3个要素定罪量刑。2019年《最高人民法院、最高人民检察院、公安部关于办理非法集资刑事案件若干问题的意见》第6条规定，要根据行为人的客观行为、主观恶性、犯罪情节及其地位、作用、层级、职务等情况，综合判断行为人的责任轻重和刑事追究的必要性，按照区别对待原则分类处理涉案人员。其中，非法集资犯罪活动的组织者、领导者和管理人员属于重点惩处对象。根据2022修正的《最高人民法院关于审理非法集资刑事案件具体应用法律若干问题的解释》第3条至第5条、第9条的规定，非法吸收公众存款罪的具体量刑标准见表1-3-2。

表1-3-2 非法吸收公众存款罪量刑标准

档位	具体情形	法定刑
立案追诉	具有以下情形之一： （1）非法吸收或者变相吸收公众存款数额在100万元以上的； （2）非法吸收或者变相吸收公众存款对象150人以上的； （3）非法吸收或者变相吸收公众存款，给集资参与人造成直接经济损失数额在50万元以上的； （4）非法吸收或者变相吸收公众存款数额在50万元以上或者给集资参与人造成直接经济损失数额在25万元以上，同时涉嫌下列情形之一，应予立案追诉： ①因非法集资受过刑事追究的； ②2年内因非法集资受过行政处罚的； ③造成恶劣社会影响或者其他严重后果的	3年以下有期徒刑或者拘役。并处或者单处罚金。罚金数额为5万元以上100万元以下
数额巨大或者有其他严重情节	具有以下情形之一： （1）非法吸收或者变相吸收公众存款数额在500万元以上的； （2）非法吸收或者变相吸收公众存款对象500人以上的； （3）非法吸收或者变相吸收公众存款，给存款人造成直接经济损失数额在250万元以上的； （4）非法吸收或者变相吸收公众存款数额在250万元以上或者给存款人造成直接经济损失数额在150万元以上，同时造成恶劣社会影响或者其他严重后果的	3年以上10年以下有期徒刑，并处罚金。罚金数额为10万元以上500万元以下

续表

档位	具体情形	法定刑
数额特别巨大或者有其他特别严重情节	具有以下情形之一： （1）非法吸收或者变相吸收公众存款数额在5000万元以上的； （2）非法吸收或者变相吸收公众存款对象5000人以上的； （3）非法吸收或者变相吸收公众存款，给存款人造成直接经济损失数额在2500万元以上的； （4）非法吸收或者变相吸收公众存款数额在2500万元以上或者给存款人造成直接经济损失数额在1500万元以上，同时造成恶劣社会影响或者其他严重后果的	10年以上有期徒刑，并处罚金。罚金数额为50万元以上

第二节　非法吸收公众存款罪的核心辩护要点

非法吸收公众存款罪的辩护逻辑可以依照非法吸收公众存款罪的构成要件展开。在客观构成要件上，辩护的核心可围绕非法吸收公众存款罪的行为认定。非法吸收公众存款行为必须满足4个基本特征："非法性""公开性""利诱性""社会性"。辩护人可就行为人的行为是否满足这4个特征发表辩护意见。此外，还需关注非法吸收公众存款的数额、吸收存款人数、造成的直接经济损失是否有误、是否达到量刑标准。在主观构成要件上，辩护人需从行为人的客观行为判断行为人主观心态。如若行为人没有非法吸收公众存款的故意，则不构成非法吸收公众存款罪。实践中，司法机关还会重点审查行为人主观上是否具有"非法占有目的"，如若行为人主观上具有非法占有目的，则构成量刑更重的集资诈骗罪。辩护人应结合全案证据，制定有效辩护策略。

一、行为人实施的行为是否满足"非法性""公开性""利诱性""社会性"4个特征

非法吸收公众存款或者变相吸收公众存款的行为，必须同时满足"非法性""公开性""利诱性""社会性"特征。辩护人可针对上述4个特征展开辩护。尤其是"公开性"和"利诱性"两个特征，"公开性"注重行为人宣传的公开性。对"公开性"的判定，需着重判断行为人的宣传方式。实践中，如若行为人只在单位内部等特定范围宣传信息，则不属于向社会公开宣传。"社会性"要求吸收存款的对象为不特定公众。"不特定公众"是指除自己及与自己有一定关系（交往）的人（或团体）之外的所有人。"社会性"特征的判定有两个要点，一是集资参与人与行为人的关系，二是行为人推广吸收存款消息的宣传途径及范围。司法实践中，司法机关首先会判断集资参与人是否是行为人的亲属、朋友、同事、同学、邻居、合伙人等。如果非以上关系，进一步查明行为人有无针对不特定人员进行宣传。如若集资参与人与犯罪嫌疑人存在特定关系，则不满足"社会性"特征，不构成非法吸收公众存款罪。

【典型案例】

陈某某等集资诈骗、非法吸收公众存款案

（人民法院案例库入库案例：2024-04-1-113-002）[①]

陈某某吸收资金的对象中，国某某、贺某、钟某某等人与陈某某是租户与房东关系；李某、翁某某与陈某某是同事关系；黄某某、蒙某某、伍某某系通过陈某某的妻子介绍认识。本案12名借款人均为特定对象，而非社会上的不特定人。而陈某某并未通过短信、传单等向社会公开宣传需要资金。广东省广州市黄埔区人民法院认为：认定行为人是否构成非法吸收公众存款罪，必须坚持主客观相统一原则，严格把握非法集资需同时具备的非法性、公开

[①] 参见广东省广州市黄埔区人民法院刑事判决书，（2019）粤0112刑初861号。

性、利诱性、社会性 4 个特征，特别是要准确把握非法吸收公众存款罪的公开性、社会性特征。行为人仅向与其具有相对特定关系的个人借款，后由企业经营不善导致亏损无法偿还借款的，其行为不构成非法吸收公众存款罪。

刘某非法吸收公众存款案①

2010 年前后，刘某因经营烟酒门市需要，多次在马某经营的汽贸公司购买车辆，其间认识了马某及其兄弟马某峰、姑父李某。2011 年至 2014 年，刘某多次向马某、李某及该 2 人介绍的其他人借款。借款利息为月利息 2—2.5 分。一审法院山西省保德县人民法院认为，刘某违反国家金融管理法规，未经允许，以高利息为诱惑向不特定的人吸收资金 355.6 万元，数额巨大，构成非法吸收公众存款罪。但二审法院经审理认为，刘某在马某经营的汽贸公司向购车顾客介绍自己急需资金的情况，考虑其宣传的方式及信息接受人员的范围局限性等因素，不属于刑法意义上的"向社会公开宣传"。本案不存在刘某对于其吸收资金的信息向社会公众扩散而予以放任的情形。另外，刘某共向 6 人借款，其中马某、马某峰、李某与刘某在借款前即已相识，其他 3 人分别与介绍人马某或李某存在特定关系，故本案中借款指向的对象明显不具有广泛性和不特定性，不具备非法吸收公众存款罪要求"向社会不特定对象吸收资金"的要件。最终，山西省忻州市中级人民法院判决刘某无罪。

二、犯罪数额认定是否有误

非法吸收公众存款的数额是本罪的辩护重点之一。辩护人需结合在案证据，确认、核实是否存在犯罪数额计算错误的情形。根据 2017 年《最高人民检察院关于办理涉互联网金融犯罪案件有关问题座谈会纪要》第 13 条的规定，仅凭投资人的报案数据不能认定吸收金额。因此，对于仅有集资参与人言词证据，没有其他凭证的情况，可以主张扣除该部分金额。基于非法吸收公众存款罪的"社会性"特征，行为人本人、亲属、单位内部人员的投资金

---

① 参见山西省忻州市中级人民法院刑事判决书，（2019）晋 09 刑终 369 号。

额应当扣除。另外，根据2019年《最高人民法院、最高人民检察院、公安部关于办理非法集资刑事案件若干问题的意见》第5条的规定，集资参与人收回本金或回报后又重新投资的数额不予扣除，但可以作为量刑情节酌情考虑。因此，辩护人可就集资参与人"反复投资"部分的金额作出特殊说明，主张从轻处罚。

【典型案例】

战某东非法吸收公众存款案[①]

2014年至2018年，战某东与何某、朱某玲等人在未获得政府部门批准的情况下，通过北京某投资公司名义，于北京市东城区东方广场租赁场地，通过电话、媒体、召开年会、推介会等公开宣传的方式，向社会公开宣传投资理财项目并承诺高额回报，向社会不特定对象非法吸收资金超2500万元，以工资、提成名义非法获利约140.67万元。一审法院认定战某东参与非法吸收资金数额为2657.97万元，非法获利140.67万元。北京市第二中级人民法院二审认为一审法院认定的具体犯罪数额有误，非法吸收公众存款罪处罚的是面向社会公众进行的非法集资行为，本人投资的金额不应计入犯罪数额，战某东以张某华名义投资的81万元，应视为战某东本人投资，从犯罪数额中扣除。

三、行为人是否具有非法吸收公众存款的故意

根据主客观相一致原则，构成非法吸收公众存款罪要求行为人主观上必须具有非法吸收公众存款的故意。其中，行为人的任职情况、职业经历、专业背景、培训经历以及是否受到行政处罚或者刑事追究是判断行为人是否具有非法吸收公众存款主观故意的重要因素。行为人主观状态可以分为认识层面和意志层面。一些没有相关从业背景，在单位中的层级也较低，多数属于

[①] 参见北京市第二中级人民法院刑事裁定书，（2022）京02刑终104号。

执行单位领导指令的人,该些人员在认识层面和意志层面可能未到达犯罪故意的标准。对此类人员,辩护人可以"不具有犯罪故意"为辩护重点。

【典型案例】

曾某某非法吸收公众存款案

(人民法院案例库入库案例:2024-04-1-113-003)①

某某餐饮公司(负责人曾某某)与某某科技公司(经营"某某宝"股权众筹平台)合作。2015年至2016年,两公司签订《融资居间协议》,某某餐饮公司委托某某科技公司融资。某某科技公司在"某某宝"平台上众筹资金,向投资人承诺固定收益及本金保障。最终,400余名投资人投资共计1800余万元,某某科技公司收到融资款后向某某餐饮公司转款1700余万元。人民法院认为:曾某某属于"用资方",没有直接向投资人募集资金,未参与融资具体环节。非法集资行为的主体为某某科技公司。曾某某知道钱款源于某某宝平台,不等同于其具有非法吸收公众存款的主观故意。曾某某对于某某科技公司的具体融资模式并不明知,也不清楚资金来源与"不合格"投资人。用资方对资金来源的合法性不应具有审查义务,否则会增加用资方在融资中的法律风险。最终,北京市朝阳区人民检察院撤回对被告人曾某某的起诉。

四、行为人是否积极退赃退赔

《刑法》第176条第3款规定,"在提起公诉前积极退赃退赔,减少损害结果发生的,可以从轻或者减轻处罚"。行为人将资金实际用于生产经营,案发后能积极清退资金,配合司法机关处置财产的,在刑罚裁量上可以从轻、减轻处罚。此辩护观点属于实务中较为常见的辩护观点,积极退赃退赔反映出行为人认罪悔罪态度较好。

---

① 参见北京市朝阳区人民法院刑事裁定书,(2019)京0105刑初1754号。

【典型案例】

毛某等非法吸收公众存款案

（人民法院案例库入库案例：2023-05-1-113-001）①

毛某、毛某清、汪某珠为筹集资金，以公司发展需要为由，以个人名义、安某公司担保和3人互相担保等方式出具借条，向社会不特定对象借款，所借款项用于购买土地、工程建设、公司运营以及日常开支等。非法吸收公众存款的人数为148名，非法吸收存款达人民币27,856.3万元。至案发，毛某等人积极清退资金，公司破产清算后，剩1178万元无法归还。法院生效裁判认为，毛某、毛某清、汪某珠的行为构成非法吸收公众存款罪，数额巨大。基于本案所借款项基本用于生产经营，案发后各被告人悔罪态度好、配合处置财产、积极清退所吸资金。判处各被告人缓刑。同时裁判要旨指出："对于纯粹因'数额巨大'而提档处罚的，可在符合条件时考虑缓刑适用。在刑罚裁量上，应侧重考量集资目的及清退资金两个关键要素。"

五、行为人是否属于从犯

实践中，非法吸收公众存款罪的涉案行为人往往众多，例如公司的法人、股东、高管、业务骨干等。在共同犯罪的情况下，从犯辩护是非常重要的。《刑法》第27条规定，在共同犯罪中起次要或者辅助作用的，是从犯。对于从犯，应当从轻、减轻处罚或者免除处罚。是否属于从犯，可以根据行为人在组织架构中的层级、职责、参与度等综合进行判断。

【典型案例】

惠某某等非法吸收公众存款案

（《刑事审判参考》第488号案例）

渭南市某塔园公司违反法律规定，在没有得到批准的情况下，以高息为

---

① 参见浙江省衢州市中级人民法院刑事裁定书，(2014) 浙衢刑二终字第50号。

诱饵，向社会公众销售投资型塔位和借款，承诺到期后可退单并兑付收益。购买塔位人员高达 4334 人，非法吸收或变相吸收公众存款多达 1.07 亿元。其中，惠某某为公司直接负责人员，陈某、冯某某系公司领薪职员。法院审理后认定：某塔园公司构成非法吸收公众存款罪，陈某、冯某某在共同犯罪中起到的并非主要作用（辅助或次要作用），加上还存在立功情形，判决二者缓刑。

六、行为人是否存在自首、立功、认罪认罚等量刑情节

自首、立功、认罪认罚等属于法定量刑从宽情节。非法吸收公众存款罪的行为人在案发后积极配合公安机关调查，积极退缴违法所得，以及帮助公安机关侦破案件的，可以在量刑上争取到从轻、减轻甚至免除处罚的结果。

【典型案例】

前某等人非法吸收公众存款案

（人民法院案例库入库案例：2023-04-1-113-002）[1]

2014 年至 2017，仁某甲公司、乐某公司及关联公司以投资 P2P 理财项目返本付息为由，吸收社会不特定公众 283 人资金 8000 余万元。被告人耿某、前某、李某甲在公司分别担任集资款放贷人、债权匹配员、培训讲师。案件中，前某、李某甲、耿某在公司非法吸收公众存款行为中均起次要或辅助作用，系从犯；前某等人具有自首、坦白、积极退缴违法所得等情节，并当庭表示认罪认罚。最终法院对前某作出从轻处罚，对李某甲、耿某作出减轻处罚。

---

[1] 参见北京市第三中级人民法院刑事裁定书，(2019) 京 03 刑终 534 号。

第四章　集资诈骗罪

第一节　集资诈骗罪的定罪与量刑

一、集资诈骗罪的罪名概述

集资诈骗罪是指以非法占有为目的，使用诈骗方法非法集资，扰乱国家正常金融秩序，侵犯公私财产所有权，且数额较大的行为。《刑法》第192条规定："以非法占有为目的，使用诈骗方法非法集资，数额较大的，处三年以上七年以下有期徒刑，并处罚金；数额巨大或者有其他严重情节的，处七年以上有期徒刑或者无期徒刑，并处罚金或者没收财产。单位犯前款罪的，对单位判处罚金，并对其直接负责的主管人员和其他直接责任人员，依照前款的规定处罚。"

集资诈骗罪属于非法集资犯罪，涉案金额大，波及范围广，近些年呈现高发状态。2024年6月，上海市人民检察院发布《2023年度上海金融检察白皮书》，显示上海市非法集资案件在金融犯罪案件占比保持七成以上，诈骗名目和手段不断"升级"。2023年11月，北京市人民检察院发布《北京市检察机关金融检察白皮书（2021—2023年)》，显示非法集资犯罪案件占金融犯罪案件总数的87%。并且随着信息网络技术的发展，犯罪手段和花样不断翻新。

1995年全国人大常委会发布《关于惩治破坏金融秩序犯罪的决定》，以单行刑法形式首次规定了集资诈骗罪，并针对集资诈骗罪规定了三档法定刑，最高刑为死刑。1997年《刑法》正式将集资诈骗罪列为分则罪名，集资诈骗罪的起刑点由"三年以下有期徒刑"提升为"五年以下有期徒刑"。2015年发布《刑法修正案（九）》取消了集资诈骗罪死刑的规定，最高刑变为无期徒刑。2020年发布《刑法修正案（十一）》删除了集资诈骗罪量刑中罚金的具体金额，并将量刑幅度由原先的3个简化为两个，即"数额较大的，处三年以上七年以下有期徒刑，并处罚金；数额巨大或者有其他严重情节的，处七年以上有期徒刑或者无期徒刑，并处罚金或者没收财产"。

二、集资诈骗罪的定罪要点

集资诈骗罪的认定主要分为两个方面，第一个方面是客观上集资诈骗行为的认定，第二个方面是主观上非法占有目的认定。集资诈骗行为认定可拆分为"诈骗方法""非法集资"两个认定要点。主观上的"非法占有目的"认定是本罪认定的核心，也是实务中的难点。除此之外，犯罪主体、犯罪数额也是集资诈骗罪认定过程中必不可少的要素。

（一）集资诈骗行为的认定

集资诈骗是指使用诈骗方法非法集资。"诈骗方法"可理解为采用虚构事实或隐藏真相的方法，实践中诈骗方法、名目、手段较为多样，一般以"高回报"为诱饵。"非法集资"是指违反国家金融管理法律规定，向公众吸收资金的行为。非法集资行为具有4个基本特征：第一，非法性，即违反国家金融管理法律规定，包括未经有关部门依法许可或借用合法经营的形式吸收资金。第二，公开性，即向社会公开宣传。第三，利诱性，即承诺在一定期限内还本付息或给付回报。第四，社会性，即向社会不特定公众吸收资金。2022年修正的《最高人民法院关于审理非法集资刑事案件具体应用法律若干问题的解释》第2条规定，以下行为属于"非法集资"行为：（1）不具有房产销售的真实内容或者不以房产销售为主要目的，以返本销售、售后包租、约定回购、销售房产份额等方式非法吸收资金的；（2）以转让林权并代为管护等方式非法吸收资金的；（3）以代种植（养殖）、租种植（养殖）、联合种植（养殖）等方式非法吸收资金的；（4）不具有销售商品、提供服务的真实内容或者不以销售商品、提供服务为主要目的，以商品回购、寄存代售等方式非法吸收资金的；（5）不具有发行股票、债券的真实内容，以虚假转让股权、发售虚构债券等方式非法吸收资金的；（6）不具有募集基金的真实内容，以假借境外基金、发售虚构基金等方式非法吸收资金的；（7）不具有销售保险的真实内容，以假冒保险公司、伪造保险单据等方式非法吸收资金的；（8）以网络借贷、投资入股、虚拟币交易等方式非法吸收资金的；（9）以委托理财、融资租赁等方式非法吸收资金的；（10）以提供"养老服务"、投资"养老项目"、销售"老年产品"等方式非法吸收资金的；（11）利用民间"会""社"等组织非法吸收资金的；（12）其他非法吸收资金的行为。

袁某、欧某湘、李某集资诈骗案（《刑事审判参考》第167号案例）的裁判理由指出，非法集资主要侵犯的是金融管理秩序，其行为特征不同于传销等价格欺诈，非法集资行为人是承诺以定期利息、红利等形式返还巨额利益相引诱，且一般没有或者很少有货物经营行为。非法集资的结果往往是几个主要责任人骗取大量非法资金，受害人数众多。

（二）集资诈骗的主体认定

自然人与单位均可构成集资诈骗罪。单位构成集资诈骗罪的，对单位判处罚金，并对其直接负责的主管人员和其他直接责任人员定罪处罚。根据2019年《最高人民法院、最高人民检察院、公安部关于办理非法集资刑事案件若干问题的意见》第2条的规定，集资诈骗罪单位犯罪和个人犯罪区分如表1-4-1。

表1-4-1　集资诈骗罪单位犯罪和个人犯罪的区分

单位犯罪	个人犯罪
单位实施非法集资犯罪活动，全部或者大部分违法所得归单位所有	个人为进行非法集资犯罪活动而设立的单位实施犯罪的 单位设立后，以实施非法集资犯罪活动为主要活动的

实践中，判定单位是否"以实施非法集资犯罪活动为主要活动"，一般根据单位实施非法集资的次数、频度、持续时间、资金规模、资金流向、投入人力物力情况以及单位正当经营状况进行综合考虑认定。如若单位犯罪后注销，则直接按照单位犯罪规则追究责任人员刑事责任。河南省某实业公司集资诈骗案（《刑事审判参考》第72号案例）中，河南省某实业公司未经中国人民银行批准，采取流动吸资、以新还旧、虚构集资用途、以高回报率为诱饵等诈骗方法，向社会公众募集资金，骗取社会公众集资款。其骗得的集资款除一小部分用于返还集资者的本金和高息外，大部分用于挥霍性投资或被非法随意处分。案发前，公司已被注销。对此，检察机关直接追究了公司的负责人李某法等人的刑事责任。

（三）"非法占有目的"的认定

构成集资诈骗罪，行为人主观上必须具有非法占有目的。这也是集资诈骗罪与非法吸收公众存款罪的关键区别。需要注意的是，非法集资的共同犯罪或单位犯罪中，因行为人层级、职责分工、获取收益方式、对全部犯罪事实的知情程度等不同，其犯罪目的也存在不同，只有主观上具有非法占有目的的参与人，才能构成集资诈骗罪，否则按非法吸收公众存款罪定罪处罚。例如一些底层的授薪员工，虽然参与了非法集资活动，但是主观上无非法占有集资款的认知和追求，该部分参与人不构成集资诈骗罪。对"非法占有目的"的判定一般需要通过行为人的客观行为推定。2019年《最高人民法院、最高人民检察院、公安部关于办理非法集资刑事案件若干问题的意见》第4条第1款规定，认定行为人非法集资的主观故意，应当根据其任职情况、职业经历、专业背景、培训经历、因同类行为受到行政处罚或者刑事追究情况以及吸收资金方式、宣传推广、合同资料、业务流程等证据及其供述综合判断。2017年《最高人民检察院关于办理涉互联网金融犯罪案件有关问题座谈会纪要》第14条规定，犯罪嫌疑人存在以下情形之一的，原则上可以认定具有非法占有目的：（1）大部分资金未用于生产经营活动，或名义上投入生产经营但又通过各种方式抽逃转移资金的；（2）资金使用成本过高，生产经营活动的盈利能力不具有支付全部本息的现实可能性的;(3)对资金使用的决策极度不负责任或肆意挥霍造成资金缺口较大的;(4)归还本息主要通过借新还旧来实现的;(5)其他依照有关司法解释可以认定为非法占有目的的情形。另外,2022年修正的《最高人民法院关于审理非法集资刑事案件具体应用法律若干问题的解释》第7条第2款则直接明确,使用诈骗方法非法集资,具有下列情形之一的,可以认定为"以非法占有为目的":(1)集资后不用于生产经营活动或者用于生产经营活动与筹集资金规模明显不成比例,致使集资款不能返还的;(2)肆意挥霍集资款,致使集资款不能返还的;(3)携带集资款逃匿的;(4)将集资款用于违法犯罪活动的;(5)抽逃、转移资金、隐匿财产,逃避返还资金的;(6)隐匿、销毁账目,或者搞假破产、假倒闭,逃避返还资金的;(7)拒不交代资金去向,逃避返还资金的;(8)其他可以认定非法占有目的的情形。

集资诈骗罪要求行为人主观上具有集资诈骗的故意。同样须基于客观事实或行为加以推定。2009年《最高人民法院、最高人民检察院、公安部关于办理非法集资刑事案件若干问题的意见》第4条第3款规定,以下证据系办案收集的重点:(1)使用虚假身份信息对外开展业务的证据;(2)虚假订立合同、协议的证据;(3)虚假宣传,明显超出经营范围或者夸大经营、投资、服务项目及盈利能力的证据;(4)吸收资金后隐匿、销毁合同、协议、账目的证据;(5)传授或者接受规避法律、逃避监管的方法的证据。

周某集资诈骗案(最高人民检察院第40号指导案例)中,周某被认定主观上具有非法占有目的,构成集资诈骗罪。该案的指导意义在于,对集资诈骗罪中行为人非法占有目的的认定,应当围绕融资项目真实性、资金去向、归还能力等事实、证据进行综合判断。周某吸收资金后仅将资金名义上投入生产经营,实际上通过各种方式抽逃转移资金,并将资金肆意挥霍,造成数额巨大的募集资金无法归还,应当认定具有非法占有目的。[①]

[①] 参见浙江省高级人民法院刑事判决书,(2015)浙刑二终字第104号。

(四) 集资诈骗数额的认定

集资诈骗数额是集资诈骗罪认定的重点之一。集资诈骗的数额不仅是定罪的重要标准，也是量刑的主要依据。2022年《最高人民检察院、公安部关于公安机关管辖的刑事案件立案追诉标准的规定（二）》第44条规定，集资诈骗数额在10万元以上的，应当立案追诉。原则上集资诈骗的金额为"实际骗取的金额"。实践中，考虑到行为人有返还"利息"、归还投资款等情况，集资诈骗数额认定有许多注意要点。根据2022年修正的《最高人民法院关于审理非法集资刑事案件具体应用法律若干问题的解释》第8条的规定，集资诈骗数额认定过程中需注意以下几个方面要点。

1. 集资诈骗金额为案发时实际未兑付的金额

实践中，一些行为人为了博取投资人的信赖，前期会兑现一些高利"回报"，或者间隔一段时间象征性地退还部分投资款。但直至案发，大多数投资人的"本金"都无法得到兑付。集资诈骗的金额为案发时实际未兑付的金额。

2. 将案发前归还的数额予以扣除

案发前，即公安机关立案侦查前，行为人将集资诈骗金额予以归还的，归还的数额可以在集资诈骗数额中扣除。

3. 案发后归还的数额仅作为量刑情节考虑

一些行为人认为，案发后只要把集资款全部归还就可以免去刑罚，实际上这是一个误区。集资诈骗行为侵犯的不仅仅是被害人的财产权益，还破坏了国家金融管理秩序。一旦公安立案侦查，需对"破坏国家金融管理秩序"的行为予以"评价"。案发后退还受害人财产的行为无法弥补金融管理秩序受到破坏的现状。因此归还的数额不能在集资诈骗数额中扣除，但可作为量刑情节予以考虑。

4. 行为人支付的"利息"可折抵"本金"

集资诈骗活动会以"高回报"为诱饵，非法集资人一般会在前期支付一部分利息。在本金未归还的情况下，支付的利息可折抵"本金"。如若存在预先扣除的利息的情况，扣除的利息不能作为行为人的涉案金额。

5. 关于重复投资的金额根据不同情况"累计计算"

重复投资分两种情形：第一，投资人收回成本后，原投资本金未提取，继续放在行为人手上投资；第二，投资人收回成本后，将原投资本金收回，再一次与行为人签订"投资协议"。对于第一种情形，重复投资金额不累计作为集资诈骗金额，第二种情形则累计计算，但可作为量刑情节予以考虑。

6. 集资诈骗活动的支出金额不予扣除

行为人为实施集资诈骗活动而支出广告费、中介费、手续费、回扣等（或者行贿、赠与）。该些费用属于行为人对诈骗财产的处分，在犯罪金额上不予扣除。

三、集资诈骗罪与非法吸收公众存款罪的对比

集资诈骗罪与非法吸收公众存款罪同属于非法集资犯罪。二者行为表象较为相似，区分的关键是行为人对非法集资款项是否具有非法占有目的。集资诈骗罪的内核是诈骗，并以非法占有集资款为目的，刑罚更重。集资诈骗罪与非法吸收公众存款罪的具体差别可见表1-4-2。

表1-4-2 集资诈骗罪与非法吸收公众存款罪的对比

对比要点	集资诈骗罪	非法吸收公众存款罪
犯罪主体	单位、自然人	
侵犯客体	国家金融管理秩序、出资人的财产所有权	国家金融管理秩序
主观方面	主观故意，以非法占有集资款为目的	主观故意，利用集资款盈利
行为方式	采用虚构事实、隐瞒真相的诈骗方法非法集资	非法吸收公众存款或者变相吸收公众存款，不要求虚构事实或隐瞒真相
犯罪对象	社会不特定群体的财产	社会不特定群体的存款

续表

对比要点	集资诈骗罪	非法吸收公众存款罪
追诉标准	集资诈骗数额在10万元以上	（1）非法吸收或者变相吸收公众存款数额在100万元以上的； （2）非法吸收或者变相吸收公众存款对象150人以上的； （3）非法吸收或者变相吸收公众存款，给集资参与人造成直接经济损失数额在50万元以上的； （4）非法吸收或者变相吸收公众存款数额在50万元以上或者给集资参与人造成直接经济损失数额在25万元以上，同时涉嫌下列情形之一的，应予立案追诉： ①因非法集资受过刑事追究的； ②2年内因非法集资受过行政处罚的； ③造成恶劣社会影响或者其他严重后果的
法定刑	（1）数额较大的，处3年以上7年以下有期徒刑，并处罚金； （2）数额巨大或者有其他严重情节的，处7年以上有期徒刑或者无期徒刑，并处罚金或者没收财产	（1）扰乱金融秩序的（达到立案追诉标准的），处3年以下有期徒刑或者拘役，并处或者单处罚金； （2）数额巨大或者有其他严重情节的，处3年以上10年以下有期徒刑，并处罚金； （3）数额特别巨大或者有其他特别严重情节的，处10年以上有期徒刑，并处罚金

四、集资诈骗罪的量刑标准

相较于非法吸收公众存款罪等罪，集资诈骗罪属于重罪。目前，集资诈骗罪中单位犯罪和个人犯罪的量刑标准相同，分两档法定刑，最高可判无期徒刑。2021年《最高人民法院、最高人民检察院关于常见犯罪的量刑指导意见（试行）》第4部分第4条规定，构成集资诈骗罪的，根据犯罪数额、危害后果等犯罪情节，综合考虑被告人缴纳罚金的能力，决定罚金数额。而对于缓刑的适用，需综合考虑犯罪数额、诈骗对象、危害后果、退赃退赔等犯罪事实、量刑情节，以及被告人主观恶性、人身危险性、认罪悔罪表现等因素。根据《刑法》第192条以及《最高人民法院关于审理非法集资刑事案件具体应用法律若干问题的解释》第8条的规定，集资诈骗罪的具体量刑标准可见表1-4-3。

表1-4-3 集资诈骗罪的量刑标准

档位	集资诈骗数额/情节	法定刑
数额较大	10万元以上	3年以上7年以下有期徒刑，并处10万元以上500万元以下罚金
数额巨大	100万元以上	7年以上有期徒刑或无期徒刑，并处50万元以上罚金或者没收财产
其他严重情节	50万元以上，造成恶劣社会影响或者其他严重后果	

第二节 集资诈骗罪的核心辩护要点

集资诈骗罪的辩护可从集资诈骗罪的客观构成要件和主观构成要件两方面入手。在客观构成要件方面，一般围绕非法集资行为的4个特征展开辩护，即"非法性、公开性、利诱性、社会性"。在主观构成要件方面，辩护则集中于"非法占有目的"上。实践中，许多案件的辩护人经常采取罪轻辩护策略，以争取将罪名认定为量刑更轻的非法吸收公众存款罪。该辩护要点便是从主观构成要件入手。在犯罪事实较为清楚，证据比较充分的案件中，辩护人可以采取罪轻辩护策略，从犯罪数额、认罪悔罪、退赃退赔等角度展开辩护。下文罗列了实践中集资诈骗罪的核心辩护要点，以供参考。

一、行为人主观上是否具有"非法占有目的"

行为人主观上不具有非法占有目的的，不构成集资诈骗罪。是否具有"非法占有目的"既是区分集资诈骗罪与非法吸收公众存款罪的关键，也是该罪辩护的重点。实践中，很多案件的行为人虽然客观上从事了非法集资行为，但主观不具有非法占有目的，最终被判处法定刑更轻的非法吸收公众存款罪。"非法占有目的"作为一种主观状态，依赖于客观行为的推定。集资诈骗罪的"非法占有目的"需围绕融资项目真实性、资金去向、归还能力等事实、证据进行综合判断。一些案例中，行为人集资系为了生产经营，实际的资金流向确实也用于生产经营，则不宜认定具有非法占有目的，不构成集资诈骗罪。而在共同犯罪中，一些受雇的参与者主观上不具有非法占有目的的，亦不构成集资诈骗罪。

【典型案例】

乐山市某车业有限公司、胡某云集资诈骗案[①]

2010年1月至2015年5月，乐山市某车业有限公司法定代表人胡某云及股东王某君未经国家有关部门批准，通过动员员工集资、口头及电话宣传等方式，以高额利息为诱饵，向477名社会公众非法吸收存款共计4.01亿余元人民币，涉案款项打入了公司账户，主要用于支付货款、偿还公司借款及支付利息等。会计师事务所出具的《鉴证报告》证实，乐山市某车业有限公司已归还集资款共计3.5亿余元，归还利息3643万余元。本案行为人集资主要是为了缓解资金的短缺，集资款主要用于生产经营，未体现"非法占有目的"。四川省乐山市中级人民法院一审判决认定乐山市某车业有限公司、胡某云、王某君不构成集资诈骗罪，构成量刑更轻的非法吸收公众存款罪，再审维持原判。

洪某意、郑某芹集资诈骗案[②]

洪某意、郑某芹以帮亲属借款、办厂资金短缺为由向肖某、陈某等14人借款364万元，借款实际用于外汇投资，后外汇平台"爆雷"，投资失败。一审法院认为洪某意、郑某芹主观上具有非法占有他人财产目的，依法构成

[①] 参见四川省乐山市中级人民法院刑事判决书，(2018) 川11刑再2号。
[②] 参见浙江省温州市中级人民法院刑事判决书，(2019) 浙03刑终1817号。

集资诈骗罪，一审分别判处洪某意、郑某芹有期徒刑10年和7年。二审温州市中级人民法院则认为，洪某意、郑某芹虽然虚构了借款用途，但资金确实用于投资，投资失败后及时和债权人协商解决偿还方案，没有非法占有他人财物的目的，不构成集资诈骗罪。因二者向社会不特定的多人集资借款，扰乱金融秩序，数额巨大，构成量刑更轻的非法吸收公众存款罪，故二审改判洪某意有期徒刑3年，郑某芹有期徒刑2年，缓刑3年。

翁某源等集资诈骗案

（人民法院案例库入库案例：2024-02-1-134-001）[①]

孙某、邓某翔受雇于翁某源、钟某斌。翁某源、钟某斌成立多家公司与酒水商行，虚构生产经营需要大量资金，并以高额回报及赠送与投资金额等额的积分以兑换礼品为诱饵，对外非法集资超过1100多万元。所吸钱款并未用于生产经营，而是用于支付前吸钱款的高额回报，后因平台无法运转而崩盘。案件中，孙某、邓某翔在翁某源、钟某斌的安排下，从事发放传单、举办宣传活动、采购物资等活动。福建省三明市中级人民法院认为，翁某源、钟某斌在案件当中负责全面事务，对集资款具有非法占有目的，构成集资诈骗罪，且数额特别巨大；孙某、邓某翔作为受雇者，从事了非法集资行为，主观上不具有非法占有目的，不构成集资诈骗罪，构成非法吸收公众存款罪。

二、行为人是否使用诈骗方法

刑法上的"诈骗"指的是采用虚构事实或隐瞒真相的方法，使被害人产生错误认识，被害人基于错误认识交付财物。集资诈骗罪中，常见的诈骗方法包括：虚构项目、虚假宣传、隐瞒资金的真实用途等。针对这个辩点，需围绕"诈骗"的行为模式展开。第一，是否虚构事实或隐瞒真相；第二，被害人是否产生错误认识；第三，被害人是否基于错误认识交付财物。行为人

[①] 参见福建省三明市中级人民法院刑事裁定书，(2020)闽04刑终101号。

在集资宣传过程中,未虚构事实或隐瞒真相的,或者被害人明知资金实际使用用途的,不属于诈骗,不构成集资诈骗罪。

【典型案例】

徐某某非法吸收公众存款罪、集资诈骗罪案[1]

该案件中,几名被告人成立公司的主要目的是经营。运营模式是,公司将吸收的公众资金分二三十个月返给投资人,其间利用不断积累的资金进行投资,投资收益再返还客户。被告人徐某某在集资宣传过程中并没有实施欺骗和隐瞒事实真相的行为;所吸收的资金大部分用来返现和提成,少部分用于公司运营开支。案发后,被告人徐某某等人没有私吞留存的资金,而是用于弥补集资参与人的损失,且均能主动到案,配合公安机关查清案件事实。最终法院认为,被告人徐某某没有实施虚构事实或隐瞒真相的行为,主观上不具有非法占有目的,不构成集资诈骗罪。

三、行为人是否向社会公众集资

集资诈骗罪的客观行为必须同时具备 4 个特征:"非法性""公开性""利诱性""社会性"。实务中,可以围绕这 4 个特征展开有效辩护。例如,一些案例中,行为人吸收资金的对象是熟人或者在单位内部吸收资金,集资对象属于"特定"对象的,不满足"社会性"特征,该种情况下,行为人不构成集资诈骗罪。

【典型案例】

庞某合同诈骗、集资诈骗案[2]

庞某在代理小角楼酒、投资巴中市某酒业有限责任公司的酒厂过程中,资金短缺。为了筹集资金,庞某主动向熟识债权人提出借款。由于本案借

---

[1] 参见江苏省淮安市中级人民法院刑事裁定书,(2020)苏 08 刑终 61 号。
[2] 参见四川省巴中市中级人民法院刑事判决书,(2017)川 19 刑终 37 号。

款时间属于代理小角楼酒、投资某酒厂期间，行为人并未虚构借款事由。庞某并未采用向社会公开宣传的方式向不特定的人进行集资。侦查机关发现，本案无法评估投资金额，同时也无法证实庞某有肆意挥霍、携款潜逃等行为，无法认定庞某具有非法占有目的，最终巴中市中级人民法院判决庞某无罪。

四、集资诈骗的数额认定是否有误

集资诈骗的数额不仅是定罪的重要标准，也是量刑的主要依据。集资诈骗的数额以行为人实际骗取的数额计算。行为人案发前归还的金额应当在集资诈骗金额中扣除。实践中，辩护人应当重点把握在案的客观证据，根据证人证言、询问笔录、投资人的汇款凭证、银行交易记录、合同、审计报告等综合认定集资诈骗罪的金额，并就此作出有效辩护。

【典型案例】

方某胜等集资诈骗案

（人民法院案例库入库案例：2023-04-1-134-002）[1]

案件中，方某胜等人建立了"ACF亚洲慈善联盟"互助平台，并以"高利息回报"发展会员（投资者）。其间，方某胜等人利用会员投资的资金支付其他会员的投资本金及利息。因会员发展问题，平台最终崩盘。公诉机关指控方某胜等人集资诈骗金额为253.19万元。但江苏省东台市人民法院审理认定，253.19万元中，199万元不应认定为犯罪数额，部分金额仅为被害人反映的损失金额，并非真实的损失金额。最终确认被害人损失金额为36.944万元。法院最终作出相对更轻判决。

五、是否属于单位犯罪

此辩护要点主要站在单位角度，为单位作无罪辩护。实务中，单位、自

---

[1] 参见江苏省东台市人民法院刑事判决书，（2016）苏0981刑初662号。

然人混杂参与到集资诈骗活动的情况较为多见。当前立法对单位、自然人已采用同一量刑标准。构成单位犯罪，犯罪行为需要体现单位意志。对单位意志的判定和辩护，可以从以下几点展开：违法所得是否归单位所有，设立单位是否为了从事非法集资犯罪活动，单位是否正常经营等。

【典型案例】

阿某融资担保公司集资诈骗案

（人民法院案例库入库案例：2024-04-1-134-001）[①]

鞠某等人成立了阿某融资担保公司，鞠某担任法定代表人。2012年5月，公司取得融资性担保机构经营许可证。2015年，因经营不善，鞠某控制的20余家空壳公司对外欠款6亿余元。为筹集资金，鞠某虚构项目、承诺还本付息，并以其控制的阿某担保公司提供担保，通过借款平台等方式向社会不特定对象吸收资金累计82.24亿元。所吸收资金被鞠某用于偿还借款、吸收资金本金和利息。法院认为，阿某担保公司为鞠某的融资行为提供担保系为了鞠某的个人利益，担保决定未体现单位意志，阿某担保公司不构成集资诈骗罪。法院裁判要旨指出，单位是否构成集资诈骗罪需从以下3个方面审查：第一，犯罪违法所得是否归单位所有；第二，设立单位是否为了从事非法集资犯罪活动，或者单位成立后是否主要实施非法集资活动；第三，需结合单位非法集资的次数、频率、持续时间、资金规模、资金流向、投入人力物力情况、正当经营状况以及非法集资的影响后果来综合判断单位是否构成集资诈骗罪。本案阿某担保公司不符合单位犯罪的认定要求。

六、是否事实不清，证据不足

"以事实为依据，以法律为准绳"是刑事审判的基本原则。判定行为人构成犯罪，需达到"排除合理怀疑"的证明标准，即证据必须充分，形

[①] 参见山东省高级人民法院刑事裁定书，(2022) 鲁刑终360号。

成完整的证据链。如若案件事实不清,证据不足,无法认定构成集资诈骗罪。

【典型案例】

蔡某某涉嫌集资诈骗案[1]

2014年至2015年,蔡某某控制某资产管理有限公司以对冲基金项目、煤炭供应链项目、国债逆回收项目等对外私募资金,资金到手后,公司未将其用于指定项目,而是用于了公司其他经营开支或转入私人账户。因案件事实不清、证据不足,检察院将案件退回侦查机关补充侦查。补充侦查后,检察院仍认为蔡某某作为公司董事长助理和法务人员,虽然客观上帮助了公司非法集资,但是无法证实蔡某某主观上对其行为有非法性认知,不符合刑法定罪之主客观相一致原则,最终对蔡某某作出不起诉决定。

七、行为人是否属于从犯

《刑法》第27条规定,在共同犯罪中起次要或辅助作用的系从犯,对其应从轻、减轻处罚或者免除处罚。实务中,许多集资诈骗案件涉案人数众多,且分工明确。对于共同犯罪中从事辅助工作的参与者,属于从犯,应当从轻、减轻或者免除处罚。

【典型案例】

李某柏、汪某昌、邱某民等非法吸收公众存款罪案[2]

汪某三成立浙江某电子商务有限公司,并建立"中佳易购"电子商务平台。并伙同汪某昌、邱某民、王某东、李某柏等人,以"全额返还商家保证金、赠送会员3倍消费积分、积分可以再次消费"为诱饵进行宣传推广,诱

---

[1] 参见成都市锦江区人民检察院不起诉决定书,公诉刑不诉〔2017〕34号。
[2] 参见浙江省嘉兴市秀洲区人民法院刑事判决书,(2019)浙0411刑初439号。

骗、吸引商家加盟，向社会公众非法集资。所吸收的资金未用于其他生产经营活动，而是采用"借新还旧"的方式兑付加盟商家的保证金、货款积分以及支付公司运营成本等。案发时，累计非法集资117.03亿余元，骗取"商家保证金"超过63.59亿余元。法院认为，李某柏等人构成集资诈骗罪，汪某三为首要分子，被告人李某柏、汪某昌、邱某民、王某东在共同犯罪中起次要、辅助作用，属于从犯，根据参与时间长短、具体作用大小分别依法予以减轻处罚。被告人汪某昌、邱某民归案后能如实供述主要犯罪事实，依法可以从轻处罚，4名从犯有退赃表现，均可酌情从轻处罚。最终判决汪某昌有期徒刑3年，缓刑4年，邱某民有期徒刑3年，缓刑3年。

八、行为人是否存在自首、立功、坦白等量刑情节

法院在定罪量刑过程中会重点关注行为人的自首、立功、坦白等情况。根据《刑法》规定，如若集资诈骗人存在上述几种情形，可以从轻、减轻甚至免除处罚。

【典型案例】

陈某某、王某某集资诈骗案

（人民法院案例库入库案例：2023-03-1-134-001）[①]

2012年陈某某成立苗某公司，2015年公司承包15,000亩土地准备绿色农业及旅游业开发，但因资金短缺，停滞不前。在陈某某安排下，王某某拟定了苗某公司招募加盟商的传销方案。以招代理商为名，收取准代理商900元加盟费，并承诺可得到每月450元保本高回报，另外附赠公司商品代理权、项目推广权和股权。代理商在发展其他人员参加后可以获得返利。通过互联网、微信等方式宣传、扩散招商方案。案发时，累计收取加盟费3亿余元，发展下线39万多人。法院认为，陈某某、王某某以非法占有为目的，以组

[①] 参见重庆市高级人民法院刑事判决书，（2019）渝刑终29号。

织、领导传销活动为手段，采取诈骗的方式，从社会非法募集资金，数额特别巨大，其行为构成集资诈骗罪。案件中，陈某某、王某某等人自动投案，如实供述主要罪行，系自首。王某某、度某某检举他人犯罪，经查证属实，系立功。王某某等人还退赃退赔，故依法从轻或减轻处罚。

第五章　非国家工作人员受贿罪

第一节　非国家工作人员受贿罪的定罪与量刑

一、非国家工作人员受贿罪的罪名概述

非国家工作人员受贿罪是指公司、企业或者其他单位的工作人员，利用职务上的便利，索取他人财物或者非法收受他人财物，为他人谋取利益，数额较大的行为。《刑法》第163条规定："公司、企业或者其他单位的工作人员，利用职务上的便利，索取他人财物或者非法收受他人财物，为他人谋取利益，数额较大的，处三年以下有期徒刑或者拘役，并处罚金；数额巨大或者有其他严重情节的，处三年以上十年以下有期徒刑，并处罚金；数额特别巨大或者有其他特别严重情节的，处十年以上有期徒刑或者无期徒刑，并处罚金。公司、企业或者其他单位的工作人员在经济往来中，利用职务上的便利，违反国家规定，收受各种名义的回扣、手续费，归个人所有的，依照前款的规定处罚。国有公司、企业或者其他国有单位中从事公务的人员和国有公司、企业或者其他国有单位委派到非国有公司、企业以及其他单位从事公务的人员有前两款行为的，依照本法第三百八十五条、第三百八十六条的规定定罪处罚。"

非国家工作人员受贿罪脱胎于受贿罪，首见于1995年《全国人民代表大会常务委员会关于惩治违反公司法的犯罪的决定》，后1997年《刑法》正式将公司、企业人员受贿的行为作为一种新犯罪行为载入刑法典。1997年《刑法》施行后，司法实践中经常出现非公司、企业的其他单位的工作人员利用

职务便利受贿的行为，故 2006 年《刑法修正案（六）》将本罪犯罪主体扩充到公司、企业以外的其他单位的工作人员。2007 年 11 月，最高人民法院、最高人民检察院联合发布的《关于执行〈中华人民共和国刑法〉确定罪名的补充规定（三）》正式规定了非国家工作人员受贿罪这一罪名，完善了非国家工作人员实施受贿犯罪的立法规范。

为加大惩治民营企业内部侵财犯罪力度，保护民营企业财产，2021 年《刑法修正案（十一）》全面调整了非国家工作人员受贿罪的法定刑，使本罪的法定刑与受贿罪基本保持一致，进一步加强企业产权保护、优化公平竞争的营商环境。非国家工作人员受贿罪在民营企业内部频繁发生，根据北京师范大学中国企业家犯罪预防研究中心发布的《2023 企业家刑事风险分析报告（2022 暨 2017—2021 数据对照分析）》，本罪已成为 2017 年至 2022 年连续 6 年企业家触犯频次位列前 5 的高频罪名。[1]

二、非国家工作人员受贿罪的定罪要点

实务中，非国家工作人员受贿罪的认定难点主要包括以下几个方面：第一，"非国家工作人员"的主体范围如何认定；第二，非国家工作人员"利用职务上的便利"如何认定；第三，"索取或非法收受他人财物"如何认定；第四，"为他人谋取利益"如何认定。

（一）"非国家工作人员"的主体范围认定

根据《刑法》第 163 条的规定，非国家工作人员受贿罪是身份犯，只有公司、企业及其他单位的工作人员才能成立非国家工作人员受贿罪的实行犯。《最高人民法院、最高人民检察院关于办理商业贿赂刑事案件适用法律若干问题的意见》第 2 条规定，非国家工作人员受贿罪中"其他单位"，既包括事业单位、社会团体、村民委员会、居民委员会、村民小组等常设性的组织，

---

[1] 参见张远煌、孙昕锴、叶子涵：《2023 企业家刑事风险分析报告（2022 暨 2017—2021 数据对照分析）》，载《河南警察学院学报》2023 年第 4 期。

也包括为组织体育赛事、文艺演出或者其他正当活动而成立的组委会、筹委会、工程承包队等非常设性的组织；该意见第3条规定，非国家工作人员受贿罪中的"公司、企业或者其他单位的工作人员"，包括国有公司、企业以及其他国有单位中的非国家工作人员。由于非国家工作人员受贿罪在客观方面也要求行为人利用职务便利为他人谋取利益，故"公司、企业或者其他单位的工作人员"中的"工作人员"应以具备一定的职权或地位为基础，而非一般意义上的国家工作人员以外的人员。

例如，陈某非国家工作人员受贿案（人民法院案例库入库案例：2024-03-1-094-005）中，陈某于2019年1月和张某立、郑某一同商议购买砖厂改建自营，陈某参与了改建方案的设定，按照约定的分工负责联系窑炉承建商。在砖厂筹建过程中，陈某和曹某约定，将窑炉交给曹某公司承建，并向其索要150万元。同年3月，双方签订代建合同并约定工程包干价为1280万元，曹某在收到工程款后分3次将150万元转入陈某妻子银行账户，再由陈某妻子转到陈某银行账户。该案一审和二审法院均认为，非国家工作人员受贿罪的主体既包括在成立后的公司、企业或者其他单位中任职的工作人员，也包括在公司、企业或者其他单位设立过程中的发起人等筹备人员。该案陈某履行设立中企业发起人的职责，符合非国家工作人员受贿罪的主体要件，陈某利用上述职务上的便利，索取他人财物，为他人谋取利益，数额巨大，构成非国家工作人员受贿罪。① 再如，陈某等非国家工作人员受贿案（人民法院案例库入库案例：2024-03-1-094-004）的裁判要旨中明确，业主委员会是业主大会的常设执行机构，属于《刑法》第163条第1款规定的"其他单位"，业主委员会的工作人员符合非国家工作人员的主体要件，也可以构成本罪。②

《最高人民法院、最高人民检察院关于办理商业贿赂刑事案件适用法律

---

① 参见广西壮族自治区钦州市中级人民法院刑事裁定书，（2021）桂07刑终137号。
② 参见江苏省盐城市中级人民法院刑事裁定书，（2024）苏09刑终55号。

若干问题的意见》第 11 条规定,非国家工作人员与国家工作人员通谋,共同收受他人财物,构成共同犯罪的,应当根据双方利用职务便利的具体情形分别定罪追究刑事责任。具体而言,利用国家工作人员的职务便利为他人谋取利益的,以受贿罪追究刑事责任;利用非国家工作人员的职务便利为他人谋取利益的,以非国家工作人员受贿罪追究刑事责任;分别利用各自的职务便利为他人谋取利益的,按照主犯的犯罪性质追究刑事责任,不能分清主从犯的,可以受贿罪追究刑事责任。

(二) 非国家工作人员受贿罪中"利用职务上的便利"的认定

"利用职务便利"是职务类犯罪中最关键的犯罪构成要件之一,对该要件的理解与认定将直接影响罪与非罪、此罪与彼罪的判断。在非国家工作人员受贿罪中,只要行为人在具体市场经济活动中因收受请托人财物而利用其职务影响了交易条件的形成、影响交易机会的选择,一般便可认定为行为人"利用了职务上的便利",而并非必须如公职受贿犯罪中所要求的利用了社会公共事务的管理职权。林某舟非国家工作人员受贿案(人民法院案例库入库案例:2023-03-1-094-002)的裁判要旨表明,非国家工作人员受贿罪中"利用职务上的便利"既包括利用所任职务范围内的概括性职权,也包括利用该职务所具有的主管、分管、经手等实质意义的具体职务职权。同时,结合公司、企业等非国家机关、国有公司的管理实际,为实现商业贿赂犯罪打防并举的目的,在缺乏公司职责分工文件或者书面授权的情况下,仍可认定行为人的行为构成了对其职务职权范围的客观证明。行为人的行为效果能够证实谋利行为与职务行为存在关联性,且索取他人财物或者非法收受他人财物的,也能构成非国家工作人员受贿罪。[①]

实务中,行为人签订劳动合同的公司与其实际任职公司不一致,但是公司之间存在上下级等关联关系,行为人利用实际任职公司职务上的便利,为他人谋取利益,是否属于非国家工作人员受贿罪中"利用职务上的便利"也

---

① 参见福建省福州市中级人民法院刑事裁定书,(2022) 闽 01 刑终 394 号。

值得探讨。对这一问题，刘某非国家工作人员受贿案（人民法院案例库入库案例：2024-03-1-094-003）给出了解答。该案中，某信息技术公司、某科技公司是某集团公司旗下公司，刘某先后与某信息技术公司、某科技公司签订劳动合同，但实际担任的是某集团公司间接采购部采购总监，负责某集团公司所有关联公司的间接采购业务。2018年2月至2022年6月，刘某利用担任某集团公司间接采购部采购总监的职务便利，为供应商在招投标等方面提供便利，先后多次收受供应商贿赂款共计7622.88万元。法院认为，刘某签订劳动合同的主体与其实际任职的公司之间存在上下级等关联关系，刘某利用实际任职公司职务上的便利，为他人谋取利益，收受他人财物，数额较大，也构成非国家工作人员受贿罪。[①]

（三）非国家工作人员受贿罪中"索取或非法收受他人财物"的认定

非国家工作人员受贿罪主要包括索取或者非法收受两种行为方式，其中收受他人财物要求非法性，并且要注意贿赂与馈赠的界限，根据《最高人民法院、最高人民检察院关于办理商业贿赂刑事案件适用法律若干问题的意见》第10条之规定，对于行为人收受他人财物是否具有非法性，可以从以下几个方面综合判断：（1）发生财物往来的背景，如双方是否存在亲友关系及历史上交往的情形和程度；（2）往来财物的价值；（3）财物往来的缘由、时机和方式，提供财物方对于接受方有无职务上的请托；（4）接受方是否利用职务上的便利为提供方谋取利益。此外需要注意的是，在收受各种名义的回扣、手续费归个人所有的情况下，才可能构成非国家工作人员受贿罪；如果收受的回扣、手续费归单位所有，则不构成非国家工作人员受贿罪。

（四）非国家工作人员受贿罪中"为他人谋取利益"的认定

要准确理解非国家工作人员受贿罪中"为他人谋取利益"，则应当从"为他人谋取利益"中提取三个关键词"他人""谋取""利益"分别予以理解。

[①] 参见常州市武进区人民法院刑事判决书，（2022）苏0412刑初1077号。

首先,对于"他人"范围的认定。张明楷教授认为,"他人"既包括请托人,也包括请托人明示或暗示的第三人。① 根据这一观点,非国家工作人员受贿罪中的受益人和请托人既可以为同一人,也可以为不同的人。受益人和请托人为同一人的情形在司法实务中是比较常见的。此外,需要注意的是,由于单位也可以被赋予法人或非法人组织的属性,独立享有民事权利、独立承担民事义务,故非国家工作人员受贿罪的"他人"既包括自然人,也包括单位。

其次,对于"谋取"的认定。"谋取"行为既包括积极作为的谋取,也包括消极不作为的谋取。积极作为的谋取在实务中是很常见的,本书不做赘述,需要注意的是消极不作为的谋取。消极不作为的谋取通常发生在请托人回避某种不利影响的情景中,如供货方货物存在质量瑕疵,收货方的验货人员收受贿赂后对前述货物不予考核。在这一情景中,收货方的验货人员就是以消极不作为的方式为他人谋取利益。此外,由于非国家工作人员受贿罪和受贿罪保护的法益有所区别,非国家工作人员受贿罪更加倾向于保护市场公平竞争秩序,故本罪中"谋取"应当是"已经实现"的谋取,只有行为人已经谋取了实实在在的利益时,其他竞争者才失去了交易机会,竞争秩序才会受到损害。

最后,对于"利益"的认定。利益有多维度的分类,从物质利益和非物质利益角度来看,非国家工作人员受贿罪中行为人为他人谋取的"利益"包括物质利益和非物质利益,因为无论是物质利益还是非物质利益,只要行为人确实谋取到前述之一的利益,市场公平竞争秩序都已受到损害。从正当利益和不正当利益角度来看,非国家工作人员受贿罪要求行为人为他人谋取的是不正当利益。这是因为,只有行为人为他人谋取的是不正当利益,才会给其他遵纪守法、遵守竞争规则的竞争者带来不公平。例如,刘某涵非国家工作人员受贿案(人民法院案例库入库案例:2024-03-1-094-001)中,

---

① 参见张明楷:《刑法学》(第5版),法律出版社2016年版,第1208-1209页。

刘某涵在担任北京市某信息技术有限公司厦门分公司区域拓展经理期间，利用负责接收、审查卖家开店信息并上传公司系统的职务便利，将未按照公司规定审查的卖家开店信息上传至公司系统内，为他人谋取利益。因刘某涵为他人谋取的系不正当利益，法院最终认定刘某涵构成非国家工作人员受贿罪。[1]

三、非国家工作人员受贿罪与职务侵占罪的对比

非国家工作人员受贿罪和职务侵占罪实质上共同源于贪污罪和受贿罪，在司法实践中，职务侵占罪与非国家工作人员受贿罪是两种常见的经济犯罪，二者具有一定的相似性，如二者的犯罪主体都是单位内部人员，刑罚处罚力度相同，客观方面都要求行为人利用职务便利等，容易造成混淆。准确区分这两种罪名，是正确适用法律及定罪量刑的前提。非国家工作人员受贿罪和职务侵占罪的对比情况，可以总结如表1-5-1所示。

表1-5-1 非国家工作人员受贿罪和职务侵占罪的对比

对比要点	非国家工作人员受贿罪	职务侵占罪
犯罪主体	公司、企业或其他单位的工作人员（单位内部人员）	
犯罪对象	他人给付的财物、回扣和手续费	行为人所在单位的财物
主观故意内容	为他人谋取利益和非法收受他人财物	非法占有所在单位财物
客观方面	以职务行为为条件，索取他人财物或者非法收受他人财物为他人谋取利益，或者在经济往来中违反规定收受回扣、手续费归个人所有，本质是"钱权交易"	利用自己主管、管理、经营、经手本单位财物的便利条件，采用侵吞、窃取、骗取等手段，将本单位财物化为自身私有的行为，本质是将单位财物"化公为私"
侵犯客体	公司、企业以及非国有事业单位、其他组织的工作人员职务活动的管理制度	非国有公司、企业或单位的财产所有权

---

[1] 参见福建省厦门市同安区人民法院刑事判决书，(2023) 闽0212刑初47号。

续表

对比要点	非国家工作人员受贿罪	职务侵占罪
法定刑	犯罪数额较大的，处3年以下有期徒刑或者拘役，并处罚金；数额巨大或者有其他严重情节的，处3年以上10年以下有期徒刑，并处罚金；数额特别巨大或者有其他特别严重情节的，处10年以上有期徒刑或者无期徒刑，并处罚金	

注：对于非国家工作人员受贿罪和职务侵占罪的量刑标准并没有明确的法律规定。《最高人民法院、最高人民检察院关于办理贪污贿赂刑事案件适用法律若干问题的解释》第11条第1款规定，非国家工作人员受贿罪按受贿罪相应数额标准的2倍、5倍执行，职务侵占罪按贪污罪相应数额标准的2倍、5倍执行。实务中对于非国家工作人员受贿罪、职务侵占罪的法定刑存在争议。本书认为，贪污罪和受贿罪的"数额较大"标准为3万元以上不满20万元，故非国家工作人员受贿罪、职务侵占罪"数额较大"为6万元以上（3万元的2倍）不满100万元（20万元的5倍）；贪污罪和受贿罪"数额巨大"标准为20万元以上不满300万元，故非国家工作人员受贿罪、职务侵占罪"数额巨大"标准为100万元以上不满1500万元（300万元的5倍）；贪污罪和受贿罪"数额特别巨大"标准为300万元以上，故非国家工作人员受贿罪、职务侵占罪"数额特别巨大"标准为1500万元以上。

四、非国家工作人员受贿罪的量刑标准

根据《刑法》第163条第1款的规定，非国家工作人员受贿罪有3档法定刑。第一档：受贿数额较大的，处3年以下有期徒刑或者拘役，并处罚金。第二档：受贿数额巨大或者有其他严重情节的，处3年以上10年以下有期徒刑，并处罚金。第三档：受贿数额特别巨大或者有其他特别严重情节的，处10年以上有期徒刑或者无期徒刑，并处罚金。

2016年《最高人民法院、最高人民检察院关于办理贪污贿赂刑事案件适用法律若干问题的解释》第11条第1款规定，非国家工作人员受贿罪、职务侵占罪中的"数额较大""数额巨大"的数额起点，按照该司法解释关于受贿罪、贪污罪相对应的数额标准规定的2倍、5倍执行。根据该司法解释第1条和第2条的规定，受贿罪"数额较大"的标准为在3万元以上不满20万元；"数额巨大"标准为20万元以上不满300万元；"数额特别巨大"标准

为 300 万元以上。因此，非国家工作人员受贿罪的"数额较大"标准为 6 万元以上不满 100 万元；"数额巨大"标准为 100 万元以上不满 1500 万元；"数额特别巨大"标准为 1500 万元以上。例如，张某非国家工作人员受贿案（人民法院案例库入库案例：2023 - 03 - 1 - 094 - 001）中，张某利用担任某贸易公司自营产品采销经理的职务便利，非法收受合作销售公司以"推广费""返点"等名义给予的 71.285 万元，北京市第二中级人民法院判决结果：张某犯非国家工作人员受贿罪，有期徒刑 1 年 6 个月，并处罚金人民币 35 万元。从这一判决结果来看，该案法院是按照第一档法定刑判处的，故可以倒推法院认定张某非法收受的 71.285 万元贿赂款项属于"数额较大"，[1] 与本书关于非国家工作人员受贿罪的第一档法定刑犯罪数额区间的观点一致。

值得一提的是，2022 年《最高人民检察院、公安部关于公安机关管辖的刑事案件立案追诉标准的规定（二）》追诉标准第 10 条将非国家工作人员受贿罪的立案追诉标准规定为 3 万元以上。因 2022 年《最高人民检察院、公安部关于公安机关管辖的刑事案件立案追诉标准的规定（二）》和 2016 年《最高人民法院、最高人民检察院关于办理贪污贿赂刑事案件适用法律若干问题的解释》对于非国家工作人员受贿罪的追诉标准规定不一致，故在实务中，有观点认为依据"从新原则"，非国家工作人员受贿罪的追诉标准金额应为 3 万元。我们认为，非国家工作人员受贿罪的追诉标准应为 6 万元而非 3 万元。理由如下：

首先，从"从新原则"的理解来看，2001 年发布的《最高人民法院、最高人民检察院关于适用刑事司法解释时间效力问题的规定》第 2 条规定，对于司法解释实施前发生的行为，行为时没有相关司法解释，司法解释施行后尚未处理或者正在处理的案件，依照司法解释的规定办理。从这一条规定可

---

[1] 参见北京市第二中级人民法院刑事判决书，(2022) 京 02 刑终 322 号。

以得知，"从新原则"仅适用于解决司法解释的时间效力问题，而司法解释的发布主体仅限于最高人民法院和最高人民检察院。然而，2022年《最高人民检察院、公安部关于公安机关管辖的刑事案件立案追诉标准的规定（二）》的发布主体是最高人民检察院和公安部。由于发布主体不符合司法解释的要求，故前述规定在性质上应属于规范性文件，而不属于司法解释，因此不能适用"从新原则"。

其次，从法律位阶来看，如前文所述，2022年《最高人民检察院、公安部关于公安机关管辖的刑事案件立案追诉标准的规定（二）》在法律性质上属于规范性文件，而非司法解释。司法解释应当作为裁判依据，而规范性文件仅可参考适用，通常只能在裁判理由部分引述，不得作为裁判依据适用。由此可见，规范性文件的法律效力低于司法解释，即2022年《最高人民检察院、公安部关于公安机关管辖的刑事案件立案追诉标准的规定（二）》的法律效力低于2016年《最高人民法院、最高人民检察院关于办理贪污贿赂刑事案件适用法律若干问题的解释》。

最后，从社会危害性来看，非国家工作人员受贿罪的犯罪主体是非国家工作人员，即公司、企业、银行或其他金融机构、单位的工作人员。受贿罪的犯罪主体是国家工作人员。这两个罪名均侵害职务的纯洁性和公正性，具有诸多相似之处，但仍有必要对两罪的刑事追诉标准予以区分。非国家工作人员的受贿行为，主要是对企业或单位内部秩序和利益产生影响，虽然也有一定的社会负面影响，但危害范围和程度总体小于国家工作人员的受贿行为。对非国家工作人员的受贿行为设定较高追诉标准，在一定程度上可以避免刑事司法过度干预经济活动，这也是对民营经济活力的保护方式。对非国家工作人员受贿罪的追诉标准应适用《最高人民法院、最高人民检察院关于办理贪污贿赂刑事案件适用法律若干问题的解释》的分析可总结如表1-5-2所示。

表1-5-2 非国家工作人员受贿罪的追诉标准分析总结

分析要点	规范文件名称	
	《最高人民检察院、公安部关于公安机关管辖的刑事案件立案追诉标准的规定（二）》（2022）	《最高人民法院、最高人民检察院关于办理贪污贿赂刑事案件适用法律若干问题的解释》（2016）
制定主体	最高人民检察院、公安部	最高人民法院、最高人民检察院
法律位阶	普通规范性文件（低）	司法解释（高）
能否适用从新原则	不能适用	能适用（但无新司法解释对非国家工作人员受贿罪的追诉标准予以规定）
对非国家工作人员受贿罪的追诉标准规定	受贿3万元	受贿6万元
社会危害性	追诉标准同受贿罪，处罚较重，一定程度上不利于保护民营经济活力	追诉标准高于受贿罪，处罚较轻，在一定程度上可以避免刑事司法过度干预经济活动

第二节 非国家工作人员受贿罪的核心辩护要点

一、行为人是否是公司、企业或者其他单位的工作人员

非国家工作人员受贿罪是身份犯，要求行为人必须是公司、企业或者其他单位的工作人员，如不符合该身份要求，则不构成本罪。非国家工作人员受贿罪中的"其他单位"包括事业单位、社会团体、村民委员会、居民委员会、村民小组等常设性的组织，也包括为组织体育赛事、文艺演出或者其他正当活动而成立的组委会、筹委会、工程承包队等非常设性的组织，但是不包括个体工商户。此外还需要注意，"公司、企业或者其他单位的工作人员"中的"工作人员"并非一般意义上的国家工作人员以外的人员，而是具有一定的职权或地位的人员，因为如果行为人根本不具备一定的职权或者地

· 89 ·

位，就不可能进一步符合非国家工作人员受贿罪的客观要件"利用职务上的便利"。

【典型案例】

王某非国家工作人员受贿案①

王某经营着一家有个体工商户营业执照的某驾驶员培训学校。该培训学校由王某的姐姐王某梅和姐夫胡某军负责管理。该校培训教练将收取的免考科目费和免考费交给王某梅和胡某军，由王某梅通过个人关系帮学员从车管所"免考"拿到驾驶执照。经查，王某梅累计向王某转账530万元，胡某军合计向王某转账430万元。法院认为，非国家工作人员受贿罪的主体必须是公司、企业中具有职务的人员。本案中，王某所经营的驾驶员培训学校登记为个体工商户，并不是公司、企业，因此王某不具备法律规定的犯罪主体资格。最终认定王某不构成非国家工作人员受贿罪。

陆某甲等非国家工作人员受贿案②

覃某某、廖某某等人将位于册亨县秧坝镇某村畜牧场组地界内的一片杉木林转让给伏某甲、伏某乙。该村一、二、三组的村民得知这一情况后在时任村干部的陆某甲、陆某虎及其他村干部的组织下多次到砍伐杉树的施工现场采取堵路等方式阻工。之后，在政府的组织协调下，由覃某某、廖某某等人出资70万元支付给案涉村三组村民，要求前述村民不得再额外提出资金要求，且不得再阻工。但陆某甲、陆某虎与某某乙又向覃某某等人索要30万元均分，并称如果不交出款项，则继续组织村民去阻工。后覃某某等将30万元由陆某甲、陆某虎与陆某乙均分。法院认为，非国家工作人员受贿罪的犯罪主体为公司、企业或者其他单位的工作人员，客观方面是行为人利用职务上的便利，索取他人财物或者非法收受他人财物，为他人谋取利益，数额较大

---

① 参见新疆维吾尔自治区和田地区中级人民法院刑事判决书，（2016）新32刑终135号。
② 参见贵州省黔西南布依族苗族自治州中级人民法院刑事裁定书，（2020）黔23刑终4号。

的行为，陆某甲、陆某乙、陆某虎既不具备主体资格，客观上也并非利用职权为覃某某等人谋取利益，不符合非国家工作人员受贿罪的构成要件。

二、行为人主观上是否具有受贿的故意

成立非国家工作人员受贿罪，在主观方面要求行为人具有受贿的故意，受贿故意指的是，行为人明知其利用职务上的便利为他人谋取利益而索取或非法收受贿赂的行为是一种侵害其职务廉洁性的行为，但仍然实施这种行为。如果行为人主观上不具有受贿故意，则不能构成本罪。需要注意的是，在受贿案件中，有时会存在这种情况，受贿人不直接收受请托人财物，而是授意请托人去帮助自己完成某个特定事项，请托人为完成这一事项花费了钱款，但行为人对具体过程及费用数额等并不具体知情，这种双方之间请托事项不确定、输送利益不直接、数额只有概括性故意的情况，一般也应当认定行为人主观上具有受贿故意。

【典型案例】

张某伟非国家工作人员受贿案[1]

2015年12月，经上海市东方公证处（是一家自收自支的事业单位法人）主任办公会议决定，并以个别通知的形式，让已达到当年度结余绩效奖金最高额的部分公证员可以通过书面申请的方式，将本人结余绩效奖金奖励给部分公证员助理。张某伟经与其助理曹某某、陶某某商定后，于2015年12月向上海市东方公证处书面申请将其当年度结余绩效奖金24.3万元，分配给助理曹某某12.3万元、陶某某12万元。扣除相关税费后，陶某某、曹某某分别收到89,677.70元、92,055.82元，并先后将共计150,750元汇至被告人张某伟个人银行账户。法院经审理认为，张某伟的行为不构成非国家工作人员受贿罪。首先，从涉案钱款的权属来看，涉案钱款属于上海市东方公证处，

---

[1] 参见上海市普陀区人民法院刑事判决书，（2019）沪0107刑初279号。

而不是公证员助理，钱款的性质是张某伟当年度的结余绩效奖金。张某伟无权决定是否能发放本人当年度结余绩效奖金，只是根据单位的决定来处分结余绩效奖金，因此没有索贿的故意。其次，从涉案钱款的处理方式来看，张某伟如果不申请将结余绩效奖金发放给公证员助理，则可以在次年由公证处直接发放给张某伟，只不过会占用次年绩效奖金额度。因此，法院认为本案张某伟主观上没有利用职务便利索取或者收受他人财物的故意，客观上也没有实施收受贿赂的行为。故公诉机关指控的非国家工作人员受贿罪不成立（本案张某伟因实施提供虚假证明文件的犯罪行为，被判处提供虚假证明文件罪）。

游某清非国家工作人员受贿案[①]

2008年6月，深圳某实业公司在眉山市东坡区大石桥街道办事处某社区内开发工程项目。2008年4月24日，游某清当选为前述工程项目所在地第10居民小组组长。深圳某实业公司为了使得工程项目能够顺利推进，以发放工资的形式支付给游某清6000元好处费，游某清于当日将该6000元退还给深圳某实业公司工作人员熊某某。法院经审理认为，游某清以领取工资的形式收取深圳某实业公司6000元，收受贿赂的金额未达到数额较大标准，且其当天即退回给公司，其主观上没有受贿故意，不构成非国家工作人员受贿罪。

三、行为人是否利用职务上的便利

非国家工作人员受贿罪在客观方面，要求公司、企业或者其他单位的工作人员利用本人主管、经管公司、企业或其他单位的管理职权以及利用与上述职权有关的便利条件为他人谋取不正当利益。因此，行为人仅是利用自己便于出入工作场所、熟悉单位有关人员等工作便利，为他人谋取利益，而索取或收受他人财物的，不构成本罪。一般而言，只要行为人在具体市场经济活动中因收受请托人财物而利用其职务影响了交易条件的形成、影响交易机

[①] 参见四川省眉山市中级人民法院刑事判决书，（2015）眉刑提字第1号。

会的选择,便可认定为行为人"利用了职务上的便利"。

【典型案例】

吴某松等非国家工作人员受贿案[1]

公诉机关指控,2010年至2012年,吴某松利用其在华夏银行、包商银行的职务便利,获知客户的贷款及经营状况,并介绍四川金炜集团、四川某矿业公司、攀枝花某贸易公司、攀枝花市某化工公司、四川某实业公司到王某处接受高利放贷,以周转各公司在银行的贷款,帮助王某进行高利放贷。吴某松还帮助王某收取高额利息,并以利息分配等方式收受"好处费"。王某向各公司累计高利放贷44,425万元,吴某松帮助王某收取放贷利息1504.63万元,收受"好处费"800.787134万元。2011年至2012年,吴某松利用担任包商银行某支行行长的职务便利,为交大扬华公司贷款提供帮助,收受王某给予的110万元。2010年至2012年,陈某利用担任兴业银行某支行副行长的职务便利,为某三洲川化机公司贷款提供帮助,收受王某给予的270万元。2013年9月,刘某利用担任重庆银行某营业部职员的职务便利,介绍本行客户成都某市政工程公司、成都某房地产开发公司到王某处接受高利放贷,以周转两公司在银行的贷款,帮助王某进行高利放贷。王某向该两公司累计放贷8000万元,刘某收受王某聘用的人员给予的"好处费"13.35万元。

法院经审理认为,现有证据不能证明吴某松、刘某利用作为银行工作人员、从事金融活动的职务便利收受钱财。理由如下:首先,吴某松、刘某作为银行工作人员向他人介绍客户并收取钱款,不属于在金融业务活动中索取或非法收受他人财物。本案现有证据证明,王某等主体向其他公司出借资金是一种民间高利借贷行为,而非银行金融活动。吴某松收受的800余万元、刘某收受的13.35万元,本质上均属2人因居间介绍获得的佣金。其次,吴

---

[1] 参见四川省成都市中级人民法院刑事判决书,(2014)成刑初字第00348号。

某松、刘某向王某介绍借款客户并分得利息不应被认定为利用职务便利。第一，非国家工作人员受贿罪的客观要件之一是行为人有"利用职务上的便利"。所谓"职务上的便利"，在本案中指银行工作人员利用其主管、经手、管理金融业务的职务便利。吴某松、刘某介绍多家有借款需求的公司到王某处借款，确实凭借的是2人银行工作人员身份而获知的有关信息（多家公司有借款需求、王某能够提供融资服务），但这是基于吴某松、刘某利用工作便利而获得的信息，而非利用主管、经手、管理金融业务等职权行为的职务便利。第二，"职务便利"应具有现实性，即行为人收受贿赂时所利用的职务必须是行为时所现实具有的，而不包括过去已离任的职务和未来即将到任的职务影响。从职务的现实性讲，现有证据证明吴某松在包商银行工作期间，介绍非本行客户在王某处高利借款，不应认定为利用职务便利。第三，吴某松作为包商银行行长、刘某作为重庆银行的业务员，对王某最终是否向2人介绍的用款公司放款并无职务上的决定权或影响力，借款协议能否达成主要取决于王某与多家有借款需求的公司之间就用款的金额、利息等事项是否能够达成一致，而与吴某松、刘某的职务没有关系。最终法院认为吴某松、刘某、陈某不构成非国家工作人员受贿罪（吴某松、陈某在本案中因实施高利转贷行为，故最终被判处高利转贷罪，刘某不构成犯罪）。

四、行为人是否为他人谋取利益

非国家工作人员受贿罪中"为他人谋取利益"应当从以下几个层面进行理解：首先，"他人"既可以是请托人和受益人为同一人的情况，也可以是受益人和请托人为不同的人的情况；"谋取"行为既包括积极作为的谋取，也包括消极不作为的谋取；从非国家工作人员受贿罪侵害的客体之一为市场公平竞争秩序的角度来理解，行为人所谋取的"利益"应当仅指不正当的利益。因为只有行为人为受益人谋取的是不正当利益，才可能侵害其他遵守规则的竞争者的公平利益。

【典型案例】

罗某某等非国家工作人员受贿案[①]

强兴公司的股东有罗某某、汪某、廖某某等人。强兴公司经营一段时间后拟对外转让,经股东会议讨论决定,由内部股东以竞标形式转让。后公司以 239 万元的价格将土地、房屋、设备转让给刘某某,罗某某、汪某某等 6 个股东均分得 38 万元,汪某得到 11 万元。罗某某主张其是公司法定代表人,所以向刘某某多索要了 50 万元。法院经审理认为,强兴公司转让是经公司股东多次会议决定的,不是罗某某等 2 人决定的,公司转给刘某某是通过内部股东竞标取得,刘某某以最高价中标,罗某某没有帮助刘某某取得公司,没有为刘某某谋取利益。刘某某实际上也并没有获利。故罗某某向刘某某索要的 50 万元,不符合非国家工作人员受贿罪的构成要件,罗某某不构成非国家工作人员受贿罪(本案罗某某等人因实施非法占用农地的犯罪行为,被判处非法占用农用地罪)。

五、行为人是否收受回扣、手续费归个人所有

收受回扣和手续费并不一定违法。《反不正当竞争法》第 7 条第 1 款规定,经营者不得采用财物或者其他手段贿赂以谋取交易机会或者竞争优势,结合《刑法》第 163 条第 2 款规定,公司、企业或者其他单位的工作人员在经济往来中,利用职务上的便利,违反国家规定,收受各种名义的回扣、手续费,归个人所有的,依照非国家工作人员受贿罪处罚。从前两款规定可知,非国家工作人员受贿罪要求行为人为他人谋取交易机会或竞争优势,收受他人各种名义的回扣、手续费,且将收取的回扣、手续费归个人所有。如果收取的回扣、手续费最终归单位所有,或无证据证明行为人收取的款项为贿赂款,则行为人的行为不能构成非国家工作人员受贿罪。

[①] 参见湖南省衡阳市中级人民法院刑事判决书,(2014)衡中法刑二终字第 166 号。

【典型案例】

苟某非国家工作人员受贿案[①]

2005年6月，苟某入职某讯科技深圳公司，2014年1月，任某讯科技成都公司的助理总经理，负责该公司部门运营及管理工作。2014年8月至9月，某讯科技成都公司的员工周某、王某某从该公司离职。2013年11月11日，某趣科技公司成立，股东为陈某（周某妻子）、唐某（王某某妻子）、邓某（苟某妻子），2014年7月，某趣科技公司的股东变更为苟某、周某、王某某等人。2015年4月，苟某退出某趣科技公司，并将其股权转让给周某、王某某。2015年1月，在苟某担任某趣科技公司股东期间，苟某决定将某讯科技成都公司的其中一栋房产出租给某趣科技公司。因某趣科技公司租赁前述房产后，未缴纳房屋租金及水电费等费用，后某讯科技成都公司向公安机关报案。苟某的银行卡共计收到某趣科技公司支付的款项480,607.89元，公诉机关指控前述48万余元款项为贿赂款。法院经审理认为，现有证据无法证明苟某收到的480,607.89元为贿赂款，故苟某的行为不构成非国家工作人员受贿罪。

六、行为人收受的款项是否达到追诉标准

根据2016年《最高人民法院、最高人民检察院关于办理贪污贿赂刑事案件适用法律若干问题的解释》第11条第1款规定，非国家工作人员受贿罪的追诉标准为6万元。前述司法解释第12条对贿赂犯罪中的"财物"予以规定，"财物"包括货币、物品和财产性利益。财产性利益包括可以折算为货币的物质利益如房屋装修、债务免除等，以及需要支付货币的其他利益如会员服务、旅游（以实际支付或者应当支付的数额计算）等。如果行为人非法收受的财物价值未达到立案追诉标准，则不应当追究其刑事责任。

[①] 参见四川省成都市中级人民法院刑事裁定书，(2020) 川01刑终122号。

【典型案例】

李某梅等非国家工作人员受贿案[①]

2013年4月,李某梅、李某宣等人,在潮州市潮安区某乡镇某村民委员会将该村"蟹地"的土地出租给李某标的过程中,利用职务上的便利,帮助李某标违规操作,将"蟹地"的承包经营期限由30年延长至50年,并收受李某标的好处费4万元,后将赃款平分。法院经审理认为,对于李某宣的受贿数额,在案证据无法印证李某标所称的给予李某宣4万元好处费后,又给予了2.5万元好处费,故应当认为李某宣的受贿数额为4万元。对于李某梅的受贿数额,法院经查仅有5000元。两人受贿数额均未达到法律规定的追诉标准6万元,不构成非国家工作人员受贿罪。

甘某孟、甘某其等非国家工作人员受贿案[②]

2012年5月,甘某其、甘某孟接受某养鱼的老板梁某某的请托,为梁某某在其承包经营鱼塘过程中谋取利益。甘某孟、甘某其分别收受梁某某给的好处费2万元。法院经审理认为,甘某孟、甘某其利用担任村委干部的职务便利,分别非法收受梁某某支付的好处费2万元,但是依照《最高人民法院、最高人民检察院关于办理贪污贿赂刑事案件适用法律若干问题的解释》第11条第1款的规定,非国家工作人员受贿罪"数额较大"的数额起点为6万元以上,而甘某孟、甘某其涉案金额未达到追诉标准,故2人不构成非国家工作人员受贿罪。

七、案件是否事实不清、证据不足

刑事案件中对行为人要准确定罪量刑,在案证据必须形成完整的证据链。如现有证据不够充分,行为人犯非国家工作人员受贿罪在犯罪起因、动机和目的方面所提供的证据不具备构成刑事犯罪证据的唯一性,不足以认定犯罪

[①] 参见广东省潮州市潮安区人民法院刑事判决书,(2018)粤5103刑初806号。
[②] 参见广西壮族自治区贵港市覃塘区人民法院刑事判决书,(2015)覃刑初字第55号。

事实，则行为人不构成非国家工作人员受贿罪。

【典型案例】

梁某冰、金某非国家工作人员受贿案[①]

查某某承包某公司地坪等工程过程中，办理了一张银行卡，并向该卡里转账30万元。后查某某将该银行卡交由梁某冰以及梁某冰的妻子金某（将钱款用于购买房产的装修）之后，梁某冰将30万元现金及查某某的银行卡通过公司财务人员交还给查某某。法院经审理认为，查某某陈述梁某冰向其索贿，梁某冰供述查某某给其农行借贷卡，是给其贺房，后来金某刷卡后才知道卡里有30万元。因此认定索贿证据不足。此外，现有证据不能认定梁某冰承诺为查某某谋取何种利益，且梁某冰得知卡内有30万元后，将该银行卡和30万元全部交还给查某某。因此最终法院认定梁某冰、余某利用职务便利为行贿人谋取利益事实不清，证据不足，不构成犯罪。

刘某韶非国家工作人员受贿案[②]

2010年年底，余某为了和江某合伙开发的某房地产项目能够顺利实施，向时任中山市某村委会主任的刘某韶提出希望购买该村部分林地进行绿化改造作为房地产项目的配套，刘某韶答应协助做村委会及村民的工作，余某反映其以现金和土地作价的形式交付给刘某韶50万元贿赂款。法院认为，现有受贿证据仅有行贿人余某的证言，证人江某的证言和记账凭证。其中，江某是公司的股东，江某的证言内容是从余某处听来的，属于传来证据，不能作为定案证据。记账凭证没有制单人签名，无法核实款项的来源和去向，且记账凭证上载明的金额和余某供述的向刘某韶交付的金额不符，无法证明刘某韶实际收到50万元。故现有证据不能认定刘某韶收受贿赂款的事实，认定刘某韶不构成非国家工作人员受贿罪。

[①] 参见青海省西宁市中级人民法院刑事判决书，（2018）青01刑终271号。
[②] 参见广东省江门市中级人民法院刑事判决书，（2016）粤07刑再1号。

第六章 诈骗罪

第一节 诈骗罪的定罪与量刑

一、诈骗罪的罪名概述

诈骗罪是指以非法占有为目的，用虚构事实或者隐瞒真相的方法，骗取数额较大的公私财物的行为。《刑法》第266条规定："诈骗公私财物，数额较大的，处三年以下有期徒刑、拘役或者管制，并处或者单处罚金；数额巨大或者有其他严重情节的，处三年以上十年以下有期徒刑，并处罚金；数额特别巨大或者有其他特别严重情节的，处十年以上有期徒刑或者无期徒刑，并处罚金或者没收财产。本法另有规定的，依照规定。"

诈骗罪源于我国1979年《刑法》，是我国最早出现并沿用至今的罪名之一。诈骗罪作为典型的侵犯财产类犯罪行为，我国十分重视并已将其作为主要犯罪加以惩治和防范。在制定1979年《刑法》时，立法者鉴于盗窃、诈骗、抢夺这三种犯罪行为在严重程度及法定刑上大致相当，而且大部分犯罪分子易同时触犯前述两种以上罪名，因此就合成一个条文予以规定。之后，随着立法技术逐渐成熟，1997年在修订《刑法》时，便用单条规定诈骗罪，并调整了本罪的加重情节与法定刑。随着社会的发展和犯罪形态的变化，我国关于诈骗罪的立法也不断完善，除普通诈骗罪外，《刑法》还较为完善地规定合同诈骗罪、信用卡诈骗罪、贷款诈骗罪、集资诈骗罪、保险诈骗罪、金融凭证诈骗罪、票据诈骗罪、信用证诈骗罪等多种特殊类型的诈骗犯罪行为，并且未来还会根据新出现的诈骗方式，修改或新增现有法律条文。

在诈骗犯罪中，有一种特殊的诈骗类型即"借贷型诈骗"值得讨论，因为此种特殊类型的诈骗在司法实务中的认定较难。"借贷型诈骗"是指行为人以非法占有为目的，通过借贷的形式，虚构事实、隐瞒真相骗取被害人财物的行为。在这类诈骗案件中，行为人通常会编造一个事由，向被害人借款，会承诺还本金以及利息等。为了骗取被害人信任，部分行为人还会向被害人出具借条。行为人通过欺骗方式拿到款项后，一般会实际用于偿还个人债务、赌博等，肆意挥霍，最终导致到期无法偿还债务，致使被害人遭受财产损失。借贷型诈骗之所以成为实务中的难点，是因为这类案件与普通的民间借贷纠纷在外部表现形式上具有诸多相似之处，从而导致在司法实务中的认定界限比较模糊。刑法是惩罚犯罪的利器，对于"以借贷之名，行诈骗之实"的犯罪行为，应当通过刑事手段予以严惩；但是，刑法也应当保持谦抑性，实务中不能过度强调刑事优先而忽略其他民事、行政手段等对纠纷解决的作用。换言之，刑法不应对所有的欺诈行为予以规制和回应，对于民事活动领域的欺诈行为，应当优先通过民事手段解决纠纷。

二、诈骗罪的定罪要点

诈骗罪（既遂）的基本构造为：行为人实施欺骗行为→被害人陷入或维持认识错误→被害人基于认识错误处分（或交付）财产→行为人或者第三人取得财产（数额较大）→被害人遭受财产损失。借贷型诈骗罪的基本结构与诈骗罪基本一致，即行为人以非法占有目的实施欺骗行为→被害人陷入认识错误→被害人基于认识错误处分财产（交付借款）→行为人或者第三人取得财产（数额较大）→被害人遭受财产损失。在诈骗罪的构成要件中，行为人主观上是否具有非法占有目的、行为人是否实施诈骗行为、被害人是否因行为人的欺骗行为陷入错误认识，这些都是实务中认定的难点。

（一）诈骗罪中行为人非法占有目的的认定

财产犯罪可划分为取得型财产犯罪和毁弃型财产犯罪，诈骗罪作为一种取得型财产犯罪，不仅要求行为人在主观上具有犯罪故意（诈骗故意），还要求行为人具有非法占有的目的。非法占有目的在诈骗罪的犯罪构成要件中占据非常重要的地位，因为这是界定罪与非罪、此罪与彼罪的核心所在。进一步而言，诈骗罪中行为人非法占有目的产生的时间也有严格要求，只有行为人在实施诈骗行为时已具备诈骗故意和非法占有目的，才可能构成诈骗罪。如果行为人事后才产生诈骗故意和非法占有目的，则不能构成诈骗罪。[1]

非法占有目的指行为人永久性或持续性地排除被害人对其财物的占有与利用，将其财物作为自己所有物进行支配，并遵从财物的用途进行利用、处分的意思。因此，非法占有目的的内涵应同时包含"排除意思"与"利用意思"。其中"排除意思"是指永久或持续地排除被害人对其财物的占有与利用的意思，不仅包括排除被害人对财物本身的占有、利用，还包括排除被害人对财物价值的占有与利用。"利用意思"是指行为人对财物可能具有的本身用途、经济用途进行利用、处分。[2] 实务中，对于诈骗案中行为人非法占有目的的认定，也是采用"排除意思"和"利用意思"相结合，通过判断行为人的客观行为来认定。

具体而言，行为人首先须存在非法占有他人财物的行为。例如，在程某诈骗案（《刑事审判参考》第256号案例）中，程某拾得熟人朱某祖加有密码的中国银行活期存折后，多次猜配取款密码，最终以朱某祖手机号码后6位数作为密码，成功取走朱某祖13.22万元银行存款。虽然一审法院认为程某的行为构成盗窃罪，二审法院改判认为程某的行为构成诈骗罪，罪名有所不同，但该两级法院一致认为程某捡拾他人存折并取款的行为系非法占有他人财物的行为。

其次，行为人须不正当使用所占有的他人财物。例如，在王某诈骗案（《刑事审判参考》第161号案例）中，王某使用虚假的身份证复印件办理移动电话入网手续后，又将移动电话SIM卡倒卖给他人。前述SIM被使用后，造成他人恶意欠费20.3445万元。该案一审和二审法院均判决王某构成诈骗

---

[1] 参见付立庆：《论诈骗罪的主观要素》，载《法律适用》2024年第9期。
[2] 参见张明楷：《诈骗犯罪论》，法律出版社2021年版，第406-412页。

罪，认为王某为谋取私利，多次使用虚假的身份证复印件办理移动电话入网手续，并将购买的移动电话 SIM 卡转卖，使前述 SIM 卡被他人使用并恶意欠费，最终造成北京移动通信有限公司遭受电信资费损失。虽王某抗辩自己没有直接使用移动电话卡，不应对电信资费的损失负责，但实际上该案王某骗购移动电话 SIM 卡后，无论是自己直接使用、无偿赠送他人使用还是加价转卖赚取差价，都应当认定王某存在不正当使用他人财物的行为。

最后，行为人须不正当排除他人取回其财物的可能性。例如，何某明诈骗案（《刑事审判参考》第 148 号案例）中，何某明在与陈某闲聊过程中共同商定要"获取"一辆摩托车。陈某将宋某确定为目标对象，在趁宋某下车未拔出钥匙之际，将摩托车开走。宋某意欲追赶，何某明告知宋某、陈某只是用车去找人，不会逃跑等理由以稳住宋某。之后，何某明以让宋某在原地等候，自己去找陈某为理由趁机逃跑。该案东兴市人民法院认为，何某明以非法占有为目的，虚构事实骗取他人财物，构成诈骗罪。该案法院认定何某明主观上具有非法占有目的重要原因在于，该案何某明采取欺骗手段，不正当地排除了宋某取回其财物的可能性。

诈骗犯罪中的特殊类型"借贷型诈骗"，对于行为人主观上是否具有非法占有目的，在实务中往往要结合行为人的财务状况、还款能力、借款用途等方面综合考量。例如，在武某某诈骗案（人民法院案例库入库案例：2023 - 05 - 1 - 112 - 001）中，2009 年 11 月 28 日，武某某隐瞒武汉某甲公司法定代表人已变更的事实，对原材料供货商程某某谎称需要资金回购武汉某甲公司股权，向程某某借款 278 万余元，期限 6 个月。次月，武某某又以股权回购资金不足为由，向程某某借款 309 万元并承诺 2010 年 1 月 20 日归还。借款到期后，程某某多次向武某某催还借款，武某某于 2010 年 9 月至 10 月归还借款 35 万元，并承诺同年 10 月 1 日起每月归还借款 30 万元。但之后武某某却假借各种理由不履行还款义务。至案发，仍有本金 552 万余元不能归还。该案中，武某某实际并不具有还款能力，法院认为其主观上具有非法占有的目的，客观上实施了虚构真相、隐瞒事实的行为，骗取他人 552 万余元，其行为已构成诈骗罪。①

因此，在借贷型诈骗案中，判断行为人主观上是否具有非法占有目的，可以从以下几个阶段分别判断：在交付借款前，其一，可以从行为人借款时的财务状况（偿还借款的能力）判断。在构成借贷型诈骗罪的情况下，一般行为人在借款时已是债台高筑，财务状况差，不具有偿还借款能力。其二，从行为人借款的理由和用途判断。在借贷型诈骗罪中，行为人通常会虚构借款的理由和用途，以骗取出借人信任，实际的借款用途大多情况下与其借款时告知的用途不一致。其三，可以从行为人借款时身份的真实性判断。构成借贷型诈骗罪的情况下，行为人可能会采取虚构自己身份信息、婚姻状况等手段使得被害人陷入错误认识，并基于错误认识交付借款。在交付借款后尚未逾期前，可以从行为人对借款的使用态度判断。在构成借贷型诈骗罪的情况下，行为人一般是将借款用于拆东墙补西墙，肆意挥霍或是实施违法犯罪活动（如赌博）。在借款逾期后，其一，可以从行为人的实际还款情况判断。在借贷型诈骗罪中，行为人一般拒不偿还借款本金及利息，有偿还少量本金和利息的，也只是为拖延还款时间，甚至是为了骗取更多借款。其二，可以从借款到期无法偿还的原因来判断。在借贷型诈骗罪中，行为人无法偿还借款通常是因其肆意挥霍、将借款用于赌博等违法犯罪活动，而非因经营亏损等合法原因。其三，可以从借款逾期后行为人的表现来判断。在借贷型诈骗罪中，行为人在借款逾期后，一般会采取转移资金、隐匿逃避（如频繁更换联系方式和居住地）等手段拒绝偿还借款。

（二）诈骗罪中行为人欺骗行为的认定

诈骗罪中的欺骗行为包括虚构事实和隐瞒真相两种。所谓"虚构事实"指凭空捏造或者编造不存在的虚假事实，而"隐瞒真相"则指掩盖本来存在的客观事实，使被害人陷入或者维持认识错误。需要注意的是，并非所有的虚构事实和隐瞒真相行为都构成诈骗罪，只有行为人的欺骗行为致使受骗人

---

① 参见湖北省高级人民法院刑事裁定书，（2014）鄂刑一抗字第0005号。

(须具有处分财物的权利)陷入或继续维持处分财产的认识错误,并"自愿"将财产交付给行为人,才可能构成诈骗罪。如果受骗人并没有因行为人的欺骗行为陷入错误认识进而处分财产,则行为人的行为也不构成诈骗罪。

(三)诈骗罪中被害人认识错误的认定

诈骗罪要求被害人基于行为人的欺骗行为而陷入或者维持认识错误,并基于此进一步交付财产。关于诈骗罪中的认识错误的认定,应当注意以下方面:(1)认识错误的主体必须是具有认识能力和行为能力的自然人,认识错误的内容必须是处分财产的认识错误,而并非全部认识错误。(2)根据诈骗罪的基本构造,"被害人陷入错误认识"的内容本质上是"财产处分人没有按照自己正确的意志处分了财产"。因此,要证明被害人存在错误认识则应首先了解被害人处分财产所指向的目标以及其想通过处分财产达到的目的。只有确定被害人正确意志的具体指向,才能准确判断被害人是否陷入了认识错误、陷入了何种认识错误、被害人是否基于该认识错误而处分财产、该认识错误是否与行为人虚构的事实或隐瞒的真相之间具有刑法上的因果关系。

三、诈骗罪与民事欺诈、民间借贷的区分

诈骗罪属于刑事犯罪,民事欺诈则属于民事侵权行为或民事违约行为。由于诈骗罪与民事欺诈在多个方面具有相似性,如行为人主观上都具有欺骗故意,希望对方陷入认识错误,以谋取非法利益;客观上都采取了虚构事实、隐瞒真相的行为,因此,二者在司法实践中常常被混淆。例如,在黄某诈骗案(《刑事审判参考》第1342号案例)中,被害人杨某在吉林省长春市朝阳区某小区做墙体保温,黄某与杨某结识后,黄某以能为杨某在南航长春机场办理接送员工及滞留旅客车辆运营为名,先后3次从杨某手中骗取73.5万元,后杨某向黄某借款7万元,黄某告知杨某要到其家中取款,杨某到达黄某家中后,黄某告知只给本金66.5万元,杨某拒绝收取。长春市朝阳区人民法院认为,黄某客观上占用了杨某65万元购车款,但杨某并没有向黄某提出要求返还款项,且黄某也提出要将66.5万元款项返还给杨某,但杨某拒绝接

受，故黄某才继续保有此笔款项。该法院认为，黄某主观上不具有非法占有杨某购车款的目的，最终认定黄某不构成犯罪。该案裁判结果表明，区分诈骗罪和民事欺诈的核心在于行为人主观上是否具有非法占有目的。结合该案，我们认为判断行为人主观上是否具有非法占有目的，可以从行为人主体身份是否真实，行为人在行为当时有无履约能力，行为人无法履约的真实原因，案件能否通过民事途径进行救济等方面综合认定。

需要特别注意的是，借贷型诈骗与民间借贷在实务中也常常容易混淆。在借贷型诈骗犯罪中，行为人通常是以民间借贷之名骗取被害人财物（借款），且多发于亲戚、朋友等熟人之间。因此，在处理借贷型诈骗案时，应当严格审查行为人主观上是否具有非法占有目的，从而避免将民间借贷纠纷作为犯罪予以处理。借贷型诈骗罪和民间借贷之间的对比情况总结如表1-6-1所示。

表1-6-1 借贷型诈骗罪和民间借贷的对比

对比要点	借贷型诈骗罪	民间借贷
行为人和出借人的关系	二者都多发生于特定关系主体之间，如亲戚、朋友等熟人之间	
借款事由告知	在借款时往往都会向出借人说明借款事由，如个人资金周转、应急治病、生产经营等，但告知的借款事由均可能与客观事实不符	
利息约定	借贷双方往往都会约定一定利息，尤其是在"借贷型诈骗"中，行为人通常会承诺还本付息以骗取出借人的信任	
借款依据	借贷双方一般都有书面借款凭证或者口头借款协议	
行为人主观意图	具有非法占有出借人款项目的	借款人不具有非法占有目的，有真实的还款意愿
行为人的行为方式	在借款时会采用虚构事实和隐瞒真相的手段，如虚构自己的财务状况等	通常会如实告知其借款用途，很少采用欺骗的方法
行为人对借款的态度	多将借款用于赌博、吸毒或个人挥霍	用于正常生活、生产经营
维权方式	刑事方式（公诉）	民事诉讼

实务中，应当准确区分刑事诈骗行为和民事欺诈、民间借贷行为。刑事诈骗行为超越了民事法律调整的范围和界限，本身具有必须运用刑罚手段予以制裁的必要性。动辄用刑事强制手段介入正常的民事活动，将会侵害平等、自愿、公平、自治的市场交易秩序，进而对一个地区的营商环境造成较大损害。

四、诈骗罪的量刑标准

（一）诈骗公私财物价值角度的量刑标准

根据《刑法》第266条以及《最高人民法院、最高人民检察院关于办理诈骗刑事案件具体应用法律若干问题的解释》第1条第1款规定，诈骗罪的量刑标准（从诈骗公私财物价值角度）可总结如下：（1）行为人诈骗公私财物3000元至1万元以上的，认定为"数额较大"，处3年以下有期徒刑、拘役或者管制，并处或者单处罚金；（2）行为人诈骗公私财物3万元至10万元以上，认定为"数额巨大"，处3年以上10年以下有期徒刑，并处罚金；（3）行为人诈骗公私财物50万元以上的，认定为"数额特别巨大"，处10年以上有期徒刑或者无期徒刑，并处罚金或者没收财产。

（二）从严惩处情形

《最高人民法院、最高人民检察院关于办理诈骗刑事案件具体应用法律若干问题的解释》第2条第1款规定，诈骗公私财物达到前述司法解释第1条规定的数额标准，具有下列情形之一的，可以依照《刑法》第266条的规定酌情从严惩处：（1）通过发送短信、拨打电话或者利用互联网、广播电视、报纸杂志等发布虚假信息，对不特定多数人实施诈骗的；（2）诈骗救灾、抢险、防汛、优抚、扶贫、移民、救济、医疗款物；（3）以赈灾募捐名义实施诈骗的；（4）诈骗残疾人、老年人或者丧失劳动能力人的财物的；（5）造成被害人自杀、精神失常或者其他严重后果的。

（三）《刑法》第266条规定的"其他严重情节""其他特别严重情节"认定及量刑

《最高人民法院、最高人民检察院关于办理诈骗刑事案件具体应用法律若干问题的解释》第 2 条第 2 款规定，诈骗数额接近诈骗罪"数额巨大"标准（3 万元至 10 万元以上），"数额特别巨大"标准（50 万元以上）并具有前述从严惩处情形，或者属于诈骗犯罪集团首要分子的，应当分别认定为《刑法》第 266 条规定的"其他严重情节""其他特别严重情节"。对于"其他严重情节"的诈骗犯罪行为，处 3 年以上 10 年以下有期徒刑，并处罚金；对于"其他特别严重情节"的诈骗犯罪行为，处 10 年以上有期徒刑或者无期徒刑，并处罚金或者没收财产。

第二节　诈骗罪的核心辩护要点

一、行为人是否实施了虚构事实、隐瞒真相的欺骗行为

诈骗罪的认定以行为人实施了欺骗行为为前提，欺骗行为包括虚构事实、隐瞒真相。行为人不论采取虚构事实抑或隐瞒真相的欺骗行为，其目的均是使被害人陷入认识错误而处分财物，从而进一步实现非法占有被害人财物。如果行为人实施了某种欺骗行为，但其内容不是使对方作出财产处分行为，则不属于诈骗罪中的欺骗行为。需要注意的是，如果行为人只是在"事实"的基础上进行夸大宣传，该夸大的宣传尚不构成刑法意义上的"虚构事实"。此外，明显违反常识而又不足以令对方产生错误理解的行为，一般不属于诈骗罪中的欺骗行为。

借贷型诈骗作为诈骗罪的特殊类型，也要求行为人客观上实施了虚构事实、隐瞒真相等欺骗行为。这类特殊犯罪的实务中，为了骗取出借人信任，行为人通常会虚构或隐瞒自己的婚姻状况、真实身份、借款用途等情况。如在胡某诈骗案（人民法院案例库入库案例：2023-04-1-222-001）中，胡某虚构与其合伙投资某公司从国外购买医疗器械再卖给某医院能够获取高额收益的事实，与钟某、马某签订借款协议，使钟某、马某陷入错误认

识交付款项，最终致使钟某、马某的100余万元未能收回。法院认为，该案胡某虚构事实，以借款名义取得财产，案发后胡某仍未退还被害人款项，亦不如实交代所得款项的去向，具有非法占有目的。虽然胡某向被害人出具了借款协议，但双方之间不形成民间借贷法律关系，胡某的行为构成诈骗罪。①

【典型案例】

林某某诈骗案

（《刑事审判参考》第1616号案例）

林某某等人与黄某某经商议，由黄某某公司员工邓某某出面与甲公司签订合同，内容为霍林郭勒市某工程附属工程及总图工程，金额为2350万元。该工程名义上的签订主体是甲公司与乙公司，但实际上是林某某等人、黄某某借邓某某的名义实施的个人借用甲公司资质的挂靠工程。2016年12月，林某某等人到乙公司办理了结算业务，之后由于黄某某与林某某等人就分成事宜发生纠纷，黄某某至公安机关报案。法院经审理认为，本案现有证据不能排除林某某等人与黄某某在工程施工的过程中真实存在合伙或合作关系，无法认定林某某客观上实施了虚构事实、隐瞒真相的行为，也无法认定其主观上具有非法占有乙公司财物的目的，故最终判决林某某无罪。

耿某喜诈骗案②

1985年5月21日，耿某喜以某货铺的名义与四川省某果品公司签订50吨柑橘购销合同。同年6月15日耿某喜所在单位（江苏省某综合贸易服务部）也与四川省某果品公司签订50吨柑橘购销合同。1985年10月17日，江苏省某综合贸易服务部以代买橘子罐头为由，与滨海县某供销社签订联营橘子的合同，该供销社向江苏省某综合贸易服务部提供3万元资金；10月21日，

---

① 参见辽宁省本溪市中级人民法院刑事裁定书，(2020)辽05刑终112号。
② 参见最高人民法院刑事判决书，(2018)最高法刑再5号。

耿某喜因滨海县土产果品公司对橘子罐头感兴趣，便与滨海县土产果品公司经理王某某等人发送电报沟通代购橘子罐头事宜。电报中，耿某喜表示购买橘子罐头需资金3万元，滨海县土产果品公司于当日向四川省某果品公司汇出2万元，10月26日又汇出1万元。1985年10月21日，江苏省某综合贸易服务部员工田某、耿某至四川省江津区购买橘子，但得知当地无罐头存货，便将前述情况告知耿某喜，耿某喜再告知滨海县土产果品公司，该公司则要求耿某喜等人归还3万元。耿某喜以款项不在自己身上为由拒绝。耿某、田某在耿某喜的要求下，将3万元全部购买橘子。但之后由于天气原因，橘子腐烂严重，耿某未将购买的橘子发往江苏，田某则将在江苏省某综合贸易服务部购买的橘子分批发往江苏。滨海县土产果品公司经耿某喜通知提货并进行销售，最终经法院调解，滨海县土产果品公司和江苏省某综合贸易服务部债务两清。

法院经审理认为，耿某喜具有一定的过错，其未经认真考察却对滨海县土产果品公司作出承诺，夸大履约能力，在该公司明确不再购买橘子罐头并提出返款要求后，仍擅自决定将货款挪作他用。但耿某喜确有为履行代购橘子罐头的协议和弥补损失的积极作为。现有证据证明耿某喜等人如实告知滨海县土产果品公司橘子罐头的价格和存货等情况，无法认定耿某喜有虚构事实或隐瞒真相的行为，且也不能证明耿某喜主观上具有非法占有目的。耿某喜未经滨海县土产果品公司同意，将该公司3万元挪用于其他目的，属于民事违约行为，不属于刑法上虚构事实或隐瞒真相的行为。因此，最终法院认定耿某喜不构成犯罪。

杨某忠等诈骗案[①]

杨某忠因投资证券、期货等资金短缺，以高息向李某某借款，借款时杨某忠并未隐瞒其炒股的事实，借款也实际用于炒股。2012年6月至2014年1月，李某某在明知杨某忠真实的借款用途后仍自愿先后从亲戚朋友20余人

[①] 参见甘肃省庆阳市中级人民法院刑事判决书，(2014) 庆中刑初字第36号。

处付息借款，并将借款通过银行柜台或者ATM向杨某忠转款246.8万元。其间，杨某忠在炒股过程中也曾告知过李某某盈亏情况，2014年3月20日，杨某忠才告诉李某某所借的资金已全部亏损。至案发，杨某忠共归还李某某167万元，未归还79.8万元。法院经审理认为，杨某忠一直都在积极归还李某某的借款，且对剩余未归还的部分借款也出具了借条，并仍在设法归还中，因此杨某忠主观上不具有非法占有目的；在客观方面，杨某忠以支付高息向李某某借款用于证券、期货交易，借款时未向李某某隐瞒借款的真实用途（用于炒股等高风险投资），借款实际也用于炒股等高风险投资，鉴于杨某忠客观上未实施虚构事实或者隐瞒真相的行为，且李某某明知炒股有很高的亏损风险，但其为了赚取高额利息仍向杨某忠提供借款用于炒股，李某某也不存在陷入错误认识后作出财产处分的情况，法院最终判决杨某忠无罪。

冯某某诈骗案[①]

冯某某系建筑行业从业人员。2013~2014年，冯某某参与了山东省滨州港防波堤（二期）工程施工工作，该工程由广东宏大公司中标，由天津通港公司负责施工。2015年1月，冯某某在吴某家中经侯某某介绍认识刘某某，并与吴某一起以参与山东省滨州港防波堤工程需要资金为由，一起向刘某某提出借款，侯某某提供担保。2015年9月20日，吴某、冯某某向王某出具借条，约定2015年12月31日前一次性向王某还清欠款25万元。2017年1月26日，冯某某、吴某向刘某某出具借条，约定2015年吴某与冯某某向刘某某借款30万元，利息138,000元，2017年2月18日至28日前还清，侯某某为担保人。2017年9月1日，刘某某以民间借贷为由将吴某、冯某某起诉至宁河区人民法院。该法院生效判决载明，吴某应返还刘某某110万元，冯某某返还刘某某120万元，侯某某对上述债务承担连带清偿责任。2017年10月13日，冯某某因涉嫌诈骗罪被公安机关传唤到案。几日后，广东宏大公司向冯某某转账工程款100万元。

---

① 参见天津市第三中级人民法院刑事判决书，（2019）津03刑终92号。

本案法院经审理认为，从冯某某客观上是否实施了虚构事实或隐瞒真相行为来看，其于2013年至2014年参与了滨州港防波堤（二期）工程施工工作。虽然在向刘某某借款时已不再参与该工程施工，但由于工程款尚未及时结算，故冯某某以滨州港工程需要资金为由借款，不属于虚构事实或隐瞒真相。关于冯某某主观上是否非法占有目的问题，从借款动机、借款用途等方面来看，冯某某不存在恶意借款、挥霍财产等行为。冯某某借款时，因工程款尚未结算，故其真实存在借款动机和现实可能；从还款能力和经济条件等方面分析，冯某某在借款时，还有大量债权在外，其经济条件尚可，不属于明知没有归还能力而大量骗取资金的情形；从冯某某借款前后的行为态度等方面分析，其没有匿名借款、隐匿转移财产或逃避还款等恶意行为。综上，法院认为冯某某并没有实施诈骗行为，主观上也不具有非法占有目的，因此最终判决冯某某的行为不构成犯罪。

二、被害人是否因行为人的欺骗行为陷入认识错误

诈骗罪中，审查被害人是否因行为人的欺骗行为陷入认识错误，意义十分重大。如果被害人没有陷入认识错误，没有处分财产，则被害人的财产法益不会产生紧迫的危险。但是，并非被害人出现任何认识错误并作出财产性处分的行为，就均能够认定行为人成立诈骗罪。只有被害人的认识错误是与财产法益有关的认识错误，行为人的欺骗行为才可能构成诈骗罪。

还需要注意的两个问题，一是实务中，如果行为人实施了欺骗行为，但被害人已"识破"行为人的欺骗行为或基于其他原因（如同情或者投机等原因）而处分财产（向行为人交付财物），而非基于行为人欺骗行为所虚构的事实陷入认识错误而处分财产，行为人不构成诈骗罪。二是在认定被害人是否陷入认识错误时，须审查诈骗罪中的被害人必须是具有认识能力和行为能力的自然人。换言之，无民事行为能力人不能成为诈骗罪的被害人。因为其处分能力受限，没有处分能力就不可能陷入认识错误。

【典型案例】

伍某诈骗案

（人民法院案例库入库案例：2023-16-1-167-005）[1]

2016年，黄某等人通过签订空白合同、虚增借款金额、提起虚假诉讼等"套路贷"手段从事非法放贷业务。伍某的朋友陈某多次向黄某等人借款。2016年11月，陈某再次向黄某等人借款时，黄某告知陈某可使用虚假房产资料办理抵押贷款，并要求借款人需有佛山或广州户籍。由于陈某不具备前述户籍条件，因此请伍某以其名义帮助借款。伍某说其仅配合陈某借款，应由陈某自己还款。伍某将其居住的房屋地址及结构等情况发给陈某后，陈某通过互联网购买了产权人为伍某的房地产权证、房屋登记信息查询记录等虚假资料。黄某等人明知陈某系实际借款人且陈某提交的房产资料虚假的情况下，仍同意与伍某签订借款合同，借款合同约定的借款金额高达37.5万元（实际借款7.8万元）。后因陈某未足额偿还借款，黄某等人以陈某、伍某诈骗为由报案。法院认为，伍某主观上是为了帮助朋友陈某借款，不具有非法占有贷款资金的目的，客观上亦未实施虚构事实、隐瞒真相的行为，黄某等人对伍某提供的虚假资料知情，并不存在错误认识，更没有基于错误认识交付借款，最终法院判决伍某无罪。

王某智诈骗案[2]

王某智系元盛公司和宝隆公司的实际经营者，高某峰系元丰公司的总经理。2人分别通过元盛公司、元丰公司从事民间资金拆借业务。2011年，王某智与高某峰约定，王某智以元盛公司名义从元丰公司处借款800万元。2011年10月，王某智以元盛公司名义与元丰公司签订借款合同，借款合同约定：元盛公司向元丰公司借款800万元，期限为一个月，月息为6%，借

---

[1] 参见广东省佛山市中级人民法院刑事判决书，(2019) 粤06刑再1号。
[2] 参见天津市第一中级人民法院刑事判决书，(2017) 津01刑终635号。

款用途为偿还银行贷款。王某智提供了元盛公司800万元远期支票作为质押，个人为此笔借款提供连带担保。合同签订后，王某智陆陆续续收到了元丰公司交付的800万元借款（签订借款合同前已交付750万元借款）。2011年11月，王某智以元盛公司名义与元丰公司再次签订借款合同，该借款合同内容及担保方式与前一份借款合同完全一致，王某智将第2次收到的800万元借款用于清偿第一笔借款。2011年10月至2012年4月，王某智共计向元丰公司付息288万元后，无力再支付利息，元丰公司以王某智涉嫌诈骗罪为由至公安机关报案。

法院经审理认为，王某智及高某峰从事资金拆借业务，双方之间的资金借贷是以高息为目的的投资性借贷行为。元丰公司与元盛公司约定800万元的借款仅用于偿还银行贷款，但王某智实际未将上述钱款用于偿还银行贷款，其存在欺诈行为，但现有证据无法证明高某峰因陷入认识错误而交付钱款，此外结合王某智将所借钱款用于合法经营活动，且案发后王某智并未逃匿，甚至还在积极采取措施挽回资金的情况，最终判决王某智不构成犯罪。

三、行为人是否具有非法占有的目的

诈骗罪在主观方面要求行为人具有非法占有他人财物的目的。非法占有目的属于人的主观意识范畴，难以被人们直接感知和把握，所以通常需要结合行为人的客观行为来判定。实务中，对于非法占有的认定，可以结合行为人有无履约能力、未履约的原因、履约态度以及财物的处置形式等事实进行综合判断。在借贷型诈骗犯罪中，判断行为人是否具有非法占有目的，还要结合借款合同签订时行为人是否具有偿还能力，是否有还款行为，是否具有逃避偿还借款的行为，是否将借款用于约定用途或者用于合法经营，是否任意挥霍借款等方面因素考量。

（一）行为人在签订借款合同时是否具有偿还能力

行为人在签订借款合同时是否具有偿还能力，是判断行为人是否具有非法占有目的的重要客观因素。如行为人在借款时具备还款能力，财务状况良

好,则一般可以认定其具有履行借款合同的能力,存在履行借款合同的可能,可一定程度排除"非法占有的故意"。此外,行为人是否积极履行还款义务,也是判断行为人是否具有非法占有目的的重要客观因素。如行为人有持续积极还款的行为,则一般也可能认定行为人不具有非法占有的目的。

【典型案例】

黄某章诈骗案

(《刑事审判参考》第1372号案例)

2010年11月至2011年6月,黄某章在公司经营不善、生产停滞,无法扩大经营的情况下,以"工厂需要资金周转来扩大生产"为由以伪造的公司、个人房地产证为抵押,向林某平等人借款1000余万元。福建省高级人民法院经审理认为,黄某章确实实施了欺骗行为,但是其主观上并不具有非法占有目的,本案黄某章的行为应当定性为民事欺诈,而非诈骗行为。首先,黄某章具有还款能力,现有土地估价报告、房地产抵押评估报告证明黄金鞋模公司房产总价值1845万元,黄某章个人房产总价值545万元。经核算,公司资产的余值及其个人房产价值与借款金额可基本持平。其次,黄某章并没有将借款用于非法用途,而是将借款资金用于股市投资和偿还银行贷款等合法活动。最终借款无法及时还清是由于股票投资经营亏损等,而不是因为黄某章个人挥霍或其他违法犯罪活动。最后,黄某章至案发前也一直在稳定地还本付息,没有卷款潜逃的行为。最终法院判决黄某章不构成犯罪。

(二)行为人是否存在逃避偿还借款的行为

借款合同签订后,如行为人有预谋地携款逃匿、躲避被害人催债;将财物转移、隐匿、拒不返还;将借款用于赌博、挥霍等,致使借款无法归还,均属于逃避偿还借款的行为。行为人如有逃避偿还借款的行为,则可以在很大程度上证明其主观上具有非法占有目的。但需要注意的是,实务中,有些行为人并不是在收到借款之后携款潜逃,而是在知道受骗人向公安报案后,为逃避承担可能的刑事责任而逃匿的,这种情形不能认定行为人具有逃避偿还借款的行为。

【典型案例】

肖某诈骗案①

2014年12月8日,肖某向出借人张某借款300万元,借款期限1个月,利息20%。2014年12月8日至10日,肖某名下中国银行卡分别收到张某交付的200万元和100万元借款。肖某将其中的150万元通过华某英的工商银行卡归还其欠林某某的借款,99.99万元通过高某娣的农业银行卡归还其欠祁某某的借款,8.5万元归还其欠周某的欠款。还分别转给张某军、王某传6万元、1万元,向本人农业银行卡转入34.5万元。借款到期后,肖某未按约还款。2015年7月24日,沧州市运河区人民法院就张某诉肖某、程某梅(系肖某之妻)民间借贷纠纷一案作出判决,判决肖某、程某梅偿还张某借款本金300万元,利息从2014年12月8日起按双方约定的月利率20%计算至该案执行完毕止。判决生效后该案进入执行程序,执行到331,161.17元。2015年5月18日,肖某与张某签订书面协议,将其在清大餐研商务公司全部出资转让给张某。法院经审理认为,虽然肖某在向张某借款时公司确实存在资金缺口,但其在借款时以真实身份出具借条;肖某在借款时的资产状况侦查机关未进行审计,其在借款时是否具有履约能力的事实不清;肖某在借款后仍从事经营活动,未携款潜逃,且客观上有一定还款行为。因此,现有证据不能认定肖某主观上具有非法占有目的,最终法院认定肖某的行为不构成犯罪。

(三)行为人是否将借款用于非法用途或个人肆意挥霍

行为人在获得借款后,将所获得的借款进行处置的方式,是判断行为人是否具有"非法占有目的"的重要因素。在借贷型诈骗犯罪中,由于行为人

---

① 参见河北省高级人民法院刑事判决书,(2020)冀刑再3号。

对骗取的借款主观上具有非法占有目的，故行为人在骗取借款后不会考虑归还财物，其在财物的使用上通常毫无顾忌和节制，如将所骗取的借款用于赌博、吸毒或者个人挥霍等。因此，如果行为人将借款用于约定的用途或者用于合法经营，未用于非法活动或个人挥霍，则能在很大程度上证明行为人不具有非法占有的目的。

【典型案例】

李某艳诈骗案[①]

2014年1月8日，蔡某和李某艳控股的广西某文化传播公司签订项目投资合作协议，拟各自出1000万元投资广西工商管理局员工宿舍商业项目。但是之后蔡某并没有出资，也没有成为广西中沃投资公司（蔡某和李某艳约定成立的公司）的股东。2015年8月11日，蔡某向李某艳发短信询问其在广西中烟集团公司是否有朋友，并向李某艳表明其做烟盒及过滤嘴的印刷包装业务。李某艳予以肯定回复。之后，李某艳因需要资金向蔡某借款50万元。2015年8月27日，李某艳让徐某某冒充广西中烟集团的领导与汕头市中烟包装公司业务代表杨某及蔡某协商广西中烟工业公司香烟包装盒加工项目的订单及业务提成，并提出汕头市中烟包装公司需要提前支付50万元的诚意金给2人，该钱可以从将来的订单生产的业务提成中抵扣。2015年8月28日，汕头市中烟包装公司财务人员林某向李某艳账户转账50万元（未写明款项用途）。李某艳收到款项后立即转至广西皓乐城公司、广西中沃投资公司、周某英等账户。除林某转账50万元外，蔡某通过本人或者其妻子郑某的银行账户，多次向李某艳的银行账户转账165万元。李某艳将收到的前述200余万元用于皓乐城项目的经营和开支。法院经审理认为，首先，李某艳收到前述款项后与蔡某自愿写了借条并约定了还款的时间，该行为表明双方有将上述款项转为2人之间民间借贷的意思表示；其次，李某艳为解决公司经营投资

---

① 参见广西壮族自治区南宁市中级人民法院刑事判决书，(2018) 桂01刑终344号。

困难,确有虚构事实的欺诈行为,但其将款项均用于正当经营,没有恶意挥霍等行为,其行为表现尚不足以证明其具有刑法意义上的非法占有目的。最终法院认为本案当事人之间应为民间借贷关系,李某艳没有非法占有目的,其行为不构成犯罪。

其他普通诈骗罪中认定行为人主观上有无非法占有目的的典型案例:

赵某利诈骗案

(最高人民法院典型案例)[①]

1992年年初,赵某利担任厂长并承包经营的鞍山市某加工厂与东北某轧板公司建立了持续的钢材购销关系。1992年至1993年,赵某利从东北某轧板公司多次采购冷轧板。赵某利收到货物后,通过转账等方式支付了大部分货款。实际交易中,赵某利的提货与付款并不是一次一付、一一对应的关系。其中,1992年4月29日,5月4日、7日、8日,赵某利在向东北某轧板公司预交了支票的情况下,从该公司购买冷轧板46.77吨(价值人民币134,189.50元)。赵某利提货后,未将东北某轧板公司开具的发货通知单结算联交回该公司财会部。1992年5月4日、29日,1993年3月30日,赵某利支付的货款220,535元、124,384元、20,000元分别转至东北某轧板公司账户。后双方在赵某利是否付清货款问题上发生争议,东北某轧板公司以赵某利诈骗为由向公安机关报案。

最高人民法院经审理认为,赵某利主观上不具有非法占有的目的。赵某利积极履行了大部分货款支付义务,并没有否认过自己提货的事实,也没有为了逃避支付义务而采取逃匿行为。赵某利和东北某轧板公司就货款是否付清的问题发生争议,这实际上是对赵某利履约行为的争议,并不能就此认定赵某利存在无正当理由拒不支付货款的行为。赵某利是按照双方认可的交易惯例和方式进行交易,不能认定赵某利对4次提货未结算的行为主观上具有非法占有目的。此外,赵某利客观上也未实施诈骗行为,赵某利4次提货未

[①] 参见最高人民法院刑事判决书,(2018)最高法刑再6号。

结算,属于符合双方交易惯例且被对方公司认可的履约行为,每次提货前赵某利都会向东北某轧板公司预交支票,履行了正常的提货手续。因此,赵某利4次提货未结算的行为不属于虚构事实、隐瞒真相的行为,东北某轧板公司也未陷入认识错误,更没有基于认识错误交付冷轧板。最高人民法院最后改判赵某利无罪。

李某刚诈骗案[①]

李某刚、黑某玉以及袁某系朋友关系,2006年和2007年,李某刚为袁某开办的某炼铁厂供应煤炭,因袁某欠付李某刚部分煤炭货款,李某刚于2008年初向法院起诉要求袁某还款(诉讼标的额21万余元),后法院以未提供袁某具体地址、未交公告费为由裁定驳回起诉。袁某开办的炼铁厂倒闭后,又开办了一家某金属贸易公司,经营生铁。本案发生前,袁某与李某刚、黑某玉曾一同向合作方联系过卖铁业务。2008年4月,李某刚和黑某玉通知袁某,找到了客户,每吨生铁收购价3900元,袁某在黑某玉的要求下让肖某把生铁送交给黑某玉。前述货物被黑某玉以32.4万元的价格售卖给第三方,李某刚指使黑某玉不要把此笔货款交付袁某,等与袁某算账之后再说,但此事最终还是被袁某知悉。送货人员肖某在李某刚的指使下找到李某刚,李某刚出具了收条,内容为收到袁某生铁98吨,单价3900元,并注明剩余货款算账后多退少补。之后,袁某和李某刚算账时,因双方就账目金额未达成一致意见,袁某报案。经查,袁某曾向李某刚出具过一张金额近32万元的欠条。法院认为,李某刚不具有非法占有的目的。李某刚与袁某之间存在经济纠纷,袁某欠李某刚货款。虽然李某刚采取欺骗的手段,将生铁的货款据为己有,但李某刚主观上是为抵销债权。本案现有证据不足以证明李某刚具有非法占有的目的,故李某刚的行为不构成犯罪。

[①] 参见河南省中牟县人民法院刑事裁定书,(2015)郑刑一终字第379号。

四、被害人是否因行为人的欺骗行为遭受财产损失

诈骗罪在客观方面要求被害人因行为人的欺骗行为陷入错误认识，并基于错误认识处分财物，最终导致被害人遭受财产损失。因此，在实践中，虽行为人实施了诈骗行为，但如果被害人并没有实际遭受损失，则可能认定行为人不构成犯罪（实践中也有部分法院会认定为构成诈骗罪未遂）。关于诈骗罪中被害人财产损失的认定，德国刑法理论通说采取"整体财产说"，认为诈骗罪是针对被害人整体财产的犯罪。根据"整体财产说"，认定被害人是否遭受财产损失，则要审查被害人财产在处分行为前后的整体价值是否有减损；日本刑法理论通说对于被害人财产损失的认定则采取"个别财产说"，认为诈骗罪是针对被害人个别财产的犯罪。根据"个别财产说"，只要行为人采用欺骗方法获得财产利益，不论有无支付对价，都构成诈骗罪。根据张某某、孙某某诈骗案（人民法院案例库入库案例：2023-04-1-222-007）的裁判要旨可知，在交易型诈骗犯罪中，被害人损失的认定则取决于行为人交付的商品价格与被害人支付的价格是否悬殊，在两者悬殊的情况下，法院似乎更倾向于采取"个别财产说"。换言之，我国司法实践中并未直接采取以上两种学说之一，而是有条件地采取"个别财产说"。

【典型案例】

张某某、孙某某诈骗案

（人民法院案例库入库案例：2023-04-1-222-007）[①]

2021年5月和6月，张某某在多位被害人未购买足疗包的情况下，以其非法获取的公民个人信息（包含公民的姓名、联系方式等），通过虚构买卖合同关系、货到付款盲发快递的方式，批量向多位被害人发送低价足疗包的快递。被害人收到快递后，误以为存在真实的买卖合同，而以超过足浴包10

[①] 参见北京市第一中级人民法院刑事裁定书，（2023）京01刑终64号。

倍的价款签收了快递。张某某共计骗取被害人钱款达 30 余万元。孙某某是快递公司职员，其明知张某某的前述欺骗行为，仍为张某某提供快递服务。法院经审理认为，张某某、孙某某利用非法获取的公民个人信息，通过盲发快递的方式诈骗他人钱款，数额巨大，2 人均构成诈骗罪。其中，张某某是主犯，孙某某是从犯。根据本案裁判要旨可知，如果欺骗行为人实际交付的商品价格畸高，物品价值与标价相比差距巨大，售价已远远超出一般人的合理预期，在诈骗行为人获得了明显不符合正常市场价格的超暴利时，即使被害人表面占有某种商品，也无法实现其真实的交易需求，所以行为人张某某、孙某某的行为仍然构成诈骗罪。本案法院是以被害人支付的款项 30 余万元作为张某某、孙某某的犯罪数额的，从这一判例可以看出在交易型诈骗犯罪中，被害人损失的认定则取决于行为人交付的商品价格与被害人支付的价格是否悬殊，在两者悬殊的情况下，法院似乎更倾向于采取"个别财产说"，即以被害人实际支付的款项作为行为人的犯罪数额（不扣减行为人交付的商品价值）。

刘某宁诈骗案[①]

2007 年 9 月 25 日原交流岛乡人民政府下发了相关动迁补偿方案：水产养殖物、滩涂附着物、为养殖配套服务的水产养殖项目的设施均按有资质的评估机构据实际评估价格予以补偿。大连长兴岛临港工业区交流岛动迁安置指挥部于 2007 年 11 月 3 日通知某海产公司总经理刘某宁，并委托大连某评估公司对动迁的海参养殖圈进行评估。评估前，刘某宁实施从他人处借来 1000 斤海参装入网袋内，事先投放到动迁养殖区参圈内等欺骗行为，致使大连某评估公司作出大连某海产公司海参养殖圈平均亩产海参 200 余公斤的虚假评估报告结论。依据该虚假评估报告，刘某宁于 2008 年 1 月与有关部门签订了动迁补偿协议，共获得国家动迁补偿款 6041 万余元（包含海参补偿款近 4000 万元）。后大连长兴岛临港工业区管委会出台了某 20 号文件，根据该 20

---

① 参见辽宁省瓦房店市人民法院刑事判决书，（2014）瓦刑再初字第 3 号。

号文件标准，刘某宁经营的第一、二养殖区 2000.15 亩海参应得到 4600.345 万—4800.345 万元，第三养殖区 823.4866 亩海参应得到 1704.617 万—1778.731 万元，因此根据该文件的规定国家财产实际并未遭受损失。法院认为，刘某宁为获得更多的动迁补偿款，通过弄虚作假手段得到虚假的评估报告，实施了欺诈行为，但该欺诈行为并未给国家财产造成损失，不具有社会危害性，最终判决刘某宁无罪。

五、行为人的诈骗行为是否达到当地追诉标准

《最高人民法院、最高人民检察院关于办理诈骗刑事案件具体应用法律若干问题的解释》中第 1 条规定诈骗罪的追诉金额为 3000 元。实践中，各省、自治区、直辖市则结合本地区经济社会发展状况，确定本地区诈骗罪的追诉标准。根据《浙江省高级人民法院、浙江省人民检察院关于我省执行诈骗罪"数额较大""数额巨大""数额特别巨大"标准的意见》规定，浙江省内办理诈骗罪执行的数额标准：对于诈骗公私财物价值人民币 6000 元以上不满 10 万元的，应当认定为《刑法》第 266 条规定的"数额较大"；诈骗公私财物价值人民币 10 万元以上不满 50 万元的，应当认定为《刑法》第 266 条规定的"数额巨大"；诈骗公私财物价值人民币 50 万元以上的，应当认定为《刑法》第 266 条规定的"数额特别巨大"。如果行为人的行为没有达到当地诈骗罪的追诉标准，则不构成犯罪。

【典型案例】

唐某诈骗案[①]

2014 年 6 月 6 日，唐某以帮李某乙代购港版苹果 5s 手机为名，骗取李某乙向其转账人民币 3300 元，该笔款项实际被唐某用于个人挥霍。广东省广州市天河区人民法院经审理认为，现有证据足以证实唐某以虚构事实的方式骗

---

① 参见广东省广州市天河区人民法院刑事判决书，（2015）穗天法刑初字第 602 号。

取李某乙3300元的事实，唐某系以虚构事实的手段取得被害人钱款，其行为系诈骗行为，但由于唐某诈骗数额尚未达到诈骗罪追诉标准（《广东省高级人民法院、广东省人民检察院关于确定诈骗刑事案件数额标准的通知》第1条规定，广州、深圳、珠海、佛山、中山、东莞等6个市，诈骗数额较大的起点在6000元以上；数额巨大的起点在10万元以上；数额特别巨大的起点在50万元以上），故最终认定唐某的行为不构成犯罪。

六、诈骗金额认定是否有误

诈骗数额是行为人实际骗取的数额，即被害人基于错误认识而处分的、最终给被害人财产造成直接损失的数额。需要注意的是，第一，犯罪成本即行为人为实施犯罪购买作案工具、伪装道具等诈骗成本应当计入诈骗数额内；第二，被害人非基于错误认识而处分的数额应当在诈骗数额中予以扣除；第三，案发前行为人已经归还的数额以及案发前被害人已从行为人处挽回的损失一般也应在诈骗数额中予以扣除。

【典型案例】

任某诈骗案

（人民法院案例库入库案例：2024-03-1-222-006）[①]

2021年8月，任某与李某通过微信社交软件相识，不久之后双方确定男女朋友关系。2021年9月至2022年1月，任某多次虚构其母亲做手术住院、父亲去世、妹妹上大学等事由，骗取女友李某钱款共计60.323万元，但实际上任某将骗取的钱款均用于赌博和本人开销等。案发前，任某退还给李某3.64万元。法院经审理认为，任某以非法占有为目的，通过虚构事实、隐瞒真相，骗取他人财物，数额特别巨大，其行为已构成诈骗罪。对于诈骗金额，法院认为，任某与李某系情侣关系，双方存在共同生活的事实，因此在

[①] 参见海南省海口市中级人民法院刑事裁定书，（2023）琼01刑终30号。

60.323万元中应当将用于双方共同生活的费用以及任某已退还的费用予以扣除，对该部分款项，任某不具有非法占有目的，即不应当将该部分款项计入诈骗数额内。

丁某功诈骗案

（人民法院案例库入库案例：2024-03-1-222-001）[1]

2012年11月至2013年2月，丁某功虚构能够帮助冯某余办理建设用地审批手续的事实，以需要费用办理审批手续为由，骗取冯某余钱款50万元。案发前，冯某余通过其妻子白某兰的名义收到丁某功支付的1万元。2021年10月中旬，丁某功被公安机关抓获归案。法院经审理认为，本案的争议焦点是冯某余通过其妻子白某兰在案发前收到丁某功1万元，是否应从诈骗数额中扣除。对此，法院认为，冯某余认可收到该笔1万元的钱款，鉴于没有其他证据证明双方还有其他经济交往，故认可冯某余关于此笔款项系向丁某功借款的说法，并将该笔被害人从行为人处挽回的损失金额从诈骗数额中予以扣除。

杨某诈骗案[2]

2015年至2017年10月，杨某在经营某电动车商店期间，多次以其经营的电动车商店进货、其儿子赵某在宁夏的工程需要周转资金等为由，向被害人于某、范某等9人通过转账和现金的方式骗取共计221万余元。法院认为，杨某在经营的电动车商店亏损的情况下，编造各种理由大量借款，隐瞒实际用途，且采用更换手机号码、变更居住地点方式逃匿。可见杨某名为借贷，实为在无偿还能力的情况下，以借为名，骗取他人财物，应以诈骗罪定罪处罚。但关于犯罪金额，法院认为杨某给付给被害人的部分利息，应从诈骗数额中扣除。

---

[1] 参见北京市第二中级人民法院刑事判决书，(2022)京02刑终151号。
[2] 参见内蒙古自治区兴安盟中级人民法院刑事判决书，(2020)内22刑终168号。

朱某珍诈骗案[①]

2012年2月至2014年9月，朱某珍在明知自己没有偿还能力的情况下，虚构买车、买房、资金周转等事由，通过虚假房产证作抵押、公交承包车营运权多次抵押、口头约定用其房产证或者承包的公交车作抵押、承诺短期内给予高额利息回报等方式，先后骗取被害人方某某、贾某某、赵某某、谭某某、彭某等13人的借款共计3,225,645元。法院经审理认为，朱某珍在借款后确已偿还过部分人员的款项及支付的利息总计47.7万元。对朱某珍案发前已归还的该47.7万元，法院参照最高人民法院关于审理诈骗案件相关司法解释精神，在诈骗犯罪金额中予以扣除。最终法院确认本案的诈骗金额为274.8645万元。

七、被害人是否存在刑法意义上的过错

一般而言，如果能认定诈骗犯罪案件中被害人存在刑法意义上的过错，则可以争取对行为人从轻或者减轻处罚。例如，在借贷型诈骗中，被害人参照民事借贷出借人之要求，应当尽到基础的审查义务，如被害人未尽到基础的审查义务抑或自身存在非法目的，则可能认定为其本身存在着一定过错，从而可以适当减轻行为人的刑事处罚，如此便能更好地保障对犯罪分子的罚当其罪、罪责刑相适应法律原则的实施。

【典型案例】

曹某诈骗案[②]

2017年10月至2018年9月，曹某通过微信朋友圈发布包办驾驶证的信息，以自己注册成立的某汽车贸易公司为幌子，以零首付购车、包办驾驶证、包过驾驶证科目考试、提升信用卡额度为名，利用多个支付宝和微信账号，通过微信红包、微信转账、支付宝转账、收取现金、POS机刷卡等方式，诈骗作案42起，总金额达38万余元。曹某将诈骗的资金用于偿还借款、游戏

[①] 参见云南省昆明市晋宁区人民法院刑事判决书，（2015）晋法刑初字第215号。
[②] 参见甘肃省灵台县人民法院刑事判决书，（2019）甘0822刑初9号。

充值、购车、日常开支等。法院经审理认为，曹某以非法占有为目的，虚构事实、隐瞒真相，骗取他人财物数额巨大，其行为已构成诈骗罪。但是，本案被害人试图通过非法手段取得驾驶证，导致被骗，被害人也存在过错，故本案诈骗案件应与一般的诈骗案件有所区别。最终法院在考虑到被害人也有过错的情况下，判决曹某犯诈骗罪，判处有期徒刑7年。

八、行为人是否属于诈骗共同犯罪中的从犯

正确区分共同犯罪中各行为主体的角色以及地位等是准确量刑、罪责刑相一致的重要前提。在诈骗罪的共同犯罪案件中，根据行为人所处的地位、参与程度、犯罪情节以及对造成危害结果产生的作用的大小等因素可以分为主犯和从犯。如果行为人在共同犯罪中起次要或辅助作用，则可以争取从轻、减轻处罚甚至免除处罚。需要注意的是，诈骗罪是比较典型的数额犯罪，犯罪数额直接决定着犯罪是否既遂以及适用的法定刑。对于从犯的犯罪数额认定存在两种观点，一种观点是"参与数额说"，该观点认为行为人只需要对自己行为所获得的收益或造成的损失承担刑事责任，而无须对整个犯罪集团的全部犯罪承担刑事责任。还有一种观点是"犯罪总额说"，该观点认为，共同犯罪的各行为人应对整个犯罪集团的全部犯罪所得承担责任，可以在量刑部分将各行为人按照其在共同犯罪中所发挥的作用，以及犯罪情节进行区分。在关某清等7人诈骗案（人民法院案例库的入库案例：2024-04-1-222-012）[①]中，法院最终根据每一位被告人的诈骗数额定罪处罚。据此可知，司法实践中，法院对于从犯的犯罪数额认定似乎更倾向于采取"参与数额说"。

【典型案例】

关某清等7人诈骗案

（人民法院案例库入库案例：2024-04-1-222-012）

2020年6月至7月，关某清伙同上线一起从事虚假刷单诈骗他人钱财的

---

① 参见广东省阳江市中级人民法院刑事裁定书，（2022）粤17刑终56号。

犯罪活动。关某清为达到扩大诈骗团伙的目的，发展黄某文为下线，并指使黄某文在广东省阳西县范围内继续发展下线。后苏某芳、陈某、余某建、刘某余、吴某荣等人加入成为下线。根据内部分工不同，团伙成员分别按照诈骗总金额的9%、7%、5%阶梯式比例获取分红。关某清负责网上发布刷单赚钱信息引诱被害人，取得被害人信任后，将被害人拉入微信群。之后，该诈骗团伙中的下线成员将新注册的淘宝店铺内的商品二维码或者链接发到微信群内，引诱被害人购买该虚假商品刷单并付款。被害人支付货款后，诈骗团伙会继续要求被害人操作申请换货，由专门下线成员操作确定换货，此时被害人支付的货款将直接进入该淘宝店铺关联的支付宝账号上。如此，支付宝账号的注册人便可以将货款提现到银行卡，通过网银转账至指定的银行账号。在完成诈骗后，诈骗团伙成员马上断绝与被害人的联系，解散当天的微信群。本案法院查明关某清、黄某文所涉诈骗金额共计1,343,224元；苏某芳所涉诈骗金额共计461,004元；陈某所涉诈骗金额共计272,870元；余某建所涉诈骗金额共计276,000元；刘某余所涉诈骗金额共计126,500元；吴某荣所涉诈骗金额共计66,530元。法院认定，关某清、黄某文在共同犯罪中起主要作用，陈某等5人在共同犯罪中起次要作用，为从犯。根据该7名被告人诈骗数额不同，法院最终以诈骗罪判处关某清、黄某文等7名被告人有期徒刑12年至2年15日不等，并处罚金人民币10万元至1.5万元不等。

九、行为人是否退赃退赔、是否取得被害人的谅解

根据《刑事诉讼法》第288条第1款规定①以及《刑事诉讼法》第290条规定，②对于规定在刑法分则第五章中的诈骗罪（包含借贷型诈骗罪），如果

---

① 《刑事诉讼法》第288条第1款规定："下列公诉案件，犯罪嫌疑人、被告人真诚悔罪，通过向被害人赔偿损失、赔礼道歉等方式获得被害人谅解，被害人自愿和解的，双方当事人可以和解：（一）因民间纠纷引起，涉嫌刑法分则第四章、第五章规定的犯罪案件，可能判处三年有期徒刑以下刑罚的；（二）除渎职犯罪以外的可能判处七年有期徒刑以下刑罚的过失犯罪案件。"

② 《刑事诉讼法》第290条规定："对于达成和解协议的案件，公安机关可以向人民检察院提出从宽处理的建议。人民检察院可以向人民法院提出从宽处理的建议；对于犯罪情节轻微，不需要判处刑罚的，可以作出不起诉的决定。人民法院可以依法对被告人从宽处罚。"

行为人及时归还借款，能够争取得到被害人谅解，在相关案件中，则可争取酌定从轻处罚。刑事谅解是由犯罪嫌疑人、被告人与被害人协商一致的结果，谅解书是双方达成的民事赔偿协议，一般来说只要不违反自愿、合法原则，则被害人在犯罪嫌疑人、被告人已实际履行的情况下，不得反悔；如果谅解协议不存在欺诈、胁迫等法定事由，即使犯罪嫌疑人、被告人被撤销案件、被不起诉处理、被宣告无罪，也不能要求被害人返还赔偿款。

【典型案例】

刘某诈骗案[1]

刘某因赌博等负有大量债务，却以经营店铺需用资金为由，向孙某借款91,000元。刘某将其中大部分借款用于赌博挥霍，仅向孙某归还了36,300元。法院认为，刘某在借款时虽有担保人担保，但其将借款用于赌博等非法活动，并在无能力还款后潜逃。刘某明知其无能力偿还，仍采取虚构事实、隐瞒真相的方式骗取孙某54,700元的行为已构成诈骗罪。因二审审理期间，刘某亲属主动退赔大部分赃款并缴清罚金，受害人孙某出具谅解书，并建议对刘某从宽处罚，故根据本案的犯罪事实、情节和对于社会的危害程度，法院最终对刘某依法适用缓刑。

---

[1] 参见甘肃省定西市（地区）中级人民法院刑事判决书，(2019) 甘11刑终79号。

第七章　合同诈骗罪

第一节　合同诈骗罪的定罪与量刑

一、合同诈骗罪的罪名概述

合同诈骗罪是指以非法占有为目的，在签订、履行合同过程中，通过虚构事实、隐瞒真相、设定陷阱等手段骗取对方当事人财物，数额较大的行为。《刑法》第224条规定："有下列情形之一，以非法占有为目的，在签订、履行合同过程中，骗取对方当事人财物，数额较大的，处三年以下有期徒刑或者拘役，并处或者单处罚金；数额巨大或者有其他严重情节的，处三年以上十年以下有期徒刑，并处罚金；数额特别巨大或者有其他特别严重情节的，处十年以上有期徒刑或者无期徒刑，并处罚金或者没收财产：（一）以虚构的单位或者冒用他人名义签订合同的；（二）以伪造、变造、作废的票据或者其他虚假的产权证明作担保的；（三）没有实际履行能力，以先履行小额合同或者部分履行合同的方法，诱骗对方当事人继续签订和履行合同的；（四）收受对方当事人给付的货物、货款、预付款或者担保财产后逃匿的；（五）以其他方法骗取对方当事人财物的。"

1979年《刑法》将盗窃罪、抢夺罪与诈骗罪合并规定在第151条和第152条，并未单列合同诈骗罪。1996年《最高人民法院关于审理诈骗案件具体应用法律的若干问题的解释》（现已失效）规定，利用经济合同诈骗他人财物，数额较大的行为，构成诈骗罪。该司法解释对合同诈骗犯罪作了进一步的解释，同时还详细规定了6种利用经济合同进行诈骗的情形。1997年3月

14日，第八届全国人民代表大会在第五次会议修订《刑法》时，将合同诈骗从单纯的诈骗中分离出来单独定为合同诈骗罪，规定在《刑法》第二编第三章破坏社会主义市场经济秩序罪的内容里。北京师范大学中国企业家犯罪预防研究中心发布的《2023企业家刑事风险分析报告》统计，2022年涉案企业家高频罪名触犯频次位列前十的罪名包括非法吸收公众存款罪、职务侵占罪、挪用资金罪、非国家工作人员受贿罪、串通投标罪、诈骗罪、合同诈骗罪、集资诈骗罪、贪污罪、拒不支付劳动报酬罪。随着市场经济的繁荣发展，交易越多，合同使用的频率就越高。因此，合同诈骗犯罪行为触犯的频率也随之不断创新高。

二、合同诈骗罪的定罪要点

实务中，合同诈骗罪的认定难点主要包括以下两个方面：第一，合同诈骗罪中的"合同"如何认定；第二，合同诈骗罪的重要构成要件"非法占有目的"如何认定。

（一）合同诈骗罪中"合同"的认定

不能一概认为只要行为人利用了合同进行诈骗，就构成合同诈骗罪。合同诈骗罪中"合同"的认定有严格要求，即对"合同"认定，应结合合同诈骗罪的侵犯客体并结合立法目的，来具体理解和把握。例如，在陈某荣合同诈骗案（人民法院案例库入库案例：2023-03-1-167-001）中，2021年8月至9月，陈某荣因无力偿还所负债务，产生非法占有的目的，通过虚构某水泥构件有限公司等单位需要采购酒水，骗得董某某等人的大量白酒，合计价值1,961,760元。江苏省盐城市亭湖区人民法院经审理认为，陈某荣以非法占有为目的，通过虚构单位和销售商的"口头合同"，骗取销售方财物用于个人挥霍。陈某荣的诈骗行为发生在签订、履行合同的过程中，既侵犯了销售方的财产权，也破坏了正常的市场交易秩序，符合合同诈骗罪的构成要件。[1]

---

[1] 参见江苏省盐城市亭湖区人民法院刑事判决书，(2022)苏0902刑初137号。

在宋某明合同诈骗案（《刑事审判参考》第 308 号案例）中，2000 年 11 月 30 日，从事包装服务业务的宋某明接受某医药销售公司工作人员的委托，为该公司在沈阳火车站发运药品。当日，宋某明与某医药销售公司就代办运输、劳务费用、履行方式等内容达成口头协议。次日，宋某明在该公司工作人员的陪同下，将首批应发运的药品从某医药销售公司药品仓库拉到沈阳火车站货场，装入集装箱并加锁。待公司人员离开后，宋某明将钥匙交给李某并指使李某将该批药品中的 139 件卸下并藏匿，之后再将前述藏匿的药品办理托运手续发运至杭州。几天后，宋某明又采取相同的手段扣下某医药销售公司药品 8 件。前述被宋某明藏匿的药品价值合计 20 余万元，宋某明将这些药品变卖后所得的款项用于个人挥霍。沈阳铁路运输法院经审理认为，该案宋某明与案涉某医药销售公司就宋某明代发运药品有关事宜达成口头协议，并且宋某明已实际部分履行合同义务，其与某医药销售公司之间已形成合同关系。宋某明在签订、履行合同过程中，收受对方当事人给付的货物后逃匿，骗取财物数额特别巨大，其主观上具有非法占有目的，最终该法院认定宋某明的行为构成合同诈骗罪。

根据上述指导案例，总结出合同诈骗罪中"合同"的认定要点如下：第一，对于合同的形式，合同诈骗罪中的"合同"既可以是口头形式也可以是书面形式。只要行为人的诈骗行为发生在生产经营领域，侵犯了市场秩序，就应当以合同诈骗罪定罪处罚。第二，对于合同的类型，合同诈骗罪中的"合同"必须能够体现一定的市场交易秩序。与市场交易秩序无关以及主要不受市场调整的合同均不属于合同诈骗罪中的"合同"要求，如不具有交易性质的赠与合同，以及婚姻、监护、收养等有关身份关系的合同，这些合同并不具有规制市场交易活动的意义。第三，当事人之间签订的合同是否有效并不影响合同诈骗罪的认定。换言之，即使当事人之间签订的合同有效，在行为人的行为符合合同诈骗罪的全部构成时，也不能否认合同诈骗罪的成立。因为合同的效力主要是民事领域针对合同主体、合同内容是否符合民事法律规定的评价，其不影响刑事领域犯罪行为的认定，张明楷教授也赞同前述观点。①

（二）合同诈骗罪中行为人主观上"非法占有目的"的认定

在涉合同诈骗罪的案件中，行为人主观上是否具有"非法占有目的"往往决定了行为人是否成立犯罪。"非法占有目的"属于行为人的主观意识层面，具有抽象、易变和难以判断的特点，因此，实务中必须通过行为人实施的客观行为加以判断。在李某胜合同诈骗案（人民法院案例库入库案例：2023-16-1-167-003）中，李某胜为徐州市某钢铁炉料有限责任公司的董事长兼公司法定代表人，1998年3月至9月，李某胜通过张某等人向遵化某经销处采购近3000吨焦炭，在业务往来过程中，查明李某胜与齐某水（遵化某经销处工作人员）签订了2800吨焦炭的还款协议。在李某胜已提的2700吨焦炭款中有129.6万元至今未能归还。河北省高级人民法院在该案再审过程中认为，原一审和二审裁判仅依据还款协议认定李某胜诈骗焦炭款129.6万元的事实不清、证据不足。该案的裁判理由提到，对于未支付的焦炭款129.6万元款项，认定李某胜主观上是否具有非法占有目的，应当从以下几个方面进行综合审查：

第一，关于主体资格是否真实的审查。刑事诈骗案件中，行为人往往会以虚构的单位或者假冒他人的名义签订合同从而达到行骗目的。该案李某胜在签订合同时使用的主体资格真实，未使用虚假身份。第二，关于行为人有无履约能力的审查。判断行为人是否具有履约能力，应当结合个人资产、企业整体经营状况、所从事项目的风险等综合判断，必要情况下，也可以进行整体资产审计。该案证人证言等证据均能够证明李某胜所经营的公司当时经营效益较好，且李某胜有价值16万元的某科技股原始股票和位于徐州市的价值140万元的一套房产，有一定履约能力。第三，关于实际履行合同的行为的审查。合同诈骗犯罪的行为人在签订合同时或在履行合同过程中没有履行

---

① 参见张明楷：《刑法学》（第6版），法律出版社2021年版，第1087页。

或继续履行合同的真实意思,其目的在于利用合同骗取对方财物,一般没有实际履约行为或为履行合同作出积极努力。该案李某胜有积极履行合同的行为,如李某胜在购买焦炭后支付了大部分货款,2800吨焦炭发到徐州后,也均用于李某胜公司生产等。第四,关于未履行合同原因的审查。未履行合同的行为并不一定构成合同诈骗,在合同诈骗犯罪中,行为人主观上逃避履行合同,客观上一般没有积极促成合同履行的行为,通常在签订合同或收到货款、货物后肆意挥霍、转移隐匿。该案李某胜因焦炭存在质量问题及未给其开具相应的发票,其与销售方对支付剩余货款的金额存在争议,李某胜未履行全部付款义务具有一定的正当性。第五,关于是否隐匿、挥霍财产的审查。合同诈骗犯罪的行为人由于主观上具有非法占有目的,其通常会将骗取的财物用于个人挥霍、非法活动、归还欠款、非经营性支出等用途。该案李某胜为公司正常的生产经营而购入焦炭,在收到焦炭后将货物正常用于企业生产,未实施隐匿、转移、挥霍的行为。第六,关于行为人事后态度是否积极的审查。合同诈骗犯罪中的行为人因主观上具有非法占有目的,通常会无正当理由搪塞应付,东躲西藏,甚至收受对方财物后逃匿。该案李某胜在再审期间提供了其经营的公司电话缴费单、工商登记信息,用以证明其电话没有停机、公司没有变更过地址。综上,河北省高级人民法院认定李某胜主观上对欠付的129.6万元款项不具有非法占有目的,李某胜的行为不构成合同诈骗罪。[①]

  合同诈骗案中,对于行为人主观上是否具有非法占有目的,不能仅以行为人实施了某一行为而简单地推导出结论。根据上述李某胜合同诈骗案裁判要点,实务中认定行为人主观上是否具有非法占有目的,可以从行为人签约时的主体资格是否真实,行为人有无履约能力,行为人是否有实际履行合同的行为,行为人未履行合同原因,行为人是否隐匿、挥霍财产,以及行为人事后态度是否积极等方面进行综合认定。此外,实务中,对于行为人非法占有目的的认定,还可以通过判断行为人的欺骗行为对合同履行是否产生根本

[①] 参见河北省高级人民法院刑事判决书,(2019)冀刑再5号。

影响，如黄某某、周某、袁某某合同诈骗案（人民法院案例库入库案例：2023-03-1-167-008）。①

三、合同诈骗罪与相关民事纠纷、相关罪名的对比

（一）合同诈骗罪和合同纠纷的对比

合同诈骗罪与合同民事纠纷认定的关键在于行为人是否具有非法占有目的。合同诈骗是刑法领域的问题，合同纠纷是民法领域的问题，二者似乎界限很清楚，然而实务中因二者存在较多相似之处，其界限实则难以划分清楚。合同诈骗罪和合同纠纷的对比情况，可以总结如表1-7-1所示。

表1-7-1 合同诈骗罪和合同纠纷的对比

对比要点		合同诈骗罪	合同纠纷
相似之处		（1）行为人对合同所规定的义务都有不履行或不完全履行； （2）二者都产生于商事交往过程中，并且都以合同形式出现； （3）合同诈骗在客观上表现为虚构事实或者隐瞒事实真相，合同纠纷中的当事人有时也会实施欺骗行为； （4）行为人在合同诈骗犯罪以及合同纠纷案中，往往占有合同对方当事人的财物	
不同之处	行为性质	刑事犯罪行为	民事违约行为
	主观目的	有非法占有合同对方当事人财物的目的	无非法占有合同对方当事人财物的目的
	履约能力	行为人明知自己没有履约能力，仍进一步通过合同骗取对方当事人的财物	行为人有一定的履约能力，且本意是全面履行合同
	履约行为	行为人通常不具有积极的履约行为，通常不履行合同，即使有部分履约行为也是为了非法占有财物	行为人通常已履行了大部分合同义务，会设法创造条件使合同得以履行

---

① 参见江西省九江市中级人民法院刑事判决书，（2019）赣04刑终521号。

续表

	对比要点	合同诈骗罪	合同纠纷
不同之处	未履行合同的原因	主观原因,行为人将财物用于个人挥霍、转移隐匿	客观原因,如经营不善、在外债权未能及时收回等
	事后态度	在无法履行合同的情况下,行为人通常会携财物逃匿,拒绝承担违约责任	在无法履行合同的情况下,行为人愿意承担相应的违约责任,如赔偿对方损失

(二) 合同诈骗罪和诈骗罪的对比

合同诈骗罪和诈骗罪都是实务中高发的犯罪行为,司法实践中对于在签订合同的情况下实施诈骗行为,应当定性为诈骗罪还是合同诈骗罪存在不同的裁判观点。二者之间之所以界限模糊,是因为二者存在很多相似之处,如行为人客观上都采取了虚构事实、隐瞒真相的欺骗方法;主观上都有非法占有公私财物的故意等。对于合同诈骗罪和诈骗罪的关系,存在两种不同的观点。一种观点认为,合同诈骗是诈骗的特殊形式,二者是法条竞合的关系,其中合同诈骗罪为特殊法,诈骗罪为一般法条。对于利用合同形式实施诈骗行为的,应当按照特别法优于一般法的规则处理。另外一种观点则认为,利用合同形式实施诈骗行为应当如何定性,应当从以下两个方面综合考虑:第一,合同是否在经济活动中签订;第二,合同是否是导致被害人陷入认识错误并处分财产的主要原因。只有在同时符合前述两个方面的情况下,行为人的行为才应当按照合同诈骗罪定罪处罚。

在吴某、张某路、刘某诈骗案 (《刑事审判参考》第 1264 号案例) 中,吴某、张某路、刘某事先合谋,通过网络指使他人伪造某网络科技有限公司、某投资有限公司等单位企业法人营业执照和印章,用于实施网络"关键词"诈骗。三人分别冒充前述公司工作人员,联系网络"关键词"持有人,并虚构有买家想要高价收购"关键词"的事实,诱骗多位"关键词"持有人前往谈判。在谈判过程中,吴某、张某路、刘某继续虚构"关键词"网络资源需制作网络监测报告、专利证等配套产品才能交易的事实,从而骗取该"关键词"持有人的制作费用。经查,吴某、张某路诈骗金额 50 余万元,刘某诈骗金额 20 余万元。张某路的辩护人提出"本案应定性为合同诈骗罪",法院对此认为,虽然行为人和被害人签订了合同,但该合同只是行为人获取被害人信任的手段,被告人骗取财物是基于合同以外的因素(编造有客户高价回收"关键词"的虚假事实),而非基于签订、履行合同,上述行为使被害人陷入错误认识后自愿交付相关费用,其实质是普通诈骗行为,应认定为诈骗罪。

根据上述参考案例,可以得出结论,区分诈骗罪和合同诈骗罪,不能单纯从当事人之间是否存在合同进行判断,合同诈骗罪的本质是被害人基于合同陷入错误认识而交付财物。因此,如果被害人陷入认识错误并非基于合同本身,而是合同以外的因素,则行为人的行为构成诈骗罪,而非合同诈骗罪。合同诈骗罪和诈骗罪的对比情况,可以总结如表 1-7-2 所示。

表 1-7-2 合同诈骗罪和诈骗罪的对比

对比要点		合同诈骗罪	诈骗罪
相似之处		(1) 行为人主观方面都是故意,且均具有非法占有被害人财物的目的; (2) 二者都采取虚构事实、隐瞒真相的欺骗方法; (3) 二者都侵犯公私财产权法益	
不同之处	侵犯客体	侵犯公私财产权利和正常的市场秩序	只侵犯公私财产所有权
	犯罪主体	自然人和单位	自然人
	行为方式	仅限于在签订、履行合同过程中,行为人利用合同进行诈骗,且被害人是基于合同陷入认识错误而处分财产	不限于签订、履行合同过程中,行为人并非利用合同进行诈骗或虽利用合同进行诈骗,但被害人是基于合同以外的因素陷入认识错误而处分财产
	行为发生领域	多发生在商事领域	可以发生在民事领域、劳动法领域、行政法领域、刑法领域,行为人和被害人之间并非为商事关系

续表

对比要点		合同诈骗罪	诈骗罪
不同之处	立案追诉标准（全国范围内）	合同诈骗数额2万元以上	诈骗数额3000元以上
	法定刑（以浙江省为例）	(1) 处3年以下有期徒刑或者拘役，并处或者单处罚金：合同诈骗"数额较大"，即合同诈骗数额在2万元以上不满20万元； (2) 处3年以上10年以下有期徒刑，并处罚金：合同诈骗"数额巨大"，即合同诈骗数额在20万元以上不满100万元； (3) 处10年以上有期徒刑或者无期徒刑，并处罚金或者没收财产：合同诈骗"数额特别巨大"，即合同诈骗数额在100万元以上	(1) 处3年以下有期徒刑、拘役或者管制，并处或者单处罚金：诈骗"数额较大"，即诈骗公私财物6000元以上不满10万元； (2) 处3年以上10年以下有期徒刑，并处罚金：诈骗"数额巨大"，即诈骗公私财物10万元以上不满50万元； (3) 处10年以上有期徒刑或者无期徒刑，并处罚金或者没收财产：诈骗"数额特别巨大"，即诈骗公私财物50万元以上的

注：本表中合同诈骗罪和诈骗罪的法定刑是以诈骗公私财物价值角度进行对比，浙江省内合同诈骗犯罪的法定刑标准依据《浙江省高级人民法院关于部分罪名定罪量刑情节及数额标准的意见》第57条第1款、第2款和第4款确定；浙江省内诈骗犯罪的法定刑标准依据《浙江省高级人民法院、浙江省人民检察院关于我省执行诈骗罪"数额较大"、"数额巨大"、"数额特别巨大"标准的意见》确定。此外，由于《刑法》和全国性司法文件（含司法解释）并未对合同诈骗罪中"数额较大""数额巨大""数额特别巨大"进行明确规定，故在法定刑对比部分，本表系根据浙江省相关司法性文件中对合同诈骗罪、诈骗罪的规定进行对比。

四、合同诈骗罪的量刑标准

根据《刑法》第224条的规定，合同诈骗罪有三档量刑区间：骗取对方当事人财物，数额较大的，处3年以下有期徒刑或者拘役，并处或者单处罚金；数额巨大或者有其他严重情节的，处3年以上10年以下有期徒刑，并处罚金；数额特别巨大或者有其他特别严重情节的，处10年以上有期徒刑或者无期徒刑，并处罚金或者没收财产。根据《最高人民法院、最高人民检察院关于办理诈骗刑事案件具体应用法律若干问题的解释》第1条第2款规定，各省、自治区、直辖市高级人民法院、人民检察院可以结合本地区经济社会发展状况，在前款规定的数额幅度内，共同研究确定本地区执行的具体数额标准，报最高人民法院、最高人民检察院备案。实务中，各省、自治区、直辖市对于合同诈骗罪中"数额较大""数额巨大""数额特别巨大"分别制定了相应的标准。以浙江省为例，根据《浙江省高级人民法院关于部分罪名定罪量刑情节及数额标准的意见》第57条第1款、第2款、第4款之规定，浙江省地区合同诈骗案件，行为人诈骗公私财物数额在2万元以上不满20万元的，属于"数额较大"；数额在20万元以上不满100万元的，属于"数额巨大"；数额在100万元以上的，属于"数额特别巨大"。[1]

根据《浙江省高级人民法院关于部分罪名定罪量刑情节及数额标准的意见》第57条第3款和第5款之规定，合同诈骗达到"数额较大"的标准，并具有下列情形之一的，属于"其他严重情节"，处3年以上10年以下有期徒刑，并处罚金：（1）诈骗救灾、抢险、防汛、优抚、扶贫、移民、救济、医疗款物的；（2）以赈灾募捐名义实施诈骗的；（3）诈骗残疾人、老年人或者丧失劳动能力人的财物的；（4）造成被害人自杀、精神失常或者其他严重后果的；（5）属于诈骗集团首要分子的；（6）严重情节的其他情形。合同诈骗达到"数额巨大"的标准，并具有上述前五种情形及特别严重情节的其他情形之一，属于"其他特别严重情节"。

---

[1] 《最高人民检察院、公安部关于公安机关管辖的刑事案件立案追诉标准的规定（二）》第69条规定："[合同诈骗案（刑法第二百二十四条）] 以非法占有为目的，在签订、履行合同过程中，骗取对方当事人财物，数额在二万元以上的，应予立案追诉。"前述司法文件规定合同诈骗罪的立案追诉标准为2万元以上，与《浙江省高级人民法院关于部分罪名定罪量刑情节及数额标准的意见》第57条第1款规定的"数额较大"金额并不冲突。

第二节　合同诈骗罪的核心辩护要点

一、行为人是否实施虚构事实或隐瞒真相的欺骗行为

合同诈骗罪犯罪中，行为人的诈骗行为往往伴随合同的签订、履行全过程。"诈骗"外化表现是用虚构事实（积极作为）或者隐瞒真相（消极不作为）的手段骗取合同相对方财物。实务中，如果行为人并没有实施任何虚构事实、隐瞒真相的欺骗行为，即使其最终未能履行合同，也应当认定为合同纠纷，而非合同诈骗犯罪。换言之，行为人实施虚构事实或隐瞒真相的欺骗行为，并不必然构成合同诈骗罪；然而，如果行为人没有实施任何欺骗行为，则必然不构成合同诈骗罪。由此可见，行为人未实施欺骗行为是合同诈骗罪的主要出罪事由之一。

【典型案例】

倪某某合同诈骗案

（人民法院案例库入库案例：2023-16-1-113-001）[①]

倪某某与尤某某在2006年秋就拆借资金进行协商，2007年1月双方达成资金拆借合同。2007年1月，尤某某向倪某某按协议约定提供借款期间，倪某某经营的吴江市（现为苏州市吴江区）甲公司、吴江市丁公司、上海丙公司（倪某某担任该三家公司的法定代表人）均处于正常经营状态且有一定利润。后倪某某以投资购买原料为名，采用空货操作的形式以吴江市甲公司、吴江市丁公司、上海丙公司三家公司的名义与尤某某经营的扬州戊公司签订买卖合同，倪某某先后多次变相非法吸收扬州戊公司资金共计1303.38万元，

[①] 参见江苏省苏州市中级人民法院刑事判决书，(2019) 苏05刑再5号。

除归还扬州戊公司774.4464万元，购买原料花费20.3184万元，剩余款项全部用于归还倪某某在非法吸收公众存款过程中所产生的本金、利息，造成扬州戊公司损失计528.9336万元。

该案再审法院经审理认为，倪某某的行为不构成诈骗罪。理由如下：首先，从倪某某与尤某某签订的涉案拆借资金合同的实际履行情况看，倪某某在案发前已经如约履行多笔拆借，涉案的全部拆借资金中大多数都是按期、足额归还本息的。该案不能以吴江市甲公司、吴江市丁公司、上海丙公司、倪某某不能按约支付部分拆借本金为由，认定倪某某在与尤某某协商、签订拆借合同伊始，在客观上就不具有履约能力，进而推定其在主观上具有非法占有目的。其次，倪某某在和尤某某签订、履行资金拆借合同过程中，并没有实施"虚构事实、隐瞒真相"等合同诈骗行为。法院查明涉案交易由徐某某提出，其分别向倪某某及尤某某推荐了对方，并就合作模式提出建议。该案现有证据能够证明尤某某对于空货流转、拆借资金的交易模式和内容均明确知悉，且其曾亲自前往倪某某经营的吴江市甲公司、吴江市丁公司、上海丙公司考察并确定倪某某具有一定的经济实力后，为了赚取拆借资金利息而作出借贷行为。因此，该案原一审、二审生效裁判认定倪某某构成合同诈骗罪错误，但因该案倪某某还存在非法吸收公众存款的行为，故再审法院最终只判决倪某某、吴江市甲公司、吴江市丁公司、上海丙公司构成非法吸收公众存款罪。

莫某等合同诈骗宣告无罪案

（人民法院案例库入库案例：2024-03-1-167-005）[①]

2013年4月16日和5月8日，陕西某隆公司以其子公司旬阳某达矿业公司名义向深圳某誉公司先后借款1000万元和2000万元，截至2015年5月13日，经过双方结算，陕西某隆公司共欠深圳某誉公司本金2577.289779万元。2015年5月和7月，莫某（深圳某誉公司总经理）两次与吴某某（陕西

[①] 参见陕西省安康市中级人民法院刑事裁定书，(2022)陕09刑终18号。

某隆公司董事长）结算所欠本金及利息，莫某安排其公司员工姚某与陕西某隆公司签订借款合同，将与陕西某隆公司结算的部分欠款利息、罚息、违约金合计401万余元转为陕西某隆公司欠姚某的本金，并约定借期、利息及逾期罚息。陕西某隆公司委托姚某向深圳某誉公司付款。2016年1月，莫某以同样的方式，安排其朋友王某与陕西某隆公司签订借款合同，将陕西某隆公司的所欠借款本金和利息合计2150万元转为陕西某隆公司欠王某某的本金。前述借款合同有吴某某的全部资产、陕西某隆公司某项目作为担保。2016年2月，莫某再次安排王某某与陕西某隆公司签订借款合同，该借款合同涉及的本金和利息共计2045万元，除前述已有担保外，新增吴某某之女名下一幢别墅为担保。此外，为确保借款合同的履行，吴某某还将其持有的某矿业公司99%的股权质押给王某某，由深圳某誉公司代持（2014年10月，吴某某为担保债务履行，将其持有的某矿业公司99%的股权转让给深圳某誉公司）。2017年7月，莫某变更某矿业公司法定代表人，该公司的主要资产为旬阳县某家河铅锌矿采矿权（经评估，2017年7月31日时的市值为7922.81万元）。后王某某在莫某的要求下，将陕西某隆公司作为被告，以借款合同纠纷为由，向深圳市福田区人民法院提起诉讼。在该民事案件中，原被告双方达成调解，调解书确认王某某对陕西某隆公司享有4664.5633万元债权（包含本金和利息）。2018年8月，陕西某隆公司进行破产清算，深圳某誉公司以该调解书申报债权8002.73509万元（王某某已将其享有的4000余万元债权转让给深圳某誉公司）。

  法院经审理认为，深圳某誉公司及莫某等人在签订、履行借款合同过程中，未采取虚构事实或者隐瞒事实真相的行为。前述主体在与陕西某隆公司及旬阳某达矿业公司签订、履行合同过程中，各方就利息、罚息、借款时间、担保方等内容均自愿达成一致意见。吴某某是为担保债务履行而不是为了占有该公司，才将其享有某矿业公司99%股权转让给深圳某誉公司。深圳某誉公司要求陕西某隆公司提供足额甚至超额担保的行为，不违反法律强制性规定。吴某某如果认为借款利率约定过高，可以通过民事诉讼的方式维权。该案现有证据不能证明莫某、深圳某誉公司、王某某、姚某对某矿业公司的资产或股权具有非法占有的目的,因此莫某等主体不构成犯罪。

二、行为人的欺骗行为对合同履行是否产生实质性影响

利用合同形式实施诈骗行为,只有在同时符合以下两个方面的条件时才能认定为合同诈骗罪:第一,当事人之间的合同在经济活动中签订;第二,案涉合同是导致被害人陷入认识错误并处分财产的主要原因(行为人的欺骗行为能够对合同履行产生实质性影响)。实务中,即使行为人实施了虚构事实、隐瞒真相等欺骗行为,但其行为对合同的实际履行并不会产生根本、实质性影响的,往往也不能认定行为人的行为构成合同诈骗罪。合同相对方在交易过程中遭受财产损失的,可以考虑通过民事诉讼等方式主张权利。

【典型案例】

黄某某、周某、袁某某合同诈骗案

(人民法院案例库入库案例:2023-03-1-167-008)[①]

2012年11月,黄某某以承包方临川一建的名义与发包方公司签订了关于某社区工程土建工程施工总承包合同,总建筑面积约25万平方米,工程总造价约4亿元。因该项目中部分楼地底有大量溶洞分布,发包方、监理方与实际施工方黄某某等人开会讨论决定,桩基施工按照先开挖土方达到设计标高要求后再施工桩基,桩基灌注砼按实际计算,以收小票为依据。另外,三方确认采用水下冲击灌注桩方法进行地下桩基工程施工,工程竣工结算时按三方确认的桩基签证单结算。2013年3月至8月,涉案项目共施工完成446根基桩。在446根桩基施工过程中,黄某某以弥补前期施工混凝土损耗为名,要求某混凝土公司销售经理杨某另外提供一部分虚假送货单,并先后安排周某和袁某某负责领取(后又改为直接虚开未实际发生的送货单,由袁

[①] 参见江西省九江市中级人民法院刑事判决书,(2019)赣04刑终521号。

某某领取虚假送货单)。该案查明黄某某虚报混凝土用量218立方米。发包方及监理方签证人员未经核实，均在签证单上签字确认。2013年10月，黄某某向发包方公司申请支付工程款。之后，发包方公司向黄某某支付工程款共计1.17785504亿元；双方确认已完成工程量3.08705652亿元。

该案公诉机关先后出示了两份鉴定意见，其中一份是关于桩基工程混凝土用量工程造价的鉴定意见，因该鉴定意见依据不合理、鉴定意见不确定，未被法院采信；还有一份是关于虚增桩长、土层数据及工程造价的鉴定意见，该鉴定意见存在依据不充分、鉴定方法不科学等问题，亦未被法院采信。对于黄某某、周某、袁某某在施工单位与发包方公司建设工程施工合同履行过程中，实施虚增混凝土用量218立方米的行为，未对涉案土建工程施工合同的履行产生实质影响，黄某某和发包方公司均确认，涉案项目完成工程量3.08705652亿元。因此，不能认定黄某某等人具有非法占有的目的。

三、被害人是否因签订、履行合同遭受财产损失

符合诈骗罪的犯罪构成，且行为人利用合同进行诈骗的，才可能成立合同诈骗罪。因此，合同诈骗罪的基本构造可以参照普通诈骗罪，表示为：行为人实施欺骗行为→被害人产生认识错误而签订合同→被害人基于合同而处分财产→行为人或第三人取得财产→被害人遭受财产损失。因此，行为人实施了欺骗行为，被害人也陷入认识错误，但被害人最终未遭受财产损失的，不能对行为人以合同诈骗罪定罪处罚。

【典型案例】

朱某某合同诈骗案
(《刑事审判参考》第1076号案例)

朱某某因资金紧张向马某某借款，具体数额不详。马某某在向朱某某催要借款的过程中，朱某某与马某某签订了23份房屋买卖合同，并在马某某未实际交款的情况下，向马某某出具了合同价值5,430,023元的收款收据。买

卖合同和收款收据由售楼处的李某某、周某填写。2012年3月,马某某以朱某某"出售"给自己的房屋转售给他人(买受人已实际入住),造成自己损失550万元为由向公安机关报案。法院经审理认为,朱某某的行为不构成犯罪,理由如下:第一,与马某某之间有过借款、还款的经济往来,但具体的借款、还款数额缺乏足够的客观证据证实;第二,朱某某与马某某虽然对签订过23份房屋买卖合同不持异议,但各自提供的一式两份的房屋买卖合同在内容、签订时间、买卖双方签字等主要项目上均不一致,有较大差异。现有证据不能证实马某某依据合同而处分了财产。事实上,朱某某也没有因签订合同而获得财产,马某某也没有遭受财产损失。

四、行为人有无实际履约能力

行为人实际履行合同的能力是实现合同目的的重要保障和前提。行为人在签订合同时不具有实际履行合同的能力,并以虚构事实或隐瞒真相的欺骗手段让合同相对方履行合同,从而占有对方财物的,一般应当认定为合同诈骗。需要注意的两种情况:第一,签订合同时具有部分履约能力,行为人之后完善履约能力并积极履约的,应当认定行为人具有一定的履约能力;第二,行为人在签订合同时有履约能力,但在履行合同过程中,由于一些突发状况、不可抗力等客观原因丧失履约能力,无法正常履约的,也应当认定为行为人具有一定的履约能力。行为人具有前两种情况之一的,不能认定为合同诈骗罪。

【典型案例】

陈某合同诈骗案

(人民法院案例库入库案例:2023-16-1-167-002)[①]

陈某受福建某贸易公司委托从事粮食购销业务,该公司向陈某提供了合同专用章、业务介绍信等授权手续。1992年11月,陈某在江苏省南通市以

[①] 参见江苏省高级人民法院刑事判决书,(2002)苏刑再终字第004号。

福建某贸易公司名义与江苏省宝应县某供销经理部签订购买红小麦2000吨合同，约定每吨价格770元，总金额154万元，预付4万元定金（实际支付2万元），货到南通码头交完后，一次性付清货款。合同签订后，陈某立即向公司汇报，并与福建粮商林某口头协议，决定经由福建某贸易公司将该批红小麦销售给林某。在这一过程中，恰逢福建某贸易公司法定代表人变更，后任法定代表人同意做此笔业务，并委托詹某某前往南通接货，詹某某到达南通后未将公司同意做此笔业务的相关手续交给陈某，故陈某误以为福建某贸易公司不同意履行涉案合同。江苏省宝应县某供销经理部为履行与福建某贸易公司的合同，与宝应县黄浦粮管所签订红小麦购销合同，约定的货款结算方式为：分批发货、分批结算货款，12月底结清全部货款。前述合同签订后，黄浦粮管所按指令分四批交货，江苏省宝应县某供销经理部收到货物后，同样也分四批向陈某交货，并要求陈某分批支付货款。因陈某误以为福建某贸易公司不同意履行合同，且江苏省宝应县某供销经理部又提前要求支付货款，陈某无奈先后以680元至780元不等低于进价的价格分别卖给福建省连江县官头镇船主江某某、福州粮商林某，收到款项120余万元。陈某将120余万元中的74万元提前支付给江苏省宝应县某供销经理部，其余货款用于偿还债务和借给他人。对于欠付江苏省宝应县某供销经理部的89万元货款，陈某出具保证书承诺偿还，但实际上并未偿还。

该案法院经审理认为，该案是福建某贸易公司在履行与江苏省宝应县某供销经理部之间在签订和履行购销合同过程中，因福建某贸易公司没有全部支付货款而引起的一起民事合同纠纷，陈某不构成犯罪。原因在于，首先，陈某在履行涉案红小麦购销合同过程中，得到福建某贸易公司的合法授权，其行为是代表公司的职务行为，后果依法应由福建某贸易公司承担。其次，陈某在签订、履行合同的过程中没有实施虚构或者冒用福建某贸易公司名义的欺骗行为；陈某长期从事粮食购销业务，熟悉粮食购销市场，可以联系到销售客户，应当认定陈某对签订的合同有一定的履约能力；在合同签订后，陈某即与福建粮商进行了联系、磋商，在误以为公司不同意履行合同且江苏省宝应县某供销经理部要求提前支付货款的情况下，陈某仍然设法提前支付部分货款，具有积极履行合同的诚意和行为；在合同履行期限届满后，陈某没有隐匿逃跑，而是与江苏省宝应县某供销经理部协商货款归还事宜，也承诺会尽快还款。最后，陈某降价处理货物以及未全部归还货款是客观原因所致，即在陈某误以为福建某贸易公司不同意履行合同等复杂情况出现后，陈某只能无奈采取降价转售货物的行为来应对。低价销售造成的亏损，是导致最终货款无法及时归还的原因之一。

五、行为人有无履行合同的实际行为

行为人是否有积极履行合同的诚意和实际行动，是判断行为人主观上是否具有非法占有目的的重要因素。行为人积极履行合同的诚意和实际行动，一般表现为在履行不能或者不能完全履行合同时，积极与受害人协商处理方案，并采取切实行为，如向受害人出具有关支付合同对价、交付约定货物等内容的承诺书，制定还款计划，积极筹款等。如果行为人已按照合同约定履行小部分合同义务（有部分违约），则应与行为人有无履约能力、对取得财物的处置方式、合同未全面履行的真实原因、行为人是否愿意承担违约责任等结合起来综合考虑其主观上是否具有非法占有目的。

【典型案例】

赵某彬合同诈骗案[①]

赵某彬为哈密市某甲矿业公司（2008年5月设立，案发时该公司法定代表人为张某）的实际控制人。2006年7月，哈密市某乙矿业公司设立，2010年10月，赵某彬担任该公司的法定代表人，持有该公司70%的股权。2011年9月，赵某彬的前妻李某云通过离婚诉讼取得哈密市某乙矿业公司35%的股权。2010年12月，哈密市某甲矿业公司将其100%的股权及固定资

---

① 参见新疆维吾尔自治区哈密市伊州区人民法院刑事判决书，(2019) 新2201刑初680号。

产作抵（质）押向哈密市某融资担保公司借款400万元。2011年1月至3月，哈密市某乙矿业公司以其所持哈密市某丙矿业公司80%的股权及哈密市某丙矿业公司固定资产、采矿权证等作抵（质）押向哈密市某融资担保公司借款4000万元。2012年4月，邱某、丁某与赵某彬签订《哈密市某丙矿业公司铁矿承包经营合同书》，约定邱某、丁某每年缴纳400万元承包费。承包方进驻矿山前需缴纳200万元押金（解除合同时返还）。因前施工方阻挠等原因，涉案合同约定的铁矿未能按约交接，邱某与赵某彬签订《补充合同》，敦促哈密市某丙矿业公司清理无关人员等，以便开工。前述合同签订后，邱某分四次通过其本人、其朋友、王某朋友的银行账户向赵某彬转账共计80万元。2012年5月，赵某彬与邱某签订协议并承诺书，约定将涉案铁矿及哈密市某甲矿业公司选矿厂转让给邱某，转让费共计7260万元，并约定同年6月4日前，如果赵某彬收到邱某支付的300万元，双方则共同办理过户手续。前述协议签订后，至2012年6月2日，邱某分五次向赵某彬、张某支付合计125万元。

2012年6月13日，赵某彬与邱某签订《哈密市某甲矿业公司、某乙矿业公司股权转让合同》，约定赵某彬将该两家公司100%股权以7260万元的价格转让给邱某。邱某于2012年6月15日前向赵某彬支付500万元，办理工商过户手续，赵某彬以哈密市某甲矿业公司、某乙矿业公司、某丙公司的资产抵押帮助邱某贷款，待贷款到位后邱某一次性给付剩余价款。前述合同签订后，邱某分两次向被告人赵某彬转账共计280万元。至此，赵某彬以转让哈密市某甲矿业公司、某乙矿业公司股权的事由收取邱某485万元。收到款项后，赵某彬提出其前妻李某云持有哈密市某乙矿业公司35%的股权，这部分股权因赵某彬对其前妻有未偿还的债务，目前无法过户，故赵某彬同意就该部分股权在解除合同后退款。2012年7月，邱某与其解除涉案股权转让合同。赵某彬安排张某以哈密市某丙矿业公司的名义向邱某出具500万元的借据，但之后以各种理由拒不还款。

法院经审理认为，首先，合同双方均不具有履行合同的能力，双方对合同无法履行均有责任。在赵某彬与邱某签订的涉案股权转让合同之前,邱某已经知道赵某彬控制的三家公司的资产已经抵押给哈密市某融资担保公司的事实,邱某应该知道赵某彬不可能再用上述三公司进行抵押贷款,而在无法还清公司贷款的情况下,上述三公司不可能实现股权转让。其次,赵某彬有积极还款的行为。赵某彬收取邱某280万元后,有偿还给部分债权人款项的行为,且与邱某等人达成还款协议。同时赵某彬在收款后也未逃匿。综上,赵某彬虽然客观上有隐瞒部分事实真相的行为(如赵某彬隐瞒了其于2012年5月28日将该哈密市某甲矿业公司、某乙矿业公司的股权转让给第三人袁某的事实),但主观上并不具有非法占有他人财物的目的,最终判决赵某彬不构成犯罪。

六、行为人是否因客观原因未能履约

行为人未能履约的真实原因也是审查其主观是否具有非法占有目的的重要因素。行为人在履行合同过程中享受了权利,而不愿意承担义务,表明合同未履行是行为人主观因素造成的,从而证明行为人具有"非法占有"目的,此种情况当然以合同诈骗论处。因此,实务中对于行为人在签订合同时有履行能力,因经营不善或者遇到疫情、洪涝、暴风雪等不可抗力因素丧失履约能力的,应当认定为合同纠纷,而非合同诈骗犯罪。

【典型案例】

张某搏合同诈骗宣告无罪案

(人民法院案例库入库案例:2023-03-1-167-004)[①]

张某搏是山西某公司的法定代表人。2017年,山西某公司与天津某公司签订采购主焦煤的框架合同,山西某公司需向天津某公司指定客户供应主焦煤。之后,在双方签订数份补充协议或者买卖合同时,天津某公司多次变

[①] 参见天津市第三中级人民法院刑事裁定书,(2022)津03刑终166号之二。

更标的物质量标准等条款内容,并于2017年4月、5月向山西某公司付款1000万元,山西某公司未向指定客户供应主焦煤。2017年9月底,天津某公司中标低硫主焦煤以后,再次变更质量标准,通知山西某公司在指定日期发货,双方未达成一致。后山西某公司发函与天津某公司协商解除合同事宜,天津某公司未予回函。过了不久,天津某公司以合同诈骗罪报案。案发后,张某搏多次表示因没有资金而无法退赔。一审期间,张某搏为偿还所欠天津某公司购煤款,与他人达成公司并购意向,受疫情及张某搏本人债务影响,尚未并购完毕。二审期间,张某搏认可所欠天津某公司购煤款应当退还。法院认为,张某搏作为公司法定代表人,在以山西某公司名义签订和履行合同过程中,虽然产生纠纷有拖欠部分款项的行为,但是客观原因导致履约不能,故判决张某搏无罪。

七、行为人对骗取所得财物的处置方式是否合理

行为人没有将骗取所得的财物恶意挥霍、携带逃匿,而是用于实际经营活动的,一般应当认定行为人主观上对骗取的财物不具有非法占有目的。实务中,需要注意,部分民营企业家在多重因素的影响下,会选择与合同相对方签订合同获取资金,实现借新还旧、"拆东墙补西墙"等目的以维持企业的正常经营。笔者认为,在行为人借新还旧后将资金用于企业正常生产经营,并且借款数额与其从事的生产经营活动规模大致相当的情况下,不宜将行为人的行为认定为合同诈骗罪。

【典型案例】

高某华等合同诈骗案

(人民法院案例库入库案例:2023-03-1-167-005)[①]

2011年7月,唐山市丰润区某村被列为新民居建设示范村。同年8月,

---

① 参见河北省高级人民法院刑事判决书,(2015)冀刑二终字第26号。

该村村委会与高某华任董事长、孙某海任总经理的鑫某公司签订意向书,准备在该村开发新民居房产项目。后高某华、孙某海与武汉某公司项目经理王某元洽谈合作事宜,约定由某公司承建某村新民居项目约46万平方米的建筑工程,并要求王某元在涉案项目开展前,先向鑫某公司汇入300万元保证金。王某元按要求汇款后,鑫某公司与某公司签订了承建合同,约定合同签订后3个月内保证开工建设。但之后鑫某公司未能按合同约定让某公司按时入场开工,故王某元向鑫某公司追讨300万元保证金。2012年2月,高某华、孙某海与世某公司市场部经理马某、项目经理唐某洽谈合作。孙某海告知马某等人,涉案项目是得到国家政策支持的项目,并保证在20日至30日内把需要的手续办全。马某、唐某一致认为鑫某公司提出的条件非常优惠,如能合作将会获得超出预期的利润,在仅看了项目效果图的情况下就签订了有关工程施工协议,约定世某公司承建涉案项目约20万平方米、价值3.2亿元的工程。合同签订后,世某公司向鑫某公司支付400万元保证金。鑫某公司收到400万元保证金后,将其中的200万元用于退还王某元所支付的保证金,剩余200万元用于项目施工及公司日常开支。之后,由于鑫某公司未按约让世某公司入场施工,世某公司向鑫某公司追讨400万元保证金。在鑫某公司未归还前述保证金的情况下,世某公司报案。法院经审理认为,虽然高某华、孙某海在与世某公司签订合同时存在欺诈行为,但鑫某公司的新民居建设项目真实存在且有一定的前期投入,收取的保证金主要用于归还项目经营形成的债务以及公司日常支出。该案现有证据难以认定高某华、孙某海主观上具有非法占有目的,故最终判决二人无罪。

八、行为人事后是否积极承担违约责任

行为人未履行合同的行为发生后,其对于造成损害结果的态度,也能从侧面考量行为人主观上是否具有非法占有目的。行为人在发生违约后,能够在能力范围内主动采取补救措施、承担违约责任的,一般不认定具有非法占有的目的,不构成合同诈骗罪。实务中,行为人在明知自己存在违约事实的

情况下，采取潜逃等方式逃避法律责任，使合同相对方无法追回经济损失的，一般认定具有非法占有目的。

【典型案例】

王某某合同诈骗案

（人民法院案例库入库案例：2023-16-1-167-004）[①]

王某某为某品公司的实际控制经营人，王某明担任该公司的法定代表人，系王某某之兄。2011年，某品公司开发位于通化县快大茂镇某小区。为了征用土地，某品公司于2013年12月至2014年2月，向通化县财政局交纳了1.171亿元的土地出让金。为了解决前述土地出让金的资金困难，王某某于2013年12月向王某甲借款500万元，该笔借款以某品公司开发的27套商品房抵押作为担保，借期2个月，实际王某某收到475万元借款本金（25万元利息预先扣除）。王某某收到475万元借款后，将该笔款项连同自己筹集的20万元，合计495万元汇至农行通化县土地收储交易中心账户。之后，由于王某某未能按约归还借款，王某某又与王某甲签订第二份合同，约定增加3套商品房抵押作为担保，延长还款日期至2014年4月30日，借款合同和抵押合同上均有公司印章和王某明、王某某的签字。涉案借款合同到期后，王某某未能归还借款，故王某甲将某品公司、王某明、王某某诉至吉林省辉南县人民法院。2014年7月，吉林省弘某公司用银行存款700万元为某品公司、王某明、王某某提供担保（被法院冻结）。辉南县人民法院作出民事调解书，王某甲与王某明、王某某、某品公司约定至同年12月30日偿还500万元及利息。由于公司资金困难，王某明、王某某、某品公司没有及时还款，王某甲申请法院强制执行。法院执行过程中发现某品公司抵押给王某甲的30套商品房中，6套是回迁房、7套已售出、13套已顶账，故王某甲报案。经查，案发后，王某某将公司股份、债权债务及所开发的小区工程项目转让所得的

[①] 参见吉林省通化市中级人民法院刑事判决书，（2018）吉05刑抗1号。

款项偿还给王某甲。

法院经审理认为，王某某借款的目的是缴纳土地出让金，在借款到期后，其用公司开发的房产抵押提供担保延长还款期限。自始至终，王某某都没有逃匿的行为。并且，案发后王某某还设法通过转让公司股权等方式将借款及利息归还债权人王某甲，并取得了王某甲的谅解。王某某主观上无非法占有的故意，客观上亦无诈骗他人财物的行为，法院最终判决王某某无罪。

曾某合同诈骗案[①]

曾某从事蔬菜批发业务，其与向某甲签订了买卖合同，合同签订后，曾某按照合同的约定积极履行合同义务。在合同履行过程中，曾某与向某甲就辣椒收购的质量、价格发生争议，经协商不能达成一致意见后，曾某离开向某甲家，回到湖南省自己家中。双方就曾某运走辣椒的数量及应支付的价款，并没有协商达成一致进行结算。法院经审理认为，事发后，曾某虽更换了电话号码，但并没有逃匿，也没有变更居住地和经营场所，从而认定曾某主观上不具有非法占有的目的。最终法院认为曾某与向某甲之间的纠纷为民事纠纷，曾某不构成犯罪。

[①] 参见湖北省恩施土家族苗族自治州中级人民法院刑事裁定书，（2015）鄂恩施中刑终字第00226号。

第八章　贷款诈骗罪

第一节　贷款诈骗罪的定罪与量刑

一、贷款诈骗罪的罪名概述

贷款诈骗罪是指以非法占有为目的，使用欺骗方法，骗取银行或者其他金融机构的贷款，数额较大的行为。《刑法》第193条规定："有下列情形之一，以非法占有为目的，诈骗银行或者其他金融机构的贷款，数额较大的，处五年以下有期徒刑或者拘役，并处二万元以上二十万元以下罚金；数额巨大或者有其他严重情节的，处五年以上十年以下有期徒刑，并处五万元以上五十万元以下罚金；数额特别巨大或者有其他特别严重情节的，处十年以上有期徒刑或者无期徒刑，并处五万元以上五十万元以下罚金或者没收财产：（一）编造引进资金、项目等虚假理由的；（二）使用虚假的经济合同的；（三）使用虚假的证明文件的；（四）使用虚假的产权证明作担保或者超出抵押物价值重复担保的；（五）以其他方法诈骗贷款的。"

新时代背景下的金融业务发展迅速，因而金融领域的犯罪也逐渐成为刑事犯罪领域的重心。贷款诈骗罪作为传统金融犯罪领域的罪名，自1997年《刑法》颁布实施至今，历次修改均未对其进行更改。2024年10月，北京市人民检察院发布《北京市检察机关金融检察白皮书（2023—2024）》，其内容显示，2023年10月至2024年9月，北京市检察机关办理金融犯罪审查逮捕、审查起诉案件1803件3464人，件数和人数同比分别增长1%和12.7%，主要罪名包括贷款诈骗罪、非法吸收公众存款罪、信用卡诈骗罪等，其中贷款诈骗罪仍然是信贷领域诈骗犯罪领域的高发犯罪行为。

二、贷款诈骗罪的定罪要点

贷款诈骗罪的定罪要点主要包括两个方面：其一，行为人是否实施诈骗贷款行为。其二，行为人对骗取的贷款主观上是否具有非法占有目的。实务中，贷款诈骗罪中行为人主要围绕借款人身份、贷款用途、贷款担保、借款人还贷能力实施欺骗手段骗取银行或者其他金融机构的贷款。根据《刑法》第193条规定，行为人实施诈骗贷款行为的主要方式总结如表1-8-1所示。

表1-8-1 贷款诈骗罪的行为方式及含义

序号	行为方式	含义
1	编造引进资金、项目等虚假理由骗取银行或者其他金融机构的贷款	"假引资"，是指行为人伪造国外某财团的巨额资金或者"在美国的爱国华人"的巨额私人存款要以优惠条件存入某银行，以骗取银行的贷款和手续费
2	使用虚假的经济合同诈骗银行或者其他金融机构的贷款	"虚假的经济合同"，是指伪造的合同、变造的合同（如篡改原合同的标的、价款等）、无效的合同（如采取欺诈手段签订的合同），以及伪造印章虚制的合同等
3	使用虚假的证明文件诈骗银行或者其他金融机构的贷款	"证明文件"，包括银行的存款证明、公司和金融机构的担保函、划款证明等向银行或者其他金融机构申请贷款时所需要的文件
4	使用虚假的产权证明作担保或者超出抵押物价值重复担保的，骗取银行或者其他金融机构的贷款	"产权证明"是指能够证明行为人对房屋等不动产，或者汽车、货币、可即时兑付的票据等动产具有所有权的文件。利用这些文件以诈骗手段获取银行或其他金融机构的贷款
5	以其他方法诈骗贷款的	包括伪造单位公章、印鉴骗取贷款；以非法占有为目的，贷款到期后采用欺诈手段拒不还贷等情况

判断行为人对骗取的贷款主观上是否具有非法占有目的，是实务中的一大难点。根据2001年《全国法院审理金融犯罪案件工作座谈会纪要》"关于

金融诈骗罪"第1款规定，认定行为人主观上具有非法占有目的的情形主要包括：（1）明知没有归还能力而大量骗取资金的；（2）非法获取资金后逃跑的；（3）肆意挥霍骗取资金的；（4）使用骗取的资金进行违法犯罪活动的；（5）抽逃、转移资金、隐匿财产，以逃避返还资金的；（6）隐匿、销毁账目，或者搞假破产、假倒闭，以逃避返还资金的；（7）其他非法占有资金、拒不返还的行为。

实务中，判断贷款诈骗罪行为人主观上对骗取的贷款是否具有非法占有目的，要从行为人贷款时的财务状况、骗取贷款的手段、贷款真实用途、贷款无法归还的真实原因等多方面考量，不能单纯以行为人使用欺诈手段实际获取了贷款或者贷款到期不能归还，就认定行为人主观上具有非法占有贷款的目的。例如，在张某顺贷款诈骗案（《刑事审判参考》第306号案例）中，一审秦皇岛市中级人民法院认为，张某顺以非法占有为目的，采用重复抵押手段，骗取银行贷款，数额特别巨大（200万元），用于投资高风险的期货生意，其行为已构成贷款诈骗罪，并判处张某顺无期徒刑。二审河北省高级人民法院经审理则认为，张某顺虽然采取了虚报注册资本等欺诈手段获得银行贷款，且没有按合同约定使用贷款，将贷款实际用于购买固定资产和期货投资，但张某顺客观上一直积极寻找偿还贷款的途径，事实上也已偿还近半数贷款本金。因此，该法院认为该案认定张某顺主观上具有非法占有银行贷款的证据不足，最终二审改判张某顺无罪。

三、贷款诈骗罪与相关罪名的对比

（一）贷款诈骗罪和骗取贷款罪的对比

贷款诈骗罪和骗取贷款罪虽然在构成要件方面有很多相似之处，但仔细分析，仍能将二者予以准确区分，如两罪在犯罪主体、主观方面、追诉标准等方面都存在较大的区别。贷款诈骗罪和骗取贷款罪具体对比情况可见表1-8-2。

表1-8-2　贷款诈骗罪和骗取贷款罪的对比

对比要点	贷款诈骗罪	骗取贷款罪
犯罪主体	自然人	自然人和单位
侵犯客体	国家金融管理秩序 + 金融机构财产的所有权	国家金融管理秩序 + 金融机构财产的使用权
主观方面	具有非法占有金融机构贷款的目的	不具有非法占有金融机构贷款的目的
行为方式	以虚构事实或者隐瞒真相等欺骗手段取得银行或者其他金融机构的贷款
犯罪对象	银行或其他金融机构的信贷资金
追诉标准	贷款诈骗的数额达5万元以上	造成直接经济损失数额达20万元以上
法定刑（以浙江省标准为例）	（1）5年以下有期徒刑或拘役，并处罚金（2万元以上20万元以下）；诈骗贷款数额较大，即5万元以上不满20万元。 （2）5年以上10年以下有期徒刑，并处罚金（5万元以上50万元以下）；诈骗贷款数额巨大，即20万元以上不满100万元或有其他严重情节。 （3）10年以上有期徒刑或无期徒刑，并处罚金（5万元以上50万元以下）或没收财产；诈骗贷款数额特别巨大，即100万元以上或有其他特别严重情节	（1）3年以下有期徒刑或拘役，并处或单处罚金（造成重大损失或者有其他严重情节）： ①以欺骗手段取得贷款、票据承兑、信用证、保函等，数额在100万元以上不满500万元的； ②以欺骗手段取得贷款、票据承兑、信用证、保函等，给银行或者其他金融机构造成直接经济损失数额在20万元以上不满100万元的； ③虽未达到上述二项数额标准，但多次以欺骗手段取得贷款、票据承兑、信用证、保函等的； ④造成重大损失或者严重情节的其他情形。 （2）3年以上7年以下有期徒刑，并处罚金（给银行或者其他金融机构造成特别重大损失或者有其他特别严重情节）： ①以欺骗手段取得贷款、票据承兑、信用证、保函等，数额在500万元以上的； ②以欺骗手段取得贷款、票据承兑、信用证、保函等，给银行或者其他金融机构造成直接经济损失数额在100万元以上的； ③造成特别重大损失或者特别严重情节的其他情形

续表

对比要点	贷款诈骗罪	骗取贷款罪
联系	骗取贷款罪与贷款诈骗罪可以相互转化。行为人最初以非法占有贷款为目的，后将贷款用于正常经营且按期归还，但仍达到骗取贷款罪追诉标准的，则构成骗取贷款罪。反之，如行为人最初贷款时不具有非法占有目的，后无归还意愿且拒不归还，数额较大，则可能构成贷款诈骗罪	

（二）贷款诈骗罪和合同诈骗罪的对比

贷款诈骗罪和合同诈骗罪在刑法理论上属于法条竞合关系，合同诈骗罪的规定属于一般规定，贷款诈骗罪的规定属于特别规定。对于法条竞合的处理，采取特别法优于一般法的原则。因此，如行为人的行为同时触犯贷款诈骗罪和合同诈骗罪，应当优先以贷款诈骗罪定罪处罚。两个罪名在实务中也存在多处区别，具体对比情况可见表1-8-3。

表1-8-3 贷款诈骗罪和合同诈骗罪的对比

对比要点	贷款诈骗罪	合同诈骗罪
犯罪主体	自然人	自然人和单位
犯罪客体	国家金融管理秩序＋金融机构财产的所有权	国家市场经济秩序＋合同当事人的财产所有权
主观方面	非法占有银行或其他金融机构的贷款	非法占有公私财物
行为方式	以虚构事实或者隐瞒真相等欺骗手段取得银行或者其他金融机构的贷款	利用合同的形式，通过虚构事实或隐瞒真相骗取合同相对方财物
犯罪对象	银行或其他金融机构的信贷资金	合同相对方财物，合同约定的货物、货款、预付款或者担保财产等
追诉标准（数额方面）	贷款诈骗的数额达5万元以上	合同诈骗数额达2万元以上

续表

对比要点	贷款诈骗罪	合同诈骗罪
法定刑（以浙江省标准为例）	（1）5年以下有期徒刑或拘役，并处罚金（2万元以上20万元以下）；诈骗贷款数额较大，即5万元以上不满20万。 （2）5年以上10年以下有期徒刑，并处罚金（5万元以上50万元以下）；诈骗贷款数额巨大，即20万元以上不满100万元或有其他严重情节。 （3）10年以上有期徒刑或无期徒刑，并处罚金（5万元以上50万元以下）或没收财产；诈骗贷款数额特别巨大，即100万元以上或有其他特别严重情节	（1）3年以下有期徒刑、拘役，并处、单处罚金；合同诈骗数额较大（2万元以上不满20万元）。 （2）3年以上10年以下有期徒刑，并处罚金。 ①合同诈骗数额巨大：20万元以上不满100万元； ②合同诈骗数额较大（2万元以上不满20万元），其他严重情节： ·诈骗救灾、抢险、防汛、优抚、扶贫、移民、救济、医疗款物的； ·以赈灾募捐名义实施诈骗的； ·诈骗残疾人、老年人或者丧失劳动能力人的财物的； ·造成被害人自杀、精神失常或者其他严重后果的； ·属于诈骗集团首要分子的。 （3）10年以上有期徒刑或无期徒刑，并处罚金或没收财产： ①合同诈骗数额特别巨大：100万元以上； ②数额巨大（20万元以上不满100万元），其他特别严重情节： ·诈骗救灾、抢险、防汛、优抚、扶贫、移民、救济、医疗款物的； ·以赈灾募捐名义实施诈骗的； ·诈骗残疾人、老年人或者丧失劳动能力人的财物的； ·造成被害人自杀、精神失常或者其他严重后果的； ·属于诈骗集团首要分子的
联系	由于贷款诈骗罪的犯罪主体只有自然人，单位涉贷款诈骗的案件，符合合同诈骗构成要件的，也可按合同诈骗罪追究单位的刑事责任，即可追究直接负责的主管人员和其他直接责任人员的刑事责任	

四、贷款诈骗罪的量刑标准

2022年,《最高人民检察院、公安部关于公安机关管辖的刑事案件立案追诉标准的规定(二)》进行修订,该规定将贷款诈骗罪的追诉标准从2万元提升到5万元。实务中目前各地有关贷款诈骗罪量刑数额标准并不一致,故表1-8-4对贷款诈骗罪的定罪量刑以浙江省为例展开。

表1-8-4 贷款诈骗罪的量刑标准

序号	具体情形	法定刑
1	贷款诈骗数额较大:5万元以上不满20万元	5年以下有期徒刑或拘役,并处罚金(2万元以上20万元以下)
2	贷款诈骗数额巨大:20万元以上不满100万元 其他严重情节	5年以上10年以下有期徒刑,并处罚金(5万元以上50万元以下)
3	贷款诈骗数额特别巨大:100万元以上 其他特别严重情节	10年以上有期徒刑或无期,并处罚金(5万元以上50万元以下)或没收财产

资料来源:《最高人民检察院、公安部关于公安机关管辖的刑事案件立案追诉标准的规定(二)》《浙江省高级人民法院关于部分罪名定罪量刑情节及数额标准的意见》(由于浙江省的指导意见出台距今已10余年,在目前尚没有全国性司法解释对量刑标准进行规定以及地方指导意见未做更新的情形下,司法实务中一般参照追诉标准,综合地方经济发展情况予以酌情认定)。

第二节 贷款诈骗罪的核心辩护要点

一、行为人客观上是否为获取金融机构贷款而实施欺骗行为

贷款诈骗罪的行为结构是行为人以非法占有为目的,实施欺骗行为,银行或者其他金融机构的工作人员陷入认识错误,并基于认识错误而处分财物(发放贷款),行为人取得贷款并据为己有。因此,贷款诈骗罪在客观方面,

要求行为人客观上为获取贷款实施欺骗行为，在行为人实施欺骗行为的基础之上，则进一步要求金融机构的工作人员陷入错误认识并交付贷款。如果行为人在贷款过程中并没有实施欺骗行为，则不能构成贷款诈骗罪。

【典型案例】

韩某贷款诈骗案[①]

张某想以其母亲刘某珍的房屋为抵押向银行贷款，便让张某的弟弟张某某帮助办理贷款事宜。张某某经人介绍认识韩某，故双方商定由韩某帮忙办理案涉贷款。在办理完贷款手续后，韩某告知张某某需支付8000元好处费，张某某不同意支付，故告诉韩某要放弃贷款并提出返还其为办理贷款交给韩某的房屋产权证书。然而，韩某实际已将张某提供的贷款材料交给某市农村信用合作联社，并已领取80,000元贷款资金自用，故韩某只能伪造一本房屋产权证书返还给张某某。贷款到期后，某市农村信用合作联社向张某某催缴贷款时，张某某才知悉其已实际办理了贷款。法院经过审理认为，案涉贷款的借款人为张某某（贷款合同上由本人签字），抵押人为刘某珍并在银行办理了完备的抵押登记手续，张某某在办理全部贷款手续后因不同意支付给韩某好处费才向韩某表示放弃贷款。韩某能够将80,000元贷款资金自行领走，是银行工作人员失职造成的，而不是韩某实施欺骗行为造成的。银行工作人员在发放贷款的过程中不存在受欺诈的情形，且韩某在案发前已全额归还案涉贷款资金，故韩某不构成贷款诈骗罪。

二、金融机构工作人员是否因欺骗而陷入错误认识并处分财物

贷款诈骗罪作为诈骗类犯罪的类型之一，同样要求行为人在实施欺骗行为后，被害人陷入错误认识，并基于错误认识处分财物。因此，在贷款诈骗罪案件中，如果金融机构的工作人员不存在陷入错误认识而处分财产的情形，

[①] 参见辽宁省兴城市人民法院刑事判决书，(2013) 兴刑初字第00176号。

则行为人的行为也不能构成贷款诈骗罪。

【典型案例】

郑某龙贷款诈骗案[1]

刘某甲、陈某甲、朱某等10人（以下统称借款人）从苏州银行取得贷款用途为养蟹的50万元贷款后，将贷款实际交由郑某龙使用。在案涉50万元贷款到期后，苏州银行向多位借款人催收时才得知郑某龙为贷款实际使用人，于是便对郑某龙也进行催收。因借款人及郑某龙均无力偿还到期贷款，苏州银行又与借款人协商办理了有关存量贷款周转续贷手续，并追加郑某龙为借款人及其亲属提供保证担保以保障贷款安全。法院经审理认为，苏州银行明知该贷款的实际用款人为郑某龙而非10位借款人，并且向郑某龙进行实际催收，故该案不存在苏州银行陷入认识错误而处分财产的情况，因此郑某龙不构成贷款诈骗罪。

三、行为人主观上是否具有非法占有的目的

贷款诈骗罪要求行为人主观上具有非法占有的目的，主观上是否具有非法占有银行或者其他金融机构的贷款目的是区分罪与非罪、此罪与彼罪的关键。在贷款诈骗罪中认定行为人是否主观上具有非法占有目的，应当综合考虑贷款获取的方式、贷款用途、行为人的还款能力、贷款后的财务状况、是否逃避偿还贷款等因素来判定。具体而言，对于以下几种常见情形，实务中一般很难认定行为人主观上具有非法占有目的：（1）行为人借款时具备还款能力，后因客观原因无法归还贷款的；（2）行为人并未肆意挥霍借款，而是将大部分借款按照约定用于生产经营活动；（3）行为人一直与金融机构积极保持联系，明确表明会归还贷款，且不存在逃避返还贷款、携款逃匿的行为；（4）行为人是为了资金周转借款，金融机构控制贷款资金的流转程序，行为

---

[1] 参见江苏省苏州市中级人民法院刑事判决书，（2016）苏05刑终77号。

人无法占有、支配该笔贷款。

【典型案例】

郭某升贷款诈骗案

（《刑事审判参考》第 88 号案例）

公诉机关指控郭某升在向银行贷款 300 万元过程中，伪造虚假的申报材料，并将贷款用于个人挥霍，其主观上具有非法占有贷款的目的，客观上实施诈骗银行贷款的行为，郭某升的行为应以贷款诈骗罪定罪处罚。法院经审理认为，郭某升以升宏公司名义与银行签订的 300 万元贷款合同合法有效（并经银行确认提供了有效担保），合同效力方面不因公司财务报表存在部分数据虚报而有瑕疵；在贷款用途方面，郭某升将贷款实际用于企业经营活动，而并非用于其个人经营活动及挥霍；贷款到期无法偿还的原因在于，郭某升等人对公司经营管理不善；此外，公司具有积极偿还贷款本息的态度，且担保主体也没有拒绝承担担保责任，因此不能认定郭某升主观上具有非法占有贷款资金的目的，最终法院认定郭某升不构成贷款诈骗罪。

陈某锋信用卡诈骗案[①]

陈某锋在中行湛江分行办理信用卡后，向银行申请 20 万元的家居装修分期付款业务。后陈某锋生意亏损急需资金，故推迟装修，将该笔贷款实际用于经营周转。陈某锋在借款前期仍按期归还本息，但之后未继续归还本息，截至 2014 年 11 月 7 日，陈某锋共拖欠银行贷款本金 78,384.8 元。法院经审理认为，陈某锋在申请贷款过程中确实存在谎报贷款用途行为，但其提交的不动产证明资料证明其有偿还贷款的能力，并且实际上案发前陈某锋也已偿还大部分贷款，故不能认定陈某锋对该 78,384.8 元贷款本金具有非法占有的目的。陈某锋与中行湛江分行之间属于民事调整范围内的借贷合同关系，不应以刑法予以规制，一审法院判决陈某锋构成信用卡诈骗罪，二审法院最终

---

① 参见广东省湛江市中级人民法院刑事判决书，(2017) 粤 08 刑终 61 号。

判决陈某锋无罪。

四、行为人申请贷款的单位是否为银行或其他金融机构

贷款诈骗罪的犯罪对象是金融机构的信贷资金，依照《中国人民银行法》和《银行业监督管理法》的有关规定，银行业、金融机构是在我国境内设立的商业银行、城市信用合作社、农村信用合作社等吸收公众存款的金融机构以及政策性银行。如果行为人申请贷款的单位并非银行或者其他金融机构，则也不能构成贷款诈骗罪。

【典型案例】

胡某文贷款诈骗案[1]

胡某文在西昌市某村承包了300余亩果园和荒山用于种植石榴。在此期间，财政部以中国政府名义向世界银行贷款，用于安宁河流域农业资源开发项目。胡某文为获取贷款，伪造项目承包书、验收证书及收款凭证等资料，成功申请40万元贷款。财政局向胡某文发放10万元贷款，胡某文将其中约90%的款项用于归还果园投资所欠借款，剩余近10%用于发放果园工人工资。案发时胡某文仅偿还了2000元。法院经审理认为，与胡某文签订案涉贷款协议的主体是西昌市财政局（案涉贷款实际上属于西昌市政府发放的贷款）而非世界银行，西昌市财政局不能成为胡某文实施贷款诈骗罪的对象，该单位并不属于相关法律规定的银行业金融机构，且胡某文主观上无非法占有的目的，客观上未实施诈骗行为。因此，法院最终认定胡某文不构成贷款诈骗罪。

刘某某贷款诈骗案[2]

刘某某为某公司法定代表人，负责该公司的日常经营管理，持有该公司60%股权。在刘某某担任公司法定代表人期间，某公司向某小贷公司贷款

---

[1] 参见四川省高级人民法院刑事判决书，(2019) 川刑再5号。
[2] 参见江苏省常州市天宁区人民法院刑事判决书，(2019) 苏0402刑初201号。

500万元，借款系用于购买原材料。某公司在申请贷款过程中，有常州市某机械有限公司等多家公司及刘某某等个人提供担保。某公司收到500万元贷款资金后，将大部分资金用于偿还个人债务。法院经过审理认为，公诉机关没有充分证据证明刘某某具有非法占有案涉贷款的目的，此外贷款诈骗罪中金融机构是由国家金融监督管理机构批准设立并监管、领取金融业务牌照、从事特许金融业务活动的机构，某小贷公司经江苏省人民政府金融办公室批准设立并接受其监督管理，其不是银行，也不是贷款诈骗罪的"其他金融机构"，最终法院认为刘某某的行为不符合贷款诈骗罪的构成要件。

五、涉案犯罪数额是否达到刑事追诉标准

根据《最高人民检察院、公安部关于公安机关管辖的刑事案件立案追诉标准的规定（二）》第45条之规定，贷款诈骗罪的追诉金额为5万元。实务中，对于犯罪数额未达到追诉标准的情况，检察院通常会作出不起诉决定，公安机关一般也会撤销案件。这意味着行为人一般不构成犯罪，不会面临刑事追究。

【典型案例】

尚某潮贷款诈骗案[①]

2019年，尚某潮在霸州市某网吧内，在陈某不知情的情况下，用电脑登录陈某的支付宝账户，通过该账户贷款7900元，并将该部分贷款转账到自己的银行账户。法院经审理认为，尚某潮以非法占有为目的，冒用陈某的身份申请贷款，使贷款平台产生错误认识并基于此错误而审核发放贷款，尚某潮的行为符合贷款诈骗罪犯罪构成要件，但由于案涉金额为7900元，未达到贷款诈骗罪的立案追诉标准，最终认为其行为不构成贷款诈骗罪（根据2010年颁布的《最高人民检察院、公安部关于公安机关管辖的刑事案件立案追诉标

[①] 参见河北省霸州市人民法院刑事判决书，(2019)冀1081刑初444号。

准的规定（二）》第 50 条规定，贷款诈骗犯罪数额达到 2 万元以上才予以立案追诉）。

六、案件是否事实不清，证据不足

"排除合理怀疑"是我国刑事诉讼中对刑事案件调查或侦查终结、提起公诉、作出有罪判决的重要证明标准。根据《刑事诉讼法》之规定，只有案件事实清楚，证据确实、充分，才能够对犯罪嫌疑人定罪处罚。之所以规定如此严格的证明标准，是因为刑事处罚十分严厉，可能剥夺犯罪嫌疑人人身自由甚至生命。因此，如果证据不足，事实不清，且不能排除合理怀疑，则不得对行为人定罪处罚。

【典型案例】

王某某贷款诈骗案[①]

2013 年，王某某利用伪造的"个体工商户营业执照""税务登记证""居民户口簿"在乐陵市农村信用合作社（现变更为山东乐陵农商银行）骗取贷款 20 万元。案发前王某某还有 17 万元贷款本金未偿还。法院认为，公诉机关提供的贷款资料、金融机构的证明和有关证人证言等证据只能证明王某某使用虚假资料骗取银行贷款，目前尚有 17 万元贷款本金未能偿还，现有证据无法形成完整的证据链证明王某某对案涉未偿还的贷款本金具有非法占有目的，故最终认定王某某不构成贷款诈骗罪（由于王某某还冒用他人身份骗领信用卡，且透支信用卡 102,467.81 元，故公诉机关指控的另一罪名信用卡诈骗罪成立）。

张某贷款诈骗案[②]

刘某某因欠张某钱款，二人商量从银行办理贷款，将收取的贷款资金用

[①] 参见山东省乐陵市人民法院刑事判决书，（2017）鲁 1481 刑初 122 号。
[②] 参见辽宁省辽阳市中级人民法院刑事判决书，（2017）辽 10 刑终 133 号。

于偿还张某。2014年,张某与刘某某以其他三个自然人的名义,虚构借款用途,伪造虚假土地承包介绍信,并以三自然人之间相互提供保证的方式骗取银行贷款150,000元。2015年至2016年,张某将前述贷款全部还清。法院经审理认为,原判认定张某犯贷款诈骗罪的证据不够确实充分。该案证人吴某某、陈某某等人的证言及张某的供述等证据证明刘某某与张某约定用贷款还张某的欠款,因此贷款由刘某某负责偿还。然而,因刘某某在逃,未能到案,无法查明该贷款偿还欠款约定的真实性。最终法院以事实不清、证据不足判决张某无罪。

七、行为人的行为是否构成法定刑较轻的轻罪

在贷款类犯罪中,骗取贷款罪和贷款诈骗罪好似一对孪生兄弟,两罪在犯罪构成方面十分接近,在实务中常常容易混淆。区分两罪的关键在于,行为人主观上对于骗取的贷款是否具有非法占有目的。在钢浓公司、武某钢骗取贷款、诈骗案(《刑事审判参考》第1208号案例)中,法院认为,行为人对骗取的贷款主观上是否具有非法占有目的,一般要从行为人贷款之前的经济状况、获取贷款后的款项用途、款项到期后的还款意愿和实际还款效果等方面进行综合考量。因行为人对骗取的贷款具有非法占有目的,贷款诈骗罪的法定刑高于骗取贷款罪。具体而言,贷款诈骗罪的起刑为5年以下有期徒刑或者拘役,最高刑为无期徒刑;而骗取贷款罪的起刑为3年以下有期徒刑或者拘役,最高刑为7年有期徒刑。

【典型案例】

安徽某电力公司、刘某等骗取贷款、合同诈骗、贷款诈骗案
(人民法院案例库入库案例:2024-04-1-112-002)[①]

刘某先后注册成立安徽某电力公司和安徽某电气公司。安徽某电力公司

[①] 参见安徽省高级人民法院刑事判决书,(2021)皖刑终90号。

和安徽某电气公司在刘某的控制下，以虚假应收账款作质押分别与某银行合肥分行签订了8000万元保理融资贷款协议，安徽某电气公司以欺骗手段与某融资公司签订2000万元借款协议。案发时仍有17,260.964775万元资金无法偿还。法院经审理认为，两公司确实系使用欺骗手段取得银行和其他金融机构1.72亿余元贷款，但前述贷款绝大部分被用于还款和日常经营，且案发之前两家公司有实际生产经营行为（未丧失偿还能力），虽有部分贷款资金在案发时未能偿还，但两家公司有实际还款行为，应当认定为具有还款意愿。因此，法院认为现有证据无法充分证明两家公司对案涉贷款主观上具有非法占有目的，最终认定两家公司的行为构成骗取贷款罪。

单某江妨害信用卡管理案[①]

单某江在某开发区承包土地，因资金需求，向当地农村信用合作联社申请贷款，由于单某江一人贷款限额为500万元，单某江寻求屈某、李某、才某、许某四人，以他们的名义分别申请贷款，并由单某江负责还款。后单某江以某农业综合开发有限公司土地作为担保抵押，通过前述四人的帮助成功向当地农村信用合作联社共计贷款1850万元。2016年，因单某江无力偿还贷款，为实现续贷，向当地农村信用合作联社提交了虚假的贷款资料。法院经审理认为，单某江在向农村信用合作联社申请以新换旧贷款时提供的担保中，抵押公司的印章是伪造的，其提交的贷款虚假材料让金融机构予以续贷，具有欺骗金融机构的主观故意，在客观上骗取了金融机构的贷款，给金融机构造成了重大损失，单某江的行为构成骗取贷款罪。由于使用虚假担保不在续贷过程中，诈骗行为与非法占有之间不具有因果关系，不构成贷款诈骗罪。

---

① 参见新疆维吾尔自治区和布克赛尔蒙古自治县人民法院刑事判决书，（2021）新4226刑初31号。

八、行为人的行为是否属于共同犯罪中的从犯

在共同犯罪中，共同犯罪人有可能都是主犯，但不可能都是从犯。从犯是在共同犯罪中起次要或者辅助作用的犯罪分子，对于从犯，可以争取从轻、减轻处罚或者免除处罚。

【典型案例】

符某潜、蔡某红贷款诈骗案[1]

2015 年，符某潜、蔡某红以装修改造其经营的夏威夷会馆及周转资金为由，让林某志帮忙贷款，林某志（时任白沙农商行董事长）同意。符某潜为获取贷款，虚构罗某杰租赁经营夏威夷会馆项目以及装修会馆的事实，让罗某杰与蔡某红签订虚假的《租赁合同》等有关材料，拟通过罗某杰的名义申请贷款。林某志明知符某潜才是贷款的实际使用人，且罗某杰不符合贷款条件的情况、贷款项目、用途虚假，仍为符某潜贷款提供帮助，向罗某杰发放贷款 300 万元，该款项大多被符某潜用于偿还个人债务，致使白沙农商行 174 万余元未收回。法院经审理认为，就该案贷款诈骗罪而言，鉴于蔡某红在共同犯罪中起次要作用，属于从犯，且具有坦白等法定减轻、从轻量刑情节，综合考虑全案情况，决定对其减轻处罚。

张某嵩、陈某等贷款诈骗案[2]

2017 年 6 月至 12 月，张某嵩收购没有实际经营活动的某甲商贸有限公司、某乙商贸有限公司等多家公司作为贷款主体，指使陈某向某农商行申请贷款，陈某指派池某飞、牛某霞与某农商行工作人员李某、王某明等人对接，整理前述公司的虚假资产负债表、财务报表等贷款资料。前述贷款到期后，

---

[1] 参见海南省高级人民法院刑事判决书，（2023）琼刑终 74 号。
[2] 参见河南省高级人民法院刑事裁定书，（2023）豫刑终 326 号。

张某嵩无力偿还贷款致使某农商行遭受巨大损失。法院经审理认为，张某嵩系该案犯罪的策划者、组织者，是主犯；胡某、陈某积极配合实施贷款诈骗行为并从中获利，构成贷款诈骗罪的共犯，均是从犯；池某飞、牛某霞均系按照他人安排参与该案犯罪，在该案共同骗取银行贷款过程中所起的作用较小，主观犯意等有别于张某嵩、胡某等人，也是从犯。最终法院对胡某、陈某、池某飞、牛某霞等从犯从轻处罚。

第九章 虚开增值税专用发票罪

第一节 虚开增值税专用发票罪的定罪与量刑

一、虚开增值税专用发票罪的罪名概述

虚开增值税专用发票罪是指为牟取非法经济利益，故意违反国家发票管理规定，虚开增值税专用发票，给国家造成损失的行为。《刑法》第205条规定："虚开增值税专用发票或者虚开用于骗取出口退税、抵扣税款的其他发票的，处三年以下有期徒刑或者拘役，并处二万元以上二十万元以下罚金；虚开的税款数额较大或者有其他严重情节的，处三年以上十年以下有期徒刑，并处五万元以上五十万元以下罚金；虚开的税款数额巨大或者有其他特别严重情节的，处十年以上有期徒刑或者无期徒刑，并处五万元以上五十万元以下罚金或者没收财产。单位犯本条规定之罪的，对单位判处罚金，并对其直接负责的主管人员和其他直接责任人员，处三年以下有期徒刑或者拘役；虚开的税款数额较大或者有其他严重情节的，处三年以上十年以下有期徒刑；虚开的税款数额巨大或者有其他特别严重情节的，处十年以上有期徒刑或者无期徒刑。虚开增值税专用发票或者虚开用于骗取出口退税、抵扣税款的其他发票，是指有为他人虚开、为自己虚开、让他人为自己虚开、介绍他人虚开行为之一的。"

税收作为国家财政收入的主要来源，是维持国家机器正常运转的基础。2024年2月27日，国家税务总局、公安部、最高人民法院、最高人民检察院等八部门在北京召开联合打击涉税违法犯罪工作推进会议，会议指出，

2023年八部门联合对虚开骗税等涉税违法犯罪重拳出击、严肃查处，该年度全国累计检查涉嫌虚开骗税企业17.4万户。① 虚开增值税违法犯罪涉案数额巨大，使国家财政收入遭受巨大损失。为了依法惩治虚开发票等方式危害税收征管犯罪行为，2024年3月，最高人民法院、最高人民检察院联合发布《关于办理危害税收征管刑事案件适用法律若干问题的解释》。新颁布的司法解释对虚开增值税专用发票的行为方式和定罪量刑标准进行了较为详细的规定，进一步明确了增值税专用发票罪的法律适用问题。

虚开增值税专用发票罪源自1995年10月30日全国人大常委会出台的《关于惩治虚开、伪造和非法出售增值税专用发票犯罪的决定》，后1997年《刑法》将虚开增值税专用发票、用于骗取出口退税、抵扣税款发票三种行为合并规定在第205条，并通过该条第2款的规定，将虚开增值税专用发票罪的最高法定刑确定为死刑。2011年5月1日，《刑法修正案（八）》正式施行，该修正案删除了《刑法》第205条虚开增值税专用发票罪的第2款，取消了虚开增值税专用发票罪最高法定刑为死刑的规定，并将该罪的最高法定刑确定为无期徒刑。

二、虚开增值税专用发票罪的定罪要点

《刑法》第205条第3款规定，虚开增值税专用发票包括为他人虚开、为自己虚开、让他人为自己虚开、介绍他人虚开四种虚开行为方式。赵某某等虚开增值税专用发票案（人民法院案例库入库案例：2023-05-1-146-001）、夏某虚开增值税专用发票案（人民法院案例库入库案例：2024-03-1-146-001）对"虚开行为"的内涵进行了界定。其中，在赵某某等虚开增值税专用发票案中，山东省泰安市中级人民法院认为，虽然泰某公司与旺某五金之间有部分真实交易，但泰某公司在支付应付的上述货款之外，另行

---

① 参见《全国八部门联合打击涉税违法犯罪工作推进会议在京召开》，载国家税务总局网，https://www.chinatax.gov.cn/chinatax/n810219/n810724/c5221437/content.html，最后访问日期：2024年12月14日。

向旺某五金支付5%到6%的"开票费",要求旺某五金找人为其开具税率为17%、交易数额为500余万元的增值税专用发票,泰某公司利用增值税专用发票可以抵扣税款的核心功能,从他人处"购买"涉案虚开增值税专用发票,达到从国家骗抵税款的目的,其行为属于"让他人为自己虚开"增值税专用发票。①

在夏某虚开增值税专用发票案中,山东省滨州市中级人民法院认为,某建材公司没有实际采购柴油,而是借他人采购柴油之机,由王某、宋某将购油款经某建材公司转至售油公司,售油公司向某建材公司开具增值税专用发票,某建材公司支付王某、宋某开票费。该案中,售油公司实际销售柴油,有真实货物交易,但建材公司与王某、宋某或售油公司均没有实际货物交易,仅以支付开票费、虚假走账的方式非法获取售油公司开具的增值税专用发票,用于抵扣建材公司其他经营活动应缴纳的销项税款。② 通过该案可知,只有在真实交易环节缴纳了增值税,才有权向国家税务机关申请抵扣税款。行为人确实有经营行为,但在让他人开票环节没有对应的真实交易,也没有依法缴纳进项增值税,而让他人为自己虚开发票用于抵扣销项税,具有骗取国家税款的目的,造成国家税款损失的,也属于《刑法》第205条规定的"虚开"行为。

在真实的业务往来中,上游企业的销项税额,就是下游企业的进项税额,下游企业再对外销售产生销项税额,作为下游企业的进项税额进行抵扣。应缴的增值税费用公式可表达为:应缴税费=销项税-进项税(进项税额越大或者销项税额越小,税费越低)。从这一公式可知,其一,抵扣税款的前提是进项已缴纳税款。因此,对于虽有实际交易但没有缴税的业务,行为人购买环节没有缴纳税款,因此其也无权抵扣。在这样的情况下,行为人如果从第三方购买发票进行抵扣,本质上就是骗抵税款的虚开行为。其二,由于应缴的税费涉及销项税和进项税两项,虚开增值税专用发票犯罪便可以概括为三种具体类型:虚构进项不虚构销项、虚构销项不虚构进项以及既虚构进项

---

① 参见山东省泰安市中级人民法院刑事裁定书,(2022)鲁09刑终125号。
② 参见山东省滨州市中级人民法院刑事裁定书,(2023)鲁16刑终5号。

又虚构销项。虚开增值税专用发票犯罪具体类型及含义如表1-9-1所示。

表1-9-1 虚开增值税专用发票罪的具体类型及含义

序号	具体类型	含义
1	虚构进项不虚构销项	多发生在让他人为自己虚开或自己为自己虚开的场合。在有真实销项的场合，为了不缴或少缴税款，通过虚开方式取得进项增值税专用发票以抵扣税款，解决自己进项不足的问题
2	虚构销项不虚构进项	多发生在为他人虚开的场合。这种情形下，行为人进项真实，或者根本没有进项，但不虚构进项
3	既虚构进项又虚构销项	为他人虚开、让他人为自己虚开、自己为自己虚开的场合均有可能出现，实务中常见的情形是，行为人通过开空壳公司，在没有真实业务往来的情况下，通过虚构交易，一方面让他人为自己虚开或者自己为自己虚开，另一方面对外为他人虚开

三、虚开增值税专用发票罪与相关罪名的对比

（一）虚开增值税专用发票罪和虚开发票罪的对比

虚开发票罪是《刑法修正案（八）》新增罪名。虚开增值税专用发票罪和虚开发票罪两个罪名的设立都是为了保护国家税款，两罪的核心区别在于行为对象不同，虚开增值税专用发票罪的行为对象顾名思义为增值税专用发票，而虚开发票罪的行为对象则是增值税专用发票、用于骗取出口退税、抵扣税款的其他发票以外的发票（普通发票）。虚开增值税专用发票罪和虚开发票罪的具体对比情况可见表1-9-2。

表1-9-2 虚开增值税专用发票罪和虚开发票罪的对比

对比要点	虚开增值税专用发票罪	虚开发票罪
犯罪主体	单位和自然人	
侵犯客体	增值税专用发票管理制度和国家税收利益	发票管理制度，税收利益系随机法益

续表

对比要点	虚开增值税专用发票罪	虚开发票罪
主观方面	均是故意犯罪，过失不能构成本罪	
行为方式	他人虚开、为自己虚开、让他人为自己虚开、介绍他人虚开	
犯罪对象	增值税专用发票（具有法定的抵扣税款功能，是企业经营中重要的财务凭证）	普通发票（主要用于财务记账，没有抵扣税款的功能）
犯罪行为性质	目的犯（须以骗抵税款为目的）	行为犯（不要求国家税款损失，只要虚开了普通发票，达到追诉标准，不论目的，就构成犯罪）
追诉标准（数额方面）	虚开的税额达10万元以上或造成国家税款损失数额在5万元以上的	虚开发票金额累计在50万元以上或虚开发票100份以上且票面金额在30万元以上
法定刑	(1) 3年以下有期徒刑或拘役，并处罚金（2万元以上20万元以下）：虚开增值税专用发票税额达到10万元以上不满50万元； (2) 3年以上10年以下有期徒刑，并处罚金（5万元以上50万元以下） ①虚开税款数额较大：50万元以上不满500万元； ②或有以下严重情节之一： ·在提起公诉前，无法追回的税款数额达到30万元以上； ·5年内因虚开发票受过刑事处罚或者2次以上行政处罚，又虚开增值税专用发票或者虚开用于骗取出口退税、抵扣税款的其他发票，虚开税款数额在30万元以上； ·其他情节严重的情形。 (3) 10年以上有期徒刑或无期徒刑，并处罚金（5万元以上50万元以下或没收财产）：	(1) 2年以下有期徒刑、拘役或者管制，并处罚金（情节严重）： ①虚开发票票面金额50万元以上； ②虚开发票100份以上且票面金额30万元以上； ③5年内因虚开发票受过刑事处罚或者2次以上行政处罚，又虚开发票，数额达到前两项标准的60%以上。 (2) 2年以上7年以下有期徒刑，并处罚金（情节特别严重）： ①虚开发票票面金额250万元以上； ②虚开发票500份以上且票面金额150万元以上； ③5年内因虚开发票受过刑事处罚或者2次以上行政处

续表

对比要点	虚开增值税专用发票罪	虚开发票罪
法定刑	①虚开税款数额巨大：500万元以上； ②或有以下特别严重的情形之一： ·在提起公诉前，无法追回的税款数额达到300万元以上； ·5年内因虚开发票受过刑事处罚或者2次以上行政处罚，又虚开增值税专用发票或者虚开用于骗取出口退税、抵扣税款的其他发票，虚开税款数额在300万元以上； ·其他情节特别严重的情形	罚，又虚开发票，票面金额达到前两项标准的60%以上

（二）虚开增值税专用发票罪和非法出售增值税专用发票罪的对比

1997年《刑法》施行后，《刑法》第207条吸纳了1995年10月30日全国人大常委会出台的《关于惩治虚开、伪造和非法出售增值税专用发票犯罪的决定》，将非法出售增值税专用发票罪正式纳入刑法条款。非法出售增值税专用发票罪的犯罪对象顾名思义也是增值税专用发票，与虚开增值税专用发票罪之间存在密切的关系。实务中，虚开增值税专用发票，受票方通常是以支付"开票费""税点"等名义，从他人处购买进项票进行抵扣。因此，在前述情形下，开票方和受票方还同时形成非法出售与非法购买增值税专用发票的关系。此时，如果不能证明开票方与受票方存在共同故意，则开票方收取"开票费"等费用后为他人开票的行为，实际是出售增值税专用发票这类"商品"，因而涉嫌非法出售增值税专用发票罪。① 虚开增值税专用发票罪和非法出售增值税专用发票罪的具体对比情况可见表1-9-3。

---

① 参见滕伟等：《"两高"〈关于办理危害税收征管刑事案件适用法律若干问题的解释〉的理解与适用》，载《法律适用》2024年第4期。

表1-9-3 虚开增值税专用发票罪和非法出售增值税专用发票罪的对比

对比要点	虚开增值税专用发票罪	非法出售增值税专用发票罪
犯罪主体	单位和自然人	
主观方面	均是故意犯罪，过失不能构成本罪	
侵犯的法益	增值税专用发票管理制度和国家税收利益	国家增值税专用发票管理制度
犯罪对象	增值税专用发票	
行为方式	在没有实际交易的情况下开具增值税专用发票，或者开具与实际交易不符的增值税专用发票	非法出售已经存在的、合法的增值税专用发票
犯罪目的	为了骗取国家的税款（通过虚开增值税专用发票来非法抵扣税款或逃避税收）	为了获取非法利益，即通过出售发票来获得金钱收益，而不论这些发票是否被用于非法抵扣税款
法定刑	(1) 3年以下有期徒刑或拘役，并处罚金（2万元以上20万元以下）：虚开增值税专用发票税额达到10万元以上不满50万元； (2) 3年以上10年以下有期徒刑，并处罚金（5万元以上50万元以下） ①虚开税款数额较大：50万元以上不满500万元； ②或有以下严重情节之一： ·在提起公诉前，无法追回的税款数额达到30万元以上； ·5年内因虚开发票受过刑事处罚或者2次以上行政处罚，又虚开增值税专用发票或者虚开用于骗取出口退税、抵扣税款的其他发票，虚开税款数额在30万元以上； ·其他情节严重的情形。 (3) 10年以上有期徒刑或无期徒刑，并处罚金（5万元以上50万元以下或没收财产）：	(1) 3年以下有期徒刑、拘役或者管制，并处罚金（2万元以上20万元以下）： ①非法出售增值税专用发票面税额累计在10万元以上； ②非法出售增值税专用发票10份以上且票面税额在6万元以上； ③违法所得1万元以上。 (2) 3年以上10年以下有期徒刑，并处罚金（5万元以上50万元以下）：数量较大，即非法出售增值税专用发票票面税额50万元以上，或50份以上且票面税额30万元以上。 (3) 10年以上有期徒刑或无期徒刑，并处罚金（5万元以上50万元以下或没收财产）：数量巨大，即非法出售增值税专用发票票面税额500万元

续表

对比要点	虚开增值税专用发票罪	非法出售增值税专用发票罪
法定刑	①虚开税款数额巨大：500 万元以上； ②或有以下特别严重的情形之一： ・在提起公诉前，无法追回的税款数额达到 300 万元以上； ・5 年内因虚开发票受过刑事处罚或者 2 次以上行政处罚，又虚开增值税专用发票或者虚开用于骗取出口退税、抵扣税款的其他发票，虚开税款数额在 300 万元以上； ・其他情节特别严重的情形	以上，或 500 份以上且票面税额 300 万元以上

四、虚开增值税专用发票罪的量刑标准

2011 年《刑法修正案（八）》删除了 1997 年《刑法》第 205 条虚开增值税专用发票罪的第 2 款，取消了虚开增值税专用发票罪最高法定刑为死刑的规定。自此，虚开增值税专用发票罪的最高法定刑确定为无期徒刑。2024 年《最高人民法院、最高人民检察院关于办理危害税收征管刑事案件适用法律若干问题的解释》第 10 条明确规定，虚开增值税专用发票税额达 10 万元以上的，应当予以追诉。虚开增值税专用发票税额在 50 万元以上、500 万元以上的，应当分别认定为"数额较大""数额巨大"。结合《刑法》和《最高人民法院、最高人民检察院关于办理危害税收征管刑事案件适用法律若干问题的解释》，虚开增值税专用发票罪的量刑标准可总结如下：

第一档法定刑：虚开增值税专用发票税额达到 10 万元以上（不满 50 万元），处 3 年以下有期徒刑或拘役，并处罚金（2 万以上 20 万元以下）。

第二档法定刑：处 3 年以上 10 年以下有期徒刑，并处罚金（5 万以上 50 万元以下）。包括两种情形：情形一，虚开税款数额较大，即 50 万元以上不满 500 万元；情形二，有其他严重情节：（1）在提起公诉前，无法追回的税款数额达到 30 万元以上；（2）5 年内因虚开发票受过刑事处罚或者 2 次以

上行政处罚，又虚开增值税专用发票或者虚开用于骗取出口退税、抵扣税款的其他发票，虚开税款数额在 30 万元以上；(3) 其他情节严重的情形。

第三档法定刑：处 10 年以上有期徒刑或无期徒刑，并处罚金（5 万元以上 50 万元以下）或没收财产。包括两种情形：情形一，虚开税款数额巨大，即 500 万元以上；情形二，有其他特别严重情节：(1) 在提起公诉前，无法追回的税款数额达到 300 万元以上；(2) 5 年内因虚开发票受过刑事处罚或者 2 次以上行政处罚，又虚开增值税专用发票或者虚开用于骗取出口退税、抵扣税款的其他发票，虚开税款数额在 300 万元以上；(3) 其他情节特别严重的情形。

第二节　虚开增值税专用发票罪的核心辩护要点

一、行为人主观上是否具有骗取国家税款的目的

作为刑事犯罪的虚开增值税专用发票罪，不仅要从形式上把握是否存在虚假开具增值税专用发票的行为，还要从实质上把握行为人虚开增值税专用发票的主观心态以及客观后果。最高人民检察院于 2020 年 7 月 22 日印发的《最高人民检察院关于充分发挥检察职能服务保障"六稳"、"六保"的意见》第 6 条指出，注意把握一般涉税违法行为与以骗取国家税款为目的的涉税犯罪的界限，对于有实际生产经营活动的企业为虚增业绩、融资、贷款等非骗税目的且没有造成税款损失的虚开增值税专用发票行为，不以虚开增值税专用发票罪定性处理，依法作出不起诉决定的，移送税务机关给予行政处罚。因此，如果行为人主观上不具有骗取国家税款的目的，且未造成国家税款损失，则其行为不构成虚开增值税专用发票罪。

【典型案例】

张某强虚开增值税专用发票宣告无罪案
（人民法院案例库入库案例：2024-05-1-146-001）[①]

张某强与皇某发等人合伙成立某龙骨厂。由于该厂为小规模纳税人，不能为购货单位开具增值税专用发票，故张某强让其兄张某刚担任某龙骨建材公司法定代表人，并通过该公司对外签订合同、开具发票。2006年至2007年，张某强以某龙骨建材公司的名义与多家公司签订销售合同，并从某龙骨建材公司处购买原材料加工成轻钢龙骨后交付给前述多家公司。某龙骨建材公司为前述多家公司开具增值税专用发票共计53张，价税合计4,457,701.36元，税额647,700.18元。法院经审理认为，张某强以某龙骨建材公司的名义对外签订业务合同，由该公司负责收货、开具增值税专用发票。张某强的行为在主观上没有骗取国家税款的目的，客观上未造成国家税款的损失，不具有虚开增值税专用发票罪的社会危害性，最终认为张某强的行为不构成犯罪。

王某民虚开增值税专用发票案[②]

2014年11月和2015年2月，王某民在张某某的化工厂和化学试剂公司购买90余万元的化工原材料，王某民要求张某某开具进项增值税专用发票，张某某为自己避税让崔某某以"卓某公司"的名义向王某民的某物资公司虚开增值税专用发票9份，金额787,251.29元，税额133,832.71元，价税合计921,084元。后王某民的公司补缴了抵扣税款。法院经审理认为，王某民与张某某存在真实业务往来，王某民收到发票的货物数量、金额及税额等全部内容与实际业务一致，且没有证据表明王某民明知案涉专用发票是以非法手段获得，王某民主观上不具有骗取国家税款的目的，其行为不构成犯罪。

---

① 参见河北省霸州市人民法院刑事判决书，（2016）冀1081刑初287号。
② 参见河北省衡水市中级人民法院刑事判决书，（2018）冀11刑终229号。

二、行为人的行为是否实际造成国家税款损失

虚开增值税专用发票并不必然造成国家增值税损失的情形，例如虚增交易环开（增值税的特征之一是避免重复征税，不会因为交易环节的增加或减少而影响国家收取的增值税）、对开与环开（虚开的增值税税额、价税合计金额相同，其中任一家公司虚开的销项税额与进项税额相等，则既不需要向国家缴纳增值税，也不会造成国家增值税损失）、小规模纳税人为他人虚开增值税专用发票（小规模纳税人适用征收率计算缴纳增值税，但可以给受票方开具增值税专用发票，受票方通过虚开从小规模纳税人处取得的增值税专用发票并抵扣增值税的，不会对国家增值税造成损失）、开票方按发票记载税额全额缴纳增值税，这几种情形下通常不会造成国家增值税损失。因此，行为人主观上不具有骗取国家税款的目的，客观上也未造成国家增值税损失的，不能构成虚开增值税专用发票罪。

【典型案例】

王某某虚开增值税专用发票案

（人民法院案例库入库案例：2023-16-1-146-001）[①]

王某某系某煤炭贸易公司的实际控制人，为应对公司的上级单位年度审计，在没有真实交易的情况下，王某某联系山东某冶金科技公司，要求该公司协助某煤炭贸易公司、济南某能源公司虚增交易流水量，后又安排某煤炭贸易公司、济南某能源公司等公司用1500万元资金在账户循环周转，最终达到某煤炭贸易公司向某能源公司支付购煤款1.0888亿元的银行流水。某煤炭贸易公司收到多家虚开的增值税专用发票200余份，价税合计3亿余元，税额合计近5000万元。法院经审理认为，王某某作为案涉煤炭贸易公司的实际控制人，主观上出于将旧账转为新账、应对上级集团单位的年度审计（不具

---

① 参见河北省高级人民法院刑事判决书，（2021）冀刑再7号。

有骗取国家税款的目的），鉴于案涉三家公司并无真实货物购销交易，虽然已对销项税额和进项税额进行抵扣，但三家公司交易具有完整的资金流向，已向主管税务机关进行了增值税进项和销项申报，整个流程是环开环抵，形成了闭环抵扣，客观上并未造成国家税款的流失，其行为不符合虚开增值税专用发票罪的构成要件，不构成犯罪。

三、涉案数额是否达到追诉标准

虚开增值税专用发票罪的入罪标准发生过多次变化。1996年《最高人民法院关于适用〈全国人民代表大会常务委员会关于惩治虚开、伪造和非法出售增值税专用发票犯罪的决定〉的若干问题的解释》规定该罪的追诉标准为虚开的税款数额1万元以上，后2018年《最高人民法院关于虚开增值税专用发票定罪量刑标准有关问题的通知》将该罪的追诉标准调整为5万元以上。2024年《最高人民法院、最高人民检察院关于办理危害税收征管刑事案件适用法律若干问题的解释》已将该罪的追诉标准调整为10万元以上。故根据最新司法解释规定，虚开增值税专用发票税额数额未达到10万元的，则不应追究行为人的刑事责任。

【典型案例】

张某虚开增值税专用发票案[①]

张某为其父亲张某某控制的某环保科技公司、某发动机配件公司介绍虚开增值税专用发票7份，价税合计32.1122万元，税额4.6658万元。前述两家公司已退缴相应税款。法院经审理认为，根据最新规定（指的是《最高人民法院关于虚开增值税专用发票定罪量刑标准有关问题的通知》），虚开增值税专用发票罪的入罪标准由虚开税款数额1万元调整为5万元，故原判认定张某虚开税款数额4.6658万元构成虚开增值税专用发票罪，基于从旧兼从轻

[①] 参见上海市高级人民法院刑事判决书，（2017）沪刑终7号。

原则，最终改判原审被告人张某无罪。

四、行为人的行为是否犯罪情节轻微，可免予刑事处罚

《刑法》第 37 条规定，对于犯罪情节轻微不需要判处刑罚的，可以免予刑事处罚，但是可以根据案件的不同情况，予以训诫或者责令具结悔过、赔礼道歉、赔偿损失，或者由主管部门予以行政处罚或者行政处分。"犯罪情节轻微，免予刑事处罚"属于量刑评价，在行为人的行为已构成犯罪的情况下，可以考虑从犯罪情节角度辩护，争取免除刑事处罚。

【典型案例】

魏某、刘某某虚开增值税专用发票、
用于骗取出口退税、抵扣税款发票案[①]

刘某某是某丝网机械公司的法定代表人。2015 年 10 月，刘某某为了给某丝网机械公司抵扣税款，在没有实际货物交易的情况下，从魏某处获得了以某祥贸易公司为销售方、以某丝网机械公司为购买方、货物为钢板的增值税专用发票 6 张，价税共计 700,599.3 元，税额共计 101,796.5 元。为了掩盖虚开发票的事实，2015 年 10 月，刘某某从其经营的公司账户分两次转到某祥贸易公司账户货款 700,599.3 元。当日某祥贸易公司从该公司账户分两次转回给刘某某个人银行卡 700,500 元。2015 年 11 月，刘某某从某丝网机械公司账户将开票费 35,000 元转给魏某的个人银行卡。经查，刘某某获取上述发票后，于 2015 年 11 月和 12 月在当地税务机关认证抵扣。2016 年 9 月，某丝网机械公司补缴了上述涉案税款 101,796.5 元。

法院经审理认为，被告人魏某、刘某某违反国家增值税专用发票管理法规，在无实际交易的情况下，虚开增值税专用发票，危害了国家税收征管制度，二被告人的行为已构成虚开增值税专用发票罪（共同犯罪），但根据

[①] 参见河北省安平县人民法院刑事判决书，(2019) 冀 1125 刑初 30 号。

二被告人犯罪的事实、犯罪的性质、情节和对于社会的危害程度,并考虑二被告人的认罪悔罪态度及在庭审中的表现,法院最终认为,魏某、刘某某犯罪情节轻微,可免予刑事处罚。

五、犯罪数额的认定是否有误

在虚开发票类犯罪中,虚开发票税额会直接影响量刑档次的适用。在认定该罪的犯罪数额方面,须注意:(1)对于未抵扣税款的发票对应部分的税额应当从犯罪数额中予以扣除;(2)对于作废的发票,该部分发票对应的发票价税和税额也应当从犯罪数额中予以扣除;(3)在虚进虚出情况下,如果属于同一购销业务名义,只需将其中较大的数额认定为虚开税额,而不能合并计算;(4)对于涉嫌虚开的增值税专用发票作进项税额转出处理并要求补缴税款,可以提出将该部分税额从犯罪数额中予以扣除。

【典型案例】

康某计虚开增值税专用发票案[①]

康某计于2005年注册成立某建材公司,为该公司实际控制人。公司具有增值税一般纳税人资格。康某计在明知自己控制的公司与神保石材公司、神木聚鸿公司、榆神运输公司没有真实交易的情况下,为了获取非法利益骗取国家税款,给神保石材公司虚开增值税专用发票5份,让神木聚鸿公司、榆神运输公司为自己控制的公司虚开增值税专用发票95份,合计100份,金额7,674,075.6元,已抵扣税额568,249.55元,未抵扣税额238,771.24元,价税合计8,538,475.31元。法院经审理认为,对于康某计购买神木聚鸿公司的32份发票,公诉机关指控已在税务机关抵扣,仅有被告人的供述,且和有关税务机关出庭所作的情况说明存在矛盾,故应当认定该32份发票未抵扣税款(未抵扣税额23万余元,已抵扣税额56万余元)。

[①] 参见陕西省佳县人民法院刑事判决书,(2019)陕0828刑初52号。

杨某标虚开增值税专用发票案[①]

杨某标是尚宏公司的法定代表人和实际控制人。2019年12月至2021年5月，在没有实际交易的情况下，杨某标通过上下游公司为尚宏公司虚开198张增值税专用发票（已抵扣税款），价税2149余万元，税额247万余元。杨某标通过公司的账户向前述虚开发票的公司虚假支付"货款"，后通过其多位亲属等账户收回前述"货款"。法院经审理认为，在杨某标通过上游公司虚开的208张增值税专用发票中，有10张发票经税务机关调查核实为作废的发票，该部分作废发票对应的发票价税和税额均予以扣除。

聂某军虚开增值税专用发票案[②]

2016年8月起，聂某军明知丁某某等团伙通过成立多家空壳公司作为出票单位，为多家需要购买增值税专用发票的公司开具发票并牟取非法利益，仍充当中间人，通过其自己或其下线多人联系多家有购买增值税专用发票需求的公司，让丁某某等团队为上述公司虚开发票。公诉机关指控聂某军虚开增值税专用发票，金额共计126,707,539.28元，税额共计21,540,281.70元。法院经审理认为，公诉机关指控的21,540,281.70元犯罪数额系依据公安机关制作的中间人介绍虚开的增值税专用发票明细（聂某某）所认定。案涉证据大部分未有证据证明与原件核对一致，控方未按照法院要求在法定期限内予以补充或给予充分说明。依照"存疑利益归于被告人"的原则，中间人介绍虚开的增值税专用发票明细（聂某某）不得单独作为定案依据，最终认定聂某军介绍虚开增值税专用发票应按查明的虚开税款663,306.02元计算。

楚某林、申某青虚开增值税专用发票案[③]

楚某林、申某青二人预谋通过开公司虚开增值税发票的方式牟取非法利

[①] 参见广东省东莞市中级人民法院刑事判决书，(2023) 粤19刑终499号。
[②] 参见广东省中山市第一人民法院刑事判决书，(2018) 粤2071刑初121号。
[③] 参见辽宁省葫芦岛市中级人民法院刑事判决书，(2021) 辽14刑终168号。

益，因此二人于 2015 年注册成立了以林某为法定代表人的某物资销售公司。该公司成立后，由楚某林、申某青实际控制，二人在没有真实货物交易的情况下，让他人为自己虚开增值税专用发票税款数额合计 652,713.65 元，为他人虚开增值税专用发票税款合计 654,718.03 元。法院经审理认为，案涉公司在不具有真实交易的情况下虚开增值税专用发票，不存在向国家交税的义务，因此，虚开的数额只以销项或进项中较大的数额计算即可，不应将虚开的销项和进项累计计算。故该案犯罪数额应认定为他人虚开的数额 654,718.03 元（最终选取略高的数额），原判决认定数额不当，应予以纠正。

李某某虚开增值税专用发票案[①]

李某某先后担任多家燃气公司的总经理、负责人，在没有实际交易的情况下，以所在公司为销售方，其他公司为购买方，向作为购买方的多家公司虚开增值税专用发票，虚开税额共计 3,875,444.10 元，数额巨大。法院经审理认为，虚开增值税专用发票罪所保护的法益为国家税收管理制度，审理过程中应当以虚开增值税专用发票造成税额损失的金额作为犯罪金额进行评价，对于向购票方虚开的部分增值税专用发票没有抵扣税款的税额和已经在立案前进行了进项税额转出部分的税额，应当予以核减，因为这一部分税额没有造成国家税款的实际损失。

六、行为人是否属于共同犯罪中的从犯

根据《刑法》第 27 条的规定："在共同犯罪中起次要或者辅助作用的，是从犯。对于从犯，应当从轻、减轻处罚或者免除处罚。"因此，在共同犯罪中，如果行为人的行为可以被认定为起次要或者辅助作用，则行为人可以被认定为共同犯罪的从犯，进而可以争取从轻、减轻甚至免除处罚。在虚开增值税专用发票罪案件中，有些当事人是受他人雇用，从事开具增值税专用

[①] 参见宁夏回族自治区银川市兴庆区人民法院刑事判决书，(2022) 宁 0104 刑初 474 号。

发票的相关工作的，领取的是固定工资，没有其他额外的非法收益，或者出于其他目的，根据他人的指示或授意，为他人虚开增值税专用发票的行为提供了一些帮助，但这些行为都是辅助性或者次要性的，即使构成虚开增值税专用发票罪，也应认定这些当事人为从犯。

需要注意的是，根据《刑法》第205条第3款的规定，虚开增值税专用发票的行为分为：为他人虚开、为自己虚开、让他人为自己虚开、介绍他人虚开。可见，介绍他人虚开增值税专用发票的行为是虚开增值税专用发票罪的行为之一。所以，介绍他人虚开的介绍人，与开票方、受票方一般是以同等的地位进行评价的，并不区分主从犯。

【典型案例】

吴某等虚开增值税专用发票案[①]

2017年4月至2020年1月，在某某公司无实际业务的情况下，该公司实际控制人吴某伙同公司财务胡某，以支付票面金额1%左右开票费的方式，让合作公司虚开增值税专用发票，价税合计3872万余元，税额共计319万余元，上述增值税专用发票均用于抵扣，造成国家税款损失。法院经审理认为，吴某、胡某系共同犯罪，其中吴某起主要作用，系主犯，胡某起次要作用，系从犯，依法对胡某减轻处罚。

七、案件是否事实不清、证据不足

在刑事案件中，证明犯罪构成要件事实的证据缺失，或者证明主要案件事实的直接证据未查证属实，间接证据难以形成锁链的，通常会引起法院对指控定罪事实的合理怀疑。根据疑罪从无原则，应当认定行为人的行为不构成犯罪。

[①] 参见上海市浦东新区人民法院刑事判决书，（2024）沪0115刑初1657号。

【典型案例】

新奥公司等虚开增值税专用发票案①

公诉机关指控，新奥公司在没有实际煤炭交易的情况下，让祥和公司、吉能公司为其虚开增值税专用发票378份，其中377份全部抵扣税款，合计金额60,300,180.69元，税额10,251,030.64元。此外，新奥公司向下游航宇鸽公司还虚开增值税发票31余份，合计金额3,076,923.22元，税额合计523,076.78元。已全部申报抵扣税款，给国家造成损失523,076.78元。法院经审理认为，该案经办人员在逃，现有证据无法认定上游企业给新奥公司虚开增值税专用发票。新奥公司为下游航宇鸽公司等涉案的5家企业开具了增值税专用发票，经涉案下游企业所在地税务机关证实目前下游企业均没有确认虚开行为。因此，法院本着存疑无罪的审判原则对被告单位及2名原审被告人以证据不足宣告无罪。

---

① 参见内蒙古自治区高级人民法院刑事裁定书，（2016）内刑终29号。

第十章 逃 税 罪

第一节 逃税罪的定罪与量刑

一、逃税罪的罪名概述

逃税罪指纳税人采取欺骗、隐瞒手段进行虚假纳税申报或者不申报,逃避缴纳税款数额较大或者扣缴义务人采取上述手段,不缴或者少缴已扣、已收税款,数额较大的行为。《刑法》第201条规定:"纳税人采取欺骗、隐瞒手段进行虚假纳税申报或者不申报,逃避缴纳税款数额较大并且占应纳税额百分之十以上的,处三年以下有期徒刑或者拘役,并处罚金;数额巨大并且占应纳税额百分之三十以上的,处三年以上七年以下有期徒刑,并处罚金。扣缴义务人采取前款所列手段,不缴或者少缴已扣、已收税款,数额较大的,依照前款的规定处罚。对多次实施前两款行为,未经处理的,按照累计数额计算。有第一款行为,经税务机关依法下达追缴通知后,补缴应纳税款,缴纳滞纳金,已受行政处罚的,不予追究刑事责任;但是,五年内因逃避缴纳税款受过刑事处罚或者被税务机关给予二次以上行政处罚的除外。"

依法纳税是每一个纳税人应尽的法定义务,而逃税行为自有税收之日起便一直存在。为了有效治理逃税犯罪行为,尽最大可能减少国家税收的实际损失,立法机关于2009年通过的《刑法修正案(七)》对逃税罪的刑事立法进行了全面的修改。该修正案将"偷税罪"改为"逃税罪",并用概括式的表述方式将逃税行为总结为"采取欺骗、隐瞒手段进行虚假纳税申报"与"不申报"两大类,同时还以"数额较大""数额巨大"区分犯罪程度,并增加"附条件不予追究刑事责任"的规定。2024年3月18日，最高人民法院、最高人民检察院、公安部、国家税务总局四部门联合举行新闻发布会，发布《关于办理危害税收征管刑事案件适用法律若干问题的解释》，并公布2019年1月至2023年12月全国检察机关办理危害税收征管刑事案件的总体情况，全国检察机关共批准逮捕危害税收征管犯罪嫌疑人19,393人，提起公诉54,176人。发布会上，最高人民检察院法律政策研究室副主任余双彪指出，目前危害税收征管刑事犯罪呈现出新业态、行业性逃税问题突出，犯罪地域相对集中等特点。①

二、逃税罪的定罪要点

根据《刑法》第201条之规定，逃税罪的犯罪主体是特殊主体，包括纳税人和扣缴义务人。《税收征收管理法》第4条第1款、第2款规定，纳税人是法律、行政法规规定负有纳税义务的单位和个人。扣缴义务人则是法律、行政法规规定负有代扣代缴、代收代缴税款义务的单位和个人。根据《刑法》第201条之规定，逃税罪的构成要件似乎已经比较明确，但司法实践中对该罪的认定仍然存在较多难点。

（一）逃税罪中"逃税行为"的认定

逃税罪的行为方式可以总结为以下三种：第一，纳税人采取欺骗、隐瞒手段进行虚假纳税申报或者不申报；第二，扣缴义务人采取前款所列手段不缴或者少缴已扣、已收税款；第三，纳税人缴纳税款后，又以假报出口或者其他欺骗手段，骗回所缴纳的税款。②

《最高人民法院、最高人民检察院关于办理危害税收征管刑事案件适用法律若干问题的解释》第1条第1款对逃税罪中"欺骗、隐瞒手段"进行

---

① 参见《虚开犯罪突出、各种罪名交织、犯罪地域相对集中、新业态逃税问题突出——检察机关五年起诉涉税犯罪54176人》，载最高人民检察院官方网站，https://www.spp.gov.cn/spp/zdgz/202403/t20240319_649829.shtml，最后访问日期：2024年12月26日。

② 参见翟雪改：《新司法解释对逃税罪司法认定的影响》，载《公安研究》2024年第8期。

了解释说明。根据该条款的规定，"欺骗、隐瞒手段"主要包括以下情形：（1）伪造、变造、转移、隐匿、擅自销毁账簿、记账凭证或者其他涉税资料的。纳税人采取伪造、变造、转移、隐匿等行为的资料，必须是作为纳税依据的资料，包括影响税款金额计算的资料，如果行为人伪造等行为的对象是其他不影响纳税的资料，则不能认定为该罪的欺骗、隐瞒手段。（2）以签订"阴阳合同"等形式隐匿或者以他人名义分解收入、财产的。近年来，以"阴阳合同"的方式逃避缴纳个人所得税的情形非常多见，如文娱领域发现的演员通过签订"阴阳合同"隐匿高额收入、改变收入性质，此类行为十分恶劣。①（3）虚列支出、虚抵进项税额或者虚报专项附加扣除的。这里的"虚抵进项税额"，是以不构成虚开增值税专用发票罪为前提的。逃税罪和虚开增值税专用发票罪的关键区别在于，行为主体主观上是否具有逃避缴纳税款目的。如果行为主体主观上不具有逃避缴纳税款目的，而具有骗取国家税款目的，在这一目的下实施"虚抵进项税额"等行为，便可能构成虚开增值税专用发票罪。在构成虚开增值税专用发票罪的情况下，则不能适用该条规定。（4）提供虚假材料，骗取税收优惠的。实务中，出现有企业利用国家鼓励企业安置残疾人就业的税收优惠政策，伪造安置残疾人就业的相关材料，达到骗取国家税收目的，新司法解释明确将此种行为认定为逃税行为。（5）编造虚假计税依据的。《税收征收管理法》第64条第1款规定，纳税人、扣缴义务人编造虚假计税依据的，由税务机关责令限期改正，并处5万元以下的罚款。这一条款强调的就是编造虚假计税依据的违法性。

（二）逃税罪中"初犯免责条款"的适用

《刑法》第201条第4款规定，纳税人逃避缴纳税款经税务机关依法下达追缴通知后，补缴应纳税款，缴纳滞纳金，已受行政处罚的，不予追究刑事责任。《最高人民法院、最高人民检察院关于办理危害税收征管刑事案件适用法律若干问题的解释》第3条第1款规定："纳税人有刑法第二百零一条

---

① 参见《国家税务总局：依法严肃查处郑爽偷逃税案件》，载国家税务总局官网，https：//www.chinatax.gov.cn/chinatax/n810219/n810724/c5168457/content.html，最后访问日期：2024年12月27日。

第一款规定的逃避缴纳税款行为,在公安机关立案前,经税务机关依法下达追缴通知后,在规定的期限或者批准延缓、分期缴纳的期限内足额补缴应纳税款,缴纳滞纳金,并全部履行税务机关作出的行政处罚决定的,不予追究刑事责任……"前述条款被称为"初犯免责条款",在适用条款的时候,应当同时满足以下三个条件。(1)时间要求:必须在公安机关立案之前。因为如果在公安机关立案之后,刑事案件通常将正常推进流程,从侦查、审查起诉到法院审理,此时因行为人补缴税款、缴纳滞纳金、接受行政处罚而撤案,将造成司法资源的极大浪费。此外,如果在刑事诉讼过程中补缴税款、缴纳滞纳金或者接受行政处罚而适用初犯免责,相当于将是否追究刑事责任的决定权和审判权交给逃税者行使,会极大地损害法律的权威性。[1](2)行为要求:必须在税务机关下达追缴通知后规定期限内足额补缴税款、缴纳滞纳金。此外,还须全部履行税务机关作出的行政处罚义务。行为人按照要求完成前述行为的,能够表明其具有知错认错并积极悔改的良好态度。

三、逃税罪与相关罪名以及非罪行为的辨析

(一)逃税罪和虚开增值税专用发票罪的对比

逃税罪和虚开增值税专用发票罪都属于危害税收征管的犯罪行为。实务中,在虚开增值税专用发票案中,有不少案件涉及纳税人为逃避缴纳税款而实施的虚开发票的情形,对于为了逃税而虚开发票的行为要准确进行定性,则必须厘清逃税罪和虚开增值税专用发票罪的界限。2024年4月,时任最高人民法院审判委员会委员滕伟等人在其文章中发布权威意见,认为纳税人主观上为了不缴、少缴税款,在应纳税义务范围内,通过虚增进项进行抵扣以少缴纳税款的,应以逃税罪论处,不构成虚开增值税专用发票罪。换言之,逃税罪和虚开增值税专用发票罪区分的关键在于,行为人主观上是否具有逃避纳税义

---

[1] 参见周铭川、黄丽勤:《税收犯罪研究》,法律出版社2020年版,第99页。

务目的。[①] 逃税罪和虚开增值税专用发票罪的对比情况如表1-10-1所示。

表1-10-1 逃税罪和虚开增值税专用发票罪的对比

对比要点		逃税罪	虚开增值税专用发票罪
相似之处		(1) 二者都是涉及税收的犯罪行为，都侵犯了国家的税收征收管理制度； (2) 两罪的犯罪主体范围都包括自然人和单位； (3) 二者都属于故意犯罪	
不同之处	犯罪主体	特殊主体，纳税人和扣缴义务人	一般主体，单位和自然人
	主观目的	具有逃避纳税义务目的，该罪的核心在于"逃"	具有骗取国家税款目的，该罪的核心在于"骗"
	行为方式	(1) 纳税人采取欺骗、隐瞒手段进行虚假纳税申报或者不申报；(2) 扣缴义务人采取前款所列手段不缴或者少缴已扣、已收税款；(3) 纳税人缴纳税款后，又以假报出口或者其他欺骗手段，骗回所缴纳的税款	为他人虚开增值税专用发票、为自己虚开增值税专用发票、让他人为自己虚开增值税专用发票、介绍他人虚开增值税专用发票四种方式，具体类型展开又包括虚构进项不虚构销项、虚构销项不虚构进项、既虚构进项又虚构销项
	侵害的税种	包括增值税在内的全部税种	增值税
	立案追诉标准	(1) 纳税人逃避缴纳税款数额在10万元以上并且占各税种应纳税总额10%以上，经税务机关依法下达追缴通知后，不补缴应纳税款、不缴纳滞纳金或者不接受行政处罚的；(2) 纳税人5年内因逃避缴纳税款受过刑事处罚或者被税务机关给予2次以上行政处罚，又逃避缴纳税款，数额在10万元以上并且占各税种应纳税总额10%以上的；(3) 扣缴义务人不缴或者少缴已扣、已收税款，数额在10万元以上的	虚开增值税专用发票的税额达10万元以上或造成国家税款损失数额在5万元以上

[①] 参见滕伟等：《"两高"〈关于办理危害税收征管刑事案件适用法律若干问题的解释〉的理解与适用》，载《法律适用》2024年第4期。

续表

对比要点		逃税罪	虚开增值税专用发票罪
不同之处	最高法定刑	7年有期徒刑	无期徒刑
	初犯是否追责	符合一定条件（纳税人逃税经税务机关依法下达追缴通知后，补缴应纳税款，缴纳滞纳金，已受行政处罚），可以不予追究刑事责任	达到追诉标准，就应当追究刑事责任

注：逃税罪和虚开增值税专用发票罪的法定刑规定内容繁多，故本表中就法定刑部分未进行对比，逃税罪的量刑标准详见本章"逃税罪的量刑标准"部分，虚开增值税专用发票罪的量刑标准详见本书第九章"虚开增值税专用发票罪"。

（二）逃税罪和漏税行为的对比

逃税和漏税在日常生活中常常提及，二者都涉及对纳税义务的违反。实务中，逃税行为和漏税行为同时出现的频率比较高，而且行为人逃税的同时一般伴有漏税情况。漏税是由于行为人在不了解税收征管制度的情况下，无意识地漏缴或者少缴税款的行为，属于一种过失行为。我国《税收征收管理法》曾试图对漏税行为进行规制，但由于各种原因搁置。[①] 逃税罪和漏税行为的对比情况总结如表1-10-2所示。

表1-10-2 逃税罪和漏税行为的对比

对比要点		逃税罪	漏税行为
相似之处		（1）二者都需要按照税务机关要求补缴税款或者滞纳金； （2）二者都涉及对纳税义务的违反，只是行为人违反纳税义务的程度不同	
不同之处	行为性质	刑事犯罪行为	非罪行为
	主观目的	具有故意逃避纳税义务目的	过失漏缴或者少缴税款，并非故意逃避纳税

---

① 2013年6月7日发布的《税收征收管理法修正案（征求意见稿）》第1条第2项建议提出增加"漏税"的相关规定，但现行《税收征收管理法》中并没有规定"漏税"有关内容。

续表

对比要点		逃税罪	漏税行为
不同之处	客观方面	采用欺骗、隐瞒的方法逃避税务责任	不存在故意隐瞒，只是漏缴或少缴税款
	行为后果	行为主体将面临刑事处罚，最高可被判处7年有期徒刑并处罚金	补缴税款或缴纳滞纳金，最多可能面临行政处罚
二者关系		如果纳税人对税务机关下发的补缴通知置之不理、无动于衷，则事实上可能存在对纳税义务故意逃避的心态，进而可能符合逃税罪的构成要件，作为刑事犯罪行为处理。因此，在认定逃税犯罪行为时，应当注意漏税行为事后转换情况	

（三）逃税罪和避税行为的对比

对于避税行为的法律定性主要有三种观点，分别是合法行为说、违法行为说以及脱法行为说。其中合法行为说已经在各国反避税实践中被逐渐淡化。非法行为说认为，避税行为构成对公共利益的侵犯，从民法角度出发，可以解释为以合法形式掩盖非法目的。[1] 脱法行为说认为，避税行为从手段上看，行为人会通常采用"非常规"合法交易方式导致税收减少，因此，避税行为实际上违背了税法精神，但现行法律体系中又找不到直接的法律条文对避税行为予以规制，因而其是介于合法与非法之间的状态。[2] 笔者认为，避税行为实际上是避钻法律的漏洞以达到少纳税的目的，违背了税法的立法宗旨，具有实质性的违法性，但一般认为避税行为是不可罚的行为。因为税法仅规定纳税调整、补征税款、加收滞纳金，但并不给予惩罚性结果。国家税务总局深圳税务局课题组在其发表的文章中也支持这一观点。[3] 逃税罪和避税行为的对比情况如表1–10–3所示。

---

[1] 参见龙英锋：《论避税行为的无效性及非法性》，载《税务与经济（长春税务学院学报）》2004年第6期。
[2] 参见刘剑文、丁一：《避税之法理新探》（上），载《涉外税务》2003年第8期。
[3] 参见国家税务总局深圳市税务局课题组：《再论避税行为的法律定性》，载《税务研究》2024年第10期。

表 1-10-3 逃税罪和避税行为的对比

对比要点		逃税罪	避税行为
相似之处		（1）二者实质上都构成对税法的违反，行为结果都使国家税收减少；（2）二者都属于以降低税负为目标的税收规划行为	
不同之处	行为性质	刑事犯罪行为	非罪行为
	私法效果	通常会造成私法上的无效行为	一般不构成私法上的无效行为
	客观行为	采用欺骗、隐瞒的方法逃避税务责任	通常采用"非常规"合法交易手段，如企业加大无形资产的研发等
	时间节点	逃税行为发生在纳税义务确立之后	避税行为发生在纳税义务成立之前
	行为后果	逃税行为将用刑法予以规制，行为主体会面临刑事处罚，最高可被判处7年有期徒刑并处罚金	一般不对避税行为本身直接进行处罚，而是采取纳税调整的方式来纠正其造成的税收影响

四、逃税罪的量刑标准

根据《刑法》第201条、第211条和第212条的规定，逃税罪的量刑标准可总结如下要点：（1）纳税人逃避缴纳税款数额较大并且占应纳税额10%以上的，处3年以下有期徒刑或者拘役，并处罚金。（2）扣缴义务人采取欺骗、隐瞒手段，不缴或者少缴已扣、已收税款，数额较大的，处3年以下有期徒刑或者拘役，并处罚金。（3）纳税人逃避缴纳税款数额巨大并且占应纳税额30%以上的，处3年以上7年以下有期徒刑，并处罚金。（4）扣缴义务人采取欺骗、隐瞒手段，不缴或者少缴已扣、已收税款，数额巨大的，处3年以上7年以下有期徒刑，并处罚金。（5）纳税人有逃税行为，经税务机关依法下达追缴通知后，补缴应纳税款，缴纳滞纳金，已受行政处罚的，不予追究刑事责任；但是，5年内因逃避缴纳税款受过刑事处罚或者被税务机关给予2次以上行政处罚的除外。（6）单位犯逃税罪的，对单位判处罚金，并对其直接负责的主管人员和其他直接责任人员，依照上述标准处罚。判处罚金、没收财产的，在执行前，应当先由税务机关追缴税款。

根据2022年《最高人民检察院、公安部关于公安机关管辖的刑事案件立案追诉标准的规定（二）》第52条第1款规定，逃避缴纳税款，涉嫌下列情形之一的，应予立案追诉：（1）纳税人采取欺骗、隐瞒手段进行虚假纳税申报或者不申报，逃避缴纳税款，数额在10万元以上并且占各税种应纳税总额10%以上，经税务机关依法下达追缴通知后，不补缴应纳税款、不缴纳滞纳金或者不接受行政处罚的；（2）纳税人5年内因逃避缴纳税款受过刑事处罚或者被税务机关给予2次以上行政处罚，又逃避缴纳税款，数额在10万元以上并且占各税种应纳税总额10%以上的；（3）扣缴义务人采取欺骗、隐瞒手段，不缴或者少缴已扣、已收税款，数额在10万元以上的。

根据《最高人民法院、最高人民检察院关于办理危害税收征管刑事案件适用法律若干问题的解释》第2条第1款规定，《刑法》第201条第1款中逃避缴纳税款"数额较大"的标准为10万元以上；逃避缴纳税款"数额巨大"的标准为50万元以上。

第二节 逃税罪的核心辩护要点

一、行为人是否符合逃税罪的主体要件

逃税罪的主体仅限于纳税人或扣缴义务人，即具有纳税义务或者代扣代缴、代收代缴税款义务的单位或个人。如果行为人不属于案涉税款的纳税主体或者扣缴义务人，则不是逃税罪的适格主体，即使实施了逃避缴纳税款的行为，也不构成逃税罪。例如，行为人只是为他人代购货物、以被挂靠人的名义对外经营或者只是执行上级机关或单位的决定的，不具备纳税主体要求。此外，行为人可以在交易过程中通过合同约定税款的实际承担人，但双方对税款承担方式的约定不会直接导致纳税主体的变更，不能仅以合同约定认定行为人为纳税主体。

【典型案例】

郭某某逃税案[①]

1994年10月，郭某某与陇南地区某开发公司经理李某翔协商，由郭某某向陇南地区某开发公司组织货源收购党参，并预付现金3万元。1994年10月至12月，郭某某先后三次向陇南地区某开发公司交售党参27,325斤，总金额638,269.00元。根据税务局税务鉴定书核定，应缴税款：增值税按6%，应纳37,696.14元；城建税按1%，应征376.96元；教育费附加按3%，应征1130.88元；应征税合计39,203.98元。郭某某在第一次交售党参时缴纳税款900元，欠税款38,303.98元。此税款在郭某某被逮捕后，由郭某某之子郭某代为补缴给有关税务机关。法院经审理认为，郭某某为陇南地区某开发公司代购党参，由其预付现金3万元，并且双方口头约定，税收由公司承担。郭某某不是纳税义务人和扣缴义务人，不符合偷税罪的主体构成要件，应宣告无罪。陇南地区某开发公司让郭某某代购党参，购买党参的资金由委托方承担，受托方未垫付资金，受托方另外计提手续费。郭某某的行为不具备征收增值税的条件，因此对其所缴税款应予退还。最终该法院判决郭某某无罪。

黄某某逃税案[②]

2010年2月，黄某某与李某某合伙挂靠四川某建设工程公司承包江油市某供水站项目工程，同年3月与四川某建设工程公司签订项目管理目标责任书，约定某建设工程公司是纳税主体，但该工程应缴纳的税金及附加、所得税、印花税、基金等由黄某某承担及缴纳结清。2012年8月，黄某某通过他人以7000元的价格购买了发票号码为00028012、票面金额为386,777元的建筑业统一发票，并到某建设工程公司加盖公司发票专用章，后黄某某将

---

① 参见甘肃省文县人民法院刑事判决书，（2014）文法刑再初字第1号。
② 参见四川省江油市人民法院刑事判决书，（2016）川0781刑初473号。

该发票提供给了江油市水务局结算工程款,造成国家损失税款22,549.08元;2014年1月,黄某某又以同样的方式造成国家损失税款166,447.61元。经四川省江油市地方税务局鉴定,黄某某购买的发票均系假发票。法院经审理认为,黄某某收到的建筑业统一发票收款方名称为四川某建设工程公司,开具发票后仍需加盖公司发票专用章才能到江油市水务局结算工程款。且依据四川省江油市地方税务局的稽查补税通知单,被查单位以及下达对象均是四川某建设工程公司而不是黄某某。虽然黄某某和四川某建设工程公司在合同中事先有约定,税金的承担主体是黄某某,但由于纳税主体具有法定性,不能由当事人通过合同约定予以改变,故黄某并不符合逃税罪的犯罪主体要求,黄某某不构成逃税罪。但是,由于黄某某明知涉案发票是伪造的发票而予以持有,数量较大,其行为构成持有伪造的发票罪。

二、行为人主观上是否具有逃避缴纳税款的故意

逃税罪的主观方面要求行为人有逃避缴纳税款的目的和犯罪故意,即行为人明知自己的行为会导致国家税收损失,仍然希望或放任这种结果的发生,故意制造虚假情况或者掩盖真实情况,使税务机关无法正确核定或者核查其应纳税额或者应缴税额。如果纳税人因不了解税收法规或者由于工作失误等原因,过失漏缴税款或者少缴税款,则应当认定为非罪行为,由税务机关责令其补缴漏缴的税款,并加收滞纳金,不应进行刑事追责。

【典型案例】

钟某逃税案[①]

2009年1月至2011年12月,钟某在土地使用、销售不动产、出租商铺的过程中,未依法向税务机关进行纳税申报,逃避缴纳税款共计398,658.25元。2012年10月30日,仁化县地方税务局城区税务分局经核查后向钟某发出责

[①] 参见广东省韶关市中级人民法院刑事裁定书,(2019)粤02刑终110号。

令期限改正通知书并报至韶关市地方税务局稽查局（以下简称韶关稽查局）。2014年2月18日，韶关稽查局作出税务处理决定书，并于3月6日通知钟某。该决定书中认定钟某少申报缴纳各项税费398,866.38元及滞纳金，并限令钟某15日内缴纳，如有争议须先缴纳或提供担保，之后在60日内有权申请复议。钟某提出异议并申请提供担保。后钟某提起行政诉讼但又向法院申请撤诉（法院准许）。税务机关追缴上述税款期间，韶关稽查局作出税务行政处罚决定书，对钟某少缴398,866.38元税款处以罚款。钟某申请复议并提起行政诉讼。经复议及行政诉讼，韶关市中级人民法院判决撤销该税务行政处罚决定书，并限韶关稽查局重新作出行政行为。诉讼期间，钟某于2015年9月7日、8日缴清罚款。法院经审理认为，钟某在土地、房屋销售、房屋出租等经营中，未及时主动申报纳税，属漏缴税款的行为，主观上并没有逃税的故意。经税务机关依法下达行政决定书及追缴通知后，钟某依法提出行政复议、提起行政诉讼期间，不能认为其有避税、逃税的行为。在此期间，钟某补缴了应纳税款，缴纳了滞纳金，履行了纳税义务，并在税务机关作出行政处罚决定后接受了行政处罚，没有造成国家税收损失。最终法院判决钟某无罪。

三、行为人是否采取欺骗、隐瞒手段逃避缴纳税款

逃税罪的客观方面表现为纳税人采取欺骗、隐瞒手段，进行虚假纳税申报或者不申报，逃避缴纳税款数额较大并且占应纳税额10%以上，或者扣缴义务人采取欺骗、隐瞒等手段，不缴或者少缴已扣、已收税款，数额较大的行为。根据《最高人民法院、最高人民检察院关于办理危害税收征管刑事案件适用法律若干问题的解释》第1条第1款规定，"欺骗、隐瞒手段"主要包括5种情形：（1）伪造、变造、转移、隐匿、擅自销毁账簿、记账凭证或者其他涉税资料的；（2）以签订"阴阳合同"等形式隐匿或者以他人名义分解收入、财产的；（3）虚列支出、虚抵进项税额或者虚报专项附加扣除的；（4）提供虚假材料，骗取税收优惠的；（5）编造虚假计税依据的。如果行为

人没有采取上述欺骗、隐瞒手段，或者没有证据证明行为人采取了欺骗、隐瞒手段逃避缴纳税款的，则不符合逃税罪的构成要件，不构成逃税罪。

【典型案例】

曹某明、曹某逃税案[①]

2005年4月，曹某回到益阳筹办福利企业。经曹某明同意，曹某2年免费租用龙光桥镇某敬老院礼堂做场地，并以龙光桥镇某敬老院的名义出资10万元办理企业注册登记。曹某明帮助曹某办理申报福利企业的手续，曹某承诺事情办成后送20,000元感谢费。2005年10月，曹某注册成立了性质为集体企业的益阳某合金成型剂厂。为使该厂成功申报成为福利企业并享受国家退免税优惠，曹某明帮助曹某收集了黄某波、曹某生等14名残疾人的残疾证和身份证到民政、国税等部门办理了福利企业的申报手续，并获得了民政部门的批准。实际上，前述14名残疾人并未在该厂上班。2007年下半年开始，益阳某合金成型剂厂为其中的10名残疾人办理了银行工资卡，但未发放工资给残疾人。2006~2009年，曹某开办的益阳某合金成型剂厂共计获得增值税退税款644,424.81元，免征企业所得税款406,438.43元，共计获得国家的退税及免税款1,050,863.24元。

法院经审理认为，曹某明、曹某为注册成立益阳某合金成型剂厂所提交的残疾人的残疾证和身份证是真实资料。案涉工厂是民政、税务等有权机关的批准，并经湖南省民政厅同意合法成立的社会福利企业，依法可以享受福利企业所享有的退免税待遇。该厂在2006年至2009年4个年度，均经过了相关部门的年检认证，符合福利企业的条件。曹某明、曹某所报的14名残疾人没有在该厂上班，该厂也没有为残疾人发放工资。但根据政策的规定，该厂为10名残疾人交纳了2007年7月至2010年3月的养老、医疗、失业、工伤四种保险金，残疾人享受了企业职工应当享受的基本待遇。曹某经营的益

[①] 参见湖南省益阳市赫山区人民法院刑事判决书，（2010）赫刑初字第680号。

阳某合金成型剂厂作为纳税人对税务机关没有采取欺骗手段，曹某明、曹某的行为不符合逃税罪的构成要件。

四、行为人的逃税金额是否达到立案追诉标准

根据2022年《最高人民检察院、公安部关于公安机关管辖的刑事案件立案追诉标准的规定（二）》第52条第1款的规定，逃避缴纳税款，涉嫌下列情形之一的，应予立案追诉：（1）纳税人采取欺骗、隐瞒手段进行虚假纳税申报或者不申报，逃避缴纳税款，数额在10万元以上并且占各税种应纳税总额10%以上，经税务机关依法下达追缴通知后，不补缴应纳税款、不缴纳滞纳金或者不接受行政处罚的；（2）纳税人5年内因逃避缴纳税款受过刑事处罚或者被税务机关给予2次以上行政处罚，又逃避缴纳税款，数额在10万元以上并且占各税种应纳税总额10%以上的；（3）扣缴义务人采取欺骗、隐瞒手段，不缴或者少缴已扣、已收税款，数额在10万元以上的。行为主体逃避缴纳税款未达到追诉标准的，则不应追究行为人的刑事责任，只能由税务机关给予行政处罚。

【典型案例】

杜某轩逃税案[①]

杜某轩自2008年至2009年5月31日在某村开办砖厂期间缴纳税款2.8万元。法院认为，公诉机关指控杜某轩犯逃税罪，公诉机关提供的证据不能证实杜某轩砖厂在该段时间内的实际销售数额，故不能准确核定杜某轩逃税的具体数额，虽然杜某轩没有进行税务申报，但从2004年开始，税务部门都按季度对杜某轩砖厂进行税款核实和催缴，且杜某轩已按税务部门核定数额按期缴纳。故指控被告人杜某轩犯逃税罪的证据不足，指控的罪名不能成立。

---

① 参见河南省淅川县人民法院刑事判决书，(2010)淅刑初字第090号。

五、行为人的逃税行为是否经税务机关行政前置程序先行处理

税务机关先予行政处罚是刑事追诉的前置程序。根据《最高人民法院、最高人民检察院关于办理危害税收征管刑事案件适用法律若干问题的解释》第3条规定，纳税人逃避缴纳税款，在公安机关立案前，经税务机关依法下达追缴通知后，在规定的期限或者批准延缓、分期缴纳的期限内足额补缴应纳税款，缴纳滞纳金，并全部履行税务机关作出的行政处罚决定的，不予追究刑事责任。此外，税务机关对于纳税人逃避缴纳税款的行为没有依法下达追缴通知的，也不能追究纳税人的刑事责任。因此，只有税务机关对行为主体下达追缴通知后，行为人拒不依法采取补缴税款、缴纳滞纳金等行为的，司法机关才能追究刑事责任。

【典型案例】

某环境工程有限公司、李某某逃税案

（人民法院案例库入库案例：2023-06-1-142-001）[①]

湖北某环境工程有限公司自2003年至2009年主要经营各种在役设备污垢现场清洗，工业废水处理设备的设计、安装、维护，自有房地产租赁等业务。湖北智博税务师事务有限公司鄂智税师鉴字〔2009〕第005号鉴证报告显示，2003年至2007年，湖北某环境工程有限公司和荆州市某化学清洗公司收入总额为7,320,445.51元，应缴纳税款803,413.14元，逃避缴纳税款共计446,292.51元，少缴税费占应缴税费55.55%。2007年9月11日，荆州市地方税务局稽查局将湖北某环境工程有限公司、李某某涉嫌逃税案移送公安机关，之后公安机关予以立案侦查，李某某补缴税款共计458,069.08元。检察机关于2009年6月29日向法院提起公诉，一审法院审理案件后将湖北某环境工程有限公司多缴的税款11,776.57元退回。湖北某环境工程有

[①] 参见湖北省高级人民法院刑事判决书，（2019）鄂刑再5号。

限公司向一审法院缴纳罚金450,000元。再审法院经审理认为，税务稽查部门在发现湖北某环境工程有限公司有逃税行为、可能涉嫌犯罪后，没有对逃税人进行纳税追缴、行政处罚，而是直接将案件移送公安机关立案侦查追究湖北某环境工程有限公司和李某某的刑事责任，剥夺了纳税义务人纠正纳税行为的权利，没有经过行政处置的先行程序。且湖北某环境工程有限公司、李某某在侦查阶段补缴全部少缴税款，后又根据原生效判决缴纳了判罚的全部罚金。再审法院最终改判湖北某环境工程有限公司、李某某无罪。

孟某某逃税案[①]

2005年7月，淮安市某制品有限公司成立。自2006年7月19日起至2010年8月27日止，孟某某是淮安市某制品有限公司法定代表人。2006年4月，淮安市某制品有限公司通过出让方式取得位于淮安市淮安区某宗国有土地，面积为7166平方米，土地用途是"工业用地"。2007年8月开始，在淮安市某制品有限公司未取得建设工程规划许可证、建筑工程施工许可证的情况下，孟某某擅自改变土地用途，在宗地部分地块建住宅楼。住宅楼竣工前，孟某某与承建方签协议，约定用其中20套房抵冲厂房及在建住宅楼的工程款。2009年1月起，在淮安市某制品有限公司未取得商品房预售许可证的情况下，孟某某以"预交房款""购房定金""预收住房集资款"抵冲工程款或欠款的方式，先后以公司名义将住宅楼28套房屋出售给赵某甲、居某某等人，获得房屋销售收入合计1,579,360元，2010年房屋销售收入合计2,504,463.56元。上述售房未进行纳税申报，淮安市某制品有限公司因此逃避缴纳营业税、城市维护建设税、土地使用税。法院经审理认为，淮安市淮安地方税务局没有向孟某某送达税务行政处理决定书，淮安市公安局淮安分局在没有确认孟某某知晓相关税务行政处理决定书的全部内容，且未按照法律规定给予孟某某15日履行期限的情况下，即对涉案公司以逃税罪决定立

[①] 参见江苏省淮安市中级人民法院刑事裁定书，(2022)苏08刑再1号。

案，剥夺了孟某某可以行使的逃税罪处罚阻却事由的法定权利，程序违法。最终判决孟某某无罪。

六、案件是否事实不清，证据不足

刑事案件中，不仅要坚持罪刑法定原则，凡是刑事法律没有规定为犯罪的，一律不得作为犯罪追究，还要坚持疑罪从无的原则，凡属于证据不足、事实不清的案件，一律做无罪处理。严格执行非法证据排除规则，对证据不足的，不能认定为犯罪并给予刑事处罚。实务中，对于现有证据无法证明行为主体主观上具有逃税故意，客观上实施了逃税行为的，不能认定行为主体的行为构成逃税罪。

【典型案例】

王某生、薛某顺、彭某辉逃税案[①]

经查，深圳某投资有限公司 2000 年度偷税税款（企业所得税）为 1,824,076.00 元，2001 年度偷税税款（营业税、城建税、企业所得税）为 10,229,934.23 元，2002 年度偷税税款（营业税、城建税、企业所得税）为 6,914,561.64 元，2003 年度偷税税款（企业所得税）为 6,247,431.90 元，2004 年度偷税税款（营业税、城建税、企业所得税）为 4,189,456.20 元，2005 年度偷税税款（营业税、城建税、企业所得税）为 743,997.49 元，2006 年度偷税税款（营业税、城建税、企业所得税）为 489,522.14 元，2007 年度偷税税款（已扣未缴个人所得税）为 145,929.30 元；2005 年度和 2006 年度未预缴土地增值税共计 206,187.61 元；2005 年度和 2006 年度少缴教育费附加共计 28,856.29 元。深圳某投资有限公司近 5 年内尚未因逃避缴纳税款受过刑事处罚或者被税务机关给予行政处罚。深圳某投资有限公司的股东及王某生等人在明知公司有巨额税款未缴，且未主动补缴所欠税款

---

① 参见广东省深圳市中级人民法院刑事裁定书，(2015) 深中法刑二终字第 500 号。

的情况下，决定将深圳某投资有限公司出售、转让。为将公司股权转让，深圳某投资有限公司聘请某会计师事务有限公司和湖北某资产评估有限公司重新对公司进行审计、评估。

法院经审理认为，深圳某投资有限公司无视国家法律，作为纳税人和扣缴义务人，在明知其欠缴税款的情况下，以欺骗、隐瞒手段进行虚假纳税申报或者不申报，逃避缴纳税款30,994,096.51元，数额巨大并且占应纳税额30%以上，其行为已构成逃税罪。虽然逃税行为发生在王某生、薛某顺、彭某辉的任职期间，但税务机关立案稽查及送达相关法律文书均发生在某公司股权转让后，王某生、薛某顺、彭某辉已自某公司离职。现有证据无法证明王某生、薛某顺、彭某辉是否知悉税务机关追缴税款一事，且不论王某生、薛某顺、彭某辉是否知悉税务机关追缴税款，均无法决定该公司新股东配合税务机关补缴税款。依据有利于被告人原则，法院最终判决王某生、薛某顺、彭某辉不构成逃税罪，不承担刑事责任。

七、行为主体逃避缴纳税款的数额认定是否有误

根据《最高人民法院、最高人民检察院关于办理危害税收征管刑事案件适用法律若干问题的解释》第2条规定，《刑法》第201条第1款中逃避缴纳税款"数额较大"的标准为10万元以上；逃避缴纳税款"数额巨大"的标准为50万元以上。因此，行为主体逃避缴纳税款数额达10万元并且占应纳税额10%以上的，处3年以下有期徒刑或者拘役，并处罚金；逃避缴纳税款数额达50万元以上并且占应纳税额30%以上的，处3年以上7年以下有期徒刑，并处罚金。由此可见，行为主体逃避缴纳税款的金额直接与其量刑相关，故在逃税案中，司法机关应当准确认定行为主体逃避缴纳税款的金额。需要注意的是，司法实务中，对于案发后行为主体补缴税款情形的，一般补缴的税款金额应当从其犯罪数额中予以扣除。

【典型案例】

冯某逃税案[①]

金世纪公司于 2003 年 10 月注册设立,经营范围为房地产开发,冯某为该公司法定代表人。2003 年 11 月 20 日,金世纪公司与体育局签订《世纪广场招商引资开发建设合同书》,合同约定体育局将位于百色市某地号 1-50-2-1-1,土地使用权面积 4886.805 平方米的地块转让给金世纪公司,由该公司出资在该地块上开发世纪广场商住大厦,同时约定金世纪公司向体育局分期支付征地补偿款共 2970 万元。2005 年 12 月,金世纪公司取得世纪广场项目商铺和商品住宅预售许可证,同月 20 日取得税务登记证,2006 年开始对外出售商铺和商品住宅,收取房屋预售款。冯某在担任金世纪公司法定代表人期间,于 2006 年授意公司财务人员将中阳公司验证资本报告的世纪广场土地使用权价值 757.5 万元及 2007 年将未支付给体育局的部分征地补偿款 2152.5 万元列支为开发成本,并以此向税务机关申报纳税,从而达到减少缴纳税款的目的。经百色市税务局核查,金世纪公司 2006 年度、2007 年度少缴企业所得税共计 9,777,441.41 元,应缴纳滞纳金 10,911,624.62 元,应处以罚款 4,888,720.71 元。2014 年 6 月至 8 月,百色市税务局向金世纪公司送达了税务处理决定书等处罚文书。经查,2017 年 7 月,金世纪公司补缴税款 1,000,000 元,法院经审理认为,金世纪公司 2006 年度及 2007 年度应纳税总额为 16,843,760.80 元,偷税金额为 9,777,441.41 元,2017 年 7 月金世纪公司补缴的 1,000,000 元应当从犯罪数额中予以扣除,故该公司尚欠缴税款 8,777,441.41 元。

[①] 参见广西壮族自治区百色市(地区)中级人民法院刑事判决书,(2018)桂 10 刑终 376 号。

第十一章　销售假冒注册商标的商品罪

第一节　销售假冒注册商标的商品罪的定罪与量刑

一、销售假冒注册商标的商品罪的罪名概述

销售假冒注册商标的商品罪是指销售明知是假冒注册商标的商品，违法所得数额较大或者有其他严重情节的行为。[①]《刑法》第214条规定："销售明知是假冒注册商标的商品，违法所得数额较大或者有其他严重情节的，处三年以下有期徒刑，并处或者单处罚金；违法所得数额巨大或者有其他特别严重情节的，处三年以上十年以下有期徒刑，并处罚金。"销售假冒注册商标的商品罪作为侵犯知识产权犯罪，与《刑法》第213条假冒注册商标罪，第215条非法制造、销售非法制造的注册商标标识罪，第216条假冒专利罪，第217条侵犯著作权罪等罪名，共同组成《刑法》第二编第三章第七节。

最高人民检察院 2024 年 4 月 25 日发布的《知识产权检察工作白皮书（2021—2023 年）》显示，2021 年至 2023 年，全国检察机关批准逮捕侵犯知识产权犯罪案件 10,601 件 17,547 人，起诉 20,510 件 44,337 人，惩治侵犯知识产权犯罪力度持续加大。该白皮书披露，知识产权犯罪案件以侵犯商标权类犯罪为主，2021 年至 2023 年，全国检察机关共受理审查起诉假冒注册商标罪 9557 件 23,687 人，销售假冒注册商标的商品罪 13,517 件 30,644 人，非法制造、销售非法制造的注册商标标识罪 1858 件 4981 人。从该数据看，

[①] 参见张明楷：《刑法学》，法律出版社 2021 年版，第 1068 页。

无论是在案件数量上还是在涉案人数上，销售假冒注册商标的商品罪在侵犯商标权类犯罪中都占据了相当高的比重。

在我国刑法体系中，该罪属于较"年轻"的罪名，1979 年《刑法》并没有明确规定销售假冒注册商标的商品罪，1986 年最高人民检察院发布《人民检察院直接受理的经济检察案件立案标准的规定（试行）》（现已失效），才将假冒商标罪作为典型的数额犯进行了规范，并以"非法经营额""非法获利"为尺度明确了相应追诉标准。1993 年 2 月，全国人大常委会通过了《关于惩治假冒注册商标犯罪的补充规定》（现已失效），该补充规定第 1 条第 2 款对销售假冒注册商标的商品罪做了专门规定，可以说是该罪最初的文本形态："销售明知是假冒注册商标的商品，违法所得数额较大的，处三年以下有期徒刑或者拘役，可以并处或者单处罚金；违法所得数额巨大的，处三年以上七年以下有期徒刑，并处罚金。"1997 年《刑法》将该补充规定正式纳入刑法，并将"违法所得"修改为"销售金额"，以进一步明确犯罪构成的数额界限。此后，2020 年《刑法修正案（十一）》对该罪进行较大幅度的从严调整，明显加大了违法犯罪成本，条文修正前后对比见表 1-11-1。

表 1-11-1　《刑法》（2020 年修正）第 214 条与
《刑法》（2017 年修正）第 214 条之对比

《刑法》（2020 年修正）第 214 条	《刑法》（2017 年修正）第 214 条
第二百一十四条【销售假冒注册商标的商品罪】销售明知是假冒注册商标的商品，违法所得数额较大或者有其他严重情节的，处三年以下有期徒刑，并处或者单处罚金；违法所得数额巨大或者有其他特别严重情节的，处三年以上十年以下有期徒刑，并处罚金。	第二百一十四条【销售假冒注册商标的商品罪】销售明知是假冒注册商标的商品，销售金额数额较大的，处三年以下有期徒刑或者拘役，并处或者单处罚金；销售金额数额巨大的，处三年以上七年以下有期徒刑，并处罚金。

二、销售假冒注册商标的商品罪的定罪要点

（一）是否为假冒注册商标的商品

"假冒注册商标的商品"是指未经注册商标所有人许可，在同一种商品

上使用与注册商标相同商标的商品。面对此种商品，普通公众在消费时有可能因为假冒行为被误导，以为是正品进而误购。实践中，可以从以下几点审查案涉商品是否属于假冒注册商标的商品：

1. 使用该商标是否得到了注册商标所有人许可。无论是签订书面合同，还是达成口头协议，只要使用人与注册商标的所有人就商标的许可使用达成一致的意思表示的，就都属于经商标所有人许可。

2. 被假冒的商标是否注册且仍在商标注册的有效期内。行为人所假冒的商标，必须是他人注册的有效商品商标，不包括未经注册的商标或已超过商标注册的有效期限或因违法行为被注销的注册商标。

3. 假冒的商标是否与被假冒的注册商标相同。"相同的商标"，是指与被假冒的注册商标完全相同，或者与被假冒的注册商标在视觉上基本无差别、足以使公众产生误导的商标。改变注册商标的字体、字母大小写或者文字横竖排列使之与注册商标之间仅有细微差别，或者改变注册商标的文字、字母、数字等之间的间距但不影响体现注册商标显著特征，以及改变注册商标颜色等，均可构成相同商标。

4. 假冒的商标与被假冒的注册商标是否用在同一种商品上。同一种商品包括两种情形：一是名称相同，二是名称不同但指同一事物。"名称"是指原国家工商行政管理总局商标局在商标注册工作中对商品使用的名称，通常即《商标注册用商品和服务国际分类》中规定的商品名称。"名称不同但指同一事物"的商品，则是指在功能、用途、主要原料、消费对象、销售渠道等方面相同或者基本相同，相关公众一般认为是同一种事物的商品。

（二）是否有销售假冒注册商标的商品行为

"销售"是指以任何有偿方式将假冒注册商标的商品出卖给不特定或多数人的行为，包括直销、代销、经销、零售、批发等多种形式。当商品进入市场流通，被实际交付给买家，或商品控制权已经从卖家转移到买家手中时，销售行为即告完成。如果假冒注册商标的商品尚未销售，但货值数额大，一旦售出将会产生极大的社会危害性，依然可以定罪。另外，在销售假冒注册商标的商品罪中，行为人所销售的商品不应是自己生产、制造或加工的商品，否则，则可能构成假冒注册商标罪。按照销售假冒注册商标的商品罪，行为人明知是假冒注册商标的商品而销售的，并不当然与假冒注册商标的犯罪人构成共同犯罪；但是，行为人事先与假冒注册商标的犯罪人通谋，然后分工合作，其中有的人制造假冒注册商标的商品，有的人销售假冒注册商标的商品的，构成假冒注册商标罪的共同犯罪，对行为人均应以假冒注册商标罪论处。① 在典型案例沈某等七人销售假冒注册商标的商品案中②，被告人孙某在知晓其订购的 21 万只标有大胜商标的 N95 型口罩为假冒注册商标商品的情况下，仍将其销售给被告人沈某，双方商定的销售金额为 63 万元。被告人沈某明知被告人孙某等人联系代发的 50 万只标有大胜商标的 N95 型口罩为假冒注册商标商品，仍将其销售给被告人牛某，约定的销售金额高达 179.2 万元。上述假冒大胜商标的 N95 型口罩发货到被告人牛某设立的某医疗用品有限公司后，即因上海某公司举报而被查获。

高邮市人民法院一审判决认为，被告人沈某和孙某在明知所销售的商品为假冒注册商标的情况下，仍然进行销售，且销售金额巨大，其行为已构成销售假冒注册商标的商品罪。由于涉案的带有大胜商标标志的 N95 型口罩已经交付，所有权已经转移，沈某和孙某的行为应被认定为犯罪既遂。沈某和孙某不服一审判决，提出上诉。扬州市中级人民法院二审认为，涉案口罩的所有权已经转移，沈某的销售行为已经完成，其行为已经对社会主义市场管理秩序、注册商标所有人的商标独占权和使用权等法益造成了损害，因此应认定为犯罪既遂，故二审维持原判。

（三）行为人是否明知是假冒注册商标的商品

销售假冒注册商标的商品罪的主观方面必须是故意，即明知是假冒注册商标的商品仍进行销售。实践中，对行为人主观故意的判断，既需要从行为

---

① 参见张明楷：《刑法学》，法律出版社 2021 年版，第 1069 页。
② 参见江苏省扬州市中级人民法院发布 2022 年度知识产权司法保护十大典型案例之二：被告人沈某等七人销售假冒注册商标的商品案。

人的教育背景、认知能力、专业素质和工作经验等方面分析其是否具有辨别注册商标的能力，也需要结合行为人销售的商品进价是否明显低于市场正常价格、进货渠道是否正规、商品的票证是否齐全等综合判断其是否知道自己销售的是假冒注册商标的商品。具有下列情形之一的，可以认定或推定为"明知"：（1）知道自己销售的商品上的注册商标被涂改、调换或者覆盖的；（2）因销售假冒注册商标的商品受到过行政处罚或者承担过民事责任，又销售同一种假冒注册商标的商品的；（3）伪造、涂改商标注册人授权文件或者知道该文件被伪造、涂改的；（4）行为人曾被有关部门或消费者告知所销售的是假冒注册商标的商品的；（5）销售商品的进价和质量明显低于被假冒的注册商标商品的进价和质量的；（6）从非正常渠道取得商品后销售的；（7）根据行为人本人的经验和知识，知道自己销售的是假冒注册商标的商品的；（8）其他能够推定行为人知道是假冒注册商标的商品的情形。[1] 在张某、芜湖某公司销售假冒注册商标的商品罪案（人民法院案例库入库案例：2023-09-1-157-001）中，[2] ABB公司第3820497号、第3820216号"ABB"商标在第9类商品上核准注册且续展至2025年11月20日。被告人张某毕业于外贸英语专业，有教学及电气产品外贸从业经历，2014年设立芜湖某电气贸易有限公司，经营范围包括电气产品进出口等。后张某将1629箱共165,480个小型断路器从江西鄱阳运至安徽芜湖报关出口至利比亚，报关单等显示相关信息，但申报品牌为"Teaton"。实际货物"SH203-C"和"SH201-C"系列为ABB公司产品规格型号，其正品售价远高于报关价。芜湖海关查验发现货物印有"ABB"商标，被告单位无法提供知识产权证明，经ABB公司确认系侵权商品后被扣留。ABB公司不服，向法院提起刑事自诉。法院认为，在报关出口案涉货物时，张某明知货物非自有品牌和型号，却谎报品牌为"Teaton"，谎报规格型号为"DZ47-63"，并申报虚假的货源地为"温州"，而实际货源地为江西省鄱阳县。因此，结合张某的行业

---

[1] 参见张明楷：《刑法学》，法律出版社2021年版，第1068页。
[2] 参见安徽省芜湖市中级人民法院刑事裁定书，(2020) 皖02刑终62号。

从业经历、被告单位的经营范围和主营义务，可以认定张某明知所销售的是假冒注册商标的商品。

在《最高人民检察院第二十六批指导性案例》邓某城、某食品有限公司等销售假冒注册商标的商品罪案中①，被告人邓某城伙同张某建（在逃，另案处理），明知购入的速溶咖啡为假冒"星巴克""STARBUCKSVIA"等注册商标的商品，仍以每件180余元的价格，将2.1万余件销售给被告单位某食品有限公司，销售金额达380万余元。2017年12月至2019年1月初，被告人陈某文、甄某连、张某泉、甄某从邓某城处购入假冒"星巴克"速溶咖啡后，以"某食品公司"名义通过业务员推销、物流发货等方式，将1.9万余件销售给全国18个省份50余家商户，销售金额共计720万余元。案发后，公安机关在邓某城加工点及某食品公司仓库内查获假冒"星巴克"速溶咖啡8500余件，价值116万余元。检察机关认为，被告人邓某城等处于售假上游，有伪造并使用虚假授权文书、以明显低于市场价格进行交易的行为。其他被告人供述、证人证言等证据可证实，被告人甄某采用夜间收发货、隐蔽包装运输等异常交易方式，被告人张某泉还在明知涉案商品被超市认定为假货被下架、退货后继续销售涉案商品，因此可以认定甄某、张某泉对售假行为主观明知。

（四）是否达到入罪标准或有其他严重情节

销售假冒注册商标的商品罪是典型的数额犯，只有在违法所得数额达到一定标准或有其他严重情节时，才构成犯罪。2004年《最高人民法院、最高人民检察院关于办理侵犯知识产权刑事案件具体应用法律若干问题的解释》第2条以及2011年《最高人民法院、最高人民检察院、公安部关于办理侵犯知识产权刑事案件适用法律若干问题的意见》第8条对销售假冒注册商标的商品罪的定罪量刑标准有明确规定，实践中，需要尤其注意在犯罪数额方面有无辩护空间。

---

① 参见《最高人民检察院第二十六批指导性案例》，载中国网，http：//news.china.com.cn/2021-02/08/content_77200100.htm，最后访问日期：2025年1月7日。

不过，关于该罪中的"违法所得"目前并没有新的司法解释进行明确。有观点认为，"违法所得"是指获利数额，即以违法生产、销售获得的全部收入扣除其直接用于经营活动的合理支出后剩余的数额。另有观点认为，"违法所得"是指通过实施犯罪直接、间接产生、获得的任何财产，无须扣除生产、销售成本。以上两种观点实务中都有采用，导致"违法所得"计算标准并不统一。① 此外，该罪中的"其他严重情节"作为兜底性罪量标准仍存在同样问题，尤其是"销售金额较大""货值金额较大"能否认定为有"其他严重情节"？侵权时间长、权利人损失较大能否认定为有"其他严重情节"？

最高人民法院、最高人民检察院于2023年1月18日就《关于办理侵犯知识产权刑事案件适用法律若干问题的解释（征求意见稿）》向社会公开征求意见，该意见第4条回应了现实关切："销售明知是假冒注册商标的商品，违法所得数额在三万元以上的，应当认定为刑法第二百一十四条规定的'违法所得数额较大'；具有下列情形之一的，应当认定为刑法第二百一十四条规定的'其他严重情节'：（一）销售金额在五万元以上的……"如该解释出台，该罪因《刑法修正案（十一）》而产生的不少疑惑将得到解答。

三、销售假冒注册商标的商品罪与相关罪名的区分

实践中，容易与销售假冒注册商标的商品罪产生关联、发生混淆的罪名包括假冒注册商标罪、销售伪劣产品罪、诈骗罪、非法经营罪等，其主要联系和区别简述如下。

（一）销售假冒注册商标的商品罪与假冒注册商标罪的区分

这两个罪名同属侵犯知识产权的故意犯罪，同为一般主体，都在侵害了他人注册商标专用权的同时扰乱了商标管理秩序。从逻辑上来看，假冒注册商标为上游犯罪，销售假冒注册商标的商品罪为下游犯罪，假冒以销售为目

---

① 参见天津市滨海新区人民检察院课题组：《销售假冒注册商标的商品罪的理解与适用》，载《中国检察官》2022年第13期。

的、销售以假冒为前提，销售之后才可能达到获取非法利益的目的。两者主要区别如表1-11-2所示。

表1-11-2 销售假冒注册商标的商品罪与假冒注册商标罪的区别

区别要点	销售假冒注册商标的商品罪	假冒注册商标罪
行为方式	销售假冒商品，即流通领域内对假冒商品的买进卖出	假冒，即生产和制造擅自使用他人的注册商标的商品
犯罪对象	假冒注册商标的商品	他人的注册商标
罪与非罪	销售金额是否数额较大或有其他严重情节	情节是否严重
法律后果	既假冒多家注册商标又销售多种不同的假冒注册商标的商品，独立地构成不同的罪名，数罪并罚	既假冒他人注册的商标，又销售这些假冒注册商标的商品获取非法利益的，主行为吸收从行为的，只认定假冒注册商标罪

（二）销售假冒注册商标的商品罪与销售伪劣产品罪的区分

这两个罪名同为一般主体，都要求行为人具有主观故意，都侵犯了市场经济秩序和消费者权益，在客观上也都表现为销售行为。两者主要区别如表1-11-3所示。

表1-11-3 销售假冒注册商标的商品罪与销售伪劣产品罪的区别

区别要点	销售假冒注册商标的商品罪	销售伪劣产品罪
行为方式	销售明知是假冒注册商标的商品	在产品中掺杂、掺假，以假充真，以次充好或者以不合格产品冒充合格产品
侵害法益	注册商标专用权（主要）、商标管理制度（次要）、消费者合法权益（次要）	消费者合法权益（主要）、国家产品质量监管制度（次要）
犯罪对象	可能是伪劣产品也可能是合格产品	伪劣、不合格产品
法律后果	如果销售的假冒注册商标的商品同时属于伪劣产品，则一行为触犯二罪名，根据想象竞合犯"择一重罪处罚"原则，按销售伪劣产品罪论处	

（三）销售假冒注册商标的商品罪与诈骗罪的区分

这两个罪名同为一般主体，都要求行为人具有主观故意，客观上都存在一定欺骗性。两者主要区别如表1-11-4所示。

表1-11-4 销售假冒注册商标的商品罪与诈骗罪的区别

区别要点	销售假冒注册商标的商品罪	诈骗罪
行为方式	销售明知是假冒注册商标的商品	使用虚构事实或隐瞒真相的方法，使财物所有人、管理人产生错误认识，从而骗取财物
侵害法益	注册商标专用权（主要）、商标管理制度（次要）、消费者合法权益（次要）	公私财物的所有权
犯罪对象	假冒注册商标的商品	公私财物
交易意图	行为人存在真实交易意图，以谋取非法利益	行为人不存在具有真实的交易意图，意在骗取相对人财物

（四）销售假冒注册商标的商品罪与非法经营罪的区分

这两个罪名均为一般主体，都要求行为人具有主观故意，都侵犯了市场经济秩序。二者主要区别如表1-11-5所示。

表1-11-5 销售假冒注册商标的商品罪与非法经营罪的区别

区别要点	销售假冒注册商标的商品罪	非法经营罪
行为方式	销售明知是假冒注册商标的商品	未经许可经营专营、专卖物品或其他限制买卖的物品，买卖进出口许可证等
侵害法益	注册商标专用权（主要）、商标管理制度（次要）、消费者合法权益（次要）	国家市场管理制度
犯罪对象	假冒注册商标的商品	较广泛，包括未经许可经营专营、专卖物品或其他限制买卖的物品，买卖进出口许可证等

续表

区别要点	销售假冒注册商标的商品罪	非法经营罪
罪与非罪	销售金额是否数额较大或有其他严重情节	情节是否严重
违法所得认定	"违法所得"通常为销售利润，即销售收入减去成本后的获利数额	违法所得可能包括非法经营活动的所有收入，不必然减去成本

四、销售假冒注册商标的商品罪的量刑标准

按照2004年《最高人民法院、最高人民检察院关于办理侵犯知识产权刑事案件具体应用法律若干问题的解释》第2条，以及2011年《最高人民法院、最高人民检察院、公安部关于办理侵犯知识产权刑事案件适用法律若干问题的意见》第8条规定，销售假冒注册商标的商品罪的量刑标准如表1-11-6所示。

表1-11-6 销售假冒注册商标的商品罪量刑标准

销售状态	销售/货值金额	量刑标准
全部已售	5万元以上，数额较大	3年以下有期徒刑或者拘役，并处或者单处罚金
	25万元以上，数额巨大	3年以上7年以下有期徒刑，并处罚金
存在未售	未销售货值金额15万元以上	3年以下有期徒刑或者拘役，并处或者单处罚金（犯罪未遂）
	部分已售（不满5万元）、部分未售，货值合计15万元以上	
	未销售货值金额15万元以上不满25万元	3年以下有期徒刑或者拘役，并处或者单处罚金
	未销售货值金额25万元以上	3年以上7年以下有期徒刑，并处罚金
	销售金额和未销售货值金额分别达到不同的法定刑幅度或者均达到同一法定刑幅度的，在处罚较重的法定刑或者同一法定刑幅度内酌情从重处罚	

第二节　销售假冒注册商标的商品罪的核心辩护要点

一、行为是否发生在《刑法修正案（十一）》之前

《刑法修正案（十一）》加重了销售假冒注册商标的商品罪的处罚力度，从修订内容可以看出，修正后的条文一是将入罪条件的销售金额变更为违法所得数额；二是增加有其他严重和特别严重情节的条件；三是删除了基本犯的拘役刑、提高了加重犯的最高刑期，整体加重了法定刑幅度。因此，若行为人的行为发生在《刑法修正案（十一）》之前，根据从旧兼从轻原则，应当适用修订前刑法关于该罪的规定。

【典型案例】

王某忠销售假冒注册商标罪的商品案

（人民法院案例库入库案例：2024-02-1-157-001）[1]

2020年6月至8月，被告人王某忠销售假冒M牌白酒100余瓶，销售金额共计人民币14.04万元。2020年8月25日，王某忠在某酒店内被公安机关抓获，当场起获M牌白酒596瓶，经鉴定均为假冒注册商标的产品，未销售货值金额共计人民币50余万元。案件审理期间，王某忠退缴人民币7.34万元。

法院审理认为，《刑法修正案（十一）》对销售假冒注册商标的商品罪作出部分修改，提高了该罪的刑罚，在相关法律法规尚未明确具体刑罚标准以及"有其他严重情节""有其他特别严重情节"认定标准的情况下，根据从旧兼从轻原则，应当适用1997年《刑法》关于该罪的规定。王某忠最终被

---

[1] 参见北京市第三中级人民法院刑事裁定书，（2021）京03刑终601号。

判处有期徒刑 3 年 6 个月，罚金人民币 20 万元，另被没收退缴资金 73,400 元及假冒商品。

二、被假冒的注册商标是否在有效期内

根据《商标法》第 49 条第 2 款的规定，当注册商标演变为其核定使用商品的通用名称，或是无正当理由连续 3 年未实际使用时，任何单位或个人有权申请撤销该注册商标。实务中，若注册商标的保护期届满，且商标注册人未在法定期限内办理续展手续，此时该商标的专用权即不再受法律保护。因此，若商标本身处于未保护状态，未经商标所有人许可，他人在相同商品上使用相同商标的行为，不构成假冒注册商标。

【典型案例】

江某甲销售假冒注册商标的商品案[①]

江某甲是某庄公司的实际经营者，应对公司经营中发生侵权行为承担法律责任。某庄公司所销售的 DOMINO 商标喷码机及零配件、耗材是否为假冒注册商标的商品是原审被告人江某甲是否构成犯罪的关键。原审被告人及检察机关对某庄公司销售的 DOMINO 喷码机为工业用途无争议，该喷码机属于《商标注册用商品和服务国际分类》第 7 类商品。某米诺公司虽是 DOMINO 商标所有权人，但案发时其注册的该商标核定使用商品在第 1 类、第 2 类、第 9 类，商标局明确第 7 类喷码机主要用于工业，第 9 类为家用普通商用小型电子设备，其商标保护范围只适用于第 9 类商品，不包含第 7 类商品，且商标评审委员会也认定第 7 类相关商品与第 9 类相关商品属于类似商品并非同一种商品，因此，某庄公司销售 DOMINO 喷码机及零配件、耗材的行为不是犯罪构成中的侵犯注册商标所有权的行为。

法院认为，某米诺公司于 1995 年在第 7 类和第 9 类商品上申请"多米

[①] 参见广东省广州市越秀区人民法院刑事判决书，（2017）粤 0104 刑再 2 号。

诺"和"DOMINO"注册商标,并于1997年注册公告,上述商标因未续展而于2008年被注销。2013年4月,某米诺公司就"DOMINO及图""多米诺""DOMINO"以及图形商标在第7类商品上提出商标注册申请。可见,案发时（2008年至2013年4月前）,某米诺公司没有在第7类商品上注册"DOMINO"商标,他人在第7类商品上使用"DOMINO"商标不构成刑事法律所规范的侵犯注册商标所有权。

三、假冒的商标与被假冒的注册商标是不是相同的商标

根据《刑法》第213条的规定,只有在同一种商品上使用与其注册商标相同的商标,才能构成假冒注册商标罪。而根据《商标法》第57条的规定,在类似商品上使用与其注册商标相同或者近似的商标,且达到"容易导致混淆"的程度也可以构成侵犯商标专用权。因此,若在类似商品上使用与注册商标相同的商标,并不会构成刑事犯罪,仅属于民事侵权。

根据2020年《最高人民法院、最高人民检察院关于办理侵犯知识产权刑事案件具体应用法律若干问题的解释（三）》第1条规定,"相同的商标",是指与被假冒的注册商标完全相同,或者与被假冒的注册商标在视觉上基本无差别、足以对公众产生误导的商标,包括以下情形:"（一）改变注册商标的字体、字母大小写或者文字横竖排列,与注册商标之间基本无差别的;（二）改变注册商标的文字、字母、数字等之间的间距,与注册商标之间基本无差别的;（三）改变注册商标颜色,不影响体现注册商标显著特征的;（四）在注册商标上仅增加商品通用名称、型号等缺乏显著特征要素,不影响体现注册商标显著特征的;（五）与立体注册商标的三维标志及平面要素基本无差别的;（六）其他与注册商标基本无差别、足以对公众产生误导的商标。"如果行为人销售的商品上使用的标识与他人商品上注册的商标具有较为明显的差别,不会导致大众的误认,就不能认定行为人构成销售假冒注册商标的商品罪。

【典型案例】

陈某宇假冒注册商标案[①]

被告人陈某宇将其注册于第 32 类的某瑶味动力商标，使用在第 29 类的商品上，生产、销售某瑶味动力乳酸菌饮品，与某瑶公司生产第 29 类的商品味动力乳酸菌饮品构成在同一种商品上使用涉案商标。但法院认为，该案被告人陈某宇的行为虽然构成在同一种商品上使用涉案商标，但其使用的涉案商标是否与某瑶公司的商标相同，是该案争议的焦点问题。该案中，某瑶公司的商标是由"味动力"汉字、"werdery"英文字母、盾形图形组合而成的。某得福公司生产的"某瑶味动力"乳酸菌饮品上使用的商标与某瑶公司的商标相比，上方增加了一相似飘带（飘带中印有"肠胃新动力"汉字），下方增加了盾形图案（图案中印有"发酵型乳酸菌饮品"汉字），上、中、下三部分之间有一定间隙，其组合成的整体形成了商标性使用，虽然与某瑶公司的商标构成近似商标，但在视觉上仍具有较为明显的差别，尚不构成刑法意义上的相同的商标，被告人的行为不构成假冒注册商标罪。

四、假冒的商标与被假冒的注册商标是否指向"同一种商品"

商标的作用在于让大众识别商品的来源，如果行为人销售的商品与被侵权商品不属于同一种商品，那么行为人销售的商品所使用的标识指向的是与被假冒的注册商标商品完全不同的商品，不会导致公众的误认，因而不构成销售假冒注册商标的商品罪。

【典型案例】

上海某鹏公司、李某销售假冒注册商标的商品案[②]

某鹏公司法定代表人李某，经营范围含机电设备等，DOMINO 商标归某

[①] 参见湖北省宜昌市中级人民法院刑事判决书，(2019) 鄂 05 刑初 4 号。
[②] 参见上海市浦东新区人民法院刑事判决书，(2020) 沪 0115 刑再 4 号。

米诺公司，核定用于第 9 类商品，有效期为 2009—2019 年。2011 年 4 月至 2012 年 6 月，被告人李某在经营某鹏公司期间，未获 DOMINO 商标授权，为牟利从某公司购入假冒该品牌喷码机耗材，向上海某印刷有限公司等单位售卖。后李某被抓，现场查获 14 个假冒 DOMINO 品牌喷码机耗材过滤器。经鉴别为假冒商品，案发时某鹏公司已售假冒耗材总价 67,668 元，查获的 14 个按被侵权商品市场中间价计值 4000 元。再审法院认为，某米诺公司第 G709885 号注册商标核定使用商品的类别为第 9 类，涉案喷码机属于《类似商品和服务区分表》中的第 7 类商品，与某米诺公司前述注册商标核定使用的商品并非"同一种商品"，故上海某鹏公司销售上述货物不构成销售假冒注册商标的商品罪。

五、行为人是否明知销售的是假冒注册商标的商品

该罪要求行为人主观上必须是故意的，如果行为人不知是假冒注册商标的商品而销售，且没有证据证明行为人明知或应当知道其销售的商品是假冒他人注册商标的商品，不构成犯罪。根据 2004 年《最高人民法院、最高人民检察院关于办理侵犯知识产权刑事案件具体应用法律若干问题的解释》第 9 条第 2 款规定，以下情形应当认定为销售假冒注册商标的商品罪中的"明知"："（一）知道自己销售的商品上的注册商标被涂改、调换或者覆盖的；（二）因销售假冒注册商标的商品受到过行政处罚或者承担过民事责任、又销售同一种假冒注册商标的商品的；（三）伪造、涂改商标注册人授权文件或者知道该文件被伪造、涂改的；（四）其他知道或者应当知道是假冒注册商标的商品的情形。"此外，如前文所述，还可以从行为人销售的商品进价是否明显低于市场正常价格、进货渠道是否正规、商品的票证是否齐全等综合判断其主观故意。

【典型案例】

叶某销售假冒注册商标的商品案[①]

叶某在未获得深圳市某盾公司授权的情况下，擅自从广州、南昌、深圳批发采购大量服装，这些服装的商标以及 logo 图案，与深圳市某盾公司旗下某盾品牌的注册商标 logo 完全一致，后叶某将这些侵权服装用于销售牟利。深圳市某盾公司委派维权律师陈某1前往安远县展开打假行动。陈某1发现叶某所经营的广州某盾商店，公然在未经授权状态下售卖某盾服装，遂立即向安远县工商行政管理局进行举报。安远县工商行政管理局工作人员当场抽取了该服装店内的服装样品送去检验，经深圳市某盾公司专业鉴定，被抽检服装均被认定为假冒某盾品牌的产品。后安远县工商行政管理局依法向叶某送达责令整改通知书，明确要求其在7日内必须停止销售某盾品牌的服装。叶某拒绝执行整改要求，继续售卖某盾牌服装。安远县公安局正式对叶某立案侦查，并依法扣押了其店内所有在售服装以及仓储的相关服装。

二审法院认为，叶某从事零售"某盾"品牌服饰行业多年，进货渠道等为正规授权经销商，在收到责令改正通知书后，向进货商询问过这些货物的真假。叶某虽然有从非某盾品牌店进货的情况，但不能据此推定其明知所购买的一定是假货。况且在案没有证据证明叶某在收到责令改正通知书后仍销售了鉴定意见书标明的货号的某盾服装。综上，无法认定叶某主观上明知或推定其明知所售为假冒注册商标的商品，叶某无罪。

六、行为人的行为是否属于销售行为

销售假冒注册商标的商品罪在客观上表现为销售假冒注册商标的商品，如果行为人对该假冒注册商标的商品仅限于个人使用，没有通过任何形式的有偿交易如出售或转让给他人，或使其流入市场，那么这种行为就不应被归

---

① 参见江西省赣州市中级人民法院刑事判决书，（2019）赣07刑终268号。

类为销售行为，因此也不构成销售假冒注册商标的商品罪。

【典型案例】

王某某涉嫌销售假冒注册商标的商品案[1]

2016年5月，被不起诉人王某某承包松原市奥林匹克小区三期防水工程，按合同须用某雨虹公司的某注册商标防水卷材，但其因正品价格高，为牟利想在工程中使用假冒产品，便联系蔡某某求购。蔡某某又让孙某某生产假冒卷材，孙某某至7月按约生产1500卷并贴上假合格证伪装成真品，先以131,000元卖给蔡某某，蔡某某再加价至184,000元转卖给王某某。案发前，王某某已将727卷假冒卷材用于工程，案发后公安机关扣押了剩余的773卷未用假冒卷材。

检察院认为，王某某承包的防水工程实际上是加工承揽合同，对于原材料的购进及使用是完成承揽工作成果的一个环节，不存在销售行为。而且，王某某对假冒注册商标的防水卷材是个人使用行为，而非销售行为。其行为属于民事违约，而非刑法所调整的刑事犯罪行为，故决定对王某某不起诉。

七、行为人是否有在先使用的事实

根据《商标法》第59条第3款的规定，商标注册人申请商标注册前，他人已经在同一种商品或者类似商品上先于商标注册人使用与注册商标相同或者近似并有一定影响的商标的，注册商标专用权人无权禁止该使用人在原使用范围内继续使用该商标，但可以要求其附加适当区别标识。如果行为人商标在先使用的抗辩事由成立，不构成商标侵权，显然就更不构成销售假冒注册商标的商品罪。

---

[1] 参见吉林省松原市宁江区人民检察院不起诉决定书，宁检刑检刑不诉（2017）55号。

【典型案例】

广州卡某实业有限公司
涉嫌销售假冒注册商标的商品立案监督案[①]

广州卡某实业有限公司（以下简称卡某公司）自 2013 年 3 月起在服装上使用"KM"商标，2014 年 10 月 30 日申请注册用于服装、帽子等商品，遭商标局以近似在先商标为由驳回；2016 年 6 月 14 日再次申请，2017 年 2 月 14 日商标局仅核准用于睡眠用眼罩类别，但卡某公司仍在服装上继续使用，并逐渐发展为在全国拥有门店近 600 家、员工近 10,000 余名的企业。锦某堂公司于 2018 年 1 月 7 日获准在服装等商品上注册"KM"商标。锦某堂公司授权京津联行公司使用，同年 5 月，京津联行公司向多地市场监管部门举报卡某公司在服装上用"KM"商标，还向南海分局报案称其涉嫌销售假冒注册商标商品罪，南海分局 5 月 31 日立案并扣押卡某公司物流仓库近 9 万件带"KM"商标的服装。

检察院经审查认为，公安机关刑事立案的理由不能成立。一是卡某公司存在在先使用的事实。卡某公司在锦某堂公司取得"KM"商标之前，已经长期使用"KM"商标。二是卡某公司在生产、销售服装期间，一直沿用该商标，从未对外宣称是锦某堂公司或其授权公司的产品，且卡某公司经营的"KM"服装品牌影响力远大于上述两家公司，并无假冒他人注册商标的故意。公安机关立案错误，应予纠正。

八、犯罪金额认定是否准确

销售明知是假冒注册商标的商品，违法所得数额必须达到一定数额才构成犯罪，主要包括以下三种情形：（1）销售金额在 5 万元以上的；（2）尚未

[①] 参见《广州卡门实业有限公司涉嫌销售假冒注册商标的商品立案监督案（检例第 99 号）》，载云南省镇康县人民检察院网站，http：//www.ynzhenkang.jcy.gov.cn/dxal/202104/t20210428_3225194.shtml，最后访问日期：2024 年 12 月 27 日。

销售，货值金额在 15 万元以上的；（3）销售金额不满 5 万元，但已销售金额与尚未销售的货值金额合计在 15 万元以上的。如果行为人的违法所得数额未符合以上任一种情形，则不构成销售假冒注册商标的商品罪。当然，在违法所得数额已达到入罪标准的前提下，数额多少也是影响定罪量刑的重要因素。另外值得关注的是，在有关"违法所得数额较大""其他严重情节"的相关司法解释正式出台前，田某某等销售假冒注册商标的商品罪案中法院的观点实际上代表了大量案件中司法机关的处理倾向，因此有关涉案金额、犯罪金额以及与之相应的法律适用问题可能给辩护工作带来的可能性，不容小觑。①

【典型案例】

刘某销售假冒注册商标的商品案

（《刑事审判参考》第 576 号案例）

被告人刘某明知李某某向其销售的摩托车是假冒注册商标的商品，仍向李某某购进并予以销售。其后刘某以每辆 2800 元的价格向邱某销售了 2 辆假冒注册商标的摩托车，得款人民币 5600 元。被查获时，刘某尚未销售的假冒注册商标的摩托车共 25 辆（价值人民币 70,650 元）。该案中，由于被扣押的 25 辆假冒注册商标的摩托车均尚未销售，没有实际的销售金额，又由于其既不属于被告人刘某销售后实际所得的收入，也不属于刘某应得的可期待收益，而只是这 25 辆摩托车的价值，应将刘某尚未销售就被公安机关扣押的 25 辆摩托车的价值金额 70,650 元认定为"货值金额"。《最高人民法院、最高人民检察院关于办理生产、销售伪劣商品刑事案件具体应用法律若干问题的解释》第 2 条第 2 款明确规定：伪劣产品尚未销售，货值金额达到《刑法》第 140 条规定的销售金额 3 倍以上的（15 万元以上），以生产、销售伪劣产品罪（未遂）定罪处罚。

因此，虽然刘某实施了销售假冒注册商标的商品的行为，但由于其在该

---

① 参见柴文龙、范昱：《销售假冒注册商标的商品罪案件常见重点问题解读》，载微信公众号"恒都律师事务所"2024 年 7 月 15 日，https://mp.weixin.qq.com/s/0smBTtRH9Z24OClrIw16uQ。

案中的犯罪数额尚未达到定罪处罚的标准,故不能对其以销售假冒注册商标的商品罪追究刑事责任。在诉讼过程中,检察院撤回起诉。

田某某等销售假冒注册商标的商品案[①]

田某某等在小商品市场买入大量印有他人注册商标的钥匙扣等商品。田某某等被抓获后,经鉴定,上述假冒注册商标的商品的价值按市场中间价计算为人民币466,756元。一审法院认为,田某某、胡某某两被告人为获取不正当利益,明知是假冒他人注册商标的商品仍予以销售,且待销售额按照被侵权商品的市场中间价计算达466,756元,数额较大,其行为已构成销售假冒注册商标的商品罪,后以销售假冒注册商标的商品罪判处田某某等人有期徒刑1年10个月,并处罚金人民币7万元。

田某某以原判依据的价格鉴定明显偏高、原判量刑过重提起上诉。二审法院审理认为,原判依据的上海市浦东新区价格认证中心财产价格鉴定结论书完全依据被侵权商品的市场中间价计算未销售的全部侵权商品的价格与事实及法律不符,应予纠正。结合其他已经确认实际销售平均价格的侵权商品与价格鉴定结论书所载明的侵权商品在数量上的对应关系,二审法院认定部分侵权商品的销售金额为21,847.62元。另鉴于除钥匙扣等9种侵权商品能够查清实际销售平均价格外,其他15种涉案侵权商品既无标价,又未实际销售,故对于其他15种涉案侵权商品的价值,认同按市场中间价格计算。二审调整计算方法后,将涉案侵权商品的销售金额认定为271,242.62元,并最终改判田某某等人有期徒刑1年3个月,并处罚金人民币5万元。

九、行为人的行为是否构成未遂

在假冒注册商标的商品尚未售出即被查获时,销售假冒注册商标的商品罪的销售行为尚未完成,假冒注册商标的商品尚未流入市场,其危害后果远小于商品已实际售出的情形。认定该行为为犯罪未遂更符合罪责刑相适应原

[①] 参见上海市第一中级人民法院刑事判决书,(2010)沪一中刑终字第750号。

则，可以比照既遂犯从轻或者减轻处罚。

【典型案例】

杨某君销售假冒注册商标的商品案①

杨某君在仓库以及其他地点存放带有"LOUISVUITTON""GUCCI""CHANEL"注册商标标识的男女式包，用于销售牟利。案发时，公安人员从其仓库内起获带有上述注册商标标识的男女式包共计8425个，货值金额为人民币766,990元。经鉴定，上述物品均为假冒注册商标的商品。一审法院认为，该案涉案物品尚未售出即被查获，系犯罪未遂，被告人杨某君案发后具有认罪悔罪表现，对其所犯罪行依法可以从轻处罚。一审宣判后，杨某某提出上诉。二审法院裁定驳回上诉，维持原判。

十、是不是共同犯罪中的从犯

在多人构成销售假冒注册商标的商品罪共同犯罪的情况下，其内部可根据各自在共同犯罪中起的作用区分主从犯，在共同犯罪中起次要、辅助作用的人，可以定为从犯。

【典型案例】

陈某珠、陈某兵销售假冒注册商标的商品案②

某威登马利蒂公司拥有多个注册商标，如第241029号"LV"、第1127685号"LOUISVUITTON"等，核定使用商品类别涉及第18类、第25类等；某古希股份公司也有系列注册商标，如第5102806号"GUCCI"等，核定使用商品类别涵盖第9、14、18、25类等。2018年10月至2019年4月

---

① 参见《最高人民法院发布六起侵犯知识产权和制售假冒伪劣商品典型案例》之三被告人杨某君销售假冒注册商标的商品案，载最高人民法院公报网，http://gongbao.court.gov.cn/Details/3bf280f6b7bb4bba26b480e577d8d2.html，最后访问日期：2024年12月27日。

② 参见江苏省常州市中级人民法院刑事判决书，(2019) 苏04刑初57号。

18日，被告人陈某珠从广州站西、白云等地购入带有上述注册商标的服饰、皮具、鞋等商品，并雇用陈某兵在常州市某大酒店一楼名品汇店销售。二人明知是假冒注册商标商品仍售卖，商品吊牌价为进价4—5倍，实际售价为吊牌价4—5折甚至3折。陈某兵除工资外还有销售额提成。在此期间，他们向钱某等多人销售相关商品，销售金额达51,200元。未销售货值金额为143,940元。法院认为，被告人陈某珠、陈某兵共同实施犯罪行为，是共同犯罪。被告人陈某兵不参与商品的进货及定价，只是接受陈某珠的雇佣帮助其进行销售，在共同犯罪中起次要作用，应认定为从犯，法院依法从轻处罚。

郑某来、崔某权销售假冒注册商标的商品案①

2007年7月，韩国籍被告人郑某来将9万粒假冒美国某瑞公司"万艾可"和美国某来公司"希爱力"注册商标的药品，委托被告人崔某权运输至韩国销售。崔某权明知是假冒商品仍予以协助运输，并以女式针织内衣名义伪报品名委托物流公司通关。后上述货物在通关时因涉嫌伪报品名被中华人民共和国青岛大港海关查扣，经鉴定，每粒"万艾可""希爱力"药片的价格分别为人民币107元、123.75元。青岛市中级人民法院认定被告人郑某来、崔某权均构成销售假冒注册商标的商品罪，崔某权系从犯，且系犯罪未遂，依法对其减轻处罚，以销售假冒注册商标的商品罪判处崔某权有期徒刑1年8个月，并处罚金20万元。

十一、真伪鉴别报告是否有效

在销售假冒注册商标的商品罪案件中，涉案商标专用权人往往会对案涉商品进行真伪鉴别，并出具鉴别报告，但商标权利人出具的鉴别报告等书面材料不是刑事诉讼证据中的鉴定意见，而是属于被害人陈述。如果该鉴别报

---

① 参见《最高人民法院发布六起侵犯知识产权和制售假冒伪劣商品典型案例》之二被告人郑某来、崔某权销售假冒注册商标的商品案，载最高人民法院公报网，http://gongbao.court.gov.cn/Details/3bf280f6b7bb4bba26b480e577d8d2.html，最后访问日期：2024年12月27日。

告无法和涉案其他证据互相印证，不足以形成完整的证据链，或有相反证据推翻鉴别报告时，鉴别报告无法作为证据予以采纳。

【典型案例】

刘某、彭某销售假冒注册商标的商品案[①]

刘某雇用彭某收购并重新出售某普牌硒鼓、墨盒。2012年7月17日，执法人员在广州市抓获刘某和彭某，并查获大量某普牌硒鼓、墨盒、标识、包装盒及封口机。中联知识产权调查中心和某普公司于同日出具鉴定证明，表明所查获的硒鼓665个、墨盒2737个、标识1150个、包装盒30个均为假冒某普公司"hp"注册商标的产品。二审法院认为，中联知识产权调查中心、某普公司均在案发当日出具了鉴定证明，但证明内容只是笼统认定涉案物品为假冒某普公司"hp"注册商标的产品，没有实物照片，没有对涉案物品逐一鉴别，且证明中的物品数量与扣押清单不一致，某普公司出具的说明未对涉案物品逐一鉴别，开庭时无对应物证，因此，原公诉机关指控刘某、彭某构成假冒注册商标罪证据不足。

[①] 参见广州市中级人民法院刑事裁定书，(2014)穗中法知刑终字第8号。

第十二章 假冒注册商标罪

第一节 假冒注册商标罪的定罪与量刑

一、假冒注册商标罪的罪名概述

假冒注册商标罪是指未经注册商标所有人许可，在同一种商品、服务上使用与其注册商标相同的商标，情节严重或者特别严重的犯罪行为。《刑法》第213条规定："未经注册商标所有人许可，在同一种商品、服务上使用与其注册商标相同的商标，情节严重的，处三年以下有期徒刑，并处或者单处罚金；情节特别严重的，处三年以上十年以下有期徒刑，并处罚金。"

2024年3月10日，最高人民检察院发布《2023年全国检察机关主要办案数据》，载明2023年全国检察机关共起诉侵犯知识产权犯罪1.8万人。起诉案件所涉罪名，主要是假冒注册商标罪和销售假冒注册商标的商品罪，分别为6142人和7185人。[1] 2024年8月6日，最高人民检察院发布《2024年1月至6月全国检察机关主要办案数据》，公布全国检察机关2024年上半年起诉侵犯知识产权犯罪8800余人。起诉案件所涉罪名，主要是假冒注册商标罪和销售假冒注册商标的商品罪，分别为3200余人和3400余人。[2] 由此可

---

[1] 参见《2023年全国检察机关主要办案数据》，载最高人民检察院官方网站，https：//www.spp.gov.cn/spp/xwfbh/wsfbt/202403/t20240310_648482.shtml#1，最后访问日期：2024年12月30日。

[2] 参见《2024年1月至6月全国检察机关主要办案数据》，载最高人民检察院官方网站，https：//www.spp.gov.cn/spp/xwfbh/wsfbt/202408/t20240806_662470.shtml#1，最后访问日期：2024年12月30日。

见，假冒注册商标罪和销售假冒注册商标的商品罪仍然是知识产权领域犯罪的高频罪名。1997年修订的《刑法》第213条专门规定了假冒注册商标罪。之后，最高人民法院和最高人民检察院又通过多次发布司法解释进一步明确了司法实践中认定假冒注册商标罪的具体问题。随着服务行业的快速发展和注册服务商标数量的与日俱增，2021年施行的《刑法修正案（十一）》将服务商标侵权行为入刑，并加大了处罚力度，开启了注册商标权刑事保护的新阶段。

二、假冒注册商标罪的定罪要点

在知识产权刑事犯罪领域，假冒注册商标罪是最常见的罪名之一。商标是企业的重要无形资产，是企业的商品或服务进入市场的敲门砖，对企业的发展至关重要。虽然我国早在1997年的《刑法》中明确规定假冒注册商标罪，但实务中，对该罪的"同一种商品、服务"的认定、"相同商标"的认定和商标"使用行为"的认定还存在一些难点。

（一）假冒注册商标罪中"同一种商品""同一种服务"的认定

2011年最高人民法院、最高人民检察院、公安部联合发布的《关于办理侵犯知识产权刑事案件适用法律若干问题的意见》第5条对"同一种商品"的认定标准作出了较为详细的规定，即名称相同的商品以及名称不同但指同一事物的商品，可以认定为"同一种商品"。对于"名称相同的商品"认定，案涉商品的名称可与《商标注册用商品和服务国际分类》中同一种目下列举的商品名称比较。鉴于《类似商品和服务区分表》是我国在《商标注册用商品和服务国际分类》的基础上，结合我国的国情和商标领域的实践经验制定的，可以通过对《类似商品和服务区分表》类似群下商品名称进行比较。如果名称相同，通常属于"同一商品"。[①]"名称不同但指同一事物的商品"是指在功能、用途、主要原料、消费对象、销售渠道等方面相同或者基本相同，

[①] 参见王禅勇：《特殊假冒注册商标行为中"同一商品"的认定规则》，载《人民法院报》2024年12月12日，第5版。

相关公众一般认为是同一种事物的商品。结合国家知识产权局于2020年6月15日发布的《商标侵权判断标准》第9条第1款、第2款规定可知，[①] 国家知识产权局对于"同一种商品""同一种服务"的认定，也采取客观标准和主观标准相结合的方式，即客观上判断商品或者服务的名称、功能、用途、主要原料、消费对象、销售渠道等方面相同或者基本相同，主观上判断是否符合相关公众的一般认知。如果得出肯定结论，则属于同一种商品、同一种服务。[②]

例如，在孙某强等假冒注册商标案（《刑事审判参考》第674号案例）中，2007年6月至2008年1月，孙某强在其租用房间自建冷库，雇用钱某增、周某利用低价购买或自行生产的水饺、汤圆、羊肉片，灌装到标有"思念"牌商标的包装袋及包装箱中，假冒"思念"牌商品对外销售。郑州思念食品有限公司系"思念"牌注册商标的所有权人，该注册商标核定使用商品的范围为：饺子、元宵、馄饨、包子、春卷、方便米饭、八宝饭、粽子、馒头、冰淇淋。法院经审理认为，孙某强等人销售带有"思念"牌商标的"水饺"只是"饺子"这种食品的烹饪方式；"汤圆"与"元宵"只是由于地域文化差异等因素叫法不同，故这两种食品在主要原料、功能、用途等方面基本相同，二者所指向的实际是同一种事物，应当认定为"同一种商品"；但是，孙某强等人销售带有"思念"牌商标的"羊肉片"，因该商品未列入权利人注册商标核定使用范围内，与"思念"牌注册商标核定使用范围内的商品相比存在根本性的差异，故案涉"羊肉片"不能认定为是"同一种商品"。

[①] 《商标侵权判断标准》第9条第1款规定："同一种商品是指涉嫌侵权人实际生产销售的商品名称与他人注册商标核定使用的商品名称相同的商品，或者二者商品名称不同但在功能、用途、主要原料、生产部门、消费对象、销售渠道等方面相同或者基本相同，相关公众一般认为是同种商品。"第2款规定："同一种服务是指涉嫌侵权人实际提供的服务名称与他人注册商标核定使用的服务名称相同的服务，或者二者服务名称不同但在服务的目的、内容、方式、提供者、对象、场所等方面相同或者基本相同，相关公众一般认为是同种服务。"

[②] 参见孔杏如、李涛：《假冒注册商标罪中"同一种商品"的司法认定》，载《中华商标》2023年第10期。

(二) 假冒注册商标罪中"相同商标"的认定

假冒注册商标罪中对"相同商标"的认定有两种不同的观点。一种观点认为,对"相同商标"的认定应当采取狭义的理解,即"相同商标"是指两个外形上完全相同的商标,没有任何差别。[①] 另一种观点认为,"相同商标"除了指完全相同,还包含基本相同的情形,即具有微小差异但总体上基本一致的商标也构成同一商标。[②] 2020 年《最高人民法院、最高人民检察院关于办理侵犯知识产权刑事案件具体应用法律若干问题的解释(三)》第 1 条对假冒注册商标罪中"相同商标"的认定采取的是前述第二种广义的理解,即该条规定,有以下情形之一的,可以认定为系与注册商标为相同的商标:(1) 改变注册商标的字体、字母大小写或者文字横竖排列,与注册商标之间基本无差别的;(2) 改变注册商标的文字、字母、数字等之间的间距,与注册商标之间基本无差别的;(3) 改变注册商标颜色,不影响体现注册商标显著特征的;(4) 在注册商标上仅增加商品通用名称、型号等缺乏显著特征要素,不影响体现注册商标显著特征的;(5) 与立体注册商标的三维标志及平面要素基本无差别的;(6) 其他与注册商标基本无差别、足以对公众产生误导的商标。2020 年《最高人民法院、最高人民检察院关于办理侵犯知识产权刑事案件具体应用法律若干问题的解释(三)》第 1 条对"相同商标"的认定实际上需要结合两个方面综合考虑,即"基本无差别"和"公众误导"。

"基本无差别"的要件存在商标判断主体的争议,即谁来判断商标"基本无差别"存在争议。第一种观点认为,商标"基本无差别"的判断主体是司法人员,即应由司法人员依据认识水平和实践经验来认定;[③] 第二种观点认为,商标"基本无差别"的判断主体是相关公众,即应当以消费者的判断

[①] 参见聂洪勇:《知识产权的刑法保护》,中国方正出版社 2000 年版,第 258 页。

[②] 参见郑晔、林璐瑶:《刑法上相同商标的认定标准及比对方法》,载《人民司法》2019 年第 29 期。

[③] 参见赵秉志主编:《刑事法治发展研究报告》(2002 年卷·首卷),中国人民公安大学出版社 2002 年版,第 142 页。

为准,站在消费者的立场上,以普通消费者的一般注意力进行判断;① 第三种观点认为,商标"基本无差别"的判断主体应当采取"司法审查人员+相关公众",即由司法人员和相关公众共同判断。② 前述三种观点涉及的判断基准可以总结为两种,即"专业人员的认识"和"一般公众的认识"。笔者认为,在判断商标"基本无差别"的问题上,应当采取"一般公众的认识"的判断基准,理由在于:第一,司法人员专业程度明显高于一般公众,如果以"专业人员的认识"为判断基准,可能会导致某些一般公众认为是"基本无差别"的商标,最终被认定为系"有差别"的商标,从而不当缩小了处罚范围;第二,商标的功能在于使一般公众购买商品时便于识别商品及来源,在商标发挥识别功能的过程中,离不开一般公众;第三,采取"一般公众的认识"的判断基准更能贯彻立法原意。2020年《最高人民法院、最高人民检察院关于办理侵犯知识产权刑事案件具体应用法律若干问题的解释(三)》第1条第6项兜底规定对"基本相同"商标界定的后半句"足以对公众产生误导"的表述,也表明应以"一般公众的认识"作为判断基准。需要强调的是,"一般公众"并不是全部公众,而应当将"公众"限缩解释为"相关消费者"。因为行为人实施假冒注册商标的犯罪行为,直接受到影响的实际上是与假冒商标产生实际联系的"相关消费者"。因此,将"公众"限缩解释为"相关消费者"也是更加合理和客观的。③

(三)假冒注册商标罪中商标"使用"的认定

2004年《最高人民法院、最高人民检察院关于办理侵犯知识产权刑事案件具体应用法律若干问题的解释》第8条第2款将假冒注册商标罪中商标"使用"行为界定为在商业活动中的使用。④ 结合《商标侵权判断标准》第3

---

① 参见赵永红:《知识产权犯罪研究》,中国法制出版社2004年版,第138-139页。
② 参见涂龙科:《假冒注册商标罪的司法疑难与理论解答》,载《政治与法律》2014年第10期。
③ 参见贺晨霞:《论假冒注册商标罪中"基本无差别"商标的认定》,载《知识产权》2022年第2期。
④ 2004年《最高人民法院、最高人民检察院关于办理侵犯知识产权刑事案件具体应用法律若干问题的解释》第8条第2款规定:"刑法第二百一十三条规定的'使用',是指将注册商标或者假冒的注册商标用于商品、商品包装或者容器以及产品说明书、商品交易文书,或者将注册商标或者假冒的注册商标用于广告宣传、展览以及其他商业活动等行为。"

条第 2 款的规定可知，商标的"使用"指将商标用于商品、商品包装、容器、服务场所以及交易文书上，或者将商标用于广告宣传、展览以及其他商业活动中，用以识别商品或者服务来源的行为。因此，在判断是否为商标的"使用"时，应当综合考虑使用人的主观意图、使用方式、宣传方式、行业惯例、消费者认知等因素，判断相关行为是否在商业活动中造成消费者的混淆和误认。例如，在马某华等假冒注册商标案（人民法院案例库入库案例：2023-09-1-156-002）中，罗某洲、马某华作为"昇某公司"和"聆某公司"的法定代表人，于 2020 年 9 月密谋合作组装假冒某果注册商标的蓝牙耳机，并对外销售牟利。案涉假冒某果蓝牙耳机及包装没有印有某果注册商标，但经蓝牙与某果手机配对后均会弹窗显示"Airpods"或"Airpods Pro"标识。一审和二审法院均认为，罗某洲、马某华生产的部分蓝牙耳机虽然在耳机外包装或产品上没有注册商标标识，但在生产制造过程中将蓝牙耳机的蓝牙协议的设备名称设置为"AirPods"，涉案蓝牙耳机在连接电子设备手机终端时会在"设置"界面下的手机电子弹窗显示"Airpods"或者"Airpods Pro"标识。涉案耳机通过寻找配对激活过程中向消费者展示的是某果公司享有注册商标专用权的"Airpods"或者"Airpods Pro"标识，会导致消费者误认为其使用的产品是某果公司制造的，造成对产品来源的混淆和误认。因此，综合考虑侵权产品生产、销售的主观意图、产品实际使用方式，法院认为马某华等人制造的蓝牙耳机连接某果手机配对弹窗出现"Airpods"或者"Airpods Pro"注册商标的涉案蓝牙耳机的行为属于《刑法》第 213 条规定的"使用"。[①]

三、假冒注册商标罪与生产、销售伪劣产品罪的对比

实务中，生产、销售假冒注册商标的商品，通常是假冒在市场已经具有一定知名度的商品，目的是销售行为人自己生产的产品。这种行为就本质上

[①] 参见广东省深圳市中级人民法院刑事裁定书，（2022）粤 03 刑终 514 号。

而言，也是一种假冒或以次充好的行为。假冒注册商标罪和生产、销售伪劣商品罪的对比情况总结如表1-12-1所示。

表1-12-1 假冒注册商标罪和生产、销售伪劣产品罪的对比

对比要点	假冒注册商标罪	生产、销售伪劣产品罪
犯罪主体	单位和自然人	
主观方面	均是故意犯罪，主观上一般均有获取非法利益目的	
客观方面	行为人违反国家商标管理法规，未经注册商标所有人许可，在同种商品、服务上使用与他人已注册商标相同的商标	生产者、销售者违反国家的产品质量管理法律法规，在产品中掺杂、掺假，以假充真，以次充好或者以不合格产品冒充合格产品的行为
侵犯的法益	商标权人的注册商标专用权以及国家的商标管理制度	国家产品质量管理制度、市场管理制度和消费者的合法权益
犯罪对象	他人的注册商标	伪劣产品
法定刑	(1) 情节严重，处3年以下有期徒刑，并处或者单处罚金： ①非法经营数额在5万元以上或者违法所得数额在3万元以上的； ②假冒两种以上注册商标，非法经营数额在3万元以上或者违法所得数额在2万元以上的； ③其他情节严重的情形。 (2) 情节特别严重，处3年以上10年以下有期徒刑，并处罚金： ①非法经营数额在25万元以上或者违法所得数额在15万元以上的； ②假冒两种以上注册商标，非法经营数额在15万元以上或者违法所得数额在10万元以上的； ③其他情节特别严重的情形	(1) 销售金额5万元以上不满20万元，处2年以下有期徒刑或者拘役，并处或者单处销售金额50%以上2倍以下罚金； (2) 销售金额20万元以上不满50万元的，处2年以上7年以下有期徒刑，并处销售金额50%以上2倍以下罚金； (3) 销售金额50万元以上不满200万元的，处7年以上有期徒刑，并处销售金额50%以上2倍以下罚金； (4) 销售金额200万元以上的，处15年有期徒刑或者无期徒刑，并处销售金额50%以上2倍以下罚金或者没收财产

四、假冒注册商标罪的量刑标准

根据《刑法》第 213 条的规定，假冒注册商标罪有两档法定刑：第一档：未经注册商标所有人许可，在同一种商品、服务上使用与其注册商标相同的商标情节严重的，处 3 年以下有期徒刑，并处或者单处罚金；第二档：情节特别严重的，处 3 年以上 10 年以下有期徒刑，并处罚金。

根据 2004 年《最高人民法院、最高人民检察院关于办理侵犯知识产权刑事案件具体应用法律若干问题的解释》第 1 条规定，注册商标罪中"情节严重"的主要认定标准：（1）非法经营数额在 5 万元以上或者违法所得数额在 3 万元以上的；（2）假冒 2 种以上注册商标，非法经营数额在 3 万元以上或者违法所得数额在 2 万元以上的；注册商标罪中"情节特别严重"的主要认定标准：（1）非法经营数额在 25 万元以上或者违法所得数额在 15 万元以上的；（2）假冒 2 种以上注册商标，非法经营数额在 15 万元以上或者违法所得数额在 10 万元以上的。

第二节 假冒注册商标罪的核心辩护要点

一、行为人生产的商品与注册商标核定使用的商品是否是"同一商品"

根据 2011 年最高人民法院、最高人民检察院、公安部联合发布的《关于办理侵犯知识产权刑事案件适用法律若干问题的意见》第 5 条[1]和国家知识

---

[1] 2011 年最高人民法院、最高人民检察院、公安部联合发布的《关于办理侵犯知识产权刑事案件适用法律若干问题的意见》第 5 条规定：关于《刑法》第 213 条规定的"同一种商品"的认定问题 名称相同的商品以及名称不同但指同一事物的商品，可以认定为"同一种商品"。"名称"是指原国家工商行政管理总局商标局在商标注册工作中对商品使用的名称，通常即《商标注册用商品和服务国际分类》中规定的商品名称。"名称不同但指同一事物的商品"是指在功能、用途、主要原料、消费对象、销售渠道等方面相同或者基本相同，相关公众一般认为是同一种事物的商品。认定"同一种商品"，应当在权利人注册商标核定使用的商品和行为人实际生产销售的商品之间进行比较。

产权局于 2020 年 6 月 15 日发布的《商标侵权判断标准》第 9 条第 1 款、第 2 款①规定可知，最高人民法院、最高人民检察院、公安部三部门和国家知识产权局对"同一种商品""同一种服务"的认定，均采取客观标准和主观标准相结合的方式，即客观上判断商品或者服务的名称、功能、用途、主要原料、消费对象、销售渠道等方面相同或者基本相同，主观上判断是否符合相关公众的一般认知。如果得出否定结论，则不属于同一种商品、同一种服务。

【典型案例】

谢某甲等假冒注册商标案

（人民法院案例库入库案例：2023-09-1-156-001）②

广州某精密机电公司（谢某甲和谢某乙于 2008 年共同成立）在没有获取英国某诺标识公司授权的情况下，生产、销售假冒英国某诺标识公司享有注册商标专用权的 A200 型和 E50 型喷码机。经查，2010 年 1 月至 2012 年 3 月，广州某精密机电公司销售假冒商标的喷码机 134 台，销售金额 4,175,700 元。法院经审理认为，广州某精密机电公司生产、销售的喷码机与英国某注册商标核定使用的商品不属于同一种商品。广州某精密机电公司生产、销售的喷码机从功能、喷印速度、销售渠道和消费对象来看，应属于工业用机械设备，属于第 7 类商品。根据商标局 2014 年 118 号复函来看，从最早在"喷码机"商品上申请商标注册至今，喷码机行业的倾向性意见是喷码机属于第 7 类商品。该案现有证据无法证实英国某诺标识公司商标核定使用的第 9 类商品中具体哪一个商品包括了广州某精密机电公司生产的喷码机。商标局商

---

① 《商标侵权判断标准》第 9 条第 1 款规定：同一种商品是指涉嫌侵权人实际生产销售的商品名称与他人注册商标核定使用的商品名称相同的商品，或者二者商品名称不同但在功能、用途、主要原料、生产部门、消费对象、销售渠道等方面相同或者基本相同，相关公众一般认为是同种商品。第 2 款规定：同一种服务是指涉嫌侵权人实际提供的服务名称与他人注册商标核定使用的服务名称相同的服务，或者二者服务名称不同但在服务的目的、内容、方式、提供者、对象、场所等方面相同或者基本相同，相关公众一般认为是同种服务。

② 参见广东省广州市中级人民法院刑事判决书，(2014) 穗中法知刑终字第 21 号。

标评审委员会在涉案商标的异议复审裁定书中也认为，第7类的印刷机器、喷墨印刷机、喷码机（印刷工业用）等商品与第9类的喷墨打印装置等商品不属于"同一种商品"。

秦某辉假冒注册商标案[①]

杜某机电公司在没有获得多米诺印刷公司授权的情况下，生产、销售外形与多米诺印刷公司A200型号相似的喷码机。前述杜某机电公司生产、销售的A200型号喷码机使用多米诺印刷公司A200型喷码机（无商标）的二手主板，机箱和墨水箱由杜某机电公司生产并组装，但开机时会显示"DOMINO"商标图样；此外，杜某机电公司还改装多米诺印刷公司E50型号喷码机后销售。经查杜某机电公司的送货单及国际订单，2010年1月4日至2012年3月14日，该公司销售涉案的喷码机零配件1373件，价值239,530.81元；销售涉案机器141台，涉及销售的商品价值5,496,700元。秦某辉于2010年5月入职杜某机电公司，任该公司的终端客户部销售主管，负责公司终端客户的开发和销售等工作。再审法院最终认为，杜某机电公司生产、销售的喷码机是《类似商品和服务区分表》第7类产品，与多米诺印刷公司G7××885号经注册商标批准使用的第9类商品不是"同一种商品"。杜某机电公司的行为并不构成假冒注册商标罪，秦某辉担任主管、参与公司经营的行为亦不成立假冒注册商标罪。

二、行为人使用的商标与涉案商标是不是"相同商标"

"相同商标"应当从广义层面了解，除了完全相同的商标，还包含基本相同的商标，即具有微小差异但总体上基本一致的商标也构成同一商标。2020年《最高人民法院、最高人民检察院关于办理侵犯知识产权刑事案件具体应用法律若干问题的解释（三）》第1条对假冒注册商标罪中"相同商标"

[①] 参见广东省广州市越秀区人民法院刑事判决书，（2015）穗越法审监刑再字第5号。

的认定也采取广义的理解。① 根据前述司法解释第 1 条的兜底条款"其他与注册商标基本无差别、足以对公众产生误导的商标"也能构成"相同商标"的规定,对于"基本相同"商标的认定应当同时具备"基本无差别""足以对公众产生误导"两个要件。

【典型案例】

陈某宇假冒注册商标案[②]

2017 年 6 月,陈某宇通过商标转让的方式获得法兰得福公司及"均瑶味动力"商标,并成为该公司实际控制人及公司监事。之后,法兰得福公司分别与济南某乳业公司、德州某饮料公司签订合同,委托两公司生产"均瑶味动力"牌发酵型乳酸菌饮品,法兰得福公司负责为生产的乳酸菌饮品提供包装并销售服务。经查,通过济南某乳业公司、德州某饮料公司生产的"均瑶味动力"饮品共计销售 45,807 箱,销售金额共计 141 万元。温州均瑶饮品公司在原国家工商行政管理总局商标局注册了核定使用于牛奶饮料(以牛奶为主)、牛奶制品等第 29 类商品的"均瑶"商标。均瑶集团乳业公司于 2004 年受让该商标。2012 年 8 月,均瑶集团乳业公司注册了核定使用于牛奶饮料(以牛奶为主)、牛奶制品等第 29 类商品的"味动力"商标。该公司"味动力"商标是由"味动力"汉字、"werdery"英文字母、盾形图形组合而成的。该商标图形分为上下两部分,上下部分之间呈横向 S 状相连;上部分约占 1/3,为飘带状,"werdery"字母位于上部分;下部分约占 2/3,"味动力"汉字位于下部分。法院经审理认为,法兰得福公司生产的"均瑶味动力"牌

---

① 《最高人民法院、最高人民检察院关于办理侵犯知识产权刑事案件具体应用法律若干问题的解释(三)》第 1 条规定:"具有下列情形之一的,可以认定为刑法第二百一十三条规定的'与其注册商标相同的商标':(一)改变注册商标的字体、字母大小写或者文字横竖排列,与注册商标之间基本无差别的;(二)改变注册商标的文字、字母、数字等之间的间距,与注册商标之间基本无差别的;(三)改变注册商标颜色,不影响体现注册商标显著特征的;(四)在注册商标上仅增加商品通用名称、型号等缺乏显著特征要素,不影响体现注册商标显著特征的;(五)与立体注册商标的三维标志及平面要素基本无差别的;(六)其他与注册商标基本无差别、足以对公众产生误导的商标。"

② 参见湖北省宜昌市中级人民法院刑事判决书,(2019)鄂 05 刑初 4 号。

发酵型乳酸菌饮品使用了"味动力"商标，在该商标上方加了飘带（飘带中印有"肠胃新动力"汉字），在下方加了盾形图案，其组合成的整体形成了商标性使用，虽然与均瑶集团乳业公司的"味动力"商标构成近似商标，但在视觉上仍具有较为明显的差别，不构成刑法意义上的相同的商标，故陈某宇不构成假冒注册商标罪。

三、行为人主观上是否具有假冒注册商标的犯罪故意

假冒注册商标罪主观方面要求行为人具有犯罪故意，即行为人明知其是假冒仍有意实施。判断行为人主观上是否是明知其是假冒仍有意实施，应当结合行为人的供述和辩解、与公司的利害关系、从业经历、工作内容、对商品的认知程度、销售方式、价格、参与时间等信息综合判断，同时也要结合行为人的客观行为，坚持主客观相一致。现有证据能够证明行为人主观上不明知或行为人主观明知的证据不足的，应当认定行为人主观上没有犯罪故意，进而不构成假冒注册商标罪。

【典型案例】

叶某假冒注册商标案[1]

叶某未经深圳金盾服装公司授权，从多地批发与深圳金盾服装公司金盾品牌注册商标的 logo 图案相同的服装进行销售。2015 年 7 月，当地工商行政管理局对叶某送达了责令整改通知书，叶某未整改，仍继续进货、销售金盾牌服装。2016 年 1 月，安远县公安局在叶某店内扣押了全部在售及仓储服装。法院认为，认定叶某是否具有犯罪故意的关键就是看是否有证据证明叶某有"明知"或者"推定其明知"假冒注册商标的商品仍予以销售的行为。首先，叶某供述其向进货商万某等人询问过这些货物的真假，但是得到的答复都是肯定是真货，可以说明叶某也作出了一定的行为来核实真假；其次，

---

[1] 参见江西省赣州市中级人民法院刑事判决书，(2019) 赣 07 刑终 268 号。

二审讯问叶某时,其也表示从其他地方购进的货物与从授权商处购进的货物进货价钱差不多,没有显著低于市场价的情况;最后,在案没有证据证明叶某在收到责令改正通知书后仍销售了鉴定意见书标明货号的金盾服装。综上,二审法院认定上诉人叶某主观上明知或推定主观上明知假冒注册商标的商品而予以销售且数额较大的证据均不确实、充分。

四、案件是否事实不清、证据不足

在众多的法律制裁中,刑事处罚是最严厉的一种,其不仅可以剥夺犯罪分子的财产、人身自由、政治权利,还可以剥夺犯罪分子的生命。因此,认定被告人有罪,必须达到案件事实清楚,证据确实、充分的程度,综合全案证据,犯罪事实不清、证据不足,不能排除合理怀疑的,法院应当坚持疑罪从无的原则,认定被告人不构成犯罪。对于现有证据无法证明行为人主观上具有假冒商标的故意,客观上实施了假冒他人注册商标的行为,不能认定其构成假冒注册商标罪。

【典型案例】

刘某某、彭某假冒注册商标案[①]

刘某某雇用彭某收购过期、废弃惠普牌硒鼓、墨盒,加贴网上购买获得的假冒惠普防伪标,重新包装后出售。执法人员在广州市石牌西路某电脑经营部抓获刘某某,在广州市天河区石牌西路抓获彭某,查获惠普牌硒鼓602个、墨盒2727个、标识1150个、包装盒30个以及封口机1台。法院经审理认为,首先,公诉机关没有出示相关证据证实涉案物品为过期、废弃的物品,中联知识产权调查中心、惠普公司均在案发当日出具了鉴定证明,但证明内容只是笼统认定涉案物品为假冒惠普公司"hp"注册商标的产品,没有实物照片,没有对涉案物品逐一鉴别,且证明中的物品数量与扣押清单不一致。

---

① 参见广州市中级人民法院刑事裁定书,(2014)穗中法知刑终字第8号。

其次，惠普公司在 2013 年 10 月 31 日出具的说明中认定该案所涉及的硒鼓墨盒产品包括六种情况，但未对涉案物品逐一鉴别，公诉机关在法院开庭审理时亦未能出示物证。因此，认定刘某某、彭某构成假冒注册商标罪证据不足，不能认定上诉人刘某某、彭某有罪。

冯某锟假冒注册商标案[①]

2013 年 3 月开始，冯某锟未经注册商标所有人许可，伙同他人将未授权在中国境内销售的"SΛMSUNG"牌（三星牌）多型号打印机予以改装，改装后的打印机上的商标标识仍为"SΛMSUNG"。经鉴定，案涉假冒打印机销售金额达 155,550 元。法院经审理认为，冯某锟等人未经许可，通过更换标贴、破解系统软件等方式，将三星电子株式会社生产的原装打印机改装成其他型号的打印机进行销售，冯某锟存在擅自使用案涉注册商标的行为，但该案仅有冯某锟等人的供述，而没有其他证据证实打印机加密程序被改动的状况。现有证据不足以证实改装后的打印机与原装打印机在功能、外观等方面存在实质性差异，也无法证实改装行为足以影响消费者对案涉注册商标的认同。据此，法院最终认定冯某锟不构成假冒注册商标罪。

五、犯罪数额的认定是否有误

假冒注册商标类犯罪案件的犯罪数额关系到定罪以及量刑，因此在认定行为人犯罪数额上务必准确。根据《刑法》第 213 条以及《最高人民法院、最高人民检察院关于办理侵犯知识产权刑事案件具体应用法律若干问题的解释》第 1 条条文的表述，假冒注册商标罪的犯罪数额以"非法经营数额"或"违法所得数额"进行计算。实务中，对于"非法经营数额"以及"违法所得数额"的认定可以结合购销合同、销货清单、送货单、对账单、增值税发票、银行流水、鉴定意见书等证据确定。如郭某升、郭某锋、孙某标假冒注

[①] 参见广东省广州市中级人民法院刑事判决书，(2016) 粤 01 刑终 21 号。

册商标案（最高人民法院第 87 号指导案例）的裁判要旨表明，假冒注册商标犯罪的非法经营数额、违法所得数额，应当综合被告人供述、证人证言、被害人陈述、网络销售电子数据、被告人银行账户往来记录、送货单、快递公司电脑系统记录等证据认定。①

【典型案例】

张某华等假冒注册商标案②

2014 年 3 月起，张某华伙同侯某、戴某，在未经"Panasonic"注册商标所有人许可的情况下，生产假冒上述注册商标的传真机。张某华负责购买零部件、联系客户、负责销售，侯某和戴某负责以更换零部件、组装、焊接等方式生产标有"Panasonic"商标的 KX – FP7009CN 型、KX – FP7006CN 型、KX – FT872CN 型、KX – FT956CN 型传真机，三人累计生产 1285 台并予以销售。经查，已销售的传真机有 1285 台，价值 262,600 元。法院经审理认为，根据《最高人民法院、最高人民检察院关于办理侵犯知识产权刑事案件具体应用法律若干问题的解释》第 12 条第 1 款规定："本解释所称'非法经营数额'，是指行为人在实施侵犯知识产权行为过程中，制造、储存、运输、销售侵权产品的价值。已销售的侵权产品的价值，按照实际销售的价格计算。制造、储存、运输和未销售的侵权产品的价值，按照标价或者已经查清的侵权产品的实际销售平均价格计算。侵权产品没有标价或者无法查清其实际销售价格的，按照被侵权产品的市场中间价格计算。"该案在涉案传真机的实际销售价格能查清的情况下，应当以此认定非法经营数额，而不应该以鉴定意见（被侵权产品真品的市场零售中间价格）计算张某华等人的非法经营数额。张某华、侯某、戴某对涉案传真机销售价格的供述是 200 元至 230 元，供述基本稳定且能相互印证，可以据以认定非法经营数额，即已销售的涉案

---

① 参见江苏省宿迁市中级人民法院刑事判决书，(2015) 宿中知刑初字第 0004 号。
② 参见广东省中山市中级人民法院刑事判决书，(2016) 粤 20 刑终 176 号。

传真机非法经营数额为 257,000 元至 295,550 元，而且在侯某的亲笔供述中，其亦确认销售额为 257,000 元。加上当场缴获的 28 台传真机，价值为 5600 元至 6440 元，总的非法经营数额应是 262,600 元至 301,990 元，依照有利于被告人的原则，最终法院按 262,600 元认定张某华等人的非法经营数额。

杨某假冒注册商标案[①]

2015 年开始，杨某在其承租的位于广州市白云区出租房内，未经注册商标所有人的许可，从事假冒注册商标手表的装配、加工工作。后杨某在出租房内被抓获，并当场缴获假冒"TISSOT""Mido""LONGINES""Cartier""TUDOR"等注册商标的手表共计 155 块。法院经审理认为，价格认证中心出具的价格认定结论书引用的是被侵权单位代理公司提供的正品价格，但是被侵权单位代理公司提供的正品价格不必然是被侵权产品的市场中间价格。该价格认定结论书在没有采取市场抽样调查的情况下直接依据被侵权单位代理公司提供的正品价格，认定价格与被侵权单位代理公司提供的价格完全一致，并以此认定该案非法经营数额，缺乏客观性和公正性。因此，二审法院最终根据送货单上的价格范围核算出销售平均价格，以查获的手表数量为基础计算该案非法经营数额为 117,259 元。

六、行为人的行为是否构成犯罪未遂

在假冒注册商标罪中，假冒商品是否因行为人的行为进入新的流通环节，是售假行为既未遂的核心判断标准。2004 年《最高人民法院、最高人民检察院关于办理侵犯知识产权刑事案件具体应用法律若干问题的解释》第 9 条第 1 款规定，销售金额是指销售假冒注册商标的商品后所得和应得的全部违法收入。因此，应当认为，对于假冒商品已交付的，无论是否收到货款，货物价值均应计入既遂的销售金额；对于已预收货款但尚未发货的，预收的货款

[①] 参见广东省广州市中级人民法院刑事判决书，（2018）粤 01 刑终 235 号。

应慎重认定为既遂的销售金额，只有行为人持有待售的假冒商品，存在"即将交付"的高度可能性才可考虑认定为行为既遂，其对应的价值计入销售金额。

【典型案例】

崔某武等假冒注册商标案[①]

2019年8月至2019年11月，崔某武在明知"云烟""玉溪"等品牌是注册商标，且未经注册商标权利所有人授权或许可的情况下，雇用王某丽、李某生产假冒注册商标的卷烟。经鉴定崔某武等人生产的卷烟均为假冒注册商标且系伪劣卷烟，共计价值59,800元；查获的作为原材料准备进行翻包的"云烟"（软珍品授权版）350条、"玉溪"（硬专供出口）53条及"玉溪"（软）散烟支5000支（25条）经鉴定系真品卷烟，共计价值98,440元。二审法院经审理认为，该案查获的卷烟既有已经完成翻包的卷烟，也有查获的作为原材料准备进行翻包的卷烟及散烟，对于已翻包完成的卷烟，崔某武等人已完成商标使用行为，构成犯罪既遂；对于准备用于翻包的卷烟和散烟，崔某武等人尚未将注册商标使用在商品上，则构成犯罪未遂。原判认定三被告人构成假冒注册商标罪，但未区分既、未遂且对法定刑的适用不当，应予纠正，最终二审法院认定崔某武等人非法经营数额为158,240元，假冒注册商标犯罪既遂部分的数额为59,800元，未遂部分数额为98,440元，二审判决减轻了三被告人的刑罚。

七、行为人被判处的罚金数额是否过高

根据《最高人民法院、最高人民检察院关于办理侵犯知识产权刑事案件具体应用法律若干问题的解释（三）》第10条的规定，假冒注册商标罪的罚金数额，应当综合考虑犯罪违法所得数额、非法经营数额、给注册商标权利

[①] 参见四川省成都市中级人民法院刑事判决书，(2020) 川01刑终787号。

人造成的损失数额、侵权假冒物品数量及社会危害性等情节。① 因此，实务中，可以综合考虑前述因素，争取减少行为人被判处的罚金数额。对行为人适用罚金刑的目的是既不让其在经济上获得利益，又要让其在经济上受到惩罚，进而剥夺其再次犯罪的能力。因此，实务中，行为人的违法所得能够查清的，可优先适用违法所得的1—5倍判处罚金；不能查清违法所得时，再按照非法经营数额的50%至1倍判处罚金比较合理。

【典型案例】

孙某章等人假冒注册商标案②

孙某章未经华为公司及奇虎公司许可，在深圳市福田区，组织陈某迪、张某康等人通过检测、拆装、重新包装等方式假冒"HUAWEI"、"HONOR"及"360"注册商标的手机，并通过拼多多"E系列数码电讯"店铺及淘宝"E系列数码通讯"店铺进行销售。"HUAWEI"为华为公司的注册商标，商标注册号为第14203958号，核定使用商品为第9类，包含"智能手机"等；"HONOR"也是华为公司的注册商标，商标注册号为第21534095号，核定使用商品为第9类，包含"手机"等；"360"为奇虎公司的注册商标，商标注册号为第18860079号，核定使用商品为第9类，包含"智能手机"等。经鉴定，孙某章等6人假冒华为注册商标手机金额为2,642,350元，假冒"360"注册商标手机金额为人民币7,509,331元。法院经审理认为，孙某章等6人在该案中假冒两种以上注册商标，非法经营数额达10,310,316

---

① 《最高人民法院、最高人民检察院关于办理侵犯知识产权刑事案件具体应用法律若干问题的解释（三）》第10条规定："对于侵犯知识产权犯罪的，应当综合考虑犯罪违法所得数额、非法经营数额、给权利人造成的损失数额、侵权假冒物品数量及社会危害性等情节，依法判处罚金。罚金数额一般在违法所得数额的一倍以上五倍以下确定。违法所得数额无法查清的，罚金数额一般按照非法经营数额的百分之五十以上一倍以下确定。违法所得数额和非法经营数额均无法查清，判处三年以下有期徒刑、拘役、管制或者单处罚金的，一般在三万元以上一百万元以下确定罚金数额；判处三年以上有期徒刑的，一般在十五万元以上五百万元以下确定罚金数额。"

② 参见广东省深圳市中级人民法院刑事判决书，(2020) 粤03刑终1935号。

元,原审根据六上诉人各自的犯罪事实、情节、在共同犯罪中所处的地位、所起的作用以及其认罪程度和悔罪表现等因素对其主刑量刑适当,但对作为从犯的上诉人陈某迪、邱某钦等人的罚金刑判处过高,故二审法院减轻了前述从犯的罚金刑。

第十三章 串通投标罪

第一节 串通投标罪的定罪与量刑

一、串通投标罪的罪名概述

串通投标罪，是指投标人之间相互串通，损害招标人或者其他投标参与者合法权益，以及投标人与招标人相互串通，损害国家、集体和公民合法权益，情节严重的行为。《刑法》第 223 条规定："投标人相互串通投标报价，损害招标人或者其他投标人利益，情节严重的，处三年以下有期徒刑或者拘役，并处或者单处罚金。投标人与招标人串通投标，损害国家、集体、公民的合法利益的，依照前款的规定处罚。"

串通投标罪近年来发案量有增多趋势，串通投标罪虽然不是重罪，但常常被作为查处行贿或者受贿等职务犯罪的源头。实践中一些主体通过串通报价、形成价格同盟等各种非法手段来实现中标，以求获得更大的市场份额。最高人民检察院于 2024 年 4 月 26 日发布的 2024 年 1 月至 3 月全国检察机关主要办案数据显示，为保护企业合法权益，严惩破坏公平竞争领域犯罪，特别是针对虚假广告、串通投标、强迫交易等犯罪，持续加大打击力度，起诉人数同比上升 57.5%。[1]

对于串通投标的行为，我国早在 1993 年通过的《反不正当竞争法》中

---

[1] 参见《最高检案管办负责人解读检察机关第一季度主要办案数据》，载最高人民检察院官方网站，https://www.spp.gov.cn//zdgz/202404/t20240430_653245.shtml，最后访问日期：2024 年 12 月 19 日。

就明确投标者不得串通投标。1997年《刑法》第223条专门设定串通投标罪来进一步规制串通投标行为。串通投标罪犯罪主体的范围，直到1999年8月《招标投标法》出台才予以明确。同时，为确保罪名得以适用，最高人民检察院会同公安部于2010年发布《关于公安机关管辖的刑事案件立案追诉标准的规定（二）》对串通投标罪的相关规定进行细化。2022年，最高人民检察院和公安部修订了《关于公安机关管辖的刑事案件立案追诉标准的规定（二）》，将串通投标罪的立案标准由原来的200万元提高到了400万元。2023年11月3日，最高人民检察院发布了5件检察机关依法惩治串通招投标犯罪典型案例，揭示了常见串通招投标犯罪类型，旨在警示教育招投标市场主体，预防招投标领域犯罪发生。①

二、串通投标罪的定罪要点

（一）串通投标罪中犯罪主体的认定

串通投标罪的犯罪主体为参与招投标程序，并实施串通投标的行为人，包括投标人和招标人，既可以是自然人，也可以是单位。根据《招标投标法》第8条与第25条的规定，串通投标罪的实行犯通常被认为应该是投标人与招标人，其余不符合特定资格要求的自然人和单位则成为串通投标罪的共犯。招标代理机构能否成为串通投标罪的犯罪主体是存在争议的。一种观点认为，依据《招标投标法》第13条第1款的规定，招标代理机构是独立于政府和企业之外的为市场主体提供招标服务的专业机构，属于中介服务组织，② 因此，不属于《刑法》第223条"招标人"的范畴。根据罪刑法定原则，不能任意扩大串通投标罪的主体范围，招标代理机构虽然举行了招标活动，但终究不是招标方。③ 另一种观点认为，应对串通投标罪的犯罪主体在

---

① 参见《最高检发布依法惩治串通招投标犯罪典型案例》，载人民网，http://jx.people.com.cn/n2/2023/1104/c355185-40628350.html，最后访问日期：2024年12月19日。

② 《招标投标法》第13条第1款规定："招标代理机构是依法设立、从事招标代理业务并提供相关服务的社会中介组织。"

③ 参见韩哲、裴王建：《关于串通投标罪的几个问题》，载《杭州商学院学报》2002年第4期。

刑法系统内作实质解释，招标代理机构代理招标人具体组织实施招投标活动，是实质意义的招标人。[①] 笔者支持第二种观点，串通投标罪的犯罪主体应当包括招标代理机构。首先，根据《招标投标法》第 50 条第 1 款明确规定，对于招标代理机构与招标人、投标人串通损害国家利益、社会公共利益或者他人合法权益，情节严重的，应当追究刑事责任；其次，"串通投标"的实质就是数个投标人通过谋划，形成形式上有数个招标人，事实上只有一个招标人的局面，从而限制或者失去了招标投标的竞争性；最后，在司法实践中存在大量的投标者与招标代理机构彼此勾搭、联合，损害其他投标者或招标者合法利益的行为。如果对这些行为不加以规制，将严重损害招投标活动的正常的竞争秩序。

（二）串通投标罪中"串通投标行为"的认定

串通投标罪仅针对的是在招投标活动中的不正当行为，对于其他诸如竞买、拍卖、挂牌出让、竞争性谈判等交易方式中的类似行为，不属于串通投标罪规制的范围。例如，在张某军、刘某伟串通投标案（《刑事审判参考》第 1136 号案例）中，2009 年 11 月 19 日至 30 日，濉溪县原国土资源局挂牌出让某国有建设用地使用权，张某军、刘某伟先后与其他竞买人商谈，以承诺给付补偿金的方式让其放弃竞买，最终使杨某以低价获得该国有建设用地使用权。法院经审理认为，采取行贿方式串通竞买的行为不构成串通投标罪，且《刑法》以及司法解释中并没有规定挂牌竞买人相互串通造成情节严重的行为构成犯罪。挂牌出让相比于招投标，在适用范围、操作程序、出让人否决权等方面均有着显著的差异。因此，挂牌竞买与招投标无论是在字面含义还是实质内涵均存在差异，二者行为性质完全不同。又如，在黄某田、许某杰等串通投标案（《刑事审判参考》第 1251 号案例）中，2013 年 6 月 17 日，萧县原国土资源局以拍卖方式出让萧县龙城镇长途客运站北侧、311 国道东侧 3050 平方米土地，黄某田、郝某侠以其子黄某名义参与竞买，许某杰委托

---

① 参见孙国祥：《串通投标罪若干疑难问题辨析》，载《政治与法律》2009 年第 3 期。

其朋友高某飞参与竞买,李某为了能低价拍得该宗土地,联系上述竞买人,承诺给予好处费 200 万元,要求其放弃该块土地正式竞买的竞价。法院经审理认为,拍卖与投标是两种不同性质的行为,《刑法》没有明确将串通拍卖行为规定为犯罪,按照罪刑法定原则,不宜将黄某田等人串通拍卖的行为按照《刑法》第 223 条规定的串通投标罪定罪处罚。

串通投标主要有两种行为模式,第一种行为模式是投标人相互串通投标报价,损害招标人或者其他投标人利益,情节严重的行为;第二种行为模式是投标人与招标人串通投标,损害国家、集体、公民的合法权益的行为。

1. 投标者与投标者相互串通的具体表现

根据《招标投标法实施条例》第 39 条第 2 款的规定,投标者之间相互串通的行为方式主要表现为:投标人之间协商投标报价等投标文件的实质性内容;投标人之间约定中标人;投标人之间约定部分投标人放弃投标或者中标;属于同一集团、协会、商会等组织成员的投标人按照该组织要求协同投标;投标人之间为谋取中标或者排斥特定投标人而采取的其他联合行动。此外,根据《招标投标法实施条例》第 40 条的规定,有以下情形之一:存在不同投标人的投标文件由同一单位或者个人编制;不同投标人委托同一单位或者个人办理投标事宜;不同投标人的投标文件载明的项目管理成员为同一人;不同投标人的投标文件异常一致或者投标报价呈规律性差异;不同投标人的投标文件相互混装;不同投标人的投标保证金从同一单位或者个人的账户转出的,均可视为投标人相互串通投标。

实践中,投标者大多来自同一个行业,彼此间较为熟悉,为了获得中标机会,他们常通过"轮流坐庄获取好处费"、构建"投标联盟"等方式压制竞争对手,更好地操控中标价格及结果,事后再按照约定分配利润,或给予协助围标的企业一些"好处费"。值得注意的是,行为主体以多家公司的名义进行投标的行为,并不是投标人之间的串通投标行为。即使行为主体有串通投标行为,没有串通报价的,也不是犯罪行为。换言之,只有行为主体对投标文件的实质性内容进行了串通、合谋、协商,并且损害了招标人或者其他投标人的利益，造成实质损害才属于刑法意义上的"串通投标"。

2. 投标者与招标者相互串通具体表现

《招标投标法实施条例》第 41 条第 2 款列举了另一类发生在招标者与投标者之间串通投标行为，如招标人在开标前开启投标文件并将有关信息泄露给其他投标人；招标人直接或者间接向投标人泄露标底、评标委员会成员等信息；招标人明示或者暗示投标人压低或者抬高投标报价；招标人授意投标人撤换、修改投标文件；招标人明示或者暗示投标人为特定投标人中标提供方便；招标人与投标人为谋求特定投标人中标而采取的其他串通行为。

实践中，招标者利用其手中的权力和信息优势，主动泄露原本应当对所有投标者保密的关键信息，如项目参数、技术要求以及标底等。通过这种方式，招标者能够确保内定的投标者在竞争中占据优势地位，从而顺利中标。除了直接泄露信息外，招标者还会采取差别对待的方式（包括但不限于提供特殊优惠条件、制定有利于特定投标者的招标条款和规定，以及在评标过程中给予不公正评分等），为特定投标者提供额外的竞争优势，这些行为都旨在确保特定投标者能够脱颖而出，最终赢得项目。更有甚者利用行政手段干预招标（如利用职权对投标过程进行操纵、干扰或阻碍其他投标者的正常参与等），为特定投标者提供帮助。这些行为不仅严重破坏招投标的公平性，还可能导致工程质量下降、资源浪费和腐败现象的发生。

值得注意的是，无论是投标人间的相互勾结投标，还是投标人与招标人间的串通行为，都需实际导致损害结果的发生。若串通投标行为与利益损害之间不存在因果关系，则不构成串通投标罪。

（三）串通投标罪中"情节严重"的认定

《刑法》第 223 条在第 1 款中明确只有达到"情节严重"才能构成串通投标罪。因此，如果行为主体串通投标的行为尚未达到"情节严重"的程度，不能将行为主体的行为升格为串通投标罪论处，而应该将前述行为定性为违反《招标投标法》的一般经济违法行为。由于目前我国缺少对"情节严重"的细化规定，在"情节严重"的认定上司法工作人员的自由裁量空间较大。司法实践中，辩护人常常提出"情节轻微"的辩护理由，以期不受刑法的规制。根据2022年《最高人民检察院、公安部关于公安机关管辖的刑事案件立案追诉标准的规定（二）》第68条的规定，投标人相互串通投标报价，或者投标人与招标人串通投标，涉嫌下列情形之一的，应予立案追诉：（1）损害招标人、投标人或者国家、集体、公民的合法利益，造成直接经济损失数额在50万元以上的；（2）违法所得数额在20万元以上的；（3）中标项目金额在400万元以上的；（4）采取威胁、欺骗或者贿赂等非法手段的；（5）虽未达到上述数额标准，但2年内因串通投标受过2次以上行政处罚，又串通投标的；（6）其他情节严重的情形。以上第1—5款从犯罪数额以及犯罪行为的手段和次数上为定罪量刑提供标准，第6款沿用了大多数立法无法囊括列举的兜底表述，为无法列举的情形提供有限的司法裁量空间。

（四）串通投标罪中"直接经济损失"的认定

至于直接经济损失，实践中一般以"司法鉴定的工程造价或者采购商品的市场一般价"与"串通投标的中标价或实际交易价"的差价作为串通投标的直接经济损失的数额。从经济损失与行为之间的因果关系来划分，经济损失可分为直接经济损失和间接经济损失。无论经济损失是以财物损毁的形式存在，还是以财物价值减少的形式存在，只要是因犯罪行为直接造成的国家、集体和公民实际拥有价值量的减少，就应认定为直接经济损失。1999年《最高人民检察院关于人民检察院直接受理立案侦查案件立案标准的规定（试行）》附则中规定，直接经济损失是指与行为有直接因果关系而造成的财产损毁、减少的实际价值。间接经济损失是指直接经济损失引起和牵连的其他损失，包括失去的在正常情况下可能获得的利益和为恢复正常的管理活动或者挽回所造成的损失所支付的各种开支、费用等。

"最低评标价法"是国际通用的评标方法。我国《招标投标法》第41条规定，中标人的投标应当符合下列条件之一：（1）能够最大限度地满足招标文件中规定的各项综合评价标准；（2）能够满足招标文件的实质性要求，并且经评审的投标价格最低；但是投标价格低于成本的除外。由此可见，各投标人在通过资格标、技术标审查，并进入商务标评审后，价格成为最低价中标办法的最大优势。招投标的本质就是竞争，依据市场经济的普遍规律，投标人通过低价取得竞争优势，而串通投标行为使招标人被迫选择高价中标，本质上属于不正当竞争行为，受《反不正当竞争法》调整。因此，串通投标直接经济损失计算可以参照《反不正当竞争法》第17条第3款中关于损失计算的方法，即赔偿数额按照其因被侵权所受到的实际损失确定，实际损失难以计算的，按照侵权人因侵权所获得的利益确定。

三、串通投标罪与滥用职权罪的对比

串通投标罪与滥用职权罪相比，犯罪主体范围较广，既可以是公职人员，也可以是参与投标的自然人、招标代理公司等。从犯罪后果上看，构成滥用职权罪要求满足致使公共财产、国家和人民利益遭受重大损失这一构成要件，属于结果犯。而串通投标罪要求串通投标行为损害了招标人、投标人或者国家、集体、公民合法利益，且情节严重，此处对"情节严重"的理解，不仅可以是造成直接经济损失，也可以是中标项目数额巨大或采取了威胁、欺骗等非法手段，因此，串通投标罪不必然要求造成后果，只要达到情节严重的标准即可。

串通投标罪与滥用职权罪也存在竞合关系，在国有企事业单位作为招标方时，主要负责人、直接责任人通常是国家机关工作人员，此类人员与投标方串通，帮助投标方承接工程，本身就是滥用职权的行为，只是该滥用职权的行为同时又构成帮助实施串通投标罪的共犯。根据《最高人民法院、最高人民检察院关于办理渎职刑事案件适用法律若干问题的解释（一）》第4条第2款规定，国家机关工作人员与他人共谋，利用其职务行为帮助他人实施其他犯罪行为，同时构成渎职犯罪和共谋实施的其他犯罪共犯的，依照处罚较重的规定定罪处罚。因此，发生串通投标罪与滥用职权罪想象竞合时，应当择一重罪论处。具体而言，根据《刑法》第223条和第397条规定，串通投标罪仅有一个量刑幅度，即3年以下有期徒刑或拘役，并处或者单处罚金。

而滥用职权罪则有3年以下有期徒刑或拘役,以及3年以上7年以下有期徒刑两个量刑幅度。两罪相比,滥用职权罪第一个量刑幅度因未规定附加刑,比串通投标罪要轻,其第二个量刑幅度则明显重于串通投标罪。因此,行为人行为若符合滥用职权罪的构成要件,但未达到情节特别严重,应当适用《刑法》第223条串通投标罪的规定定罪量刑;而在滥用职权情节特别严重时,则应当适用《刑法》第397条滥用职权罪定罪量刑。串通投标罪与滥用职权罪的具体对比情况详见表1-13-1。

表1-13-1 串通投标罪与滥用职权罪的对比

对比要点	串通投标罪	滥用职权罪
犯罪主体	特殊主体,即招标人和投标人	国家机关工作人员
犯罪客体	正常的招标、投标市场秩序及管理制度和国家、集体和公民的合法权益	国家机关的正常管理秩序
主观方面	故意	
行为方式	投标人之间相互串通投标报价或者招标人和投标人相互串通投标	国家机关工作人员超越职权,违法决定、处理其无权决定、处理的事项,或者违反规定处理公务,致使公共财产、国家和人民利益遭受重大损失的
法定刑	情节严重的,处3年以下有期徒刑或者拘役,并处或者单处罚金	(1)致使公共财产、国家和人民利益遭受重大损失的,处3年以下有期徒刑或者拘役;(2)情节特别严重的,处3年以上7年以下有期徒刑。(3)国家机关工作人员徇私舞弊,犯本罪的,处5年以下有期徒刑或者拘役;情节特别严重的,处5年以上10年以下有期徒刑

四、串通投标罪的量刑标准

串通投标罪适用双罚制，在单位犯罪的情况下，既要对单位判处罚金，又要对单位中招投标活动的直接负责人、直接责任人员判处刑罚。在处罚问题上，根据《刑法》第 223 条规定，构成串通投标罪需要达到情节严重，即投标人相互串通投标报价，损害招标人或者其他投标人利益的，处 3 年以下有期徒刑或者拘役，并处或者单处罚金。同时，在立案追诉问题上，2022 年《最高人民检察院、公安部关于公安机关管辖的刑事案件立案追诉标准的规定（二）》第 68 条规定了相应的情形，即造成招标人、投标人或者国家、集体、公民直接经济损失 50 万元以上，或违法所得 20 万元以上，或中标项目金额在 400 万元以上，或采取威胁、欺骗或者贿赂等非法手段，或虽未达到上述数额标准，但 2 年内因串通投标受过 2 次以上行政处罚，又实施串通投标行为的，应当予以立案追诉。

第二节 串通投标罪的核心辩护要点

一、行为人是否符合串通投标罪的犯罪主体要件

串通投标罪是身份犯，需要具备特殊身份的前提要件，无论是单位还是自然人，具备投标人或招标人的身份是构成串通投标罪的必要条件。并且对于投标人或招标人的认定不应局限于《招标投标法》的规定，而应在《刑法》自身体系内作实质性解释。也就是说，该身份不仅包括狭义的投标人和招标人，还包括主管、负责、参与招标、投标事项的人，如果不具备该特殊身份，则不能构成串通投标罪。但是值得注意的是，不具备串通投标罪的主体身份，只是不能单独构成串通投标罪，但仍然可以构成该罪的共犯。

【典型案例】

周某文串通投标案①

2008年2月26日，湖南某投资公司成立。2011年下半年，湖南某投资公司准备将位于长沙市雨花区块土地平整用于修建公司大厦，湖南某建设工程公司董事长周某文与赵某某（湖南某投资公司总经理）商谈湖南某投资公司大厦用地场平土石方工程事宜，并在2011年8月26日、28日在湖南某置业公司的会议签到单上签字正式商谈。根据《湖南某置业公司招标管理办法》规定，该公司凡10万元以上的施工项目必须施行招标，并由经营计划部归口管理。且须在定标工作结束后7个工作日内，向中标人发出中标通知书。湖南某建设工程公司找到湖南创高建设公司、长沙某建筑工程公司一起参与投标，并承诺缴纳2家公司的投标保证金等事宜。2011年9月6日，前述三家公司拿到湖南某投资公司大厦用地场平土石方工程施工招标文件。之后，湖南某建设工程公司、湖南创高建设公司、长沙某建筑工程公司按照前述招标文件要求缴纳保证金。最终，经过招标程序确定湖南某建设工程公司为中标人（湖南某投资公司并未向湖南某建设工程公司发送中标通知书，而是电话口头通知该公司中标），后湖南某建设工程公司、湖南某投资公司就合同条款进行谈判并签订《施工合同》，该合同由各方实际部分履行。2016年3月，湖南某建设工程公司、周某文因涉嫌串通投标罪被立案侦查。

法院经审理认为，首先，湖南某投资公司董事长赵某某口头通知湖南某建设工程公司中标的行为，违反了法律的强制性规定，且《招标投标法》对于未发送中标通知书的行为并未规定法律责任条款予以惩罚或补救，因此不能认定为中标。其次，《施工合同》是双方协商的结果，并非招投标的结果，对比招标文件、投标文件，湖南某投资公司与湖南某建设工程公司之间是合同相对方的关系，并非招标人和投标人的关系，湖南某建设工程公司及其法

---

① 参见湖南省长沙市雨花区人民法院刑事判决书，(2017) 湘0111刑初682号。

定代表人周某文不符合串通投标罪的犯罪主体构成要件要求。最后，涉案行为并不能认定为招投标。该案参与投标的主体只有湖南某建设工程公司、湖南创高建设公司、长沙某建筑工程公司，而湖南创高建设公司、长沙某建筑工程公司递交的投标文件的目的并非参与投标竞争，无法认定湖南创高建设公司、长沙某建筑工程公司为投标人，两家公司也未就利益受损提出任何主张。周某文及湖南某建设工程公司也没有阻碍其余公司递交投标文件从而排挤竞争，损害潜在投标人利益的行为。最终法院判决周某文无罪。

李某有串通投标案[①]

2007年年底，广州电视台新址项目向社会公开招标。某建筑集团有限公司为中标该项目，采取了报相近标价包围投标的方式围标，并联系李某有帮忙操作。李某有为此联系了江南公司总经理吴某森，商量由江南公司协助围标事宜，江南公司答应参与围标后，李某有要求该公司按其提供的标价制作标书，又向该公司提供投标保证金达到配合围标的目的，并在开标的一天下午，李某有在吴某森的办公室向吴某森行贿90,000元。法院经审理后认为，由于串通投标罪的主体是投标人或招标人，是身份犯，而李某有并不是涉案投标公司的工作人员，其是作为涉案单位以外的其他人参与共同犯罪，属于身份犯与非身份犯的共同犯罪。公诉机关在未认定身份犯即投标人是否构成串通投标罪的情况下，直接起诉李某有构成串通投标罪，缺乏法律依据。

二、行为人是否具有串通投标的犯罪故意

该罪的犯罪主观方面仅有故意，不包含过失。行为人之间需要具有串标的明知或共谋，明知行为会造成损害国家、集体、他人利益的危害结果，仍希望和放任这种危害结果发生。如果行为人对串通投标不知情，也未意识到行为会损害他人利益，则属于主观无犯罪故意，不构成串通投标罪。

---

① 参见广东省肇庆市中级人民法院刑事判决书，（2014）肇中法刑一初字第3号。

【典型案例】

王某串通投标案[①]

吴某某自2008年开始形成了以其为首,以张某某、陈某某、郑某某等人为积极参与成员,以王某及柯某某等人为一般参与成员的黑社会性质组织。前述人员共同设立温州某基础工程公司,并以该公司之名对外承接工程。2010年6月13日,张某某等人为了七都镇某道路挡土墙及绿化工程项目中标,指使王某等人分别代表永嘉县某园林公司、浙江某园林公司等单位参与工程投标,并将通过非法途径取得的相应单位的介绍信提供给王某等人使用。最终由张某某所代表的永嘉县某园林公司以140,305元的报价中标。王某作为温州某基础工程公司在吟州村的股东之一,因参加黑社会性质组织罪、聚众斗殴罪、非法持有枪支罪、串通投标罪、开设赌场罪被起诉。对于串通投标犯罪行为,法院经审理认为,王某没有参与具体如何进行串通投标的预谋,也没有参与向其他具有资质的公司购买介绍信的行为,更没有具体参与如何串通投标的操作,故不能认定王某主观上具有串通投标的犯罪故意,因此,不能认定其为与吴某某为首的黑社会性质组织参与串通投标犯罪的共犯。而且,王某参与的串通投标违法行为所涉及的招标项目金额仅有140,305元,未达到立案追诉标准,尚未构成刑事犯罪。

三、投标人之间是否存在相互串通报价的行为

根据《刑法》第223条的规定,串通投标罪涉及两种行为模式,即"投标人相互串通投标报价"与"招标人与投标人串通投标"。《招标投标法》第32条第1款规定,投标人不得相互串通投标报价,不得排挤其他投标人的公平竞争,损害招标人或者其他投标人的合法权益。实务中,如果投标人之间实施了串通投标行为,但并未串通报价,也不能认定串通投标罪。

[①] 参见浙江省温州市鹿城区人民法院刑事判决书,(2014)温鹿刑初字第1883号。

【典型案例】

穆某、夏某龙串通投标案[①]

2017年7月，穆某借用曹某身份设立淄博某运输公司；2017年11月，穆某借用王某某的身份，设立淄博某达市政工程公司。2018年3月，穆某又设立淄博某昌市政工程公司，并担任该公司法定代表人。2017年8月至2018年4月，穆某将自己实际控制的三家公司作为投标人，多次进行串通投标，中标获得山东省淄博市博山区多个项目。法院经审理认为，现有证据不足以证实北京市市政四建设工程有限责任公司按照法定程序对涉案工程组织过公开的招投标活动。并且，穆某提供投标手续的几家公司，实际控制人均是穆某，其虽以不同单位的名义提供不同的报价，但本质上是一个投标人的报价，不属于串通投标罪中投标人之间串通投标的客观要件，故穆某不构成串通投标罪（因穆某实施敲诈勒索犯罪行为，故被判处敲诈勒索罪）。

四、行为人的串通投标行为是否造成危害后果

串通投标罪属于结果犯，行为人实施的行为须造成"损害招标人、其他投标人利益，或国家、集体、公民的合法利益"的危害后果才构成该罪。换言之，行为人在形式上有串通投标行为，但是在实质上，既不会损害招标人或者其他投标人的利益，也不会损害国家、集体、公民合法权益的，没有造成任何实际存在或者潜在的损害的，则上述行为不符合串通投标罪的客观性要件。实务中有时会存在"先内定，后招标"的行为，前述行为如果仅在形式上有串通投标之嫌，但在实质上并不会损害他人利益，没有造成危害后果，则不符合串通投标罪的客观要件，不构成串通投标罪。

---

① 参见山东省淄博市博山区人民法院刑事判决书，（2018）鲁0304刑初224号。

【典型案例】

谭某新、谭某博串通投标案[①]

2012年年初，辽宁省葫芦岛市某中学新建教学楼，因工程资金问题，谭某新（葫芦岛市建委招标办工作人员）等人商定，葫芦岛市某中学新建教学楼由谭某新的二姐谭某博全额垫资承建。同年5月，谭某博带领施工队伍进驻入涉案中学，进行工程施工前准备工作。其间，谭某新介绍葫芦岛某缘建筑工程招标公司作为此项工程的招标代理公司，安排葫芦岛某星建筑工程公司和葫芦岛某业建筑工程公司作为涉案中学教学楼工程招标的陪标，安排他人制作工程量清单，并用该工程量清单安排葫芦岛某方工程造价咨询公司以葫芦岛某缘建筑工程招标公司的名义根据工程量清单编制招标文件，以辽宁某建集团公司、葫芦岛某星建筑工程公司和葫芦岛某业建筑工程公司的名义制作投标文件。2012年5月22日，涉案中学教学楼工程开标会在葫芦岛市建设工程交易管理中心开标。谭某新安排他人分别代表一家建筑公司投标、开标，最后辽宁某建集团公司中标。但该招标工作未进行后续的公示环节，未下达中标通知书。此外，查明谭某博以辽宁某建设集团公司的名义进行了施工，并以该公司名义与建设方涉案中学签订了《建设工程施工合同》。该工程于2012年12月底竣工并投入使用。

法院经审理认为，涉案中学教学楼工程不符合招标条件要求，招标程序并未完成，垫资承建的单位并非由招标程序产生，故不能用串通投标罪评价谭某新和谭某博的行为。另外，谭某新与谭某博是否构成串通投标罪，关键看其行为是否存在损害其他竞标人、招标方以及国家或集体利益。其他两家投标公司均未制作标书，也未到招标会现场进行投标，依现有证据可知其未有投标意向，系陪标，故不存在损害其他投标人利益之说；该工程为内定工程，系招标方与谭某博方在平等自愿基础上的真实意思表示，更不涉及损害

[①] 参见辽宁省葫芦岛市中级人民法院刑事判决书，(2016)辽14刑终234号。

招标方利益之说，招投标过程仅系形式所需而已，现该工程已经交付使用，未有证据证明招标者与其相互串通实施串通投标行为而损害国家或集体利益。故谭某新、谭某博不构成犯罪。

五、案涉行为是否属于招投标领域外的其他经济活动

根据罪刑法定的原理，串通投标罪的犯罪构成限定在招投标领域，不得随意扩张，其他经济活动（如拍卖、竞买或者磋商等）在概念内涵、标的、目的以及适用法律等方面都与招投标行为存在本质区别，行为人实施招投标领域外的其他经济活动，不构成该罪。同时，其他经济活动名为招投标，但实质不符合招投标关系的，如中标后合同有实质修改，也不构成该罪。

【典型案例】

许某某、包某某串通投标案

（最高人民检察院第90号指导性案例）

江苏省连云港市海州区锦屏磷矿"尾矿坝"系海发集团的项目资产，该"尾矿坝"作为应急管理部要求整改的重大危险源，曾两次发生泄漏事故，长期以来维护难度大、资金要求高，经多次对外招商，均未能吸引到合作企业投资开发。2017年4月10日，海州区人民政府批复同意海发集团对该项目进行拍卖。同年5月26日，海发集团委托江苏省大众拍卖有限公司进行拍卖，并主动联系许某某参加竞拍。之后，许某某联系包某某，二人分别与江苏甲建设公司、江苏乙建设公司合作参与竞拍，武汉丙置业公司也报名参加竞拍。2017年7月26日，江苏甲建设公司、江苏乙建设公司、武汉丙置业公司三家单位经两次举牌竞价，江苏乙建设公司以高于底价竞拍成功。海州区人民检察院认为，投标与拍卖行为性质不同，分别受招标投标法和拍卖法规范，对于串通投标行为，法律规定了刑事责任；而对于串通拍卖行为，法律仅规定了行政责任和民事赔偿责任，串通拍卖行为不能类推为串通投标行为。且许某某、包某某的串通拍卖行为，目的在于防止项目流拍，该行为实际上盘活了国有不良资产，消除了长期存在的重大安全隐患，不具有社会危害性。2019 年 7 月 18 日，海州区人民检察院向海州公安分局发出通知撤销案件书。

六、行为人的串通投标行为是否达到"情节严重"标准

《最高人民检察院、公安部关于公安机关管辖的刑事案件立案追诉标准的规定（二）》第 68 条规定，投标人相互串通投标报价，或者投标人与招标人串通投标，涉嫌下列情形之一的，应予立案追诉：（1）损害招标人、投标人或者国家、集体、公民的合法利益，造成直接经济损失数额在 50 万元以上的；（2）违法所得数额在 20 万元以上的；（3）中标项目金额在 400 万元以上的；（4）采取威胁、欺骗或者贿赂等非法手段的；（5）虽未达到上述数额标准，但 2 年内因串通投标受过 2 次以上行政处罚，又串通投标的；（6）其他情节严重的情形。由此可知，串通投标除了符合串通投标罪的构成要件外，还需符合立案追诉标准（情节严重标准），否则不构成串通投标罪。

【典型案例】

张某明、赵某平串通投标案[1]

张某明系安徽昱昊销售公司、安徽昱昊安装公司、安徽东晓销售公司、安徽东晓工程公司、安徽海岳销售公司、安徽东彦机电公司、淮北中兴机电公司、淮北捷通机电公司的实际控制人。2012 年 8 月至 2017 年 7 月，张某明从淮北市公共资源交易网得知淮北市淮海东路某安置区电梯采购项目、淮北市烈山区某小区电梯采购及安装项目等 16 个项目的招标工作后，为提高中标概率，分别伙同安徽某机电公司销售经理赵某平、浙江某电梯公司销售经理何某等人以安徽昱昊销售公司、安徽昱昊安装公司、安徽东晓销售公司、安徽东晓工程公司等公司对上述 16 个工程进行围标。由张某明安排人员进行网

---

[1] 参见安徽省淮北市烈山区人民法院刑事判决书，(2018) 皖 0604 刑初 89 号。

上报名、制作或修改标书，通过各公司对公账户向淮北市招投标管理局缴纳投标保证金，并由张某明最终确定投标报价。通过前述串通投标行为，张某明、赵某平、何某等人掌控的公司中标上述16个工程中的10个工程，其中8个工程中标金额达200万元以上，还有2个工程中标金额未达到200万以上。法院经审理认为，中标金额未达200万元的串通投标行为不应予以刑事追诉[案发时的立案追诉标准依据为2010年《最高人民检察院、公安部关于公安机关管辖的刑事案件立案追诉标准的规定（二）》第76条第3项，即规定串通投标罪中，中标项目金额在200万元以上的才能立案追诉]，只能认定为一般违法行为。

七、行为人的串通投标犯罪行为是否经过法定追诉时效

超过法定追诉期限的犯罪无须负刑事责任，在检察院、公安机关、国家安全机关立案侦查或者在法院受理案件以后，行为人逃避侦查或者审判的，或被害人在追诉期限内提出控告，法院、检察院、公安机关应当立案而不予立案的，不受追诉期限的限制。若行为人在追诉期限内又犯新罪的，追诉时效则从犯新罪之日重新计算。根据《刑法》第87条第1项的规定，法定最高刑为不满5年有期徒刑的犯罪行为，经过5年的，不再予以追诉。串通投标罪的法定刑为3年有期徒刑。因此，如果行为人无逃避侦查或审判的行为，也不存在追诉期内又犯罪的情况，经过5年追诉期限后，不应再追究行为人的刑事责任。

【典型案例】

邓某强串通投标案

（人民法院案例库案例：2024-02-1-166-001）①

2013年年底，广东省佛山市南海区某街道某村委会就某项目发布招标公

---

① 参见广东省佛山市中级人民法院刑事裁定书，（2023）粤06刑终475号。

告，底价为年租金 800 万元。邓某强和唐某金、梁某刚、陈某明、刘某枫、黄某洪等人（均另案处理）取得竞标资格。同年 12 月 3 日，唐某金将各竞标人约至某街道某宾馆房间内谈判，约定邓某强、陈某明、刘某枫、黄某洪等人各收取梁某刚等人支付的 130 万元好处费，退出竞标。次日，梁某刚以 802 万元的价格竞得该项目。2018 年 8 月 6 日，邓某强委托其妻子上缴违法所得 130 万元。2022 年 4 月 8 日，邓某强向公安机关投案。法院生效判决认为，邓某强的串通投标犯罪行为已过追诉时效，不应当追究其刑事责任。理由在于，邓某强的串通投标行为发生于 2013 年 12 月，该罪的追诉期限到 2018 年 12 月便已届满。公安机关于 2018 年 4 月 28 日对梁某刚等人串通投标行为立案侦查，但未对邓某强采取相关措施。邓某强在 2018 年 8 月因涉嫌走私普通货物罪受审期间，主动供述串通投标事实并全额退缴赃款，但司法机关未对其追诉，邓某强在走私普通货物罪刑满释放后，于 2022 年 4 月 8 日再次投案，邓某强不存在逃避侦查的情形，故不符合不受追诉期限限制的规定，不应再追究邓某强的串通投标行为的刑事责任。

第十四章 组织、领导传销活动罪

第一节 组织、领导传销活动罪的定罪与量刑

一、组织、领导传销活动罪的罪名概述

组织、领导传销活动罪是指组织、领导以推销商品、提供服务等经营活动为名，要求参加者以缴纳费用或者购买商品、服务等方式获得加入资格，并按照一定顺序组成层级，直接或者间接以发展人员的数量作为计酬或者返利依据引诱、胁迫参加者继续发展他人参加，骗取财物，扰乱经济社会秩序的传销活动的行为。《刑法》第224条之一规定："组织、领导以推销商品、提供服务等经营活动为名，要求参加者以缴纳费用或者购买商品、服务等方式获得加入资格，并按照一定顺序组成层级，直接或者间接以发展人员的数量作为计酬或者返利依据，引诱、胁迫参加者继续发展他人参加，骗取财物，扰乱经济社会秩序的传销活动的，处五年以下有期徒刑或者拘役，并处罚金；情节严重的，处五年以上有期徒刑，并处罚金。"

据报道，2024年1月至9月，全国检察机关起诉组织、领导传销活动罪4627人。[1] 该报道指出，近年来，传销活动逐渐由线下转移至线上，传播更灵活、活动更隐蔽。在刘某某等人组织、领导传销活动案中，刘某某等人注册成立生物科技公司，开设专门网站，组织团队线上线下推广"兴中天互助

---

[1] 参见《检察机关今年前9个月起诉组织、领导传销活动罪4627人》，载最高人民检察院官方网站，https://www.spp.gov.cn/spp/zdgz/202410/t20241029_670255.shtml，最后访问日期：2024年12月25日。

平台",以"投资返利""拉人返利"的形式发展会员,5个月内吸收会员59级、42万余人。还有些传销活动积极贴附诸如虚拟货币、区块链、金融创新等新概念和社会热点开展网络传销,甚至直接打出"国家项目""政府支持"等旗号开展网络传销活动。

组织、领导传销活动罪为《刑法修正案（七）》新增的罪名,在此之前,已有相关行政规范明文禁止传销活动,如 1998 年 4 月国务院发布的《关于禁止传销经营活动的通知》,以及 2005 年 8 月国务院颁布的《禁止传销条例》。此外,2000 年 8 月国务院办公厅转发原工商局、公安部、中国人民银行《关于严厉打击传销和变相传销等非法经营活动的意见》,2001 年 4 月《最高人民法院关于情节严重的传销或者变相传销行为如何定性问题的批复》（现已失效）,都推动了对传销活动的定罪进程。[①] 总之,在《刑法修正案（七）》作出专门规定之前,国家机关对传销活动的处理主要有两类:一类由原工商行政管理部门、公安机关给予行政处罚;另一类则根据实施传销行为的不同情况,分别按照非法经营罪、诈骗罪、集资诈骗罪等犯罪追究刑事责任。[②]

二、组织、领导传销活动罪的定罪要点

（一）行为具有欺骗性

以骗取财物为目的。组织、领导传销活动罪刑法条文中所要求的"骗取财物",既不能理解为是可有可无的描述,认为即便没有这一要素同样可以成立该罪,也不能将组织、领导传销活动罪的处罚对象理解为就是骗取财物,从而只有当行为人客观上骗取了财物时,才能成立该罪。"骗取财物"四个字是刑法条文对诈骗型传销组织、传销活动的描述,即只有当行为人组织领导的传销活动具有"骗取财物"的性质或者危险时,才可能成立组织、领导

[①] 参见陈兴良:《组织、领导传销活动罪:性质与界限》,载中国法学网,http://www.iolaw.org.cn/global/en/new.aspx? id=52542,最后访问日期:2024 年 12 月 25 日。

[②] 参见张景勇、周婷玉、邹声文:《刑法修正案草案增设组织领导传销罪》,载环球网,https://china.huanqiu.com/article/9CaKrnJkTYd,最后访问日期:2024 年 12 月 25 日。

传销活动罪；如果行为人组织、领导的是提供商品与服务的传销组织，则不能成立该罪。[1]

其一，组织、领导传销活动罪惩治的仅是诈骗型传销，而非以传播商品、服务为目的的原始型传销，而骗取财物恰恰是诈骗型传销组织、传销活动的本质特征。按照其盈利模式，传销组织承诺给予参加者的回报正是来自参加者的"入门费"，要确保传销组织生存，就必须不断地、成倍地吸入更多参加者。但实际上，对于任何一个传销组织来说，参加者都不可能无限量地增加，所以资金链必然断裂，新加入的参加者或者最低层级的参加者必然成为受害者，这便具备"骗取财物"的特征。

其二，《关于〈中华人民共和国刑法修正案（七）〉（草案）的说明》也指出，"当前以'拉人头'、收取'入门费'等方式组织传销的违法犯罪活动，严重扰乱社会秩序，影响社会稳定，危害严重。目前在司法实践中，对这类案件主要是根据实施传销行为的不同情况，分别按照非法经营罪、诈骗罪、集资诈骗罪等犯罪追究刑事责任的。为更有利于打击组织传销的犯罪，应当在刑法中对组织、领导传销组织的犯罪作出专门规定"。由此不难看出，《刑法修正案（七）》的宗旨就是处罚组织、领导诈骗型传销活动的行为，专门设立组织、领导传销活动罪对诈骗型传销组织的组织、领导行为进行处罚，非法设立诈骗型传销组织的行为即成为该罪的实行行为，有利于禁止传销组织。

实施一定的骗取行为。"以推销商品、提供服务等经营活动为名"，即传销组织、传销活动所声称的其要销售的商品、服务实际上并不存在，或者虽存在，但其价值远低于市场价值，商品或服务只是用来进行传销活动的工具。组织、领导传销活动罪中的组织者、领导者通常编造、歪曲国家政策，虚构、夸大经营、投资、服务项目及盈利前景，掩饰计酬、返利真实来源，通过收取"入门费"非法获取利益；而参加者要么直接交纳"入门费"，要么以购买商品、服务的方式获得加入资格。通过购买商品、服务的方式获得加入资

---

[1] 参见张明楷：《刑法学》，法律出版社2021年版，第1091页。

格的，参加者需要通过发展下线获取利益，而不是通过销售商品等方式获取利益。因此，在判断是否构成该罪时，需要分析所谓的商品、服务，究竟是真正一般市场意义上的商品、服务，还是说商品、服务仅仅为一种道具。分析要点如下：是否有商品、服务存在？如果存在，价值是否相当，是否有实际的存放地、有实际被消费？在转移占有时，是否转移给了真正的消费者而非参加者之间的转移？[1] 是否不提供商品、服务退货退款政策？是否要求参加者购买并囤积明显超出其可在合理时间内消费的大量商品、服务？是否禁止参加者退出？提供的商品或者服务是否具有普遍流通性，等等。[2]

（二）行为人具有组织、领导行为

组织、领导传销活动罪的实行行为是组织、领导诈骗型传销活动的行为，参与传销的行为不构成该罪。根据 2013 年《最高人民法院、最高人民检察院、公安部关于办理组织领导传销活动刑事案件适用法律若干问题的意见》规定，组织者、领导者包括：（1）在传销活动中起发起、策划、操纵作用的人员；（2）在传销活动中承担管理、协调等职责的人员；（3）在传销活动中承担宣传、培训等职责的人员；（4）曾因组织、领导传销活动受过刑事处罚，或者 1 年以内因组织、领导传销活动受过行政处罚，又直接或者间接发展参与传销活动人员在 15 人以上且层级在 3 级以上的人员；（5）其他对传销活动的实施、传销组织的建立、扩大等起关键作用的人员。以单位名义实施组织、领导传销活动犯罪的，对于受单位指派，仅从事劳务性工作的人员，一般不予追究刑事责任。

（三）发展人员是组织存续的根本

在组织、领导传销活动罪的传销组织中，组织者、领导者发展人员加入传销组织，之后要求被发展的人员继续发展其他人员加入，从而实现传销组织的人员扩张。通过一级一级向下发展的方式，传销组织呈现底大尖小的金

---

[1] 参见张明楷：《刑法学》，法律出版社 2021 年版，第 1089 页。
[2] 参见《法答网精选答问（第十二批）——组织、领导传销活动罪专题》，载最高人民法院网，https://www.court.gov.cn/zixun/xiangqing/448831.html，最后访问日期：2024 年 12 月 26 日。

字塔形结构，越往上级别越高，人数越少，越往下级别越低，人数越多。按照 2013 年《最高人民法院、最高人民检察院、公安部关于办理组织领导传销活动刑事案件适用法律若干问题的意见》规定，传销组织内部参与传销活动人员在 30 人以上且层级在 3 级以上的，应当对组织者、领导者追究刑事责任。组织、领导多个传销组织，单个或者多个组织中的层级已达 3 级以上的，可以将在各个组织中发展的人数合并计算；组织者、领导者在形式上脱离原传销组织后，继续从原传销组织获取报酬或者返利的，原传销组织在其脱离后发展人员的层级数和人数，应当计算为其发展的层级数和人数。

在这样的传销组织中，盈利的来源是组织成员交纳的"入门费"或投资费。被发展人员需要以交纳费用或购买商品、服务等形式支付"入门费"后才能加入组织，得到发展下线和获得返利的资格。同时，由于传销组织的收益和上级人员的返利均来自下级人员交纳的"入门费"或投资费，为保持传销组织的正常运转和传销活动的正常进行，必须不断吸纳新的成员加入组织，扩大组织规模。而被发展人员进入组织后，经引诱或胁迫也需要不断发展下线，不断呈现"拉人头"的特点。

需要注意，实践中常见"团队计酬"行为的认定问题，但并非所有的"团队计酬"都属于该罪所规范的传销行为。传销活动的组织者或者领导者通过发展人员，要求传销活动的被发展人员发展其他人员加入，形成上下线关系，并以下线的销售业绩为依据计算和给付上线报酬，牟取非法利益的，是"团队计酬"式传销活动；而以销售商品为目的、以销售业绩为计酬依据的、单纯的"团队计酬"式传销活动，不作为犯罪处理。

三、组织、领导传销活动罪与相关罪名的对比

（一）组织、领导传销活动罪和非法经营罪的对比

从立法沿革上看，组织、领导传销活动罪与非法经营罪一脉相承、源远流长。2001 年 4 月《最高人民法院关于情节严重的传销或者变相传销行为如何定性问题的批复》（现已失效）中指出，"对于 1998 年 4 月 18 日国务院

《关于禁止传销经营活动的通知》发布以后，仍然从事传销或者变相传销活动，扰乱市场秩序，情节严重的，应当依照刑法第二百二十五第（四）项的规定，以非法经营罪定罪处罚。实施上述犯罪，同时构成刑法规定的其他犯罪的，依照处罚较重的规定定罪处罚"。这条批复成为可对传销行为以非法经营罪定罪处罚的重要依据。在此批复颁布以后，我国司法实践中对于从事传销活动的行为，一般都以非法经营罪论处。在少数情况下，也涉及诈骗罪或者集资诈骗罪。[①] 另外，《关于严厉打击传销和变相传销等非法经营活动的意见》第2条同样规定："工商行政管理机关对下列传销或变相传销行为，要采取有力措施，坚决予以取缔；对情节严重涉嫌犯罪的，要移送公安机关，按照司法程序对组织者依照《刑法》第225条的有关规定处理……"该意见第2条内容明确规定了6种非法传销行为，同时指明涉嫌犯罪的要依照《刑法》第225条非法经营罪处理，同样成为《刑法修正案（七）》施行之前对如何安排、评价传销犯罪行为的一条重要指引。

正因如此，在《刑法修正案（七）》施行之后，对于评价传销行为时应当适用单轨制还是双轨制一度也有争议。在曾某某等非法经营案（人民法院案例库入库案例：2023-05-1-169-001）中，存在两种不同意见：一种意见认为，在《刑法修正案（七）》施行之后，对传销活动的刑法评价应当实行单轨制，即仅以是否符合组织、领导传销活动罪的构成特征进行评价，如果不符合该罪构成特征，就应当宣告无罪，而不能再以非法经营罪定罪处罚；另一种意见则主张双轨制，认为《刑法修正案（七）》规定了组织、领导传销活动罪，但并未明确取消非法经营罪的适用，对于传销活动，即使不符合组织、领导传销活动罪的构成特征，也仍然可以非法经营罪定罪处罚。在以上两种意见中，法院最终采纳了前一种意见，宣告被告人无罪。[②] 组织、领导传销活动罪和非法经营罪的对比见表1-14-1。

---

① 参见陈兴良：《组织、领导传销活动罪：性质与界限》，载中国法学网，http：//www.iolaw.org.cn/global/en/new.aspx？id=52542，最后访问日期：2024年12月25日。

② 参见陈兴良：《组织、领导传销活动罪：性质与界限》，载中国法学网，http：//www.iolaw.org.cn/global/en/new.aspx？id=52542，最后访问日期：2024年12月25日。

表 1-14-1　组织、领导传销活动罪和非法经营罪的对比

对比要点	组织、领导传销活动罪	非法经营罪
犯罪主体	自然人	自然人和单位
侵犯客体	社会管理秩序（包括公共秩序、司法秩序、国境管理秩序、文物管理秩序、公共卫生秩序）	市场秩序（包括市场交易秩序、市场竞争秩序和市场管理秩序。）
主观方面	故意，一般要求以骗取财物为目的	故意，一般具有牟取非法经济利益的目的
客观方面	组织、领导形成了一定的层级的传销组织，采用引诱、胁迫参加者继续发展他人参加或者交纳费用或者购买产品和服务骗取他人财物，并分层级进行提成	违反国家规定，非法经营，扰乱市场秩序，情节严重
犯罪类型	行为犯，不需要达到情节严重的程度才构成犯罪，即不要求经营数额，只要实施了组织、领导传销的行为，就应当以本罪论处	情节犯，需要达到情节严重才构成犯罪，即不同领域、不同类别的非法经营活动都需要达到一定的经营数额或者违法所得数额才可以构成本罪

（二）组织、领导传销活动罪与诈骗罪的对比

组织、领导传销活动罪与诈骗犯罪（诈骗罪、合同诈骗罪、集资诈骗罪等）在客观方面都存在欺诈行为，加之组织、领导传销活动罪的复杂性质，对某种特定的传销行为构成两者中的哪一罪名极易产生分歧。

《刑法修正案（七）》施行之前，朱某文等非法经营案被归入《中国审判案例要览》进行出版，成为一段时间内指引司法理论界、实务界区分传销行为构成非法经营罪抑或诈骗罪、集资诈骗罪的重要参考。该案中，法院认为：（1）该案传销行为存在货物买卖行为，消费者可以用"周周乐IC卡"刷出保健产品，朱某文在博白龙潭有螺旋藻生产基地，向绿冬公司购买保健产品。而诈骗一般没有或者很少有货物经营行为。（2）传销的利益主要依靠传销人自己层层发展下线来获取，没有下线就没有利益。行为人陈述的周周乐IC卡

推广计划的利润来源,主要是建立在购卡者能在消费完原面额后仍继续充值消费的基础上,但这种假设是不现实的。诈骗则虚构事实、隐瞒真相,承诺以定期利息、红利等形式返还巨额利益相引诱。(3) 报表、审计报告、账户清单和行为人供述、证人的证言可证实,行为人已经返还业务员几千万余元的本金及劳务费,可见确有返还大量劳务费,而诈骗返还的款项一般较小。①

组织、领导传销活动罪与诈骗罪的对比见表 1-14-2。

表 1-14-2 组织、领导传销活动罪与诈骗罪的对比

对比要点	组织、领导传销活动罪	诈骗罪
犯罪主体	自然人	
侵犯客体	社会管理秩序(包括公共秩序、司法秩序、国境管理秩序、文物管理秩序、公共卫生秩序)	公私财物的所有权
主观方面	故意,一般要求以骗取财物为目的	故意,具有非法占有目的
客观方面	组织、领导形成了一定的层级的传销组织,采用引诱、胁迫参加者继续发展他人参加或者交纳费用或者购买产品和服务骗取他人财物,并分层级进行提成	使用虚构事实或隐瞒真相的方法,使财物所有人、管理人产生错误认识,从而骗取公私财物
犯罪类型	行为犯	结果犯、数额犯

四、组织、领导传销活动罪量刑标准

根据《刑法》第 224 条之一、《最高人民法院、最高人民检察院、公安部关于办理组织领导传销活动刑事案件适用法律若干问题的意见》以及 2022 年《最高人民检察院、公安部关于公安机关管辖的刑事案件立案追诉标准的规定(二)》的相关规定,涉嫌组织、领导的传销活动人员在 30 人以上且层级在 3 级以上的,对组织者、领导者,应予立案追诉,量刑幅度为 5 年以下

---

① 参见国家法官学院、中国人民大学法学院编:《中国审判案例要览》(2008 年刑事审判案例卷),人民法院出版社、中国人民大学出版社 2009 年版。

有期徒刑或者拘役，并处罚金；具有下列情形之一的，为"情节严重"，量刑幅度为5年以上有期徒刑，并处罚金：（1）组织、领导的参与传销活动人员累计达120人以上的；（2）直接或者间接收取参与传销活动人员缴纳的传销资金数额累计达250万元以上的；（3）曾因组织、领导传销活动受过刑事处罚，或者1年以内因组织、领导传销活动受过行政处罚，又直接或者间接发展参与传销活动人员累计达60人以上的；（4）造成参与传销活动人员精神失常、自杀等严重后果的；（5）造成其他严重后果或者恶劣社会影响的。

第二节 组织、领导传销活动罪的核心辩护要点

一、行为人是否为组织者、领导者

在过去，按照《最高人民法院关于情节严重的传销或者变相传销行为如何定性问题的批复》（现已失效）规定，在传销活动中无论是组织者还是参加者，都可以成为犯罪规制的对象，打击范围较为宽泛。现今刑法对组织、领导传销活动罪的入罪条件进行了限制，只打击组织者、领导者而不以组织、领导传销活动罪处理一般参加者。按照《最高人民法院、最高人民检察院、公安部关于办理组织领导传销活动刑事案件适用法律若干问题的意见》规定，在传销活动中起发起、策划、操纵作用的人员，承担管理、协调等职责的人员，承担宣传、培训等职责的人员，以及曾因组织、领导传销活动受过相关处罚后又发展一定数量人员、形成一定层级的人员，都属于对传销活动的实施、传销组织的建立、扩大等起关键作用的人员，应当被追究刑事责任。而以单位名义实施组织、领导传销活动犯罪的，对于受单位指派，仅从事劳务性工作的人员，一般不予追究刑事责任。因此，在传销犯罪案件的辩护工作中，分析判断行为人是否属于领导者、组织者及其作用大小非常重要，要注重梳理行为人的作用和下线的层级、人数。

另外，需要注意，如果行为人参加了传销组织，其本身发展的下线、数量非常有限，也没有为传销组织进行有关组织、策划、宣传、培训等工作，但其下线中有人"积极性"高、"能力"强，对拓展、壮大传销组织起到关键作用，也不宜认定行为人本身起到了关键作用。

【典型案例】

陈某凤、刘某等组织、领导传销活动案[①]

陈某凤经人介绍加入"97东方商城"，分别缴纳3000元保证金、300元成为"诚信渠道商"、会员。后陈某凤等人向刘某介绍在"97东方商城"网站上买化妆品便宜，还有好处和奖励，被告人刘某给其女儿交纳300元成为陈某凤的下线，后又交纳3000元成为"诚信渠道商"。刘某积极参与、发展下线加入和购物，刘某、陈某凤从中获取利益。经一审、二审审理，法院均认定陈某凤和刘某构成组织、领导传销活动罪。检察院以陈某凤和刘某不是组织者、领导者为由提出抗诉。再审法院认为，陈某凤这一层级的会员除有购物优惠外，并不因其下线销售商品或发展会员而间接获利。刘某虽交纳会费3000元成为"诚信渠道商"，但能够认定其参与的传销活动仅为积极参与、发展下线加入和购物。该案现有证据无法证实陈某凤和刘某系涉案传销组织的发起人、决策人、操纵人，亦无法证实二人在传销组织中担负策划、指挥、布置、协调等重要职责，或者在传销活动实施中起到关键作用，仅能认定二人是传销活动的一般参与人员，原一审、二审判决认定二人构成组织、领导传销活动罪的证据不足，宣告陈某某和刘某某无罪。

谢某某组织、领导传销活动案[②]

谢某某通过"善某汇"会员唐某某加入"善某汇"，积极组织、领导和宣传"善某汇"组织，以高额静态收益和动态收益为诱饵，以发展下线会员

[①] 参见内蒙古自治区高级人民法院刑事判决书，(2018) 内刑再5号。
[②] 参见四川省泸州市中级人民法院刑事裁定书，(2019) 川05刑终109号。

层级的方式获取奖金,引诱参加者继续发展其他人员参加。截至案发,谢某某发展下线会员共83人,层级为3层,获得违法所得6380元。一审法院认为,谢某某发展人数较少,情节显著轻微,危害不大,不认为是犯罪。宣判后,检察院以原判认定事实错误导致适用法律错误为由,提出抗诉。二审法院审理认为,传销组织"善某汇"注册会员500万余人,层级共达75层,谢某某在该案中发展的下级层级仅3层、会员账号仅83个,直接或间接发展的人数仅30余人,发展对象大多为同厂工人,其经人介绍加入该传销组织,发展层级和人数极少,属于该传销组织的初级或低级传销人员,在该传销组织的传销活动中并未起到发起、策划、操纵作用,亦未承担管理、协调、宣传、培训等职责,其行为对"善某汇"组织的建立、扩大并未起到关键性的作用,因此谢某某的行为虽然具有违法性,但其情节显著轻微危害不大,不构成犯罪,因此驳回抗诉,维持原判。

二、行为人主观上是否知情

组织、领导传销活动罪在主观方面表现为直接故意,若行为人不知道自己从事的是传销活动,不构成犯罪。实务中,对于行为人对传销活动是否主观明知,可以从以下角度进行综合判断:行为人是否了解组织的经营状况及组织经营的产品及服务,同时是否清楚该商品或服务不存在或明显低于市场价值;行为人是否认识到成为组织会员需要支付入门费,加入组织后需要发展下线,且个人可以通过发展下线获利;行为人是否可以从日常工作内容、薪资构成、组织吸纳新成员的方式以及亲友或电视网络媒体等渠道了解到该组织是传销组织;等等。

【典型案例】

钟某成等组织、领导传销活动案[①]

一审法院认定,被告人钟某成以牟取非法利益为目的,组织、领导以销

---

① 参见湖北省随州市中级人民法院刑事判决书,(2013)鄂随州中刑终字第00085号。

售电信产品为名，要求参加者以购买"网络电话卡套餐"获得会员资格，并按照推荐关系组成层级，直接或者间接以发展人员的数量作为计酬或者返利依据，引诱参加者继续发展他人参加，骗取财物，扰乱经济社会秩序的传销活动，已构成组织、领导传销活动罪。被告人钟某、梁某甡明知被告人钟某成实施非法传销活动，仍充当被告人钟某成非法组织的协调者、管理者，二被告人的行为也构成组织、领导传销活动罪。宣判后，梁某甡提出上诉，称其仅在他人的指令下从事了传销环节中一些简单的劳务工作，主观上没有犯组织、领导传销活动罪的故意。二审法院认为，从现有的证据来看，只能证实梁某甡受钟某成安排从事果园、房屋租赁管理，并没有参与电话卡销售活动，也没有担负策划、指挥、布置、协调等重要职责，不足以证实梁某甡对钟某成实施传销活动是明知的，其行为不构成组织、领导传销活动罪。后二审法院改判梁某甡无罪。

三、行为人是否具有骗取财物的目的

组织、领导传销活动罪之所以为犯罪，是因为其所规制的传销活动不具备任何经营行为，不创造实际经济价值，而是骗取财物。骗取财物是传销活动、传销犯罪的本质特征，也是领导、组织传销活动罪的构成要件要素。组织、领导传销活动罪要求行为人主观上具有骗取财物的目的，若行为人没有该目的，则不构成该罪。判断是否具备骗取财物的主观目的，仍然可以从是否具有商品或服务，是否有商品和服务但也只是宣传工具，参与者是否真正地生产、销售、使用相关商品，以及宣传内容是否并不关注商品或服务本身质量而是强调假大空的"财富自由""躺平式赚钱""普通人翻身的机会"等客观方面入手。实务中，还可以综合审查行为人所在组织或企业的经营状况、主营业务的内容以及所售商品的品质等，判断该组织或企业是不是正常经营的合法企业。或者，通过分析行为人销售的商品或提供的服务所占的市场份额、发展前景以及竞品销售情况等，判断行为人的行为是不是商业活动

中正常的市场开拓行为、是否具有骗取财物的目的。①

【典型案例】

张某某等非法吸收公众存款、
集资诈骗、组织、领导传销活动案②

法院认为，张某某等人明知广州健康公司并非银行金融机构、不具备直接向社会公众融资的资格，仍以高额回报为诱饵诱骗被害人到公司交纳投资款项，投资款项均由张某某等人自行决定支配，公司会员、管理人员按被害人交纳的投资款获取不等的高额提成。由此可见，张某某等人的行为是以非法融资为主要目的，而不是骗取财物，在犯罪手段上也与传销活动有所区别，不构成组织、领导传销活动罪。

四、是否构成直销

2017 年《直销管理条例》规定，直销是指直销企业招募直销员，由直销员在固定营业场所之外直接向最终消费者推销产品的经销方式。直销是经商务部批准、取得直销经营许可证的合法的经营活动，需要明确区别于传销违法犯罪活动。直销和组织、领导传销活动罪中的传销的区别如下：（1）是否以销售商品或服务为经营核心。直销企业以销售产品作为企业运营的基础，产品有正规的生产厂家，品质有保障，产品价值符合市场价值；组织、领导传销活动罪中的传销组织以发展新成员作为组织发展的基础，产品只是传销组织从事传销活动的噱头或工具，产品质量参差不齐，产品价值远低于市场价值。（2）是不是合法合规的市场主体。直销企业是经过工商注册，证照齐全，合法合规的市场主体；组织、领导传销活动罪中的传销组织多为皮包公

---

① 参见王海：《刺破创新的面纱之销售新模式 or 组织领导传销活动罪》，载兰台律师事务所网站，https：//www. lantai. cn/news_view. aspx？nid =2&typeid =5&id =756，最后访问日期：2024 年 12 月 26 日。

② 参见广东省高级人民法院刑事裁定书，（2017）粤刑终 1014 号。

司，无固定的办公场所和营业地点，是需要打击的违法组织。（3）是否以商品销售情况作为收入的衡量标准。直销企业通过销售商品、提供服务获取利润，其中工作人员的收入只与销售业绩挂钩；组织、领导传销活动罪中的传销组织通过发展下线人员，以下线人员缴纳的"入门费"或投资费作为收益来源，上级人员的收入与发展下线人员的数量挂钩。（4）是否需要交纳"入门费"。直销企业的推销员进入企业无须交付任何"入门费"，也无须购买任何商品；对于组织、领导传销活动罪中的传销组织，参与者一般需要以交纳费用或者购买商品、服务等方式支付"入门费"，获得加入资格。

五、是否构成团队计酬式传销

根据《最高人民法院、最高人民检察院、公安部关于办理组织领导传销活动刑事案件适用法律若干问题的意见》第5条的规定，传销活动的组织者或者领导者通过发展人员，要求传销活动的被发展人员发展其他人员加入，形成上下线关系，并以下线的销售业绩为依据计算和给付上线报酬，牟取非法利益的，是团队计酬式传销活动。以销售商品为目的、以销售业绩为计酬依据的单纯的团队计酬式传销活动，不作为犯罪处理。形式上采取团队计酬方式，但实质上属于"以发展人员的数量作为计酬或者返利依据"的传销活动，应当依照《刑法》第224条之一的规定，以组织、领导传销活动罪定罪处罚。组织、领导传销活动罪打击的是诈骗型传销，而团队计酬式传销属于经营型传销。团队计酬式传销可分为单纯的和不单纯的两类，单纯的团队计酬式传销，在我国不构成犯罪，仅在当前行政立法现状下属于行政违规；而不单纯的团队计酬式传销，情节严重的，可能涉嫌非法经营罪。团队计酬式传销活动和组织、领导传销活动罪中的传销活动的区别如下：（1）是不是以销售商品为目的。团队计酬式传销活动以销售商品为目的，存在正常的商品销售过程；组织、领导传销活动罪中的传销组织以发展下线人员数量，赚取"入门费"或投资费为目的，虽以推销商品、提供服务等经营活动为名，但无实际的商品销售及服务提供过程。（2）是否需要交纳"入门费"。团队计酬式传销活动的参与者加入时，无须交付"入门费"，也无须购买商品。对于组织、领导传销活动罪中的传销组织，参与者一般需要以交纳费用或者购买商品、服务等方式支付"入门费"，获得加入资格。（3）是否以商品销售情况作为收入的衡量标准。团队计酬式传销活动通过销售商品、提供服务获取销售利润，其中的参与人员的收入与销售业绩挂钩。组织、领导传销活动罪中的传销组织通过发展下线人员，以下线人员交纳的"入门费"或投资费作为收益来源，参与人员的收入与其发展下线人员的数量挂钩。

【典型案例】

丁某某等组织、领导传销活动案[①]

该案中，法院认为乙连公司会员的参加者购买产品的根本目的不是使用、销售、消费产品，而是注册会员，获取发展会员的资格，最终获得公司的返利。从乙连公司的经营模式和奖励制度来看，丁某莲等人名义上是通过设立省、市、县三级代理销售商品，但其实质是通过网站宣传或人员相互介绍，使购买者在购买成本与售价存在巨额差价的产品后获得会员资格，会员再次获得公司销售产品的返利是继续发展人员予以购买公司产品，会员资格的吸引力不在于可以优惠购买产品，而在于可以发展下线并获取返利。乙连公司要求参加者以向公司购买产品的方式获得加入资格，直接或者间接以发展人员的数量作为计酬或者返利依据，发展人员是获得返利的前提和必要条件，上线的收入主要源于下线人员为了获取会员资格及返利而购买公司的产品，发展人员越多，其收入就越高，其行为具有骗取财物的性质。因而该案不属单纯团队计酬式传销。

六、组织成员是否按照一定顺序组成层级，是否以发展人员的数量作为计酬或返利的依据

组织、领导传销活动罪中的层级是指传销组织中的传销人员之间按照一

[①] 参见湖北省孝感市中级人民法院刑事裁定书，（2020）鄂09刑终68号。

定顺序组成并以此作为其计酬和返利依据的上下线关系层次级别。这里的层级指的是一种架构上的发展与被发展的线性关系，而非传销活动中不同参与者在组织中所处的身份等级。层级是传销组织的组织结构特征和核心要素，只有确立了层级，传销人员之间的上下线关系和计酬返利依据才得以确定，传销组织才能够成立，也才可能实施"组织、领导传销活动"的行为。若组织成员之间并未构成上下线的关系层级，则不符合组织、领导传销活动罪的构成要件。

层级性的计酬或返利机制也是组织、领导传销活动罪的重要特征。以直接或间接发展人员的数量作为计酬或返利的依据，一方面使金字塔形结构的传销组织有足够的收益维持形态稳定和正常运转；另一方面又密切联系了组织中上下级间的关系，促使组织成员积极发展下线，扩大规模。若组织成员并非直接或间接以发展人员的数量作为计酬或返利的依据，也不符合组织、领导传销活动罪的构成要件。

【典型案例】

史某涛等集资诈骗、非法吸收公众存款案[1]

被告人史某涛通过网上购买软件、租用国外服务器，建立名为"中金财富"的投资平台，对外以投资购买股份的名义，虚构投资回本快、收益高的事实，非法获取社会公众投资款。被告人张某辉经朋友介绍通过"中金财富"平台投资后，伙同被告人佟某春向社会公众公开宣传投资入股，吸收社会公众资金。

法院认为，被告人史某涛虽然通过王某蔚、张某辉等人骗取财物，但他们之间并不构成组织、领导传销活动罪中的上、下线关系，没有形成3级以上的层级；史某涛返利的依据是投资人投资数额的多少，并非投资人的数量，因此，被告人史某某的行为不符合组织、领导传销活动罪的构成要件。

---

[1] 参见山东省日照经济技术开发区人民法院刑事判决书，(2019) 鲁1191刑初83号。

闫某松等诈骗案[①]

该案中,法院认为闫某松等共同预谋犯罪,采取依托公司销售红酒投资资产包获得股权的方式,吸引投资者。通过支付的方式可以看出是由投资者直接或者间接将投资款打入闫某松控制的账户,所有资金由闫某松实际控制,其根据每个会员的投资款的数额进行返利,发展会员的上级人员并不是依照发展下线人员的数量作为返利的依据,会员之间亦没有按照一定的顺序形成3级以上的层级,故闫某松等不构成组织、领导传销活动罪。

陈某某等集资诈骗案[②]

陈某某等成立聚富宝公司,通过虚假宣传公司的背景,在没有任何具体经营项目的情况下,夸大投资前景,变相承诺高息分红、消费返利,引诱公众投资以该公司为依托的聚富宝网络投资平台,在获得被害人的投资后,没有设立公司账户及财务制度对投资款项予以管理,亦未进行任何经营、投资行为,而是以股东分红、业绩奖励、虚假交易获得平台积分后提现等各种方式非法占有投资款。法院认为,该案系通过承诺高息分红、消费返利的方式引诱他人投资,并非主要以直接或间接发展人员的数量作为计酬或返利的依据,故不构成组织、领导传销活动罪。

七、组织、领导的参与传销活动人员人数是否达到了30人以上,层级是否达到了3级以上

按照《最高人民法院、最高人民检察院、公安部关于办理组织领导传销活动刑事案件适用法律若干问题的意见》的规定,"层级"和"级"系指组织者、领导者与参与传销活动人员之间的上下线关系层次,而非组织者、领导者在传销组织中的身份等级。

对传销组织内部人数和层级数的计算,以及对组织者、领导者直接或者间接发展参与传销活动人员人数和层级数的计算,包括组织者、领导者本人

[①] 参见江苏省徐州市中级人民法院刑事判决书,(2020)苏03刑终85号。
[②] 参见广东省梅州市中级人民法院刑事判决书,(2020)粤14刑终62号。

及其本层级在内。该解释虽不能算作对《刑法》第224条之一中"层级"作出的规范定义，但其基本含义与国家工商行政管理局（已撤销）发布《传销管理办法》一致，主要用以区分"层级"通常意义上的其他含义。这一规定包含了以下几种含义：第一，层级是参加者在获得加入资格后所组成的，层级的主体是参加者。第二，层级是指组织者、领导者与传销活动人员之间的上下线关系层次。第三，组织者、领导者所在本层级计入传销组织内部层级数，但不应包括传销组织内部的最底层。

结合2022年《最高人民检察院、公安部关于公安机关管辖的刑事案件立案追诉标准的规定（二）》的立案追诉标准，"涉嫌组织、领导的传销活动人员在三十人以上且层级在三级以上的，对组织者、领导者，应予立案追诉""本规定中的'以上'，包括本数"，若行为人所组织、领导的传销组织层级和人数未达到该追诉标准，不构成组织、领导传销活动罪。

【典型案例】

王某芳等非法拘禁案[1]

被告人王某芳于2015年5月左右开始在闽侯县青口镇传销窝点担任传销组织中第三层级"业务主任"中的"小主任"一职，管理传销窝点的一般日常事务及人员分工调配，发展新成员，收取传销人员购买产品的费用并上交，通过"串寝"的方式向传销组织的参加者灌输传销理论知识，发展传销组织，并负责安排传销窝点的日常事务及管理传销窝点的人员。

一审法院认为，被告人王某芳的行为构成组织、领导传销活动罪。宣判后，王某芳提出上诉，认为王某芳窝点成员人数并未达到30人以上，不应将潘某清窝点的人数计算在内，王某芳的行为不应构成组织、领导传销活动罪。二审法院认为，现无证据证实王某芳对潘某清所在窝点具有组织、领导或是协助组织、领导之行为，亦无证明证实王某芳从潘某清窝点人员处获取报酬或返利；在认定王某芳组织、领导的传销人员数量时不应将潘某清窝点的人

---

[1] 参见福建省福州市中级人民法院刑事判决书，(2016)闽01刑终911号。

员包含在内。现有证据不能证实王某芳所组织、领导的参与传销活动人员达到30人以上，其行为尚未达到组织、领导传销活动罪所要求的人数标准，故王某芳不构成组织、领导传销活动罪。

曾某贤等非法经营案[①]

曾某贤等人以某公司发展经销商的名义发展下线，以高额回馈为诱饵，向他人推广传销产品，同时组织策划传销，诱骗他人加入，要求被发展人员交纳入会费用，取得加入和发展其他人员加入的资格，并要求被发展人员发展其他人员加入，以下线的发展成员业绩为依据计算和给付报酬，牟取非法利益。一审法院认为，曾某贤等人从事非法经营活动，扰乱市场秩序，均构成非法经营罪。二审法院认为，虽然曾某贤等人的行为客观上符合组织、领导传销活动的行为特征，但由于曾某贤等人组织、领导的传销活动人员不足30人，亦没有相应证据证明该传销体系的层级在3级以上，按照疑罪从无原则，依法改判曾某贤无罪。

八、行为人是不是组织、领导传销活动共同犯罪中的从犯

在传销活动的组织者、领导者构成组织、领导传销活动罪共同犯罪的情况下，其内部仍可根据各自在共同犯罪中起的作用区分主从犯。对于行为人在传销活动中未起到发起、策划、操作作用，也没有承担管理、协调等职责，仅在部分区域组织发展人员的，根据其在共同犯罪中的地位和实际所起作用，可以认定为从犯。

【典型案例】

宿某、邓某等组织领导传销活动案

（人民法院案例库入库案例：2024-03-1-168-002）[②]

法院生效裁判认为，被告人宿某、徐某、张某组织、领导整个传销组织

---

① 参见广东省深圳市中级人民法院刑事判决书，(2011) 深中法刑二终字第619号。
② 参见山东省滨州市中级人民法院刑事裁定书，(2022) 鲁16刑终203号。

开展传销活动，在共同犯罪中起主要作用，系主犯；被告人邓某、张某梅、王某、杨某仅在各自的分工内组织、领导传销活动，在共同犯罪中起次要作用，系从犯，依法减轻处罚。张某、徐某所起作用较宿某稍小，被告人杨某、王某、邓某所起作用较张某梅稍小，量刑时酌情予以考虑。综合各被告人在组织领导传销活动中的地位、作用、发展人员数量等基本事实以及各量刑情节，对各被告人予以区别量刑。其中，邓某在公司享有6%股份，实际获取股份分红15万元，且所处层级为第二层，积极发展人员，发展下线11层1406人，从平台非法提现192,464.23元；邓某作为获取分红的公司股东，积极发展下线人员，根据其在公司的地位、层级、发展人员数量等，依法认定其为从犯。

第十五章　拒不执行判决、裁定罪

第一节　拒不执行判决、裁定罪的定罪与量刑

一、拒不执行判决、裁定罪的罪名概述

拒不执行判决、裁定罪是指对人民法院的判决、裁定，有能力执行而拒不执行，情节严重的行为。《刑法》第313条规定："对人民法院的判决、裁定有能力执行而拒不执行，情节严重的，处三年以下有期徒刑、拘役或者罚金；情节特别严重的，处三年以上七年以下有期徒刑，并处罚金。单位犯前款罪的，对单位判处罚金，并对其直接负责的主管人员和其他直接责任人员，依照前款的规定处罚。"

"执行难"是当前我国司法领域的突出问题，尤其是近些年金融、房地产领域逃废债问题较为突出。最高人民法院执行局法官在《人民司法》期刊发文统计[1]，2023年全国法院来信来访反映有财产拒不履行案件65,550件，人民法院以拒不执行判决、裁定罪判处罪犯4246人，而2024年1月至10月，人民法院以拒不执行判决、裁定罪判处罪犯5289人，打击拒不执行判决、裁定罪力度及犯罪人数呈现上升趋势。拒不执行判决、裁定罪作为惩戒"老赖"的首要罪名，在维护司法权威、保障法律公信力的过程中发挥着重要作用。2024年10月30日，最高人民法院、最高人民检察院联合公布《关

---

[1] 参见黄文俊、毛立华等：《关于〈拒不执行判决、裁定罪司法解释〉的理解与适用》，载《人民司法》2024年第27期。

于办理拒不执行判决、裁定刑事案件适用法律若干问题的解释》，该司法解释的颁布代表国家开始加大对拒不执行判决、裁定行为的惩治力度。

拒不执行判决、裁定罪的立法沿革体现出我国对该罪的打击力度不断加深。拒不执行判决、裁定行为最早规定于1979年《刑法》，当时拒不执行判决、裁定的行为被视为妨害公务的一种表现，并与妨害公务罪规定在同一条文中。直到1997年《刑法》修订，拒不执行判决、裁定罪才作为一个单独罪名规定在《刑法》第313条。2002年《全国人民代表大会常务委员会关于〈中华人民共和国刑法〉第三百一十三条的解释》发布，明确拒不执行判决、裁定罪条文中的"人民法院的判决、裁定"和"有能力执行而拒不执行，情节严重"的含义。2015年《刑法修正案（九）》对拒不执行判决、裁定罪进行重要修正，修正后的拒不执行判决、裁定罪，法定刑提升，增加了"情节特别严重"，并将单位纳入拒不执行判决、裁定罪的犯罪主体中。

二、拒不执行判决、裁定罪的定罪要点

根据《刑法》第313条，拒不执行判决、裁定罪的定罪要素有三：其一，行为人有能力执行判决、裁定。其二，行为人拒不执行判决、裁定。其三，情节严重。上述行为人指的是负有执行义务的人，包括自然人和单位。实践中，司法机关对拒不执行判决、裁定罪的追诉较为慎重，很多情况下，需要申请执行人主动介入推动案件。这要求控告人或自诉人必须充分把握拒不执行判决、裁定罪的认定要点，才能有效推动案件。

（一）"有能力执行"的认定

根据2024年《最高人民法院、最高人民检察院关于办理拒不执行判决、裁定刑事案件适用法律若干问题的解释》第5条，有能力执行是指负有执行义务的人有全部执行或者部分执行给付财产义务或履行特定行为义务的能力。在认定负有执行义务的人的执行能力时，应当扣除负有执行义务的人及其所扶养家属的生活必需费用。司法实践中，判断行为人是否"有能力执行"需要通过行为人的财产状况及行为进行推定。在财产给付型执行案件中，可通

· 287 ·

过查控被执行人的财产情况进行判定。以判决、裁定生效为节点，被执行人存有的财产扣除自己生活及抚养家属等必要的生活开支后，有剩余财产的，或者行为人存在赌博、旅游、娱乐消费等非生活必要开支的，则可认定行为人"有能力执行"。当行为人有隐匿、转移、无偿赠与财产的行为时，法院直接推定行为人"有能力执行"。在履行特定行为的执行案件中，如在探视权案件中，基于行为人的行动和意志自由，无特殊情况，一般直接推定行为人有执行能力。

"有能力执行"并非指有能力一次性履行全部裁判。有部分履行能力也属于刑法意义上的"有能力执行"。在龙某某拒不执行、判决裁定案（《刑事审判参考》第1204号案例）中，龙某某被法院判决与沈某某连带赔偿原告19万余元。案件执行过程中，龙某某失联，未按要求申报财产，亦未履行判决，相关法律文书只能由家人转交。经查，龙某某名下有轿车，且有一定的经济收入。在司法拘留15日后，龙某某仍未履行判决。法院认为，在生效判决执行期间，龙某某有车辆，有收入，还曾出境旅游、赌博。履行能力的大小不能等同于履行能力的有无，即使其没有能力一次性履行全部给付义务，也可以分次履行或者部分履行，但龙某某无视法院判决，既不申报财产也不履行判决，属于有能力执行而拒不执行判决。

（二）"拒不执行"的认定

拒不执行判决、裁定的行为较为多样。根据行为性质及导致的后果不同，实践中可分为四种类型：第一类，处置财产。此类拒不执行行为主要针对的是被执行人或担保人自身的财产，实务中较为常见。例如，隐藏、转移、故意损毁财产，无偿转让财产、以明显不合理的低价转让财产，处置作为担保的财产。第二类，默不作为。在履行特定行为的执行案件中，行为人无视裁判，无动于衷。该类行为包括协助执行义务人拒不履行协助义务。第三类，对抗执行。该类行为包括殴打、围攻执行人员，抢走执行标的，威胁、恫吓执行人员。行为人通过该种方式阻碍法院正常的执行活动。第四类，违反执行程序义务。例如，违反限制高消费令，拒不申报财产等。

拒不执行判决、裁定的行为方式多样。根据2002年《全国人民代表大会常务委员会关于〈中华人民共和国刑法〉第三百一十三条的解释》以及2024年《最高人民法院、最高人民检察院关于办理拒不执行判决、裁定刑事案件适用法律若干问题的解释》第3条，拒不执行判决、裁定的具体行为包括：（1）被执行人隐藏、转移、故意毁损财产或者无偿转让财产、以明显不合理的低价转让财产；（2）担保人或者被执行人隐藏、转移、故意毁损或者转让已向人民法院提供担保的财产；（3）协助执行义务人接到人民法院协助执行通知书后，拒不协助执行；（4）被执行人、担保人、协助执行义务人与国家机关工作人员通谋，利用国家机关工作人员的职权妨害执行；（5）以放弃债权、放弃债权担保等方式恶意无偿处分财产权益，或者恶意延长到期债权的履行期限，或者以虚假和解、虚假转让等方式处分财产权益；（6）实施以明显不合理的高价受让他人财产、为他人的债务提供担保等恶意减损责任财产的行为；（7）伪造、毁灭、隐匿有关履行能力的重要证据，以暴力、威胁、贿买方法阻止他人作证或者指使、贿买、胁迫他人作伪证，妨碍人民法院查明负有执行义务的人财产情况；（8）具有拒绝报告或者虚假报告财产情况、违反人民法院限制消费令等拒不执行行为，经采取罚款、拘留等强制措施后仍拒不执行；（9）经采取罚款、拘留等强制措施后仍拒不交付法律文书指定交付的财物、票证或者拒不迁出房屋、退出土地；（10）经采取罚款、拘留等强制措施后仍拒不履行协助行使人身权益等作为义务；（11）经采取罚款、拘留等强制措施后仍违反人身安全保护令、禁止从事相关职业决定等不作为义务，造成被害人轻微伤以上伤害或者严重影响被害人正常的工作生活的；（12）以恐吓、辱骂、聚众哄闹、威胁等方法或者以拉拽、推搡等消极抗拒行为，阻碍执行人员进入执行现场；（13）毁损、抢夺执行案件材料、执行公务车辆和其他执行器械、执行人员服装以及执行公务证件；（14）通过虚假诉讼、虚假仲裁、虚假公证等方式妨害执行；（15）聚众冲击执行现场；（16）以围攻、扣押、殴打等暴力方法对执行人员进行人身攻击；（17）因拒不执行，致使申请执行人自杀、自残或者造成其他严重后果；（18）其他有能力执行而拒不执行，情节严重、情节特别严重的情形。

实施拒不执行判决、裁定行为的时间一般限于判决、裁定发生法律效力后。但是，行为人为了逃避执行义务，在诉讼开始后、裁判生效前实施隐藏、转移财产的，也可构成拒不执行判决、裁定罪。实务中，存在被执行人利用执行和解程序暂时逃避法院强制执行措施的情况，行为人拒不履行和解协议的，属于拒不执行判决、裁定行为。

(三)"情节严重"的认定

构成拒不执行判决、裁定罪，需要达到"情节严重"的后果。立法上，"情节严重"主要体现为"致使判决、裁定无法执行"或"致使执行工作无法进行"，前者包括致使判决、裁定"部分"无法执行以及"暂时"无法执行。对"致使判决、裁定无法执行"的判定依赖于法院是否已穷尽一切执行措施。在给付财产的执行案件中，主要以无法执行的标的额为判定标准，且不同地区的金额标准不同。以浙江省为例，根据2012年《浙江省高级人民法院关于部分罪名定罪量刑情节及数额标准的意见》第83条，拒不执行判定、裁定行为致使无法执行的标的额在5万元以上，或者虽然不满5万元但造成其他严重后果的，属于"情节严重"。根据2024年《最高人民法院、最高人民检察院关于办理拒不执行判决、裁定刑事案件适用法律若干问题的解释》第4条，以下拒不执行行为属于"情节特别严重"的行为：(1)通过虚假诉讼、虚假仲裁、虚假公证等方式妨害执行，致使判决、裁定无法执行的；(2)聚众冲击执行现场，致使执行工作无法进行的；(3)以围攻、扣押、殴打等暴力方法对执行人员进行人身攻击，致使执行工作无法进行的；(4)因拒不执行，致使申请执行人自杀、自残或者造成其他严重后果的；(5)其他情节特别严重的情形。

司法实践中，除以无法执行的标的额为"情节严重"的判定标准，法院会根据行为人拒不执行行为的恶劣程度、持续时间，行为人是否被采取司法强制措施，行为人的主观恶性程度，是否使法院执行受到阻碍来综合判定"情节严重"。执行行为涉及民生排水、环境排污、噪声污染的，拒不执行行为相对更恶劣。根据2024年《最高人民法院、最高人民检察院关于办理拒不执行判决、裁定刑事案件适用法律若干问题的解释》第10条，被执行人拒不执行支付赡养费、扶养费、抚养费、抚恤金、医疗费、劳动报酬等影响申请执行人基本生活款项的，应当从重处罚。在朱某南拒不执行判决、裁定案（《刑事审判参考》第968号案例）中，朱某南被宜兴市人民法院于2008年判决支付168万元及利息。同年12月，因朱某南未履行生效判决，该案进入执行阶段，执行期间朱某南以无执行能力为由拒不执行生效判决，并且未向人民法院申报财产，被法院司法拘留15日。2009年，朱某南花费102万元向某公司购买液压挖掘机一台。为隐藏财产，逃避法院执行，朱某南以亲戚王某兵的名义与该公司签订工程机械按揭销售合同，支付首付款30.6万元，并以王某兵的名义与南京银行新港支行签订个人经营性借款合同，贷款71.4万元支付挖掘机款。2012年，朱某南还清贷款。但朱某南依旧未如实申报财产，故意向法院隐瞒购买挖掘机的事实。该案法院认为，朱某南拒不执行判决行为从2008年持续到2013年，时间持续久，致使法院动用了大量人力、物力和财力；涉及拒不执行金额巨大；朱某南在司法拘留后，仍无视法院的执行督促、财产申报要求，主观恶性大。最终判决朱某南构成拒不执行判决、裁定罪。

拒不执行判决、裁定罪既可以通过公诉程序启动，也可以通过自诉程序启动。追究负有执行义务人拒不执行判决、裁定罪的途径有以下三种，以公诉程序为主。

由人民法院移送公安机关立案的途径相较于其他启动途径，追诉成功率更高。根据2007年《最高人民法院、最高人民检察院、公安部关于依法严肃查处拒不执行判决裁定和暴力抗拒法院执行犯罪行为有关问题的通知》第7条，人民法院在执行判决、裁定过程中，如若发现被执行人有拒不执行行为，且情节严重涉嫌犯罪的，应当依职权将案件移送公安机关立案侦查。实践中，申请执行人对被执行人财产变动情况更为敏感，有率先洞察被执行人拒不执行行为的优势。若掌握一定证据，申请执行人可主动向人民法院申请将案件移送公安机关立案处理。这个过程中，申请执行人提供的被执行人涉嫌犯罪的线索越多、越精确，启动移送程序的概率越高。对于难以掌握的证据，申请执行人可向法院申请调查令调查。以下证据可作为申请执行人调查和收集的重点：（1）被执行人隐藏、转移、低价转让或无偿转让财产的证据，主要体现于被执行人名下银行、支付宝、微信流水，车辆、不动产转让记录中。（2）拒绝交付财物的证据，如故意毁损特定财物的照片、视频等。（3）违反法院强制执行措施的证据，如违反限制高消费措施，出入高消费场所、旅游等。（4）虚假诉讼、仲裁、和解的证据等。

法院未将案件移送公安机关立案的，申请执行人也可直接向执行法院所在地公安机关提起刑事控告。该途径一般要求控告人提供必要的控告材料，包括：刑事控告书、法院判决书、执行裁定书以及被执行人拒不执行判决、裁定的证据及线索。考虑到实践中公安机关对于此类案件的处理较为慎重，在证据的收集上应尽量做到翔实、充分。公安机关应当立案而不予立案的，申请执行人可向人民检察院提起立案监督。

不同于其他自诉案件，本罪提起自诉具有条件限制。提起拒不执行判决、裁定罪自诉的前置条件是申请执行人已向公安机关提起过控告，但公安机关、人民检察院对被执行人决定不予追究刑事责任。不予追究刑事责任的表现形式包括不予立案或不予起诉。根据 2018 年《最高人民法院关于拒不执行判决、裁定罪自诉案件受理工作有关问题的通知》第 1 条，公安机关不予接受控告材料或者在接受控告材料后 60 日内不予书面答复的，人民法院可以以自诉案件立案审理。另外，不同地区对拒不执行判决、裁定罪自诉案件受理程序有不同要求。以浙江省为例，根据 2016 年《浙江省高级人民法院关于拒不执行判决、裁定刑事案件适用刑事自诉程序的意见（试行）》第 2 条、第 3 条，以下情形属于公安机关或人民检察院不予追究刑事责任的情形，申请执行人可以向人民法院提起自诉：（1）公安机关、人民检察院出具不予立案通知书或不起诉决定书的；（2）公安机关、人民检察院不予接收申请执行人报案材料或者超过 15 日不予答复的；（3）人民法院以涉嫌构成拒不执行判决、裁定罪向公安机关移送的案件，公安机关作出不予立案的决定并予以退回或公安机关超过15日不予答复，或公安机关侦查结束移送人民检察院，人民检察院作出不起诉决定的。

需要注意的是，刑事案件相对于民事案件的证明标准更高，以排除合理怀疑为标准。这要求自诉人提供的证据链条需证明被告人犯罪事实清楚，证据确实充分，符合刑法上拒不执行判决、裁定罪的构成要件。在最高人民法院发布的典型案例藏某稳拒不执行判决、裁定案中，袁某飞等人因藏某稳在获得足以执行生效判决的拆迁款后拒不执行判决、裁定，向公安机关提出控告，公安机关不予受理。后袁某飞等人向法院提起自诉，并向法院提交了充实的证据。北京市房山区人民法院审理认为，被告人藏某稳，转移财产，逃避执行，致使判决长达3年无法执行，严重侵害了自诉人的合法权益及人民法院的司法权威，构成拒不执行判决罪。①

四、拒不执行判决、裁定罪的量刑标准

拒不执行判决、裁定罪的量刑根据情节进行区分。2024年《最高人民法院、最高人民检察院关于办理拒不执行判决、裁定刑事案件适用法律若干问题的解释》第3条、第4条分别列举了"情节严重"和"情节特别严重"的常见情形。司法实践中，法官对于拒不执行判决、裁定罪的刑罚裁量权较大，一般会根据行为人拒不执行行为的主、客观状况作出综合考量。具体可见表1-15-1。

表1-15-1　拒不执行判决、裁定罪的量刑标准

序号	档次	具体情形	法定刑
1	情节严重	对于人民法院的判决、裁定，有能力执行而拒不执行，致使判决、裁定无法执行或者致使执行工作无法进行（浙江省无法执行的标的额需达到5万元以上，或者虽然不满5万元但造成其他严重后果）	3年以下有期徒刑、拘役或者罚金

---

① 参见《人民法院依法打击拒不执行判决、裁定罪典型案例》，载最高人民法院网站，https://www.court.gov.cn/zixun/xiangqing/100102.html，最后访问日期：2025年1月27日。

续表

序号	档次	具体情形	法定刑
2	情节特别严重	（1）通过虚假诉讼、虚假仲裁、虚假公证等方式妨害执行，致使判决、裁定无法执行的 （2）聚众冲击执行现场，致使执行工作无法进行的 （3）以围攻、扣押、殴打等暴力方法对执行人员进行人身攻击，致使执行工作无法进行的 （4）因拒不执行，致使申请执行人自杀、自残或者造成其他严重后果的 （5）其他情节特别严重的情形	3年以上7年以下有期徒刑，并处罚金

第二节　拒不执行判决、裁定罪的核心辩护要点

拒不执行判决、裁定罪的辩护逻辑，可依照拒不执行判决、裁定罪的定罪要点展开。如前文所述，拒不执行判决、裁定罪的认定要点主要有三：具有执行能力；拒不执行判决、裁定；情节严重。围绕这三个要点，结合行为人涉案后最终执行情况，以及是否得到申请执行人谅解等，综合制订有效辩护策略。本节以此逻辑总结了拒不执行判决、裁定罪的核心辩护要点，并附上典型案例以做参考。

一、行为人是否具有执行能力

行为人有无执行判决、裁定的能力，是判定行为人是否构成拒不执行判决、裁定罪的关键，也是辩护人首要考虑的辩护要点。行为人具有执行能力而拒不执行判决、裁定，反映出行为人对于司法权威的蔑视，进而侵害了本罪所保护的客体。在财产给付的执行案件中，对是否具有执行能力的判定，依赖于法院对被执行人财产状况的全面查控。同时基于人性化考虑，需留给被执行人必要的生活及抚养费用。一些案件中，被执行人有少量合理的资金

流动,不足以被评价为具有执行能力。辩护人在辩护的过程中,针对具有执行能力的证据,如转账流水、消费记录等,要探析这些消费或转账的真正目的,必要时可提出合理使用的证据,如基于抚养家属的必要开支。相反,如若现有证据不能证明行为人具有执行能力,则其不构成拒不执行判决、裁定罪。

【典型案例】

刘某信犯拒不执行判决、裁定案[1]

2010年12月康定市人民法院判决刘某信退还张某强办证费449,998.9元。刘某信上诉后,甘孜藏族自治州中级人民法院于2011年5月维持原判。刘某信位于成都市新都镇的房产被康定市人民法院查封。2011年6月,张某强申请强制执行,上述房产被续封至2015年。2014年,双方同意刘某信分期履行判决,每月扣划其养老保险金1500元。2015年刘某信将该房产产权变更为与其妻子周某某按份共有,自己仅占1%。2016年,康定市人民法院对刘某信强制扣划执行款项。自2017年2月起,刘某信每月主动汇款1500元至法院专户。张某强于2019年7月22日向康定市人民法院对刘某信提起拒不执行判决、裁定罪的刑事自诉。法院审理认为,首先,被告人刘某信虽于民事判决生效后将房产的份额99%转移给其妻子,但该房仍系刘某信唯一住房,且该房有其五位亲属居住,无法认定其具有执行能力;其次,刘某信每月向康定市人民法院诉讼费及案款专户汇款1500元,已实际履行生效民事判决,且张某强对该履行方式知晓并同意。综上,法院判决刘某信无罪。

王某宇拒不执行判决、裁定案[2]

2015年8月7日,云南省永胜县人民法院作出(2015)永民初字第405号民事判决书,判决王某宇在判决生效后15日内偿还赵某星人民币198,000元及利息522.7元,案件受理费4350元由王某宇承担。判决生效后,王某宇

---

[1] 参见四川省甘孜藏族自治州康定市人民法院刑事判决书,(2019)川3301刑初29号。
[2] 参见云南省丽江市中级人民法院刑事裁定书,(2020)云07刑终28号。

未履行。案件进入执行程序,其间法院多次终结本次执行,理由是王某宇无财产可供执行。后自诉人赵某星于2019年11月5日以拒不执行判决、裁定罪向永胜县人民法院提起自诉。一审法院云南省永胜县人民法院认为,王某宇不构成拒不执行判决、裁定罪,理由是现有证据可以印证王某宇没有车,没有房,只有几亩土地,连子女的读书、生活都管不了,其间王某宇部分履行执行判决的钱款皆源于借款,通过查阅所有在案证据材料,不能证实王某宇具有执行能力而拒不执行生效判决、裁定。二审法院云南省丽江市中级人民法院维持原判,认为王某宇无罪。

二、行为人客观上是否有拒不执行的行为

拒不执行判决、裁定罪的核心在于行为人是否有拒不执行行为。行为人无实质拒不执行行为的,不构成本罪。未履行裁判不等同于拒不执行裁判,实践中,仍需探究行为人未履行裁判的原因。一些行为人虽然言语上抗拒执行,但在法院采取强制执行措施时,未予以阻挠,执行工作能够顺利进行;一些行为人虽然未主动申报财产,但在法院查明财产状况后,愿意配合执行,以上行为均不属于实质上的拒不执行行为。不可否认,一些被执行人因民事判决、裁定未达到心理预期而不愿主动履行,又或存在消极履行情绪。作为辩护人,需界分普通的消极执行情绪和实质的拒不执行行为。客观上未采取转移财产、阻挠执行等较为明显的对抗行为的,不属于拒不执行判决、裁定行为。

【典型案例】

曹某某拒不执行判决、裁定案[1]

在孙某诉曹某某排除妨害、赔偿财产损害纠纷一案中,2014年1月24日,沭阳县人民法院作出(2013)沭开民初字第0892号民事判决书,判决曹某某搬出沭阳县海宁皮革城广东路30号商铺,并赔偿孙某租金损失。2014年

---

[1] 参见江苏省宿迁市中级人民法院刑事判决书,(2016)苏13刑终226号。

7月15日，孙某向沭阳县人民法院申请强制执行，法院立案后于同年10月8日向曹某某送达了执行通知书等相关材料，并公告要求曹某某在10日内迁出涉案商铺，逾期将强制执行。然而，曹某某未履行义务，并于同年10月11日因拒不履行生效法律文书被司法拘留15日。拘留期间，曹某某表示对判决不服，要申请再审。2014年11月13日，沭阳县人民法院裁定冻结曹某某银行存款6万元，当天，执行人员与曹某某谈话，要求其给付租金、迁让房屋，曹某某称要等江苏省高级人民法院申诉结果。2014年11月17日，曹某某申请暂缓执行，被沭阳县人民法院拒绝。2015年4月17日，江苏省高级人民法院驳回曹某某的再审申请。从孙某申请强制执行至2015年2月10日，法院未对曹某某采取强制搬迁措施。直至2016年3月18日，在曹某某被羁押期间，法院才采取强制执行措施，将商铺内的物品搬出并存放在指定处所，最终将商铺交付给孙某。经沭阳县人民法院判决，曹某某构成拒不执行判决、裁定罪。后曹某某上诉，江苏省宿迁市中级人民法院认为，曹某某有能力履行迁让房屋义务，但其仅言语拒绝迁出，未采取实际对抗或阻挠执行行为，不足以阻碍法院强制执行或导致判决无法执行，不属于"有能力执行而拒不执行，情节严重"的情形，不构成拒不执行判决、裁定罪。

赵某广、陆某云拒不执行判决、裁定案[①]

被告人赵某广于2014年5月至12月间，多次向自诉人聂某平借款共计118万元，用于建设杨楼阳光小区，并由被告人陆某云作为担保。因无法还款，双方于2016年达成协议，同意聂某平出售该小区的部分房产用以抵债，但未成功。随后，聂某平提起民事诉讼，安徽省萧县人民法院于2017年2月作出（2016）皖1322民初5552号民事判决书，判决赵某广夫妻偿还本金118万元及利息。判决生效后，两被告人未履行义务，聂某平于2017年5月申请强制执行。法院向两被告人发出执行通知书等文书，赵某广申报了部分财产，但未提及杨楼阳光小区房产，陆某云未申报财产。经查询，二人名下

[①] 参见安徽省萧县人民法院刑事判决书，（2020）皖1322刑初2号。

无其他可供执行的财产。在执行过程中，萧县人民法院两次司法拘留赵某广，督促其履行义务，并对赵某广开发的杨楼阳光小区房产进行查封。赵某广表示愿以其开发的杨楼阳光小区房产抵债。法院认为，被告人赵某广、陆某云在执行法院判决时未申报其开发的杨楼阳光小区房产，属于拒绝申报或虚假报告财产的情形。但赵某广被司法拘留期间，表示愿以其开发的杨楼阳光小区房产抵债，对查封无异议并清空房屋，不属于拒不执行的行为，不构成拒不执行判决、裁定罪。

三、行为人拒不执行判决、裁定行为是否"情节严重"

构成拒不执行判决、裁定罪必须有"情节严重"的后果，否则违反刑法的谦抑性原则。辩护人在辩护的过程中，不仅要考虑拒不执行行为导致的无法执行的标的额，还要考虑行为人在执行过程中对司法权威的忽视程度。对于轻微的拒不执行行为或者并非行为人主观故意导致的不能执行的后果，不能将其评价为"情节严重"。在一部分案例中，无法执行或不能执行的后果往往由多方面原因造成，如法院执行行为是否规范、执行措施是否充分等。不规范、不充分的执行措施将会导致被执行人难以配合和协助执行。以"致使判决、裁定无法执行"为例，对该结果的判定依赖于法院是否穷尽执行措施。因此，考虑到实践中可能存在多因一果的可能，辩护人需要分析"情节严重"后果产生的原因以及与行为人拒不执行行为的关联程度。行为人的行为不足以导致判决、裁定无法执行的，不构成犯罪。

【典型案例】

某钢铁公司、林某某拒不执行判决、裁定案

（人民法院案例库入库案例：2023-16-1-301-001）[1]

某钢铁公司于2004年注册成立，由林某某担任法定代表人。2006年，

---

[1] 参见广东省高级人民法院刑事判决书，（2021）粤刑再2号。

该钢铁公司与某仓储商贸公司及某仓储管理公司签订《租赁合同》，约定某钢铁公司作为担保人对某仓储管理公司所有合同义务承担连带担保责任。合同签订后，因发生租金拖欠及拆除建筑物等纠纷，2010 年经顺德区人民法院及佛山市中级人民法院判决，某钢铁公司需支付 822.49 万元。判决生效后，某钢铁公司没有在指定期限内履行判决，也没有向法院申报财产。截至 2015 年自诉时，某钢铁公司尚有 663.54 万元未执行。经查，自 2010 年 4 月起，某钢铁公司在明知有未履行义务的情况下，以林某某的名义转租土地及建筑物给陈某某等人，获取租金差价收益，并存入林某某个人账户或他人账户。佛山市顺德区人民法院发出通知书责令某钢铁公司退出租金收益，但未执行。法院向公安局移送侦查后，公安局撤案。自诉人随后向法院提起自诉。该自诉案经一审、二审、两次再审，最终改判某钢铁公司及林某某无罪。第二次再审法院认为，某钢铁公司在获得转租收益期间，该自诉案涉及的民事案件曾被中止执行，该公司在此期间没有改变转租土地方式、租金数额和收取方式，故认定该公司在规避执行的主观故意下转移财产，并致使判决、裁定无法执行的事实不清、证据不足。原执行法院未对转租收益线索进行详细核查，未采取查封、冻结、扣押等查控措施，也未对被执行人采取罚款或司法拘留等处罚措施，2015 年向某钢铁公司、林某某发出的通知书未明确所涉民事案件执行标的的总额、已执行到位的数额、还需执行的数额以及要求交纳的具体金额，执行法院的执行行为不规范，执行措施不充分，客观上存在一定程度的使被执行人难以配合和协助执行的情况。据此认定某钢铁公司拒不交付法律文书指定交付的财物，致使判决、裁定无法执行依据不足。最终改判某钢铁公司及林某某无罪。

四、行为人案发后是否履行全部或部分执行义务

根据 2024 年《最高人民法院、最高人民检察院关于办理拒不执行判决、裁定刑事案件适用法律若干问题的解释》第 11 条，行为人在提起公诉前，履行全部或者部分执行义务，犯罪情节轻微的，可以依法不起诉。在一审宣告

判决前，履行全部或者部分执行义务，犯罪情节轻微的，可以依法从轻或者免除处罚。因为构成本罪的要件之一是行为人有能力执行判决、裁定，所以在逻辑上很多行为人有机会在案发后主动执行全部或部分判决。行为人主动执行裁判的，一定程度上反映了其主动悔罪认罪。该种情况下，行为人一般能够得到申请执行人的谅解，进而使申请执行人对自诉案件撤诉；在公诉案件中，行为人则可争取到从轻处罚。

【典型案例】

钱某拒不执行判决、裁定案[1]

2016年2月19日，苏州工业园区人民法院作出（2015）园民初字第03801号民事判决书，判决钱某归还程某本金33万元及律师费、逾期利息等。判决生效后钱某未履行，程某申请执行，苏州工业园区人民法院于2016年5月23日立案，并多次向钱某送达传票、执行通知书等，但钱某仍未执行。同年11月25日，钱某因拒不执行判决被司法拘留15日。后法院再次督促钱某执行，其仍未报告财产或执行判决。苏州工业园区人民法院判决钱某构成拒不执行判决、裁定罪。二审期间，钱某与程某达成和解协议，并全额履行了32万元的给付义务。至此，（2015）园民初字第03801号民事判决已全部执行完毕并结案。程某对钱某表示谅解。江苏省苏州市中级人民法院认为，鉴于钱某二审期间与申请执行人达成和解，并积极全额履行债务，取得谅解，符合缓刑适用条件，可对其适用缓刑。

五、行为人是否存在自首、立功等情节

自首、立功是法定的量刑从宽情节。根据《刑法》第67条，对于自首的犯罪分子，可以从轻或者减轻处罚，其中，犯罪较轻的，可以免除处罚。而拒不执行判决、裁定罪在刑法中属于轻罪，在该罪的公诉程序中，行为人

---

[1] 参见江苏省苏州市中级人民法院刑事判决书，（2017）苏05刑终985号。

具有自首情节的且犯罪情节较轻的，可争取缓刑或免除刑事处罚，如若再加上主动执行全部判决，甚至可以争取不予起诉的结果。

【典型案例】

彭某等拒不执行判决案

（人民法院案例库入库案例：2024-05-1-301-001）[①]

2021年7月14日，安徽省庐江县人民法院作出（2021）皖0124民初4540号民事判决书，判决某铜业公司支付某铸造公司货款153,330元及利息。2021年8月18日，某铸造公司向庐江县人民法院申请强制执行，庐江县人民法院于2021年10月13日立案执行并要求某铜业公司报告财产。2021年12月21日，某铜业公司与某铸造公司达成执行和解协议。执行和解协议履行期间，某铜业公司法定代表人彭某在明知公司账户被法院冻结的情况下，为逃避执行，使用私人账户接收并转移了甘某转入的公司铜精砂预付款170万元，且未向法院报备，导致法院生效判决无法执行。在公安机关侦查某铜业公司另一案件期间，彭某如实供述了此犯罪事实，构成自首，法院认为彭某作为直接负责的主管人员，如实供述犯罪事实，某铜业公司及彭某均构成自首，依法可以从轻处罚。

[①] 参见安徽省合肥市中级人民法院刑事裁定书，（2023）皖01刑终760号。

第十六章 行 贿 罪

第一节 行贿罪的定罪与量刑

一、行贿罪的罪名概述

行贿罪是指为谋取不正当利益，给予国家工作人员以财物的行为。《刑法》第389条规定："为谋取不正当利益，给予国家工作人员以财物的，是行贿罪。在经济往来中，违反国家规定，给予国家工作人员以财物，数额较大的，或者违反国家规定，给予国家工作人员以各种名义的回扣、手续费的，以行贿论处。因被勒索给予国家工作人员以财物，没有获得不正当利益的，不是行贿。"

据中央纪委国家监委通报，2024年1月至9月，全国纪检监察机关共立案行贿人员1.9万人，移送检察机关2972人。[①] 对比中央纪委国家监委网站相关公开数据，前述两个方面在2024年上半年分别为1.2万人、1941人，[②]在2023年全年分别为1.7万人、3389人。[③] 短时期内，立案人数和移送检察机关人数的较快增长，无不释放出强化受贿行贿一起查的信号。2024年12

[①] 参见《中央纪委国家监委通报2024年1至9月全国纪检监察机关监督检查、审查调查情况》，载中央纪委国家监委网站，https：//www.ccdi.gov.cn/toutiaon/202410/t20241026_383549.html，最后访问日期：2024年12月24日。

[②] 参见《严肃惩治和教育引导相结合 多措并举形成合力 强化受贿行贿一起查》，载中央纪委国家监委网站，https：//www.ccdi.gov.cn/toutiaon/202408/t20240815_368482.html，最后访问日期：2024年12月24日。

[③] 参见《中央纪委国家监委通报2023年全国纪检监察机关监督检查审查调查情况》，载中央纪委国家监委网站，https：//www.ccdi.gov.cn/toutiaon/202401/t20240125_324375.html，最后访问日期：2024年12月24日。

月 13 日，湖北省咸宁市中级人民法院对中国国家男子足球队原主教练李某案公开宣判，李某被以受贿罪、行贿罪、单位行贿罪、非国家工作人员受贿罪、对非国家工作人员行贿罪数罪并罚判处有期徒刑 20 年，此事引起舆论高度关注，使行贿罪再次进入公众视野。

从立法沿革上看，行贿罪经历了几次重要变迁。1979 年《刑法》第 185 条第 3 款规定行贿罪，以简单罪状的方式明确了向国家工作人员行贿、介绍贿赂两种行为类型，规定法定刑为 3 年以下有期徒刑或者拘役。1988 年 1 月《全国人民代表大会常务委员会关于惩治贪污罪贿赂罪的补充规定》（已失效）第 8 条第 1 款将行贿罪的法定刑调整为三档：对犯行贿罪的，处 5 年以下有期徒刑或者拘役；因行贿谋取不正当利益，情节严重的，或者使国家利益、集体利益遭受重大损失的，处 5 年以上有期徒刑；情节特别严重的，处无期徒刑，并处没收财产。1997 年《刑法》第 390 条再次明确 "情节严重" 或者 "使国家利益遭受重大损失的" 情节下的量刑，将 "五年以上有期徒刑" 调整为 "五年以上十年以下有期徒刑"，同时排除 "集体利益遭受重大损失" 的升格情节。此外，1997 年《刑法》第 390 条也将 "情节特别严重的" 法定刑下调，将 "无期徒刑" 调整为 "十年以上有期徒刑或者无期徒刑"，同时将 "并处没收财产" 修改为 "可以并处没收财产"。2015 年 8 月《刑法修正案（九）》第 45 条第 1 款首次对行贿罪科以罚金刑，在第三档 "情节特别严重" 之外新增 "使国家利益遭受特别重大损失" 这一情节，并将 "可以并处没收财产" 改为 "并处罚金或者没收财产"：对犯行贿罪的，处 5 年以下有期徒刑或者拘役，并处罚金；因行贿谋取不正当利益，情节严重的，或者使国家利益遭受重大损失的，处 5 年以上 10 年以下有期徒刑，并处罚金；情节特别严重的，或者使国家利益遭受特别重大损失的，处 10 年以上有期徒刑或者无期徒刑，并处罚金或者没收财产。2023 年《刑法修正案（十二）》在原有三档犯罪情节的基础上再次调整法定刑，并首次明确了从重处罚的各类情形。

整体上看，行贿罪的历次立法呈现出从政策到法规愈加严厉的态势，尤其是伴随近年来出台《关于进一步推进受贿行贿一起查的意见》《刑法修正案（十二）》以及中央纪委国家监委、最高人民检察院联合发布行贿犯罪典型案例，行贿罪的辩护工作面临较大考验。

二、行贿罪的定罪要点

（一）行贿罪中"不正当利益"的范围

根据《最高人民法院、最高人民检察院关于办理行贿刑事案件具体应用法律若干问题的解释》第12条，行贿犯罪中的"谋取不正当利益"，是指行贿人谋取的利益违反法律、法规、规章、政策规定，或者要求国家工作人员违反法律、法规、规章、政策、行业规范的规定，为自己提供帮助或者方便条件。违背公平、公正原则，在经济、组织人事管理等活动中，谋取竞争优势的，应当认定为"谋取不正当利益"。行贿犯罪中的"不正当利益"，既包括各种形式的不正当利益、以不正当手段谋取的合法利益，也包括竞争优势。例如，在高某梅行贿案（人民法院案例库入库案例：2024-03-1-407-003）中，被告人高某梅为谋取不正当竞争优势，请托某城投公司董事长、总经理熊某某利用职权提前终止某股权投资基金管理公司在某城投公司的定融业务，擅自将定融业务交给高某梅承接，并提高承销费率。后高某梅给予熊某某好处费共计1200万元。法院生效裁判认为，被告人高某梅在经济活动中，为谋取不正当利益，给予国家工作人员以巨额财物，情节特别严重，依法构成行贿罪。在薛某某行贿、串通投标案中，[1] 某县财政局对设备采购进行招标，被告人薛某某与某公司投标负责人刘某某，伙同某县财政局原副局长丁某某，通过协调评审专家修改分数、与其他投标公司围标等方式串通投标，使某公司中标该项目。之后，薛某某为感谢丁某某，给予丁某某人民币15万元。法院最终判决薛某某犯串通投标罪和行贿罪。

---

[1] 参见《国家监察委员会、最高人民检察院首次联合发布5起行贿犯罪典型案例》，载安徽省桐城市人民检察院网站，http://www.ahtongcheng.jcy.gov.cn/zyaj/202207/t20220715_3754078.shtml，最后访问日期：2024年12月24日。

(二)"国家工作人员"的认定

根据《刑法》第 93 条的规定,刑法意义上的国家工作人员有四类:一是指国家机关中从事公务的人员;二是指在国有公司、企业、事业单位、人民团体中从事公务的人员;三是指国家机关、国有公司、企业、事业单位委派到非国有公司、企业、事业单位、社会团体从事公务的人员;四是指其他依照法律从事公务的人员。系统来看,认定"国家工作人员"的关键是看行为人是否在国家机关中从事公务,而行为人是否具有国家机关在编人员的身份,并不影响对国家工作人员的认定。吕某受贿案(人民法院案例库入库案例:2024-03-1-404-018)对于"国家工作人员"的认定可供参考。在该案中,吕某担任某社区卫生服务中心网络管理员(系临时工),该卫生服务中心为当地卫生局差额拨款的国有事业单位。吕某利用担任网络管理员的职务便利,在负责为本单位采购计算机及相关配件的业务中多次收受供货单位给予的贿赂共计人民币 14.47 万元。另外,吕某在负责管理本单位医药信息的过程中,多次擅自对外提供医生药品用量等信息并收受医药销售代表给予的贿赂共计 2.35 万元。吕某认为其仅仅是临时工,不具有国家工作人员身份,不构成受贿罪。法院生效裁判认为,根据《刑法》第 93 条的规定,国家工作人员的本质特征是从事公务。据此,认定是否属于国家工作人员应当以是否从事公务为依据。该案中,被告人吕某任职的某社区卫生服务中心系国有事业单位,其在国有事业单位中履行对国有资产的管理、公共事务的监督职责,从事的活动具有公务性质,应当认定为国家工作人员。

三、行贿罪和相关罪名的对比

(一)行贿罪和单位行贿罪的对比

行贿罪的立案标准一般为 3 万元,而单位行贿罪的立案标准一般为 20 万元;行贿罪的法定最高刑为无期徒刑,而单位行贿罪的法定最高刑为 10 年以下有期徒刑,且适用缓刑的概率较高。因此,一般情况下,单位犯罪在立案、量刑上的轻刑化处理,使遇到包括行贿罪在内的许多罪名时都需要考虑是否能向单位犯罪的方向进行辩护。行贿罪与单位行贿罪在所侵害法益与主观故意方面都有相同之处，核心区别则体现在犯罪主体、行贿意志与利益归属几个方面（见表1-16-1）。

表1-16-1　行贿罪和单位行贿罪的对比

对比要点	行贿罪	单位行贿罪
犯罪主体	自然人个人	单位（需具有法人资格）
行贿对象	国家工作人员	
主观方面	均是故意犯罪，主观上均有谋取不正当利益目的	
客观方面	为谋取不正当利益而给予国家工作人员以财物，或者在经济往来中，给予国家工作人员以各种名义的回扣、手续费	单位为谋取不正当利益而行贿，或者违反国家规定，给予国家工作人员以回扣、手续费
意志体现	自然人个人意志	单位意志
行贿目的	获得自然人个人利益	获得单位利益
利益归属	归自然人个人所有	归单位所有
法定刑	（1）对犯行贿罪的，处3年以下有期徒刑或者拘役，并处罚金 （2）因行贿谋取不正当利益，情节严重的，或者使国家利益遭受重大损失的，处3年以上10年以下有期徒刑，并处罚金 （3）情节特别严重的，或者使国家利益遭受特别重大损失的，处10年以上有期徒刑或者无期徒刑，并处罚金或者没收财产	（1）情节严重的，对单位判处罚金，并对其直接负责的主管人员和其他直接责任人员，处3年以下有期徒刑或者拘役 （2）情节特别严重的，处3年以上10年以下有期徒刑，并处罚金

马某某等单位行贿案（人民法院案例库入库案例：2023-03-1-411-001）为行贿罪与单位行贿罪区别的典型案例。马某某系天津某公司的法定代表人，王某某系天津市某国有公司建设管理中心总经理。王某某利用职务便利接受马某某请托，使马某某在无工程资质的情况下，使用天津某建筑公司工程资质与天津市某制管厂签订分包合同并承揽天津某地铁项目工程。后

马某某为感谢王某某向王某某指定的账户汇款25万元。法院生效裁判认为,天津某公司的经营范围为再生物资回收,与马某某因被索贿而获取的工程承揽并无业务关联。而且马某某未利用天津某公司的资源进行施工,从工程的承揽到工程款的领取及对王某某的行贿均是马某某的个人行为,该案证据显示不出马某某系为天津某公司行事。另外,该案亦无相关证据证实马某某因工程承揽所获利益及行贿所用支出归于或出自天津某公司的资金。马某某的行为构成行贿罪,而非单位行贿罪。[1]

(二)行贿罪和其他行贿犯罪的对比

行贿有关罪名分列于《刑法》第164条、第389条、第390条之一、第391条以及第393条之中,除了行贿罪与第393条单位行贿罪存在若干关联与区别,实践中也需要甄别行贿罪与对非国家工作人员行贿罪,对外国公职人员、国际公共组织官员行贿罪,对有影响力的人行贿罪以及对单位行贿罪,甄别的要点集中在行贿对象与侵犯法益两方面(见表1-16-2)。

表1-16-2 行贿罪与其他行贿犯罪的对比要点

罪名	对比要点	
	行贿对象	侵犯法益
行贿罪	作为国家工作人员的自然人	国家工作人员职务行为公正性和不可收买性
对非国家工作人员行贿罪	非国家工作人员	公司、企业或其他单位正常的管理秩序与市场竞争秩序
对外国公职人员、国际公共组织官员行贿罪	外国公职人员、国际公共组织官员	国家对公司、企业的管理秩序
对有影响力的人行贿罪	国家工作人员和离职国家工作人员的近亲属或者其他关系密切的人	国家工作人员职务行为的公正性与国民对国家工作人员职务行为不可收买性的信赖

---

[1] 参见天津市西青区人民法院刑事判决书,(2016)津0111刑初93号。

续表

罪名	对比要点	
	行贿对象	侵犯法益
对单位行贿罪	国家机关、国有公司、企业、事业单位和人民团体	国家工作人员职务行为公正性和不可收买性与国有单位的正常管理活动和职能活动

四、行贿罪的量刑标准

《刑法》规定了刑贿罪的从重处罚以及从轻、减轻或者免除处罚的各类情形，但未具体规定行贿罪的量刑标准。根据《最高人民法院、最高人民检察院关于办理贪污贿赂刑事案件适用法律若干问题的解释》第7条、第8条、第9条，行贿罪的量刑标准规定如表1-16-3所示。

表1-16-3 行贿罪的量刑标准

刑档	入刑标准	法定刑
基础刑档	行贿数额在3万元以上的	3年以下有期徒刑或者拘役，并处罚金
	行贿数额在1万元以上不满3万元，具有《最高人民法院、最高人民检察院关于办理贪污贿赂刑事案件适用法律若干问题的解释》第7条第2款规定的6项情形之一的	
加重刑档	行贿数额在100万元以上不满500万元的	3年以上10年以下有期徒刑，并处罚金
	行贿数额在50万元以上不满100万元，具有《最高人民法院、最高人民检察院关于办理贪污贿赂刑事案件适用法律若干问题的解释》第7条第2款第1项至第5项规定的5种情形之一的	
	造成经济损失数额在100万元以上不满500万元的	

续表

刑档	入刑标准	法定刑
最重刑档	行贿数额在 500 万元以上的	10 年以上有期徒刑或者无期徒刑,并处罚金或者没收财产
	行贿数额在 250 万元以上不满 500 万元,具有《最高人民法院、最高人民检察院关于办理贪污贿赂刑事案件适用法律若干问题的解释》第 7 条第 2 款第 1 项至第 5 项规定的 5 种情形之一的	
	造成经济损失数额在 500 万元以上的	
从重处罚情节	(1) 多次行贿或者向多人行贿的 (2) 国家工作人员行贿的 (3) 在国家重点工程、重大项目中行贿的 (4) 为谋取职务、职级晋升、调整行贿的 (5) 对监察、行政执法、司法工作人员行贿的 (6) 在生态环境、财政金融、安全生产、食品药品、防灾救灾、社会保障、教育、医疗等领域行贿,实施违法犯罪活动的 (7) 将违法所得用于行贿的	
从轻、减轻、免除处罚情节	行贿人在被追诉前主动交代行贿行为的,可以从轻或者减轻处罚。其中,犯罪较轻的,对调查突破、侦破重大案件起关键作用的,或者有重大立功表现的,可以减轻或者免除处罚	

注：《最高人民法院、最高人民检察院关于办理贪污贿赂刑事案件适用法律若干问题的解释》第 7 条第 2 款规定的 6 项情形：

(1) 向 3 人以上行贿的；
(2) 将违法所得用于行贿的；
(3) 通过行贿谋取职务提拔、调整的；
(4) 向负有食品、药品、安全生产、环境保护等监督管理职责的国家工作人员行贿,实施非法活动的；
(5) 向司法工作人员行贿,影响司法公正的；
(6) 造成经济损失数额在 50 万元以上不满 100 万元的。

第二节　行贿罪的核心辩护要点

一、犯罪主体是否为个人

行贿罪的犯罪主体是个人，若行为人是单位成员，其行贿行为系以单位名义进行，体现单位意志，并最终为单位谋取利益的，应认定为单位行贿罪而非行贿罪。前已述及，行贿罪与单位行贿罪的核心区别体现在犯罪主体、行贿意志与利益归属几个方面。具体来说，犯罪主体一般不难认定，但需注意挂靠经营、承包经营以及一人有限公司等特殊组织结构下行贿犯罪的定性分析，此类组织结构下并不一律构成行贿罪或单位行贿罪，仍要按照行贿目的、行贿意志、利益归属，结合具体的经营方式进行确定。[①] 在行贿意志方面，应注意，实践中许多单位行贿是由本单位"一把手"或者核心领导决策实施的，几乎不存在所谓集体讨论、决策后上升为明显的集体意志的过程，按照《最高人民法院、最高人民检察院、海关总署关于办理走私刑事案件适用法律若干问题的意见》第18条的司法精神，单位意志是"由单位集体研究决定，或者由单位的负责人或者被授权的其他人员决定、同意"的，可以认定为单位犯罪。因此，如果私营企业的负责人为了给企业谋取不正当利益，而将财物送给国家工作人员，宜认定为单位行贿罪。在利益归属方面，要看行贿所得利益归属于谁。因行贿取得的违法所得归个人所有的，以行贿罪论处；归集体所有的，即便经过了再次分配程序将违法所得划归给了个人，仍然属于单位对已经占有利益的支配，构成单位行贿罪。[②]

[①] 参见夏俊：《单位行贿罪与行贿罪界分之实务研究》，载微博"京都律师事务所"，https：//weibo.com/ttarticle/p/show?id=2309404886489816236109，最后访问日期：2024年12月24日。

[②] 参见曹静静：《如何区分行贿罪与单位行贿罪？》，载中央纪委国家监委网站，https：//www.ccdi.gov.cn/hdjln/nwwd/202406/t20240628_357960_m.html，最后访问日期：2024年12月24日。

【典型案例】

苗某某诈骗、单位行贿案

（人民法院案例库入库案例：2023-03-1-222-007）[1]

被告人苗某某系某华瑞公司和某和信公司的实际控制人，苗某某在办理就业补助资金申领过程中，先后五次给予某人力资源和社会保障局就业促进处处长马某人民币共计25万元。法院生效裁判认为，苗某某作为某华瑞公司和某和信公司的实际控制人，在办理就业补助资金补贴申领过程中，为谋取不正当利益给予国家机关工作人员人民币25万元，情节严重，其行为已构成单位行贿罪。

浙江某贵金属有限公司、李某某单位行贿案[2]

林某某、王某某等有关国家工作人员接受某贵金属有限公司法定代表人李某某的请托，为某贵金属有限公司在办理危险废物经营许可证、生产经营、逃避环保执法检查等方面提供帮助。事后，李某某送给林某某价值人民币37,940元的一件黄金制品，以人民币40万元的价格购买了一辆二手大众辉腾牌汽车送给王某某，某贵金属有限公司又将非法提炼金属所得的一半利润送给王某某。法院生效裁判认为，某贵金属有限公司及其法定代表人李某某均构成单位行贿罪。

二、行贿对象是否为国家工作人员

行贿罪的行贿对象为国家工作人员，如果行为人向非国家工作人员、外国公职人员、国际公共组织官员、有影响力的人行贿，或者向国家机关、国有公司、企业、事业单位、人民团体行贿，则不构成本罪。因行贿对象不同

---

[1] 参见辽宁省锦州市中级人民法院刑事裁定书，（2020）辽07刑终74号。
[2] 参见《国家监察委员会、最高人民检察院首次联合发布5起行贿犯罪典型案例》，载安徽省桐城市人民检察院网站，http://www.ahtongcheng.jcy.gov.cn/zyaj/202207/t20220715_3754078.shtml，最后访问日期：2024年12月24日。

而产生此罪与彼罪认定问题的，常见于行贿罪与对非国家工作人员行贿罪、行贿罪与对有影响力的人行贿罪。

【典型案例】

张某军、刘某伟对非国家工作人员行贿案
（《刑事审判参考》第1136号案例）

某公司法定代表人杨某与被告人张某军商议，想通过给付补偿金的方式，让同时参加国有建设用地使用权挂牌出让竞买的其他公司放弃竞买。张某军、刘某伟先后与其他竞买公司负责人商谈，其他竞买公司在同意接受200万元不等金额后退出竞买，最终杨某竞买成功。张某军、刘某伟伙同杨某共付给参与竞买的其他公司相关人员840万元。法院生效裁判认为，被告人张某军、刘某伟伙同他人在国有建设用地使用权挂牌出让过程中，贿赂参与竞买的其他公司的负责人放弃竞买，共计行贿840万元，数额巨大，其行为均已构成对非国家工作人员行贿罪。

陈某某行贿、对有影响力的人行贿、对非国家工作人员行贿案[①]

陈某某为东某实业有限公司实际控制人，多次给予案发期间时任某市党委主要领导的司机麦某财物，共计458.57万余元。陈某某在麦某的帮助下，利用某市党委主要领导的职权和地位形成的便利条件，并通过某县发展改革委主任许某等人职务上的行为，在承揽工程项目等方面谋取不正当利益。另外，陈某某也多次给予案发期间时任某市某镇某村党支部书记熊某某钱款共计200万元，以帮助其实际控制的东某实业有限公司在办理土地经营权流转方面谋取不正当利益。某市监察委员会调查终结后向该市人民检察院移送审查起诉，人民检察院以陈某某涉嫌对有影响力的人行贿罪、对非国家工作人

---

① 参见《中央纪委国家监委、最高检联合发布5起行贿犯罪典型案例》，载中央纪委国家监委网站，https://www.ccdi.gov.cn/toutiaon/202303/t20230328_255511.html，最后访问日期：2024年12月24日。

员行贿罪提起公诉。法院审理后，以对有影响力的人行贿罪判处陈某某有期徒刑 6 年，并处罚金 80 万元；以对非国家工作人员行贿罪判处陈某某有期徒刑 4 年，并处罚金 60 万元。

三、行为人是否有"谋取不正当利益"的主观故意

行贿罪要求行为人主观上有谋取不正当利益的故意，如果行为人给付财物不是为了谋取不正当利益，则不构成犯罪。实践中有一种"套路贿"，例如，行为人甲为谋取不正当利益，向国家工作人员乙表达请托事项，并虚假承诺事情办完后送给乙 50 万元表示感谢，后乙完成请托事项后向甲催促贿赂款，但甲一直以各种理由拒绝履行。该案中，乙的行为已构成受贿罪，但甲因自始至终没有行贿的主观故意，不构成行贿罪。①

【典型案例】

张某甲诈骗、单位行贿、挪用资金再审改判无罪案

（人民法院案例库入库案例：2023-16-1-222-001）②

某甲公司以其关联公司的名义与某乙公司签订了股权转让协议，数月后，在某乙公司总经理梁某不知情的情况下，李某通过他人向某甲公司董事长张某甲索要 500 万元，该 500 万元最终汇至李某公司的账户。

法院生效裁判认为，股权转让协议签订后，某甲公司并没有向梁某支付 500 万元好处费，梁某也未提及此事。直至数月后，在梁某不知情的情况下，李某通过他人向张某甲索要该 500 万元。故股权转让后，某甲公司支付 500 万元系被李某索要，并没有为谋取不正当利益而行贿的主观故意。

---

① 参见《行贿罪中如何认定谋取不正当利益》，载澎湃号"偏关县人民法院"，https：//www.thepaper.cn/newsDetail_forward_28093523，最后访问日期：2024 年 12 月 24 日。
② 参见最高人民法院刑事判决书，（2018）最高法刑再 3 号。

陆某滥用职权、介绍贿赂案[①]

杨某通过李某将伪造的房产证申办报告交给陆某，陆某出于帮忙的意思，在该报告上加盖了某县清整办的公章，并在杨某、李某的请托下先后找多位相关人员签了意见。此后，为尽快办好房产证，杨某通过李某将钱交给陆某用于送礼，陆某根据他们的安排向相关人员送了多笔现金。

法院生效裁判认为，陆某虽然按照杨某、李某的安排代他们向指定的国家工作人员送现金，但陆某仅出于同学情谊，主观上并未以谋取不正当利益为目的，且事实上也没有证据证明陆某谋取了不正当的利益。陆某在主观上无行贿的犯罪故意，不具备行贿罪的主观构成要件。

四、行为人是否谋取不正当利益

上一辩点所提的判断行为人是否具备"谋取不正当利益"的主观故意，其实仍要落归到认定何为"不正当利益"上，即行为人所获利益是否属于实体上的违法违规（包含违反国家政策）利益、行为人是否要求受贿人违反规范提供帮助或者方便条件，以及行为人是否违背公正、公平原则谋取竞争优势。如果三者均不具备，则不符合行贿罪的客观方面，因而不构成本罪。

【典型案例】

常州某公司、谈某行贿案[②]

常州某公司因资金周转困难，通知项目部负责人谈某尽快催收工程款。在谈某多次催要，相关部门给付额度不大的情况下，谈某向常州某公司法定代表人、董事长史某汇报并协商，由谈某代表常州某公司向时任某县委书记刘某请求帮助解决，谈某先后四次向刘某送现金65万元，该65万元全部为常州某公司业务拓展备用金。法院生效裁判认为，常州某公司和谈某为顺利结算工程款向刘某给付65万元的行为并未谋取不正当利益，也不属于以违反

---

① 参见湖南省怀化市中级人民法院刑事判决书，(2011) 怀中刑再终字第1号。
② 参见甘肃省成县人民法院刑事判决书，(2017) 甘1221刑初142号。

公平公正的原则去谋取竞争优势，其所谋取的工程款系依照民事法律和合同约定所应得的合法利益，常州某公司和谈某的行为不构成犯罪。

五、行为人是否系被勒索而给予国家工作人员财物且没有获得不正当利益

索贿一般是指受贿人主动以明示或暗示的方式向行贿人索要财物，其核心是行为人积极追求财物，具有主动性。国家工作人员向行为人施加压力迫使行为人向其交付财物，该索贿行为足以使行为人产生若不给付财物，自己的财产或名誉等必将遭受损失的恐惧心理，行为人在此情况下给予索贿者财物，并且没有获得不正当利益的，不构成行贿罪。但是，这并不意味着只要受贿人主动向行贿人提出财物要求就属于《刑法》第389条第3款规定的"被勒索给予国家工作人员以财物"，如果行为人与受贿人达成长期稳定的利益输送关系，受贿人向行贿人主动提出给付财物的要求，行贿人积极回应、投其所好，未受到心理强制而被迫行贿，则不属于被索贿，无法借由索贿实现脱罪。

【典型案例】

胡某松行贿案

（人民法院案例库入库案例：2024-03-1-407-002）[①]

被告人胡某松为获取某村铝矾土资源的开采权，与时任该县国土局局长的姚某军商定所得利润分为3股，姚某军占2股。胡某松在获得开采权后，将所得利润中的2股折现成人民币320万元送给了姚某军。该事件发生将近3年后，姚某军让胡某松为其购买一辆轿车，胡某松考虑到后续还需姚某军继续关照，又陆续向姚某军赠送轿车及港币。法院生效裁判认为，当姚某军提出明确要求时，胡某松为了维护现有关系和取得预期利益而积极回应、欣然接受，可见其主观上是自愿为姚某军购买汽车的。在长时间的、多次的行受

[①] 参见山西省阳泉市中级人民法院刑事裁定书，（2022）晋03刑终76号。

贿过程中，胡某松与姚某军双方形成了稳定的利益输送关系，胡某松的行为不符合被索贿的实质要件。

六、行为人是否利用受贿人的职务便利获得利益

因行贿罪要求所谋取的不正当利益须与受贿人的职务行为相关联，如果并未利用受贿人的职务便利获得不正当利益，不构成本罪。如此，也更符合行贿罪惩治权钱交易关系的立法本意。

【典型案例】

王某诈骗案

（人民法院案例库入库案例：2023-03-1-222-001）[①]

王某系重庆市江北区交警，负责交通管理等工作。2011年年初，重庆市渝北区人民法院依法受理了被告人李某某、刘某某犯组织卖淫罪一案，其亲属汪某某为求轻判，通过押运员周某某找到王某。王某承诺帮忙，但称需6万元打点关系，并从周某某处得知涉案人员信息。汪某某将钱汇入周某某账户，周某某转交王某5.8万元。王某利用公安系统查询李某某、刘某某案件信息，并告知周某某。后王某以难度大、费用不够为由，再次向汪某某索要6万元。王某将所得款项用于个人开销。汪某某多次要求退款被拒后报案。案发后，王某退缴11.8万元。法院生效裁判认为，当汪某某等人因李某某、刘某某涉嫌组织卖淫罪一案求助于本案被告人王某时，案件已起诉至重庆市渝北区人民法院。身为重庆市江北区公安分局民警的王某，其拥有的职务之便既不能改变本案的侦查结论，亦无法改变检察机关的起诉决定，更不能左右审判机关的裁判结果。因此，被告人王某所拥有的职务之便无法实现汪某某等人希望谋取的不正当利益，双方缺乏权钱交易的客观基础。最终，重庆市江北区人民法院判决王某不构成受贿罪，而是构成诈骗罪。

---

① 参见重庆市江北区人民法院刑事判决书，(2011) 江法刑初字第00639号。

李某全行贿案①

2012年年底，李某全向担任某甲银行支行行长的黄某提出贷款，黄某表示可以帮其引荐在某乙银行贷款，李某全表示事成后将支付黄某"感谢费"。2012年年底，被告人李某全通过黄某引荐认识某乙银行某支行副行长周某（非国家工作人员）。李某全指示顺某公司财务人员制作虚假的贷款资料，2013年1月，顺某公司在某乙银行获得5000万元的一年期贷款。2013年2月至2014年6月，李某全以银行转账方式支付给黄某巨额"感谢费"。法院审理认为，黄某收受李某全的钱款金额154万余元，没有利用黄某的职务便利，没有权钱交易的性质，同时黄某不构成斡旋受贿罪。因此，被告李某全作为顺某公司的直接责任人员，不以单位行贿罪处罚。

七、行贿数额是否达到相应标准

作为经济犯罪的一种，行贿数额的大小关乎行为是否构罪以及罪行轻重，对此，辩护时不可忽略。有些案件中的行贿数额易于认定，如果数额未达到起刑点或者虽达到起刑点但法定刑为最低档，自然不能追究行为人的刑事责任或只得按照最低档法定刑确定刑罚；但在有些案件中，行贿数额难以凭借现有证据材料确定，例如，通过委托理财、投资入股、债务免除、实物交易等更为复杂、隐蔽的方式进行行贿时，犯罪数额常常成为控辩双方的争议焦点。

【典型案例】

孙某行贿案②

孙某为谋取不正当利益，先后以其本人或亲属名义成立多家花木场，违反规定为他人虚假开具发票，从中赚取利润。孙某一系被告人孙某堂哥，上述多家花木场的税务登记、免税审批、免税金额确定、票种核定、发票领购、验旧及税务登记注销等税务事项均由孙某一利用职务便利帮助完成。为感谢

---

① 参见四川省江安县人民法院刑事判决书，（2015）江安刑初字第86号。
② 参见浙江省宁波市中级人民法院刑事裁定书，（2014）浙甬刑二终字第325号。

孙某一的帮助，孙某通过汇款和现金方式向孙某一行贿。一审法院认为，该案中没有明确充分的证据证实孙某在给付的款项中包含应缴的检疫费，但相关涉税工作主要由孙某一完成，孙某关于给孙某一的钱包括检疫费的供述具有相当的可能性，并且没有明确的相反证据予以排除，据此在认定行贿数额时应将可能的检疫费予以剔除，综合全案证据认定孙某向孙某一的行贿数额为 60 余万元。二审法院生效裁判维持了一审法院认定的行贿数额。

八、是否存在犯罪中止、未遂或者自首、立功等情形

行贿罪的既遂与未遂，理论上存在几种不同的学说，其中主要有两种，一种主张以行为人是否实现谋取不正当利益的目的为标准，另一种则主张以行为人是否完成给付财物的行为为标准。司法实践中通常采取第二种，行为人为谋取不正当利益给付财物，受贿人客观上接收或者占有该财物，行贿罪就已既遂。这意味着，即便受贿人事后退回或者上交财物，或者行贿人的不正当目的没有实现，都不影响既遂。

【典型案例】

曾某行贿案[①]

被告人曾某为了感谢其施工班组进入某公司，并顺利承接多项工程项目，事先与某检察院干部李某某共谋，向时任某国有公司董事长任某某行贿 3400 万元人民币，其中 1400 万元人民币尚未送出。法院生效裁判认为，曾某因意志以外的原因，所筹行贿资金 1400 万元人民币未能送出，属犯罪未遂，依法予以从轻处罚。

梁某某行贿案[②]

2014 年至 2016 年间，被告人梁某某与上海某机电设备中心负责人邢某

[①] 参见福建省福州市中级人民法院刑事裁定书，（2019）闽 01 刑终 1366 号。
[②] 参见上海市静安区人民法院刑事判决书，（2018）沪 0106 刑初 733 号。

某（另案处理）等人共谋，通过周某某（已判决）的居间介绍，向某医院院长金某某（已判决）提出请托，由金某某利用其职务便利，在某医院采购CT机、核磁共振成像仪等医疗设备的招投标、合同订立等环节中，为上海某机电设备中心谋取不正当利益提供帮助，上海某机电设备中心、梁某某通过周某某拟给予金某某贿赂款共计人民币180万元。金某某未当场收受，当周某某提出将该笔钱款代为保管、理财后，金某某同意。后司法机关对相关案件展开调查，周某某出于害怕，将其保管的贿赂款全额返还给梁某某。法院生效裁判认为，梁某某已经着手实施了部分行贿犯罪，因意志以外的原因未能得逞，系犯罪未遂，对未遂部分可以比照既遂减轻处罚，判决被告人梁某某犯行贿罪，判处有期徒刑2年，缓刑2年。

九、行贿人是否在被追诉前主动交代行贿行为

纵观历次修法，对于行贿人在被追诉前主动交代行贿行为的情形，立法一直呈现比较积极的回应。1997年《刑法》第390条第2款便规定"行贿人在被追诉前主动交代行贿行为的，可以减轻处罚或者免除处罚"，之后公布的《刑法修正案（九）》《修正案（十二）》逐步明确了可以从轻、减轻、免除处罚的不同情形。其中，《刑法修正案（十二）》在《刑法修正案（九）》的基础上，还增加了"对调查突破……重大案件起关键作用"的也可以减轻或者免除处罚的规定。立法的这一设计，对于受贿行贿一起查、各个击破地惩治贿赂犯罪是有利的。

【典型案例】

袁某行贿案

（人民法院案例库入库案例：2023-05-1-407-001）[1]

袁某经他人介绍认识了国家工作人员刘某某，并多次向刘某某的银行卡

---

[1] 参见江苏省兴化市人民法院刑事判决书，(2011)泰兴刑初字第304号。

中存入人民币。在刘某某的帮助下，袁某未经招标程序，违规承揽了某小区的规划设计项目。后在配合检察机关调查刘某某问题时，袁某交代了向刘某某行贿的事实。法院生效裁判认为，袁某在检察机关立案前即已交代其行贿行为，其行为符合《刑法》第390条第2款规定的情形，结合该案的具体情况，决定对袁某免予刑事处罚。

刘某受贿案

（《刑事审判参考》第1020号案例）

被告人刘某利用担任某公司经理的职务之便，收受乔某等人财物，为乔某等人谋取利益。刘某到案后退回赃款15万元，如实供述司法机关没有掌握的其他受贿事实，并主动交代了其向张某行贿的事实。因刘某在行贿事实案发前如实供述行贿事实，公诉机关对该事实不起诉，以刘某犯受贿罪向法院提起公诉。

十、是否存在并可以适用更有利于行为人的法律

《刑法修正案（十二）》调整了行贿罪的起刑点，将原来的"五年以下有期徒刑或者拘役""五年以上十年以下有期徒刑"分别调整为"三年以下有期徒刑或者拘役""三年以上十年以下有期徒刑"，使行贿罪与受贿罪的量刑幅度实现了一致。同时，基于过去的司法规范及实践，《刑法修正案（十二）》还增设了七种从重处罚情形，包括为谋取职务、职级晋升、调整行贿，对监察、行政执法、司法工作人员行贿，在财政金融、防灾减灾、社会保障等领域行贿等从重情形。因此，辩护人需要结合犯罪行为的具体情况，争取适用对行为人更有利的法律规范。

【典型案例】

赵某洁行贿案

（人民法院案例库入库案例：2023-03-1-407-001）[1]

2013年，赵某洁在申请新建菜市场补助资金过程中，为谋取不正当利

---

[1] 参见沈阳市中级人民法院刑事判决书，(2017) 辽01刑终466号。

益，向负责上述工作的某区市场开发中心主任佟某先后行贿4万元，获得政府补助资金共35.79万余元。法院生效判决认为，原审被告人赵某洁在申请菜市场建设改造项目补助资金过程中，为谋取不正当利益，给予国家工作人员财物，其行为已构成行贿罪。赵某洁行贿事实发生于2013年和2014年，即《刑法修正案（九）》实施之前，比照新法与旧法，行贿罪的法定刑幅度虽未发生变化，但新法新增了罚金附加刑，依据从旧兼从轻的原则，对于赵某洁的行贿行为，应当依据旧法进行惩处，不应当适用罚金刑。

第十七章 受 贿 罪

第一节 受贿罪的定罪与量刑

一、受贿罪的罪名概述

受贿罪是指国家工作人员利用职务上的便利索取他人财物，或者非法收受他人财物为他人谋取利益的行为。《刑法》第385条规定："国家工作人员利用职务上的便利，索取他人财物的，或者非法收受他人财物，为他人谋取利益的，是受贿罪。国家工作人员在经济往来中，违反国家规定，收受各种名义的回扣、手续费，归个人所有的，以受贿论处。"

受贿罪属于严重的职务犯罪，是我国反腐败斗争中重点打击的罪名。北京市第一中级人民法院于2018年10月31日发布《职务犯罪审判白皮书（1995—2018）》，白皮书显示该院23年间一审、二审审理的1802件职务犯罪案件中，涉贪污贿赂类案件占比最高，达到职务犯罪案件总数的95.67%，其中涉受贿罪案件在贪污贿赂类案件中占比为37.3%。此外，统计显示职务犯罪呈现出"初犯"低龄化的趋势。随着数字经济及互联网信息技术的发展，行为人受贿的方式、手段变得愈加隐蔽和复杂。

新中国成立以来，贿赂犯罪刑罚体系构建从相对单一到逐步完善，贿赂犯罪从最初从属于贪污罪到独立配置刑罚并最终发展为与贪污罪并轨的独特模式。[①] 1952年《惩治贪污条例》（已失效）中将受贿行为视为贪污罪的一

[①] 参见李翔：《论我国贿赂犯罪刑罚配置体系性优化》，载《法律适用》2024年第11期。

种情形,并配备相同法定刑,最高可判处死刑。1979年《刑法》则将受贿罪独立出贪污罪,并配备了单独法定刑。1997年《刑法》中,受贿罪的量刑大体上参照适用贪污罪量刑,最高为死刑。2015年《刑法修正案(九)》调整了贪污罪、受贿罪定罪量刑标准,采取"数额与情节"双重标准的立法模式。

二、受贿罪的定罪要点

(一)受贿罪的主体认定

受贿罪的主体是国家工作人员,认定是否属于国家工作人员应当以是否从事公务为依据。根据《刑法》第93条,国家工作人员是指国家机关中从事公务的人员。国有公司、企业、事业单位、人民团体中从事公务的人员和国家机关、国有公司、企业、事业单位委派到非国有公司、企业、事业单位、社会团体从事公务的人员,以及其他依照法律从事公务的人员,以国家工作人员论。国家工作人员的本质特征是从事公务。公务主要表现为与职权相联系的公共事务以及监督、管理国有财产的职务活动。行为人是否有编制,行为人的身份是临时工还是正式职工,不影响对国家工作人员的认定。

在吕某受贿案(人民法院案例库入库案例:2024-03-1-404-018)中,吕某在2004年至2008年以临时工身份在某国有事业单位担任网络管理员,其间吕某利用网络管理员的职务便利,收受供货单位相关人员以及医药销售代表给予的财物,并在采购计算机及配件和提供医生药品用量信息等方面为他人谋取利益。上海市虹口区人民法院经审理认定,吕某在国有事业单位中履行对国有资产的管理、公共事务的监督职责,从事的活动具有公务性质,应当认定为国家工作人员,依法判决吕某构成受贿罪。二审上海市第二中级人民法院裁定维持原判。[①]

劳务派遣员工在公务中收受贿赂的,符合受贿罪主体要件。在付某受贿

[①] 参见上海市第二中级人民法院刑事裁定书,(2012)沪二中刑终字第49号。

案（人民法院案例库入库案例：2023 - 03 - 1 - 404 - 004）中，付某为国有事业单位劳务派遣工作人员，2020 年至 2022 年，付某利用职务之便，接受刘某某等人请托，明知请托人客户提供的判决书、调解书、公证书系伪造的，仍予以审核通过，为他人办理房屋过户提供帮助，非法收受刘某某给予的好处费人民币 5.25 万元；同时还为请托人客户在办理房产过户时提供插队、"挂件"等帮助，非法收受好处费 4.26 万元。法院认为国家机关、国有公司、企业、事业单位、人民团体中依法从事公务的非正式员工仍属于国家工作人员。最终判决付某构成受贿罪。①

（二）"利用职务上的便利"的认定

"利用职务上的便利"，指利用自己职务上主管、负责或者承办某项公共事务的职权及其所形成的便利条件，核心是利用了职权。根据 2003 年《全国法院审理经济犯罪案件工作座谈会纪要》第 3 条第 1 款，"利用职务上的便利"既包括利用本人职务上主管、负责、承办某项公共事务的职权，也包括利用职务上有隶属、制约关系的其他国家工作人员的职权。担任单位领导职务的国家工作人员，通过不属自己主管的下级部门的国家工作人员的职务为他人谋取利益的，亦属于利用职务上的便利为他人谋取利益。需注意，"利用职务上的便利"与"利用工作上的便利"容易混淆。"利用工作上的便利"是指利用从事某种工作的时机、对工作环境的熟悉、在工作过程中建立的人际关系、在工作单位偶然获得的某种信息等。工作便利本质上与本人职务无关，既没有利用职权，也没有利用职务或地位形成的制约力，只不过这种便利或人与人之间的关系是在工作中建立的。

例如，在蒋某受贿案（人民法院案例库入库案例：2024 - 03 - 1 - 404 - 011）中，蒋某利用其在某房地产管理处市场科工作的职务便利，使用本人或该处处长刘某某、该科科长王某某等人的账户，多次登录某国土资源和房屋管理局网签备案系统，违规为不符合解除限购条件的某国土资源和房屋管

---

① 参见辽宁省抚顺市顺城区人民法院刑事判决书，（2023）辽 0411 刑初 58 号。

理局、某城乡建设委员会等多家单位的购房者解除限购，单独或伙同他人共收受钱款343.2万元，个人获得315.7万元。法院判决蒋某构成受贿罪，裁判要旨指出，行为人对于所利用的便利是否具有职务上赋予的独立支配的权力是界分关键：行为人具有独立支配的权力的，则属于利用职务上的便利；相反，则属于利用工作上的便利。①

（三）索取、收受财物的认定

一般而言，行为人索要财物具有主动性、强制性，收受贿赂具有被动性。实践中索取、收受财物的方式多样。根据2003年《全国法院审理经济犯罪案件工作座谈会纪要》第3条第6项、第7项，2007年《最高人民法院、最高人民检察院关于办理受贿刑事案件适用法律若干问题的意见》第1条至第6条，2008年《最高人民法院、最高人民检察院关于办理商业贿赂刑事案件适用法律若干问题的意见》第7条、第8条，2016年《最高人民法院、最高人民检察院关于办理贪污贿赂刑事案件适用法律若干问题的解释》第12条等规定，收受财物的形式包括：借款、借物、股票、房产汽车交易、干股、开办公司等合作投资、委托投资证券期货或者其他委托理财、赌博、特定关系人"挂名"领薪等。以合作投资方式受贿为例，实践中，判断属于民事行为还是受贿行为，一般审查有无实质性出资及是否对出资行为承担风险。

受贿罪中的"财物"包括货币、物品和财产性利益。2016年《最高人民法院、最高人民检察院关于办理贪污贿赂刑事案件适用法律若干问题的解释》第12条指出，财产性利益包括可以折算为货币的物质利益如房屋装修、债务免除等，以及需要支付货币的其他利益如会员服务、旅游等。后者的犯罪数额，以实际支付或者应当支付的数额计算。如提供房屋装修、含有金额的会员卡、代币卡（券）、旅游费用等，具体数额以实际支付的资费为准。

---

① 参见山东省青岛市中级人民法院刑事裁定书，(2021)鲁02刑终207号。

例如，在潘某梅、陈某一受贿案（最高人民法院指导案例第 3 号）中，被告人潘某梅、陈某一作为国家工作人员，分别利用职务便利，为南京某房地产开发有限公司总经理陈某二低价获取 100 亩土地等提供帮助，并分别以其亲属的名义与陈某二共同注册成立南京多某工贸有限责任公司，"开发"上述土地。潘某梅、陈某一既未实际出资，也未参与该公司经营管理。潘某梅、陈某一以参与利润分配的名义，分别收受陈某二给予的 480 万元。此外，潘某梅还以明显低于市场的价格向请托人购买房产，价款相差 61 万元。最终法院判决潘某梅、陈某一构成受贿罪。该指导案例属于典型的"合办"公司受贿、低价购房受贿案例。①

（四）"为他人谋取利益"的认定

受贿罪的本质特征为"钱权交易"。在索贿的情形下，不要求"为他人谋取利益"，只要求行为人主动向他人索要、勒索并收受财物。而在收受贿赂的情形下，必须具备"为他人谋取利益"的条件。"为他人谋取利益"，利益是否正当、是否最终实现，不影响受贿罪的认定。根据 2003 年《全国法院审理经济犯罪案件工作座谈会纪要》第 3 条第 2 项，为他人谋取利益包括承诺、实施和实现三个阶段的行为。只要具有其中一个阶段的行为，如国家工作人员收受他人财物时，根据他人提出的具体请托事项，承诺为他人谋取利益的，就具备了为他人谋取利益的要件。明知他人有具体请托事项而收受其财物的，视为承诺为他人谋取利益。这里着重强调了承诺谋取利益的两种情况，尤其后一种，虽然给付财物的一方未向行为人明确提出具体的请托事项，但行为人仍以积极收受财物的默示方式承诺了为给付财物的一方谋取利益，双方彼此心照不宣，与明示的承诺并无本质区别。按照 2016 年《最高人民法院、最高人民检察院关于办理贪污贿赂刑事案件适用法律若干问题的解释》第 13 条，具有下列情形之一的，应当认定为"为他人谋取利益"，构成犯罪的，应当依照《刑法》关于受贿犯罪的规定定罪处罚：（1）实际或者承诺为

---

① 参见 2011 年最高人民法院发布第一批指导性案例之三。

他人谋取利益的；（2）明知他人有具体请托事项的；（3）履职时未被请托，但事后基于该履职事由收受他人财物的。此外，国家工作人员索取、收受具有上下级关系的下属或者具有行政管理关系的被管理人员的财物价值 3 万元以上，可能影响职权行使的，视为承诺为他人谋取利益。

例如，在杜某某受贿案（人民法院案例库入库案例：2023 - 03 - 1 - 404 - 001）中，2010 年至 2019 年，被告人杜某某在担任辽宁省鞍山市城市建设管理局局长、鞍山市交通运输局局长、鞍山市交通委员会主任期间，利用职务上的便利以及职权地位形成的便利条件，为他人谋取利益，非法索取、收受他人人民币 516 万余元。其中，收受 33 人贿赂款，很多无具体请托事项，被告人也未利用职务之便为其谋取利益，没有造成其他后果。但辽宁省海城市人民法院认为，国有单位领导收受具有上下级关系的下属或者具有行政管理关系的被管理人员的财物，即便没有具体请托事项，但该行为破坏了国家机关、国有企事业单位正常工作秩序和国家廉政制度，如果没有正当理由，必然会影响职权行使，应视为承诺为他人谋取利益。[①]

（五）经济往来中收受回扣、手续费的认定

《刑法》第 385 条第 2 款规定，国家工作人员在经济往来中，违反国家规定，收受各种名义的回扣、手续费，归个人所有的，以受贿论处。这里的违反国家规定，是指违反全国人民代表大会及其常务委员会制定的法律和决定以及国务院制定的行政法规、规定的行政措施、发布的决定和命令等。此类受贿行为除了规定在受贿罪中，在非国家工作人员受贿罪、单位受贿罪也有规定。究其立法原意，实务中回扣、手续费名目繁多，在经济往来中给予此类回扣、手续费，违背了市场交易的基本原则，破坏了社会主义市场经济秩序，在不同的场景下，可能侵害市场主体的正常管理秩序或国家工作人员职务的廉洁性，因此需要特别规制。

需要注意的是，收受的回扣、手续费如若源于单位的额外支出或应当利

[①] 参见辽宁省海城市人民法院刑事判决书，（2023）辽 0381 刑初 296 号。

益,则属于变相贪污。例如,在胡某能受贿、贪污案(《刑事审判参考》第275号案例)中,胡某能受国家机关委派担任重庆市某总公司总经理。其间胡某能利用职务便利,将本应归公司所有的1191万元的经营进口化肥配额指标及实物化肥的利润款据为己有。这些款项均是胡某能要求合同对方将应付给重庆市某公司的配额指标及实物化肥转让款以支付部分现金的方式交给其个人的,形式上为回扣或者手续费。最高人民法院认为,胡某能构成贪污罪。案件裁判理由指出,购销活动中,如果购入方行为人收受的各种名义的回扣、手续费等直接源于虚增标的金额,或者卖出方行为人收受的各种名义的回扣、手续费,直接源于降低标的金额,该回扣或者手续费实质上属于本单位的额外支出或者应得利益,侵犯的是本单位的财产权利,属于变相的贪污行为,不成立受贿罪。

(六)斡旋受贿的认定

根据《刑法》第388条,斡旋受贿指的是国家工作人员利用本人职权或者地位形成的便利条件,通过其他国家工作人员职务上的行为,为请托人谋取不正当利益,索取请托人财物或者收受请托人财物的行为。不同于直接受贿,斡旋受贿是利用行为人本人职权或者地位所形成的便利条件,通过其他国家工作人员职务上的行为所进行的一种间接受贿。其要件包括:(1)必须利用本人职权或者地位形成的便利条件;(2)接受他人请托,通过其他国家工作人员职务上的行为,为请托人谋取不正当利益;(3)必须索取请托人财物或者收受请托人财物。根据2003年《全国法院审理经济犯罪案件工作座谈会纪要》第3条第3项,"利用职权或地位形成的便利条件"指的是行为人与被其利用的国家工作人员之间在职务上虽然没有隶属、制约关系,但是行为人利用了本人职权或者地位产生的影响和一定的工作联系,如单位内不同部门的国家工作人员之间,上下级单位没有职务上隶属、制约关系的国家工作人员之间,有工作联系的不同单位的国家工作人员之间等。"谋取不正当利益"的理解可参照2012年《最高人民法院、最高人民检察院关于办理行贿刑事案件具体应用法律若干问题的解释》第12条的规定,即"谋取不正当利益"是指请托人谋取的利益违反法律、法规、规章、政策规定,或者请托人要求国家工作人员违反法律、法规、规章、政策、行业规范的规定,为自己提供帮助或者方便条件,或者违背公平、公正原则,在经济、组织人事管理等活动中,谋取竞争优势。斡旋受贿本质上仍属于钱权交易。需要注意的是,斡旋受贿和利用影响力受贿均存在行为人利用影响力进行受贿的情形。斡旋受贿施加的是权力性的影响,如果施加的是非权力性的影响,则属于利用影响力受贿。

例如,在邓某某利用影响力受贿案(人民法院案例库入库案例:2023 - 03 - 1 - 406 - 001)中,邓某某在担任中山市某镇党委委员期间,作为与时任某镇党委书记黄某全关系密切的人,利用黄某全职务上的行为,为他人谋取不正当利益,收受他人财物,数额巨大。针对该部分行为,法院判决邓某某构成利用影响力受贿罪。案件裁判要旨指出,究竟利用的是权力性影响还是非权力性影响,应当根据具体案件情况,结合社会公众的一般认知作出判定。所利用的影响力兼有"权力性"与"非权力性"时,宜优先考虑其利用的是其国家工作人员本身的职权或地位形成的权力性影响力,其行为应认定为斡旋受贿。否则,权力性影响力不存在或不明显的情况下,宜认定构成利用影响力受贿罪。①

(七)受贿故意的认定

构成受贿罪要求行为人主观上须持有受贿故意。受贿故意包含三层要素:首先,行为人主观上具有索贿或者接受贿赂的意思,即具有将对方提供的财产作为自己所有物的意思;② 其次,行为人认识到自己索贿或者接受贿赂的行为会侵犯国家工作人员的职务廉洁性;最后,行为人希望或者放任国家工作人员职务廉洁性被损害的结果发生。行为人暂时收下受贿款,准备交给有关部门处理的,不构成受贿罪。行为人的主观故意心态与行为人客观行为紧密相连。2007 年《最高人民法院、最高人民检察院关于办理受贿刑事案件适

---

① 参见广东省高级人民法院刑事判决书,(2020)粤刑终 2 号。
② 参见张明楷:《刑法学》(第 6 版),法律出版社 2021 年版,第 1595 页。

用法律若干问题的意见》第 9 条第 1 款规定："国家工作人员收受请托人财物后及时退还或者上交的，不是受贿。"退还或上交请托财物的时间是判断行为人主观上是否具有受贿故意的重要参考依据。除此之外，行为人使用、转移、退还行贿财物，以及行为人为请托人谋取利益的情况也是判断是否存在受贿故意的重要因素。

例如，在丰某洪受贿案（人民法院案例库入库案例：2023 - 03 - 1 - 404 - 012）中，被告人丰某洪于 2005 年 4 月被任命为丹阳市某局生产科科长，负有对全市福利企业的资格审查、年检、抽查等监管职责。2006 年至 2013 年，丰某洪利用对相关福利企业的年检、资格审查等监管的职务便利，收受他人财物合计价值人民币 218,000 元，并为他人谋取利益。2012 年下半年，被告人丰某洪退还部分受贿款 125,000 元。法院认为，该案中，被告人丰某洪明知他人系因其负有对全市福利企业资格进行审查、年检、抽查等监管职责而向其赠送钱财，仍将财物占为己有并为他人谋取利益，受贿故意明显，已经构成受贿罪既遂。此外，被告人收受相关人员的贿赂长达数年，直到 2012 年下半年才迫于法律的威严等原因陆续退还了一部分，不符合相关司法解释性质文件中规定的"及时退还"情形。[①]

三、受贿罪与相关罪名的对比

（一）受贿罪与非国家工作人员受贿罪的对比

受贿罪与非国家工作人员受贿罪最主要区别是主体上的不同。非国家工作人员受贿罪的主体是公司、企业或者其他单位中不具有国家工作人员身份的工作人员。在量刑上，受贿罪严重破坏国家工作人员的廉洁性，对我国社会的破坏程度更高，因此量刑更重，最高可判处死刑。受贿罪与非国家工作人员受贿罪的具体对比详见表 1 - 17 - 1。

[①] 参见江苏省丹阳市人民法院刑事判决书，（2014）丹刑初字第 267 号。

表1-17-1 受贿罪与非国家工作人员受贿罪的对比

对比要点	受贿罪	非国家工作人员受贿罪
犯罪主体	国家工作人员	公司、企业或者其他单位中不具有国家工作人员身份的工作人员
侵犯客体	国家工作人员的职务廉洁性	公司、企业或者其他单位管理秩序和工作人员的职务廉洁性
主观方面	故意	
行为方式	国家工作人员利用职务上的便利索取他人财物，或者非法收受他人财物为他人谋取利益	公司、企业或者其他单位的工作人员，利用职务上的便利，索取他人财物或者非法收受他人财物，为他人谋取利益
犯罪对象	他人财物	
法定刑	(1) 数额较大或者有其他较重情节的，处3年以下有期徒刑或者拘役，并处罚金 (2) 数额巨大或者有其他严重情节的，处3年以上10年以下有期徒刑，并处罚金或者没收财产 (3) 数额特别巨大或者有其他特别严重情节的，处10年以上有期徒刑或者无期徒刑，并处罚金或者没收财产；数额特别巨大，并使国家和人民利益遭受特别重大损失的，处无期徒刑或者死刑，并处没收财产	(1) 数额较大的，处3年以下有期徒刑或者拘役，并处罚金 (2) 数额巨大或者有其他严重情节的，处3年以上10年以下有期徒刑，并处罚金 (3) 数额特别巨大或者有其他特别严重情节的，处10年以上有期徒刑或者无期徒刑，并处罚金

（二）受贿罪与利用影响力受贿罪的对比

受贿罪与利用影响力受贿罪同属于受贿犯罪。在犯罪主体上，利用影响力受贿罪的主体为离职的国家工作人员、国家工作人员（包括离职的国家工作人员）的近亲属或者其他与该国家工作人员关系密切的人。在行为方式上，利用影响力受贿罪的行为方式模式与受贿罪的行为模式差别较大，利用影响力受贿罪的主体需通过国家工作人员职务上的行为，为请托人谋取不正当利益。在量刑上，利用影响力受贿罪的量刑更轻。具体对比可见表1-17-2。

表1-17-2 受贿罪与利用影响力受贿罪的对比

对比要点	受贿罪	利用影响力受贿罪
犯罪主体	国家工作人员	（1）国家工作人员的近亲属或者其他与国家工作人员关系密切的人 （2）离职的国家工作人员 （3）离职的国家工作人员的近亲属或者其他与该离职的国家工作人员关系密切的人
侵犯客体	国家工作人员的职务廉洁性	
主观方面	故意	
行为方式	国家工作人员利用职务上的便利索取他人财物，或者非法收受他人财物为他人谋取利益	通过关系密切的国家工作人员职务上的行为，或者利用该国家工作人员职权或者地位形成的便利条件通过其他国家工作人员职务上的行为，为请托人谋取不正当利益，索取请托人财物或者收受请托人财物
犯罪对象	他人财物	
法定刑	（1）数额较大或者有其他较重情节的，处3年以下有期徒刑或者拘役，并处罚金 （2）数额巨大或者有其他严重情节的，处3年以上10年以下有期徒刑，并处罚金或者没收财产 （3）数额特别巨大或者有其他特别严重情节的，处10年以上有期徒刑或者无期徒刑，并处罚金或者没收财产；数额特别巨大，并使国家和人民利益遭受特别重大损失的，处无期徒刑或者死刑，并处没收财产	（1）数额较大或者有其他较重情节的，处3年以下有期徒刑或者拘役，并处罚金 （2）数额巨大或者有其他严重情节的，处3年以上7年以下有期徒刑，并处罚金 （3）数额特别巨大或者有其他特别严重情节的，处7年以上有期徒刑，并处罚金或者没收财产

(三) 受贿罪与贪污罪、敲诈勒索罪的对比

贪污罪、受贿罪的刑罚体系几乎相同，最高均可判处死刑。在行为方式上，贪污罪是利用职务上的便利，侵吞、窃取、骗取或者以其他手段非法占有公共财物的行为。因此贪污罪不仅破坏了国家工作人员的职务廉洁性，还侵犯公共财产所有权。在犯罪目的上，贪污罪以非法占用公共财产为目的，受贿罪则以获取请托人财物为目的。

受贿罪与敲诈勒索罪差别较大，其中索取贿赂型受贿与敲诈勒索行为容易混淆。敲诈勒索罪的主体是一般主体，不要求是国家机关工作人员，在行为方式上表现为采用对他人恐吓、威胁或要挟的方式使他人被迫交付财物。受贿罪（索贿型）则表现为利用职务便利，通过明示或暗示的方式向他人索要贿款。索贿与敲诈勒索的关键区别是是否"利用职务便利"，即是否通过职权向他人施加压力。此外，受贿罪与敲诈勒索罪所侵犯的客体以及量刑标准均存在较大差异，敲诈勒索罪主要侵犯公私财物的所有权以及他人的人身权益或其他权益，最高处10年以上有期徒刑，并处罚金。

四、受贿罪的量刑标准

受贿罪以受贿数额与情节双重标准区分量刑。根据2016年《最高人民法院、最高人民检察院关于办理贪污贿赂刑事案件适用法律若干问题的解释》第1条至第3条，受贿罪以受贿金额为标准，可分为"数额较大""数额巨大""数额特别巨大"三个档次。三个档次的具体量刑可见表1-17-3。

表1-17-3 受贿罪的量刑标准（根据受贿数额量刑）

档次	受贿金额	主刑	附加刑
数额较大	3万元以上不满20万元	3年以下有期徒刑或者拘役	并处罚金（10万元以上50万元以下）

续表

档次	受贿金额	主刑	附加刑
数额巨大	20元以上不满300万元	3年以上10年以下有期徒刑	并处罚金（20万元以上犯罪数额2倍以下）或者没收财产
数额特别巨大	300万元以上	10年以上有期徒刑、无期徒刑或者死刑	并处罚金（50万元以上犯罪数额2倍以下）或者没收财产

此外，如若行为人存在以下8种情形之一，结合受贿金额大小，可以分别认定"其他较重情节""其他严重情节""其他特别严重情节"三种情节：（1）曾因贪污、受贿、挪用公款受过党纪、行政处分的；（2）曾因故意犯罪受过刑事追究的；（3）赃款赃物用于非法活动的；（4）拒不交代赃款赃物去向或者拒不配合追缴工作，致使无法追缴的；（5）造成恶劣影响或者其他严重后果的；（6）多次索贿的；（7）为他人谋取不正当利益，致使公共财产、国家和人民利益遭受损失的；（8）为他人谋取职务提拔、调整的。三种情节的具体量刑标准见表1-17-4。

表1-17-4 存在8种情形之一的受贿罪量刑标准（根据情节量刑）

情节	受贿金额	主刑	附加刑
其他较重	1万元以上不满3万元	3年以下有期徒刑或者拘役	并处罚金（10万元以上50万元以下）
其他严重	10元以上不满20万元	3年以上10年以下有期徒刑	并处罚金（20万元以上犯罪数额2倍以下）或者没收财产
其他特别严重	150万元以上不满300万元	10年以上有期徒刑、无期徒刑或者死刑	并处罚金（50万元以上犯罪数额2倍以下）或者没收财产

第二节 受贿罪的核心辩护要点

一、行为人是否属于国家工作人员

受贿罪的主体为国家工作人员。国家工作人员的判定以从事公务为标准。公务主要表现为与职权相联系的公共事务以及监督、管理国有财产的职务活动。实践中单位性质、人员属性较为多样，如若按照某一形式标准（如所在单位性质、是否为在编人员）认定国家工作人员的身份，可能会导致打击范围偏差。而以从事公务的本质属性去认定国家工作人员，可以较好地处理这个问题。我国历史上曾对国有医院的医生"开单提成"是否应定受贿罪存在争议，根据对从事公务的理解，医生的处方行为虽然是一种职务行为，但不具有从事公务的性质，因而不符合受贿罪的主体特征，应当以非国家工作人员受贿论处。[1] 国家工作人员的身份认定不仅关系到受贿罪的认定，还关系到一整类职务犯罪的认定，因而需准确把握从事公务的内涵。不具备职权内容的工作，一般不认为是公务。

【典型案例】

刘某军非国家工作人员受贿案

（人民法院案例库入库案例：2024-03-1-094-002）[2]

2020年至2023年，被告人刘某军担任北京市顺义区杨镇某村包村干部时，利用负责某村全面村务的职务便利，多次收取承包村内建设工程项目人员杨某强给予的钱款共计人民币9万元。2023年5月28日，被告人刘某军向

---

[1] 参见韩耀元、王文利：《〈关于办理商业贿赂犯罪案件适用法律若干问题的意见〉解读》，载《人民检察》2008年第24期。
[2] 参见北京市顺义区人民法院刑事判决书，(2023)京0113刑初732号。

北京市顺义区监察委员会主动投案，并如实供述上述主要犯罪事实。公诉机关认为，刘某军接受乡镇党委指派担任包村干部期间，利用职务便利收受他人钱款，为他人谋取利益，数额较大，应当以受贿罪追究其刑事责任。案件审理过程中，公诉机关变更起诉，指控被告人刘某军犯非国家工作人员受贿罪。最终法院判决刘某军构成非国家工作人员受贿罪。案例裁判要旨指出，包村干部系受某一机关指派或委派负责村民委员会相关工作的干部。从性质上而言，包村干部所从事的工作可以分为村务、公务两类。包村干部在实际开展村民自治事项过程中收受贿赂，无法将其认定为国家工作人员，其亦非从事公务，应当以非国家工作人员受贿罪论处。

二、行为人是否实施索取或者收受贿赂行为

受贿行为的本质为钱权交易。随着经济社会的不断发展，受贿手段和方式不断翻新，并从钱权交易发展出权色交易、权利交易。索取或收受贿赂行为的认定是受贿罪认定的关键。索取贿赂具有主动性，相较于一般受贿行为更加恶劣，因而《刑法》并未将"为他人谋取利益"作为索取型受贿成立的构成要件。认定索取型贿赂，可以参照以下三个标准：一是国家工作人员先提出财物要求；二是国家工作人员采取了一定方式，给请托人施加压力；三是对于给予财物这一情况，请托人内心是不情愿的。[①] 国家工作人员的一般型收受贿赂行为相较于索取贿赂具有被动性。实践中需重点判断行为人收受财物是否有合法性。此处的合法性可以来源于真实的借还款、买卖交易等。

【典型案例】

刘某锋受贿案

（人民法院案例库入库案例：2024-03-1-404-010）[②]

2003年10月至2006年6月，被告人刘某锋担任山东省青州市某街道办

[①] 参见《研讨丨关于索贿认定的思考》，载中央纪委国家监委网站，https://www.ccdi.gov.cn/yaowen/202104/t20210421_239999.html，最后访问日期：2024年12月25日。

[②] 参见山东省滨州市中级人民法院刑事裁定书，（2023）鲁16刑终81号。

事处党委副书记、主任职务。2012年9月，刘某峰因孩子上学欲在天津购房，遂出售其在滨州某小区的房产，经咨询得知该小区同户型房产近期以295万元成交出售，故以300万元出售其房产，并告知张某东，后张某东以300万元购买该房产，经鉴定该房产价值203.04715万元，其间差额96.05285万元，公诉机关指控刘某锋构成受贿罪。法院审理认定，被告人刘某锋将涉案房产出售给张某东的行为不构成受贿罪，主要理由包括：同小区秦某于2012年出售相同户型的成交价为295万元，其以300万元对外出售并非明显高于市场价格；评估机构评估所依据的参考案例缺乏客观性，评估结论不能作为定案依据；被告人从事公务期间虽为张某东经营的锦华公司提供过帮助，但其帮助均是协调关系（而非利用职务便利为他人谋取利益）；等等。通过对刘某锋卖房目的、定价由来、卖房方式、卖房与提供帮助时间间隔及其提供帮助的价值等方面分析，不能判定刘某锋通过高价卖房的方式收受张某东贿赂。山东省滨州市中级人民法院维持原判，裁定刘某锋的该部分行为不构成受贿罪。

三、行为人是否实际控制财物

司法实践中，受贿犯罪一般将"控制说"作为判断是否取得财物进而认定既未遂的标准，即当国家工作人员实际控制了作为贿赂的财物时便成立受贿罪既遂，反之则为未遂。此处的控制可参考民法中的交付规则，[①] 即简易交付、指示交付和占有改定。正因如此，很多受贿人对财物"受而不收"，采用股权代持、代为保管理财方式收取收益。以股权代持为例，根据2007年《最高人民法院、最高人民检察院关于办理受贿刑事案件适用法律若干问题的意见》第2条，国家工作人员收受了干股，进行了股权转让登记，或者相关证据证明股份发生了实际转让的，受贿数额按转让行为时股份价值计算，所分红利按受贿孳息处理。股份未实际转让，以股份分红名义获取利益的，

[①] 参见段剑良、郑力凡：《受贿罪的成立及既未遂争议问题探析》，载《人民检察》2024年第16期。

实际获利数额应当认定为受贿数额。另外，行贿人是否具有交付能力也是一个关键要点，如果行贿人缺乏交付能力，可能导致受贿人无法实际控制财物，进而产生犯罪未遂或者部分未遂的可能。犯罪未遂的，根据《刑法》第23条第2款，可以从轻或者减轻处罚。犯罪中止的，根据《刑法》第24条第2款，没有造成损害的，应当免除处罚；造成损害的，应当减轻处罚。

【典型案例】

杨某某受贿案

（人民法院案例库入库案例：2024-03-1-404-012）[①]

2016年至2017年，被告人杨某某利用其担任山东省青岛市某发集团党委书记、董事长的职务便利，为张某、薛某及青岛某医疗器材有限公司谋取利益，收受贿赂共计人民币104余万元；另向张某索要青岛某集团10%股份，张某以青岛某公司的名义为杨某某实际出资5000万元并代持该股份，截至案发，未进行分红。法院裁判认为，杨某某为张某在青岛某集团重大事项审批等方面谋取利益，向张某索要青岛某集团10%股份，截至案发其未曾表示放弃，鉴于该股份仍登记在青岛某公司名下，未进行分红，应属未遂，依法予以从轻处罚。裁判要旨指出，对于代持股份型受贿，应根据实际情况区分犯罪中止与未遂：受贿人基于自己意志并出于真实意思表示放弃该代持股份，应当评价为犯罪中止；受贿人并未真实表示放弃该股份，而是案发导致受贿人无法获取该股份的权益，则犯罪未得逞是由于行为人意志以外的原因，应当评价为犯罪未遂。

于某荣受贿、徇私舞弊假释案

（人民法院案例库入库案例：2023-03-1-404-002）[②]

1998年至2016年，被告人于某荣先后利用担任江苏省监狱管理局党委

[①] 参见山东省青岛市中级人民法院刑事裁定书，（2021）鲁02刑终208号。
[②] 参见江苏省徐州市中级人民法院刑事判决书，（2022）苏03刑初56号。

委员、副局长、党委书记、局长，江苏省司法厅党委委员、副厅长，江苏某源集团有限公司董事长，江苏省政府法制办公室党组书记、主任等职务便利，为常州市金坛区某茶厂法定代表人于某华等39家单位或个人在企业经营、刑罚执行、干部选拔任用等方面提供帮助，本人或通过他人收受现金、购物卡、书画等财物，共计价值人民币2180余万元。其中，收受其弟于某华的贿赂款中有500万元至案发一直由于某华代为保管理财，于某荣未实际占有取得。徐州市中级人民法院审理认为，于某荣已构成受贿罪，但该500万元贿赂款没有置于受贿人的实际控制之下，应当认定为未遂。

四、行为人是否为他人谋取利益

受贿罪分为三种类型，第一种是索取型受贿，第二种是收受型受贿，第三种是斡旋受贿。索取型受贿不要求为他人谋利。"为他人谋取利益"是收受型受贿犯罪的必备要件。斡旋受贿中，则要求"为请托人谋取不正当利益"。根据2003年《全国法院审理经济犯罪案件工作座谈会纪要》第3条第2款，只要有"承诺、实施和实现"三个阶段中一个阶段的行为，就具备了为他人谋取利益的要件。明知他人有具体请托事项而收受其财物的，视为承诺为他人谋取利益。这意味着行为人在主观上具有接受贿赂的故意，并且在客观上使贿赂行为与职务行为形成对价关系，产生他人获取利益的现实性或可能性，即可具备"为他人谋取利益"的要件。[1] 实践中，收受型受贿及斡旋受贿案件的重难点在于判定承诺为他人谋取利益的情况。如若行为人未承诺、未实施请托事项，则不构成受贿罪。

【典型案例】

谷某军、梁某平贪污、受贿案[2]

谷某军为大连某医院内分泌科主任、大连某医院药事管理与药物治疗学

---

[1] 参见樊奕君：《受贿罪中"为他人谋取利益"的审查判断》，载《中国检察官》2014年第16期。
[2] 参见辽宁省大连市中级人民法院刑事判决书，(2017) 辽02刑终256号。

委员会委员。2012年6月至2015年2月，被告人谷某军利用职务之便，在大连某医院内分泌科医生办公室等地为本院医生讲课，并以"讲课费"的名义，先后收取某医药保健公司和两家制药公司好处费合计118,600.20元。一审大连市中山区人民法院认为谷某军利用职务之便，以"讲课费"的名义收取药商的好处费，并为其谋取利益，数额较大，构成受贿罪。但辽宁省大连市中级人民法院二审认为，谷某军有偿接受药商邀请授课的行为没有为他人谋取利益，所得收益属于劳动报酬，其行为不构成受贿罪。在医院内外讲课的行为不构成受贿罪。受贿犯罪中的"为他人谋取利益"是指行为人利用职务上的便利，为行贿人谋取各种好处，谷某军的授课行为主要基于其系内分泌疾病治疗领域的专家、学者，其在洽谈以及讲课的过程中没有承诺、实施或实现药企提出的请托事项，讲课内容主要为内分泌疾病的理论知识，讲课对象也并非完全针对本院医生，不能直接提升或者保持特定药品的销量，讲课的性质应为学术交流活动，不能体现受贿罪权钱交易的本质特征。辽宁省大连市中级人民法院最终改判谷某军无罪。

五、受贿数额是否有误

受贿数额对受贿罪的定罪量刑起着基础性、决定性作用。行为人收受除货币外的物品或其他财产性利益，很多情况下无法明确该受贿物品或财产性利益价格，而须通过价格认定机构确认价值。实践中，价格认定需注意以下三个问题：第一，价格认定机构是否适格。价格认定机构一般为办案机关所在地人民政府主管部门的价格认定机构。第二，价格认定的基准日是否适当。价格认定的基准日原则上为行为人收受财物之日。第三，特殊物品先进行真假认定。价格认定机构一般按照该物品为正品认定价格。以文玩、书画等特殊物品"雅贿"的，需先确认真假，再认定价格。在交易型受贿案件中，还需注意税务承担情况，应根据行为人实际收到的金额认定受贿数额。在证据上，着重注意认定受贿数额的证据是否单一，是否能与其他证据相互印证。

【典型案例】

张某受贿案

(人民法院案例库入库案例：2023-03-1-404-010)①

2011年11月至2012年2月，张某在担任某银行河南分行党委委员、副行长期间，利用职务便利，为郑州某房地产开发公司办理贷款谋取利益。2012年12月，张某与其妻子李某意图购买郑州某某商铺，了解到该项目系由前述公司与其他公司合伙开发后，遂联系该公司股东赵某某，要求以低于市场价的价格购买商铺。赵某某向张某表示可以为张某降价至18,500元/平方米，但为了商铺能维持正常市场交易价格，须与张某按照22,000元/平方米签订购房合同并支付全部房款，随后再将每平方米3500元的差价另行返还张某。张某答应后签订购房合同并支付房款。按照实际购买的面积计算，应返还张某841.4595万元，因签订购房合同，商铺的开发公司产生了一定的税款，双方约定赵某某与张某沟通后，在841.4595万元中按照16.5%的比例扣除税款，实际返给张某702.6186万元。案件审理后，法院认为，张某实际收受贿款702.6186万元，应以该数额作为犯罪数额，应认定张某在购买房产的过程中，以购房返款的方式实际收受人民币702.6186万元，至于约定的款项中缴纳的税款的部分，不应计算在受贿数额中。

魏某军受贿、贪污案

(人民法院案例库入库案例：2023-03-1-404-009)②

2008年至2017年，魏某军利用担任某管委会常务副主任，某镇党委书记，某1管委会常务副主任、主任等职务上的便利，作出索取他人财物，非法收受他人财物，为他人谋取利益等行为。案件中，在证人出庭作证以后，法院综合考虑证人对于证言反复能否作出合理解释、是否有其他证据印证以

---

① 参见山东省日照市中级人民法院刑事判决书，(2021) 鲁11刑初12号。
② 参见天津市高级人民法院刑事裁定书，(2019) 津刑终58号。

及当庭对质等情况，依法采信证人赵某某的庭审证言中的合理部分，将受贿数额由起诉指控的45万元调整为5万元。并认定公诉机关指控部分受贿数额证据不足，依法予以调整。

六、案件是否事实不清、证据不足

"以事实为依据，以法律为准绳"是《刑法》的基本原则。刑事案件事实认定以"排除合理怀疑"为标准。根据受贿罪钱权交易的本质，在一般型受贿案件中，"收受财物""请托事项"属于应当认定的基本事实。行为人基于正常的民事活动而收受财物，不具有违法性。尤其应当注意，在请托人与行为人关系较为密切的情况下，不排除双方之间的财产往来具有合理性。如若受贿事实不清，证据不足，则不应认定为受贿。

【典型案例】

王甲受贿案

（人民法院案例库入库案例：2023-03-1-404-029）[①]

王甲系某投资公司银行机构管理二部副主任，与担任太原分行行长助理的王乙系情人关系，双方约定各自办理离婚手续后结婚。王乙还把其银行卡交给王甲，将工资、奖金等收入转入该银行卡中供王甲使用。2009年至2012年，王甲应王乙的请托利用职务形成的便利条件，分别向他人请托，为王乙在职务晋升中谋取不正当利益。其间，王乙转给王甲609.5万元。2012年10月，王甲与王乙结束情人关系。检察机关指控应当以受贿罪追究王甲刑事责任。法院审理后认为：对于609.5万元钱款的性质，要综合考虑二人间的情感背景、经济往来情况、请托事项与收取财物的对应关系等多方面因素。王甲受贿行为与王乙请托事项之间的对应关系并不清晰、明确，不能排除二人以结婚为目的共同生活的合理怀疑，王甲收受王乙给予的609.5万元钱款的

[①] 参见北京市高级人民法院刑事判决书，（2018）京刑终61号。

行为不应认定为受贿。

七、行为人是否有退赃、坦白、立功等情节

自首、坦白、立功、退赃、认罪认罚等属于法定量刑从宽情节。相较于其他案件，受贿案件的立功机会更多。行为人有揭发他人犯罪行为，查证属实的，或者提供重要线索，从而得以侦破其他案件等立功表现的，可以从轻或者减轻处罚；有重大立功表现的，可以减轻或者免除处罚。

【典型案例】

于某受贿案

（人民法院案例库入库案例：2024-03-1-404-005）[①]

2004年至2013年，被告人于某利用职务之便，多次收受或索要工程承建商、某房地产开发有限公司董事长王某有等单位或个人财产，并为他人谋取利益，共计受贿数额150万元以上。在该案中，于某检举了程某、段某犯罪行为，同时做通段某思想工作，使段某进而主动向侦查机关供述尚未掌握的犯罪事实，检察机关据此以受贿罪、滥用职权罪对程某等立案侦查并查证属实。于某被认定具有立功表现。此外，于某归案后如实供述全部犯罪事实，且大部分系司法机关尚未被掌握的罪行，具有坦白情节；同时退缴大部分赃款。二审法院安徽省高级人民法院根据于某犯罪的事实、性质、情节和对社会的危害程度，予以减轻处罚。

颜某受贿案

（人民法院案例库入库案例：2023-03-1-404-020）[②]

2007年至2020年，被告人颜某在担任江西省某市委常委、副市长，某市委副书记、市长，某市委书记等职务期间，利用职务上的便利，为他人在

---

① 参见安徽省高级人民法院刑事判决书，（2016）皖刑终435号。
② 参见江西省新余市中级人民法院刑事判决书，（2021）赣05刑初4号。

企业经营、融资贷款、项目开发、股权收购以及职务提拔、岗位调整等方面谋取利益，并利用职权地位形成的便利条件，通过其他国家工作人员职务上的行为，为他人谋取不正当利益，收受他人财物共计 2611 万余元。在该案中，颜某检举他人犯罪行为，经查证属实。江西省新余市中级人民法院认为，颜某归案后除如实供述办案机关已掌握的受贿事实外，还如实供述了办案机关未掌握的大部分受贿事实，具有坦白情节，可依法从轻处罚；自愿认罪认罚可依法从宽处罚；检举揭发他人罪行，经查证属实，具有立功表现，可依法从轻处罚；真诚悔罪，已退缴全部赃款，可酌情从轻处罚。

第十八章 挪用公款罪

第一节 挪用公款罪的定罪与量刑

一、挪用公款罪的罪名概述

挪用公款罪指的是国家工作人员利用职务上的便利，挪用公款归个人使用，进行非法活动的，或者挪用公款数额较大、进行营利活动的，或者挪用公款数额较大、超过3个月未还的行为。《刑法》第384条规定："国家工作人员利用职务上的便利，挪用公款归个人使用，进行非法活动的，或者挪用公款数额较大、进行营利活动的，或者挪用公款数额较大、超过三个月未还的，是挪用公款罪，处五年以下有期徒刑或者拘役；情节严重的，处五年以上有期徒刑。挪用公款数额巨大不退还的，处十年以上有期徒刑或者无期徒刑。挪用用于救灾、抢险、防汛、优抚、扶贫、移民、救济款物归个人使用的，从重处罚。"

在职务犯罪中，挪用公款罪属于常见罪名。其犯罪手段和方式随着社会的发展变得愈加多样和隐蔽。尤其是在金融领域，行为人为了获取非法利益，往往通过金融活动给挪用行为披上"合法外衣"。在反腐败斗争不断推进下，挪用公款罪的打击力度和深度正不断加强。

挪用公款罪的立法进程反映了我国对于保护公共财产及国家工作人员廉洁性的重视。1988年《全国人民代表大会常务委员会关于惩治贪污罪贿赂罪的补充规定》（已失效）第3条首次将挪用公款归个人使用的行为规定为挪用公款罪。1997年《刑法》第384条正式确立挪用公款罪，并将挪用公款条文进行了完善。此后，1998年《最高人民法院关于审理挪用公款案件具体应用法律若干问题的解释》、2002年《全国人民代表大会常务委员会关于〈中华人民共和国刑法〉第三百八十四条第一款的解释》、2016年《最高人民法院、最高人民检察院关于办理贪污贿赂刑事案件适用法律若干问题的解释》分别对挪用公款罪的法律条文含义、司法适用作出详细解释。

二、挪用公款罪的定罪要点

（一）挪用公款罪的主体认定

挪用公款罪的主体限于国家工作人员。国家工作人员的本质特征是从事公务。根据《刑法》第93条，国家工作人员是指国家机关中从事公务的人员。国有公司、企业、事业单位、人民团体中从事公务的人员和国家机关、国有公司、企业、事业单位委派到非国有公司、企业、事业单位、社会团体从事公务的人员，以及其他依照法律从事公务的人员，以国家工作人员论。2003年最高人民法院发布《全国法院审理经济犯罪案件工作座谈会纪要》，其中第1条专门明确了国家工作工作人员的范畴，并在第42页指出"从事公务，是指代表国家机关、国有公司、企业、事业单位、人民团体等履行组织、领导、监督、管理等职责。公务主要表现为与职权相联系的公共事务以及监督、管理国有财产的职务活动。如国家机关工作人员依法履行职责，国有公司的董事、经理、监事、会计、出纳人员等管理、监督国有财产等活动，属于从事公务。那些不具备职权内容的劳务活动、技术服务工作，如售货员、售票员等所从事的工作，一般不认为是公务"。

国家工作人员的判定不以其所在的单位为标准，而是以"从事公务"为标准。例如，在顾某忠挪用公款、贪污案（人民法院案例库入库案例：2023-04-1-403-001）中，顾某忠系由国有公司负责人口头提名、非国有公司聘任的管理人员。江苏省南京市中级人民法院在该案中认为，顾某忠任某成公司总经理是受某实公司（国有公司）的委派，代表国有公司在非国有公司中从事公务，应当以国家工作人员论。①

（二）挪用公款行为的认定

挪用公款罪中的"挪用"指的是将公款由公用转为私用，即行为人转移公款的占有、使用，并准备日后归还。根据《刑法》第 384 条的规定，挪用公款行为可分为以下三种情况。

1. 挪用公款归个人使用，进行非法活动

"归个人使用"是挪用公款罪的核心特征。根据《全国人民代表大会常务委员会关于〈中华人民共和国刑法〉第三百八十四条第一款的解释》，有下列情形之一的，属于挪用公款"归个人使用"：（1）将公款供本人、亲友或者其他自然人使用的；（2）以个人名义将公款供其他单位使用的；（3）个人决定以单位名义将公款供其他单位使用，谋取个人利益的。其中，"以个人名义"一般指单位的法定负责人、其他主要负责人或普通工作人员，在职权范围外未经单位集体研究决定，以个人名义将公款供其他单位使用，无论是借款还是还款都以个人名义进行。"非法活动"即行为人进行法律、法规明令禁止的违法犯罪活动，包括犯罪活动和一般违法活动，如赌博、走私活动。根据 1998 年《最高人民法院关于审理挪用公款案件具体应用法律若干问题的解释》第 2 条第 3 项的规定，挪用公款归个人使用，进行赌博、走私等非法活动的，构成挪用公款罪，不受"数额较大"和挪用时间的限制。

例如，在李某等人挪用公款案（最高人民检察院指导案例第 189 号）中，李某系某国有银行行长，李某为实现个人利益，采用虚构事实、隐瞒真相的方式，引导作出提前终止理财产品的决策。之后李某利用职务便利违规签批使用银行备付金兑付，并指使王某等人审批或经办。李某将本应由不特定投资人承担的证券投资风险不当转嫁给银行，使巨额公款脱离单位控制，损害了单位对公款的管理、使用权。一审、二审法院均判决李某构成挪用公款罪。案例指导意义指出："依法惩治金融领域挪用公款犯罪，应准确把握

---

① 参见江苏省南京市中级人民法院刑事判决书，(2005) 苏刑二第 19 号。

'个人决定''归个人使用'的本质特征。……对于为下一步个人擅自挪用公款做铺垫准备，相关负责人在集体研究时采取虚构事实、隐瞒真相的方式，引导形成错误决策的，不影响对个人责任的认定。对于为个人从事营利活动而违规使用单位公款的行为，应重点审查使用公款的目的、公款流转去向、公款潜在风险、违法所得归属等要素，如公款形式上归单位使用、实质上为个人使用的，可以认定挪用公款'归个人使用'。"①

2. 挪用公款数额较大、进行营利活动

挪用公款进行营利活动指的是利用公款进行生产、经营或者其他谋取利润、利益的行为。挪用公款进行营利活动是挪用公款行为中最常见的情形。"营利活动"的方式十分多样，根据1998年《最高人民法院关于审理挪用公款案件具体应用法律若干问题的解释》第2条第2项的规定，"营利活动"包括挪用公款存入银行、用于集资、购买股票、国债等。此外，在实践中，行为人挪用公款购买基金等理财产品、注册公司和企业、炒楼等也属于营利活动。需要注意的是，此处营利活动一般指合法的营利活动。根据1998年《最高人民法院关于审理挪用公款案件具体应用法律若干问题的解释》第2条第2项的规定，挪用公款数额较大，归个人进行营利活动的，构成挪用公款罪，不受挪用时间和是否归还的限制。

3. 挪用公款数额较大、超过3个月未还

实践中，挪用公款超过3个月未还的节点从挪用日开始计算，超过3个月未还的，可构成本罪。挪用系一种持续行为，不因案发（报案、立案）而中断。在时间计算节点上，可参考李某挪用资金案（《刑事审判参考》第1189号案例），该案例分析指出：挪用型犯罪的成立，不存在截止日的问题。"超过三个月未还"的认定，应以挪用行为持续的时间为依据，目的是最大限度地保护资金的安全。另外需注意，挪用公款进行非法活动或营利活动，不适用"超过三个月未还"的时间限制要求。

---

① 参见《最高人民检察院第四十七批指导性案例》，载最高人民检察院网站，https：//www.spp.gov.cn/xwfbh/wsfbt/202308/t20230822_625537.shtml#2，最后访问日期：2025年1月19日。

(三) 挪用公款主观故意的认定

构成挪用公款罪，要求行为人主观上具有挪用公款的故意，即行为人明知是公款，而故意挪为私用。挪用公款的主观故意可通过行为人的客观行为推断。实践中，挪用人在挪用公款后，一般会采取一系列的平账行为，以掩盖自身的挪用公款行为。在犯罪目的上，挪用行为人主观不具有"非法占有目的"。一般以暂时占有、使用公款为目的，并且打算日后归还。如若在挪用公款后（归还前），行为人产生非法占有目的，则挪用公款罪转化为贪污罪。根据 2003 年《全国法院审理经济犯罪案件工作座谈会纪要》第 4 条第 8 项，存在以下行为的，可以推定行为人主观上对公款具有"非法占有目的"，挪用公款转化为贪污：（1）根据《最高人民法院关于审理挪用公款案件具体应用法律若干问题的解释》第 6 条的规定，行为人"携带挪用的公款潜逃的"，对其携带挪用的公款部分，以贪污罪定罪处罚。（2）行为人挪用公款后采取虚假发票平账、销毁有关账目等手段，使所挪用的公款已难以在单位财务账目上反映出来，且没有归还行为的，应当以贪污罪定罪处罚。（3）行为人截取单位收入不入账，非法占有，使所占有的公款难以在单位财务账目上反映出来，且没有归还行为的，应当以贪污罪定罪处罚。（4）有证据证明行为人有能力归还所挪用的公款而拒不归还，并隐瞒挪用的公款去向的，应当以贪污罪定罪处罚。

例如，在彭某军贪污、挪用公款案（《刑事审判参考》第 236 号案例）中，彭某军系国有事业单位财务人员，其通过伪造单据、不入账等手段，在 1997 年至 2000 年间挪用 696,975,779 元公款，其中的大部分用于赌博，或者借给他人使用，在罪行即将败露时，彭某军携公款潜逃。一审法院认为其主观上已具有挪用公款不再归还的故意，构成贪污罪。二审法院认为一审认定事实清楚，证据确实、充分。最高人民法院认为彭某军通过制作假单据、直接侵吞等手段将 594,217,544 元公款占为己有，构成贪污罪；其余 102,758,239 元挪归个人使用未归还，构成挪用公款罪。

三、挪用公款罪与相关罪名的对比

（一）挪用公款罪与挪用资金罪的对比

挪用公款罪与挪用资金罪均为挪用财产型犯罪，二者区别较大。在犯罪主体上，挪用公款罪为国家工作人员，挪用资金罪的主体为公司、企业或者其他单位的工作人员。在侵犯客体上，挪用公款罪不仅侵犯国家工作人员的廉洁性，还侵犯国家对公共财产的使用、处分权。挪用资金罪则是侵犯公司、企业或者其他单位对资金的使用收益权。在犯罪对象上，挪用公款罪的犯罪对象是国家公款，挪用资金罪的犯罪对象为本单位的资金。另外二者的行为方式、法定刑均存在差别，具体对比见表1-18-1。

表1-18-1 挪用公款罪与挪用资金罪的对比

对比要点	挪用公款罪	挪用资金罪
犯罪主体	国家工作人员	公司、企业或者其他单位的工作人员
侵犯客体	国家工作人员的职务廉洁性、国家对公共财产的使用、处分权	公司、企业或者其他单位资金的使用收益权
主观方面	故意	
行为方式	利用职务便利挪用公款，包括： (1) 挪用公款归个人使用，进行非法活动； (2) 挪用公款数额较大、进行营利活动； (3) 挪用公款数额较大、超过3个月未还	利用职务挪用本单位资金，包括： (1) 挪用本单位资金归个人使用或者借贷给他人，数额较大、超过3个月未还的； (2) 挪用本单位资金归个人使用或者借贷给他人，虽未超过3个月，但数额较大、进行营利活动的； (3) 挪用本单位资金进行非法活动的
犯罪对象	公款	本单位的资金

续表

对比要点	挪用公款罪	挪用资金罪
法定刑	(1) 应当追究刑事责任，处 5 年以下有期徒刑或拘役： ①挪用公款归个人使用，进行非法活动，数额在 3 万元以上； ②挪用公款归个人使用，进行营利活动或者超过 3 个月未还，数额在 5 万元以上 (2) 情节严重的，处 5 年以上有期徒刑： ①挪用公款归个人使用，进行非法活动，具有挪用公款数额在 100 万元以上，挪用救济等特定款物 50 万元以上不满 100 万元，挪用公款不退还数额在 50 万元以上不满 100 万元的情形之一； ②挪用公款归个人使用，进行营利活动或者超过 3 个月未还，具有挪用公款 200 万元以上，挪用救济等特定款物 100 万元以上不满 200 万元，挪用公款不退还数额在 100 万元以上不满 200 万元的情形之一 (3) 挪用公款数额巨大不退还的，处 10 年以上有期徒刑或者无期徒刑： ①挪用公款归个人使用，进行非法活动，数额在 300 万元以上； ②挪用公款归个人使用，进行营利活动或者超过 3 个月未还，数额在 500 万元以上	(1) 数额较大的，处 3 年以下有期徒刑或者拘役： ①挪用资金 10 万元以上，超过 3 个月未还的或进行营利活动的； ②挪用资金 6 万元以上，进行非法活动的 (2) 数额巨大的，处 3 年以上 7 年以下有期徒刑： ①挪用资金 400 万元以上，超过 3 个月未还的或进行营利活动的； ②挪用资金 200 万元以上，进行非法活动的 (3) 数额特别巨大的（暂无明确规定），处 7 年以上有期徒刑

（二）挪用公款罪与挪用特定款物罪的对比

在犯罪主体上，挪用特定款物罪的犯罪主体为掌控特定款物的直接责任人员，并未要求必须是国家工作人员。挪用公款罪的犯罪主体则必须是国家工作人员。在行为方式上，挪用特定款物罪必须达到情节严重，致使国家和人民群众利益遭受重大损害的程度。而挪用公款罪是行为犯，无损失结果的要求。二者的具体对比可见表1-18-2。

表1-18-2 挪用公款罪与挪用特定款物罪对比

对比要点	挪用公款罪	挪用特定款物罪
犯罪主体	国家工作人员	掌管特定款物的直接责任人员
侵犯客体	国家工作人员的职务廉洁性、国家对公共财产的使用、处分权	国家财经管理制度及国家对特定款物的管理权
主观方面	故意	
行为方式	利用职务便利挪用公款，包括： (1) 挪用公款归个人使用，进行非法活动； (2) 挪用公款数额较大、进行营利活动； (3) 挪用公款数额较大、超过3个月未还	挪用救灾、抢险、防汛、优抚、扶贫、移民、救济款物，情节严重，致使国家和人民群众利益遭受重大损害
犯罪对象	公款	国家特定的用于救灾、抢险、防汛、优抚、扶贫、移民、救济的专项款物
法定刑	(1) 应当追究刑事责任，处5年以下有期徒刑或拘役： ①挪用公款归个人使用，进行非法活动，数额在3万元以上； ②挪用公款归个人使用，进行营利活动或者超过3个月未还，数额在5万元以上。 (2) 情节严重的，处5年以上有期徒刑： ①挪用公款归个人使用，进行非法活动，具有挪用公款数额在100万元以上、挪用救济等特定款物50万元以上不满100万元、挪用公款不退还数额在50万元以上不满100万元的情形之一； ②挪用公款归个人使用，进行营利活动或者超过3个月未还，具有挪用公款200万元以上、挪用救济等特定款物100万元以上不满200万元、挪用公款不退还数额在100	(1) 情节严重，致使国家和人民群众利益遭受重大损害的，对直接负责人处3年以下有期徒刑或者拘役 (2) 情节特别严重的，处3年以上7年以下有期徒刑

续表

对比要点	挪用公款罪	挪用特定款物罪
	万元以上不满200万元的情形之一； （3）挪用公款数额巨大不退还的，处10年以上有期徒刑或者无期徒刑： ①挪用公款归个人使用，进行非法活动，数额在300万元以上； ②挪用公款归个人使用，进行营利活动或者超过3个月未还，数额在500万元以上	

四、挪用公款罪的量刑标准

挪用公款罪的量刑因素包括：挪用公款的数额、公款的用途、公款归还情况等。其中，挪用公款的数额对量刑起决定因素。根据1998年《最高人民法院关于审理挪用公款案件具体应用法律若干问题的解释》第2条第2项，挪用公款进行营利，所获取的利息、收益等违法所得，应当追缴，但不计入挪用公款的数额。第4条规定，多次挪用公款不还，挪用公款数额累计计算；多次挪用公款，并以后次挪用的公款归还前次挪用的公款，挪用公款数额以案发时未还的实际数额认定。挪用公款罪的具体量刑标准依照的是2016年《最高人民法院、最高人民检察院关于办理贪污贿赂刑事案件适用法律若干问题的解释》第5条、第6条。根据上述规定，挪用公款罪的量刑标准根据行为人挪用公款后的行为不同而有所区分。行为人挪用公款归个人使用，进行非法活动的情形下，量刑详见表1-18-3；行为人挪用公款归个人使用，进行营利活动或者超过3个月未还的情形下，对应的量刑标准可见表1-18-4。

表1-18-3 "挪用公款归个人使用，进行非法活动"行为的量刑标准

档次	挪用公款数额/情形	量刑
应追究刑事责任	挪用公款3万元以上	5年以下有期徒刑或者拘役

续表

档次	挪用公款数额/情形	量刑
情节严重	挪用公款100万元以上	5年以上有期徒刑
	挪用救灾、抢险、防汛、优抚、扶贫、移民、救济特定款物，数额在50万元以上不满100万元的	
	挪用公款不退还数额在50万元以上不满100万元的	
数额巨大不退还	挪用公款且不能退还数额在300万元以上	10年以上有期徒刑或者无期徒刑

表1-18-4 "挪用公款归个人使用，
进行营利活动或者超过三个月未还"行为的量刑标准

档次	挪用公款数额/情形	量刑
数额较大	挪用公款5万元以上	5年以下有期徒刑或者拘役
情节严重	挪用公款200万元以上	5年以上有期徒刑
	挪用救灾、抢险、防汛、优抚、扶贫、移民、救济特定款物，数额在100万元以上不满200万元	
	挪用公款不退还数额在100万元以上不满200万元	
数额巨大不退还	挪用公款且不能退还数额在500万元以上	10年以上有期徒刑或者无期徒刑

第二节 挪用公款罪的核心辩护要点

一、行为人是否属于国家工作人员

挪用公款罪的主体是特殊主体，即从事公务的国家工作人员。行为人是否属于国家工作人员是挪用公款罪的首要辩护要点。实践中，因委派、劳务派遣等特殊情况，单从单位属性、编制上无法直接判断出行为人是否属于国家工作人员。国家工作人员的判定，需从本质入手，即判定是否在"从事公务"。公务主要表现为与职权相联系的公共事务以及监督、管理国有财产的职务活动。不具备职权内容的劳务活动、技术服务，一般不认为是"从事公务"。具体辩护要素包括：行为人的工资报酬、权力范围、行为危害性等。

【典型案例】

李某光贪污、挪用公款案

（《刑事审判参考》第1016号案例）

2010年3月间，李某光担任中铁三局四公司南广铁路某项目部一分部财务主任，其间李某光利用职务便利，挪用公款860,000元，用于购买"财富日日升"银行理财产品，后将其中510,000元赎回归还单位。案发后，尚有350,000元未赎回归还。一审法院认为李某光利用职务上的便利，以营利为目的，在任职期间擅自决定挪用单位公款860,000元归个人使用，其行为构成挪用公款罪。二审法院认为李某光所在中铁三局四公司系国有资本控股公司中铁三局的全资子公司，属于国家出资企业，李某光系公司合同工，只有技术职称，没有行政级别，其担任的项目财务主任是经公司人力资源部提名、主管总会计师同意报公司总经理聘任的，未经公司党委或者党政联席会讨论、批准或者任命，故其不具有国家工作人员身份。最终改判李某光不构成挪用公款罪。

二、行为人是否"挪用"公款

挪用公款的本质是将公款由公用转为私用，即转移公款的占有、使用，日后还须归还。"日后归还"是"挪用"行为的本质要求，《刑法》第384条规定的三种挪用公款情形中，行为人"挪用公款数额较大、超过三个月未还"的情形直接体现了"归还"的重要性和必要性。换言之，如若被挪用的款项日后不必归还，行为人转移公款的行为具有合法依据，则不属于刑法意义上的挪用，不构成挪用公款罪。

【典型案例】

徐某峰挪用公款案

(人民法院案例库入库案例：2023-03-1-403-006)①

2013年10月至2015年12月，某县房管局与徐某峰签订了两份合作开发建设公租房和两份合作开发建设廉租房合同。约定合作开发廉租房和公租房，某县房管局为建设单位，实际施工承建方为徐某峰。而后，徐某峰利用曾某科（时任房管局局长）职务便利，违反"房屋验收合格交付后一次性付清房款"的协议约定，先后多次以借款的形式提前支取工程款项共计472万元。在工程竣工交付使用后，房管局又和徐某峰对该笔借款进行了工程款清算。在另一个项目中，徐某以同样的方式提前支取某县房管局房屋收购款90万元和200万元。湖南省南县人民检察院以徐某峰涉嫌挪用公款罪提起公诉。法院认为，徐某峰虽然利用曾某科职务便利提前支取了工程款，但在工程竣工交付使用后均与某县房管局进行了工程款清算，没有改变该款用途，且该款项无须归还，不具备挪用公款罪具有的转移公款的占有、使用，事后还须归还的本质属性。判决徐某峰无罪。检察院提起抗诉，二审法院湖南省益阳市中级人民法院裁定维持原判。

三、行为人挪用的款项是否是"公款"

挪用公款罪的犯罪对象是公款。"公款"即为国家机关、国有公司、企业、事业单位、人民团体所控制的资金。司法实践中，行为人所在单位因改制、经营方式转变等，单位控制的资金性质可能会发生变化。例如，在联营企业（由国有企业与个人独资企业联合经营）中，如若发生财产混同，便无法明确行为人挪用的款项是否属于公款。这意味着辩护人还需了解行为人所在单位的历史变迁。另外，针对被挪用的具体资金，必要时可在微观上划分

---

① 参见湖南省益阳市中级人民法院刑事裁定书，(2019)湘09刑终92号。

性质。如若被挪用的款项不属于公款,而是行为人自身的酬劳或财产,则不构成挪用公款罪。

【典型案例】

郑某罕挪用公款、贪污案①

杭州市下城区(现为拱墅区)人民检察院指控2004年至2010年,郑某罕担任杭州市普通教育研究室教研员时,在组织教材编写并经手发放稿费工作中,利用职务便利,挪用稿费84万余元用于个人购买基金营利;另采用虚报手段,侵吞稿费12万余元。原审杭州市下城区(现为拱墅区)人民法院认为,涉案的款项属于杭州市普通教育研究室根据合同规定取得的发行收益,属于公款。郑某罕构成挪用公款罪。再审法院杭州市中级人民法院认为,涉案款项不属于公款。该些款项系由出版社代扣个人所得税后,以稿费的名义直接汇入郑某罕的个人账户,作为给郑某罕和其他编者的酬劳,该部分款项虽然不属郑某罕所有,但将郑某罕挪用其他编者款项的行为性质认定为挪用公款证据不足。最终改判郑某罕无罪。

梁某某、胡某某挪用公款案②

2001年起,梁某某担任国有企业某木材厂厂长,胡某某担任县残联下属的集体企业某木制品厂厂长。后某木制品厂与县残联脱离,某木制品厂成为胡某某个人独资企业。2008年7月26日,某木材厂和某木制品厂签订《联营合同》,约定联营期限为3年。2009年1月,胡某某以个人名义贷款10万元用于生产经营。梁某某向其上级主管单位申请借款30万元,于2009年4月汇入联营企业。后经梁某某同意,胡某某从联营企业账户内支出20万元偿还对案外人何某的个人借款。原生效裁判认为,梁某某、胡某某的行为构成

---

① 参见杭州市中级人民法院刑事判决书,(2013)浙杭刑再字第2号。
② 参见2021年吉林省高级人民法院发布全省法院企业和企业家权益司法保护工作典型案例之二。

挪用公款罪。后案件经最高人民法院指令再审，再审法院认为现有证据不能证明梁某某、胡某某用于偿还何某借款的钱款为公款。改判梁某某、胡某某无罪。

四、"挪用公款"是否由集体决定

挪用公款罪的犯罪主体限定为自然人，单位不能构成本罪。根据2003年《全国法院审理经济犯罪案件工作座谈会纪要》第4条第1项，经单位领导集体研究决定将公款给个人使用，或者单位负责人为了单位的利益，决定将公款给个人使用的，不以挪用公款罪定罪处罚。上述行为致使单位遭受重大损失，构成其他犯罪的，依照刑法的有关规定对责任人员定罪处罚。实践中，针对"挪用公款"行为，需区分"挪用公款"决定者和实施者。单位集体研究决定"挪用公款"的，体现了单位意志，对于具体的实施个人来说，不构成挪用公款罪。

【典型案例】

佟某华等私分国有资产、挪用公款、受贿案

（人民法院案例库入库案例：2023-03-1-414-002）[1]

阜阳市某汽车总公司系1949年成立的国有企业，2000年改制为国家参股的某汽集团。该某汽集团股本总额3000万元，国有经营性净资产折股267.55万元，占股本总额的8.92%；佟某华等职工持股2732.45万元，占股本总额的91.08%。佟某华被选任为法定代表人、董事长。因公司资本需实缴，很多职工无实缴的能力。经过商讨，佟某华安排某汽集团总经理助理张某、财务部长杨某振、会计李某荣等人，将某汽集团460万元资金定期存入农行某支行，并以此存单作为质押，共为包括佟某华在内的10名集团高管担保贷款429万元，集团高管将贷款所得的钱款用于入股资金实缴。佟某华后

---

[1] 参见安徽省高级人民法院刑事判决书，（2016）皖刑终7号。

又安排集团财务人员为集团高管从阜阳市银某信用社贷款，清偿尚未归还的农行某支行贷款本息。后均由贷款的高管予以偿还。经审理，一审法院认为佟某华的上述行为构成挪用公款罪，就挪用公款罪判处有期徒刑6年。但最终生效判决认为佟某华使用某汽集团的存单质押，为公司高管贷款缴纳入股资金系为解决改制时的遗留问题，且经集体研究决定，其行为不构成挪用公款罪。

五、挪用公款是否"归个人使用"

"归个人使用"是挪用公款罪的核心特征。《全国人民代表大会常务委员会关于〈中华人民共和国刑法〉第三百八十四条第一款的解释》将"归个人使用"解释为三种情形：将公款供本人、亲友或者其他自然人使用的；以个人名义将公款供其他单位使用的；个人决定以单位名义将公款供其他单位使用，谋取个人利益的。司法实践中，需厘清利益的归属情况，从形式和实质上双重审查"以个人名义""个人决定""谋取个人利益"等要件。以借款为例，辩护人在辩护过程中，可着重审查借款决定的提出者、借款的名义人以及借款可得利益的归属者。如若行为人挪用公款并非归个人使用，不构成挪用公款罪。

【典型案例】

张某同挪用公款案

（《刑事审判参考》第502号案例）

张某同系新村村委会主任，2002年8月，张某同未经村委会集体讨论，将征地补偿款210万元借给酒泉三某某纪学校使用，2002年10月，酒泉三某某纪学校董事长再次向张某同借款600万元，张某同就此事召集村委会进行讨论，但未释明此前已借出的210万元，后新村村委会同酒泉三某某纪学校签订600万元贷款合同。一审法院认为张某同在未经村委会集体讨论的情况下，以其个人名义挪用公款给他人使用，构成挪用公款罪。但二审法院认为，首先，张某同出借210万元虽未经村委会集体讨论，但张某同并非以个人名义出借；其次，之后经村委会集体讨论与酒泉三某某纪学校订立的600万元贷款合同中，包含了该210万元借款，且张某同未以此谋取个人利益，故张某同不构成挪用公款罪。

六、行为人主观上是否具有挪用公款的故意

根据主客观相统一原则，行为人在客观上实施挪用公款行为的，主观须持有挪用公款归个人使用的故意。主观故意包含两个因素，第一个因素是认识因素，即行为人认识到自己正在挪用公款，一般体现为行为人未获得合法批准或允许，擅自将公款挪为私用，且挪用的对象是公款。第二个因素是意志因素，通常表现为行为人希望或者放任挪用公款的危害结果发生。实践中，主观故意心态一般需通过行为人客观行为进行推定，辩护人可着重注意行为人对挪用钱款的性质是否有认知偏差，通过对比证人证言、询问笔录、行为人自身的陈述等挖掘辩护点。

【典型案例】

李某光挪用公款案[①]

李某光系定州市清风店镇某村党支部书记，2015年10月3日，李某光在协助定州市人民政府设立"文化产业园"项目征地过程中，将被征用土地上的树木出售，并将所得50万元卖树款存入个人邮政储蓄银行账户，2015年10月14日又将该笔款项转至其建设银行账户，并于2017年3月将该款项交于村出纳员。河北省定州市人民法院认为，首先，该卖树款归属不明。其次，李某光在出售树木后，曾向镇领导请示如何处理卖树款，并得到指示暂由其保管。因此，李某光将卖树款存入个人银行账户，仅是一种保存款项的方式。最后，虽然李某光将款项存入建设银行理财卡，但公诉机关未能证明

[①] 参见河北省定州市人民法院刑事判决书，（2018）冀0682刑初32号。

其购买了理财产品以营利。故李某光无挪用公款归个人使用的主观故意，不构成挪用公款罪。

七、行为人是否属于从犯

在共同犯罪中，从事辅助、帮助作用的，属于从犯。依照《刑法》第27条第2款，对于从犯，应当从轻、减轻处罚或者免除处罚。在挪用公款共同犯罪中，协助、帮助国家工作人员挪用公款，进行营利活动的，属于挪用公款罪从犯。实践中，需综合行为人在案件中所处的地位、作用、犯意的发起情况、最终获利等情况认定从犯地位。

【典型案例】

杨某某等人挪用公款案

（人民法院案例库入库案例：2023-03-1-403-003）[①]

2009年6月至2015年9月，杨某某利用其担任泰州市某街道农经站站长、农业服务中心副主任职务之便，与吉某、陈某等人共谋，先后挪用公款161次，用于验资、增资、转借他人赚取利息差等营利活动，累计人民币59,923.4万元。案发时因客观原因尚有人民币578万元未能归还。该案中，吉某、陈某等人与杨某某共谋，挪用公款进行营利活动。法院生效裁判认为吉某、陈某在共同犯罪中起次要作用，系从犯，江苏省泰州市中级人民法院结合其投案自首、认罪认罚、退还公款等行为，对吉某、陈某从轻处罚。

八、行为人是否存在自首、立功、退还违法所得等情节

自首、立功、退还违法所得是本罪的法定量刑从宽情节。如若挪用公款超过3个月未归还，但是在案发前能够全部或部分归还本金及利息的，可以

[①] 参见江苏省泰州市中级人民法院刑事裁定书，（2017）苏12刑终217号。

从轻、减轻或免除处罚。在一些犯罪数额不大，犯罪情节轻微的案件中，行为人自首、归还款项、退还违法所得等情节可以争取到不起诉、免除刑事处罚的结果。

【典型案例】

朱某挪用公款案

（人民法院案例库入库案例：2023-03-1-403-002）①

2012年至2013年，朱某担任某某分局某某所会计，某某分局系泰州市某区某经济协会的业务主管单位，具有审计和监督职责。朱某利用经手、保管收取的某经济协会会费的职务便利，挪用会费54万余元用于个人购买理财产品并获取收益，后又将款项按期及时转至某经济协会账户。案件裁判要旨指出：由国家管理、控制、使用等过程中的货币资金亦具有公款的性质。朱某属于挪用公款归个人使用，从事营利活动，构成挪用公款罪。案发前，朱某已将款项按期及时存入指定账户，未给国家管理的财产造成损失，其在检察机关调查询问挪用公款的情况前，已主动向其直管领导储某交代了其挪用公款的行为，视为自动投案。案件审理阶段，朱某还积极退出全部违法所得610元。最终江苏省泰州市海陵区人民法院判决对其免除刑事处罚。

吴某、李某光挪用公款案

（人民法院案例库入库案例：2023-02-1-403-001）②

吴某于1996年3月至2003年7月担任某银行天津新技术产业园区支行（以下简称园区支行）外汇代理部主任、国际业务部经理等职务，主管国际业务工作。李某光自2004年1月起担任园区支行国际业务部经理。1996年至2004年，吴某单独或伙同李某光，利用职务之便，挪用公款人民币970余

---

① 参见江苏省泰州市海陵区人民法院刑事判决书，(2017) 苏1202刑初26号。
② 参见天津市高级人民法院刑事裁定书，(2010) 津高刑二终字第28号。

万元归个人使用，并将其中部分公款借贷给他人用于经营活动。案发后，李某光主动向单位领导交代自己的犯罪事实，协助公安机关抓获同案被告人吴某，并主动退回全部赃款。经认定，李某光构成自首、重大立功，可以依法减轻处罚。最终天津市第一中级人民法院判决李某光有期徒刑3年，缓刑5年。天津市高级人民法院维持原判。

下 篇

涉罪后必知的
50个程序问题

第一章　侦查阶段

1. 刑事立案后，案件会经历哪些流程？

刑事案件正式立案后，司法机关随即依据法定程序，对涉嫌犯罪行为展开全面、系统的调查与审理。具体流程如下所述。

（1）侦查阶段：公安机关作为侦查工作的主要执行主体，一旦刑事案件完成立案流程，便即刻启动侦查程序。在此过程中，公安机关会运用各种侦查手段，广泛收集一切与案件存在关联的证据。公安机关经过侦查，会依据所掌握的证据与事实情况作出判断。若综合分析后认定犯罪嫌疑人并不构成犯罪，依据《刑事诉讼法》的相关规定，应当依法撤销该案件，犯罪嫌疑人已被逮捕的，应当立即释放。反之，若公安机关经侦查足以认定犯罪嫌疑人构成犯罪，达到犯罪事实清楚，证据确实、充分，在侦查工作终结后，会写出起诉意见书，连同案卷材料、证据一并移送人民检察院审查决定，推动案件进入后续司法程序。

（2）审查起诉阶段：人民检察院在收到公安机关移送的案件后，会展开审查工作，审慎决定是否对犯罪嫌疑人提起公诉。在审查期间，若人民检察院经全面审查，认定犯罪事实已经查清，所掌握的证据确实、充分，并且依据法律规定，犯罪嫌疑人确实应当被追究刑事责任，那么，人民检察院将严格依照《刑事诉讼法》的相关规定，向人民法院提起公诉。若在审查时发现嫌疑人没有犯罪事实或者有《刑事诉讼法》第16条中规定的不应当追刑事责任的情形的，人民检察院则应当依法作出不起诉决定。在整个审查进程中，倘若人民检察院认为案件在某些方面证据尚有欠缺，需要进一步补充侦查，有权将案件退回公安机关，要求其进行补充侦查。需要注意的是，补充侦查的次数以两次为限，且每次补充侦查不得超过1个月。待公安机关完成补充侦查并将案件再次移送人民检察院后，人民检察院需依据补充侦查所获取的新证据及结果，重新审慎决定是否对犯罪嫌疑人提起诉讼。若经过两次补充侦查后，人民检察院综合考量仍认为案件证据不足，无法达到起诉所要求的标准，此时则应当依法作出不起诉的决定。

（3）审判阶段：人民检察院依法提起公诉后，人民法院审查后，对于起诉书中有明确的犯罪事实的，应当决定开庭审判。在此阶段，人民法院会对案件展开审理工作，并作出裁判。审判阶段主要涵盖庭前准备、开庭审理以及宣判这几个关键环节。庭前准备工作旨在确保庭审的顺利进行，包括向案件相关人员送达案件材料、整理案件材料、开庭排期等。开庭审理过程中，各方充分陈述观点、出示证据，对与定罪、量刑相关的事实证据进行法庭调查和辩论，公诉人、当事人和辩护人、诉讼代理人可以对证据和案件情况发表意见并可以互相辩论。最终，根据审理情况法院会作出判决。判决作出后，被告人、自诉人或他们的法定代理人不服一审裁判的，可以用书状或口头向上一级人民法院提出上诉。被告人的辩护人和近亲属，经被告人同意，可以提起上诉。检察院认为一审裁判有错误的，应当向上一级人民法院提出抗诉。

若在上诉或抗诉期限内，各方均未提出上诉或抗诉，那么一审判决便在期满后生效，当事人需严格履行生效判决所确定的义务。

（4）执行阶段：待人民法院的判决正式生效，执行阶段便依法拉开帷幕。这一阶段涵盖诸多关键且严谨的法定程序：对于被判决无罪、免除刑事处罚的人员，宣判后应当立即释放；针对被判处刑罚的人员，严格按照判决内容执行相应刑罚，刑罚执行期间可依法享受减刑和假释等相应待遇。在整个执行过程中，及时通知家属也是重要环节，让家属能够了解案件执行进展以及当事人的情况。而当服刑人员刑期届满，会严格按照刑满释放的法定程序，为其办理相关手续，使其顺利回归社会。刑事诉讼的侦查、审查起诉、审判以及执行各个阶段，彼此紧密相连、环环相扣，共同构筑起司法公正的坚实防线。

2. 刑事案件侦查阶段期限最长是多久？

根据《刑事诉讼法》的相关规定，刑事案件侦查阶段的期限最长可达 8 个月零 8 天。具体而言，对犯罪嫌疑人逮捕后的侦查羁押期限一般不得超过 2 个月。对于案情复杂、在规定期限内不能侦查终结的案件，经上一级人民检察院批准，可以延长 1 个月。对于交通十分不便的边远地区的重大复杂案件、重大的犯罪集团案件、流窜作案的重大复杂案件以及犯罪涉及面广、取证困难的重大复杂案件，在上述延长的期限届满后仍不能侦查终结的，经省、自治区、直辖市人民检察院批准或者决定，可以再延长 2 个月。此外，若犯罪嫌疑人可能被判处 10 年有期徒刑以上的刑罚，依照上述规定延长期限届满后仍不能侦查终结的，经省、自治区、直辖市人民检察院批准或者决定，可以再延长 2 个月。综上，在符合法定条件和程序的情况下，公安机关对犯罪嫌疑人逮捕后的侦查羁押期限最长为 7 个月。若再加上拘传的最长时限 24 小时、逮捕前刑事拘留的 30 天以及人民检察院审查批准逮捕的 7 天，整个侦查阶段的最长时限不超过 8 个月零 8 天。这一期限规定，既充分保障了侦查机关有足够的时间全面、深入地查明案件事实，收集确凿证据，又切实保护了犯罪嫌疑人的合法权益，防止其因不当的长期羁押而遭受权益损害。

3. 刑事案件公检法三个阶段，哪个阶段更重要？

在刑事案件的处理过程中，公安机关的侦查、人民检察院的审查起诉以及人民法院的审判这三个阶段，共同构成了刑事诉讼的基本架构，每个阶段均对案件的最终处理结果具有决定性影响，缺一不可。从律师专业介入的视角分析，各阶段的重要性体现如下。

（1）侦查阶段：作为刑事诉讼的起始阶段，公安机关承担着立案侦查、收集证据、锁定犯罪嫌疑人等核心职责。该阶段所收集的证据和查明的事实，直接关系到后续起诉和审判的准确性与公正性。值得注意的是，在侦查过程中，由于可能采取拘留、逮捕等强制措施，存在侵犯犯罪嫌疑人合法权益的潜在风险。律师在此阶段介入，能够依据法律规定，对侦查行为进行有效监督。该阶段只有律师可以依法会见在押的犯罪嫌疑人，律师可第一时间了解案情，并依法告知其合法权利。如发现侦查机关存在非法取证、超期羁押等违法行为，律师可及时向相关部门提出申诉、控告，并适时为犯罪嫌疑人申请变更强制措施，切实保障犯罪嫌疑人的合法权益，确保侦查活动依法进行。

（2）审查起诉阶段：人民检察院通过对公安机关移送的案件材料和证据进行全面、细致的审查，决定是否对犯罪嫌疑人提起公诉。该阶段的审查结果不仅直接决定案件是否进入审判程序，也是对侦查阶段合法性的重要监督环节。在此阶段，律师可申请全面查阅案卷，通过全面分析证据，向人民检察院提出专业的辩护意见，指出案件中可能存在的证据瑕疵、法律适用问题等，为犯罪嫌疑人争取相对有利的处理结果。此外，律师还可以为犯罪嫌疑人申请变更强制措施，对犯罪嫌疑人认罪认罚的自愿性、合法性进行监督，确保犯罪嫌疑人在该程序中充分知悉并行使自身权利。

（3）审判阶段：此阶段是确定被告人是否犯罪和刑罚的关键环节。人民法院依据法律规定，对案件进行全面、公正的审理，通过法庭调查、法庭辩论等法定程序，对案件事实和证据进行严格审查和认定，并最终作出无罪、有罪以及具体刑罚的判决。律师在此阶段的主要职责是运用专业法律知识和辩护技巧，为被告人进行无罪或罪轻辩护。通过对案件证据的质证、法律条文的准确适用以及对被告人从轻、减轻、免除处罚等情节的充分阐述，最大限度地维护被告人的合法权益，争取最有利的判决结果。

综上所述，刑事案件公检法三个阶段紧密相连、相辅相成，均对案件的公正处理具有不可替代的重要作用。从律师介入的角度来看，侦查阶段和审查起诉阶段对于案件事实的查明和证据的收集、审查至关重要，而审判阶段则直接决定了被告人是否犯罪和刑罚。因此，建议当事人尽早委托律师，以便在刑事诉讼的各个阶段都能获得专业、有效的法律帮助。

4. 侦查阶段犯罪嫌疑人的家属可以做什么？

在侦查阶段，只有辩护律师可以会见被羁押的犯罪嫌疑人，其他人员包括亲属均无法会见。在严格遵守法律规定的前提下，可以采取以下行动维护犯罪嫌疑人的合法权益：

（1）收集证据：家属应依法收集并向相关机关提交能够证明犯罪嫌疑人无罪、罪轻或者具有从轻、减轻、免除刑事责任情节的证据材料。这些证据可能包括证人证言、书证、物证、视听资料等，需确保证据来源合法、内容真实，与案件具有关联性。

（2）委托律师：及时委托专业律师为犯罪嫌疑人提供法律帮助。律师接受委托后，有权凭借律师执业证书、律师事务所证明和委托书或者法律援助公函，会见在押的犯罪嫌疑人，向其了解案件有关情况，为其提供专业的法律咨询，告知其依法享有的诉讼权利和义务，并代其进行申诉、控告，为其申请变更强制措施等。

（3）关注案件进展：家属应当密切关注案件的办理进展情况，及时与办案机关进行沟通，了解案件所处的阶段和相关情况。若犯罪嫌疑人被刑事拘留，家属可依据《刑事诉讼法》的相关规定，依法向侦查机关提出取保候审申请。在整个过程中，家属务必严格遵守法律法规，不得实施任何干扰司法机关正常侦查活动的行为，确保案件依法公正办理。

5. 侦查阶段律师可以做什么？

在侦查阶段，根据《刑事诉讼法》第38条的规定，辩护律师担负着为犯罪嫌疑人提供多方面法律帮助的重要职责。具体而言，辩护律师在侦查期间可以为犯罪嫌疑人提供以下法律帮助。

（1）会见与法律咨询：自侦查机关首次讯问犯罪嫌疑人或对其采取强制措施之日起，辩护律师便可依法接受委托，担任辩护人介入案件。律师凭执业证书、律师事务所证明及委托书或法律援助公函，有权会见在押犯罪嫌疑人。会见时，律师可了解犯罪嫌疑人涉嫌罪名、已查明的主要事实、强制措施及其变更解除情况，以及侦查羁押期限是否延长等信息。同时，为犯罪嫌疑人提供专业全面的法律咨询，比如提供罪名、犯罪构成相关的法律咨询，讲解司法机关办案流程等程序性事项，提供证据方面的法律咨询等。律师还要告知犯罪嫌疑人依法享有的诉讼权利，如辩护权、申请回避权、特定情形下的沉默权等，并指导其正确行使这些权利，以此维护犯罪嫌疑人在诉讼过程中的合法权益，保障司法程序公正、公平、合法推进。

（2）申请变更强制措施：律师有权代理犯罪嫌疑人向侦查机关提出变更强制措施的申请，如申请取保候审、监视居住等。若律师在案件办理过程中发现有利于犯罪嫌疑人的证据线索，有权依法自行调查取证，或者申请人民检察院、人民法院调取相关证据，以维护犯罪嫌疑人的合法权益。

（3）申诉与控告：律师有权就侦查活动中侵犯犯罪嫌疑人合法权益的行为，如刑讯逼供、非法搜查、超期羁押等违法行为，代理犯罪嫌疑人依法向有关部门提出申诉、控告，要求依法纠正违法侦查行为，确保侦查活动严格依法进行，切实保障犯罪嫌疑人的合法权益不受侵犯。

（4）沟通并提出法律意见。若经过会见及了解案件事实，认为无罪的，律师可以向侦查机关提出要求撤销案件并释放的法律意见，也可申请检察院监督。对于收集到的犯罪嫌疑人无罪或罪轻的证据，应当及时提交。与侦查机关沟通并提出法律意见。

6. 被留置期间，律师能提供哪些帮助？

在监察机关对被调查人采取留置措施期间，尽管律师依法不能直接会见被调查人，但律师仍可在法律框架内为案件处理提供多方面的法律帮助。

（1）法律解读与案件分析：律师可以为被调查人家属详细解读职务犯罪相关法律规定，包括犯罪构成要件、量刑标准等内容，并结合案件的具体情况，对案件大致走向、可能的处理结果以及办案期限等进行专业分析，帮助家属全面了解案件，做好心理准备和应对措施。

（2）证据协助及辩护策略制订：协助被调查人家属收集能够证明被调查人无罪或罪轻的证据材料，并对证据的形式、收集程序的合法性等问题提供专业指导，确保所收集的证据能够符合法律规定，被司法机关依法认可和采纳。根据案件及证据材料情况，制订辩护策略。

（3）财产梳理：帮助被调查人家属厘清被调查人的个人财产以及家庭成员财产的范围和权属关系，明确哪些财产属于合法财产，依法应当受到保护，防止案件调查导致家庭成员合法财产权益受到不当侵害。

（4）提交法律意见：如果有无罪或者罪轻证据，可及时向监察机关提交，还可提出法律意见，为案件依法公正审判提供参考。

通过与被调查人家属的紧密合作，律师在监察机关留置调查期间，能够在法律允许的范围内，为被调查人提供必要的法律帮助和权益保障，维护司法公正和当事人的合法权益。

7. 律师刑事会见可以起到什么作用？

刑事会见在刑事司法程序中占据着举足轻重的地位，对于维护犯罪嫌疑人合法权益、保障刑事诉讼活动依法公正进行具有不可替代的作用。犯罪嫌疑人被刑事拘留后，依法享有与律师会见的权利，律师刑事会见的作用主要体现在以下几个方面。

（1）保障合法权益：在看守所这一相对封闭的环境中，犯罪嫌疑人往往因信息不对称、法律知识匮乏而处于不利地位。律师通过会见，能够深入了解案件的具体情况，包括案件事实、证据收集情况等，向犯罪嫌疑人详细告知其依法享有的各项诉讼权利，并指导其正确行使这些权利。同时，律师在会见过程中，可及时收集和固定有利于犯罪嫌疑人的证据线索，为后续的辩护工作提供有力支持。此外，律师还可根据会见了解到的情况，对案件进行全面分析，制订合理的辩护策略，切实维护犯罪嫌疑人的合法权益。

（2）提供心理支持：犯罪嫌疑人在被羁押期间，通常承受着巨大的心理压力。律师通过面对面的会见交流，能够将家属的关心和鼓励传递给犯罪嫌疑人，帮助其缓解心理压力，保持积极的心态，更好地应对刑事诉讼过程中的各种挑战。若犯罪嫌疑人被羁押，律师可根据会见中了解到的具体情况，协助家属为其申请取保候审或变更其他强制措施，改善其羁押处境。

（3）监督侦查活动：律师在会见过程中，能够通过与犯罪嫌疑人的沟通，了解其在侦查过程中的遭遇，观察其身体和精神状态。若发现侦查机关存在非法取证、刑讯逼供等违法行为，律师可及时发现并予以指出，依法向有关部门提出申诉、控告，从而监督侦查机关依法依规开展侦查活动，防止错案的发生，维护司法公正和法律尊严。

8. 拘传犯罪嫌疑人的时间会持续多久？

拘传系侦查机关针对未被羁押的犯罪嫌疑人，强制其到案接受讯问的刑事强制措施，通常适用于经合法传唤却拒不到案的犯罪嫌疑人。

依据《刑事诉讼法》第 119 条第 2 款的规定，拘传持续时间一般不得超过 12 小时。若案情特别重大、复杂，需采取拘留、逮捕措施，传唤、拘传持续时间不得超过 24 小时。法律严格禁止以连续拘传的方式变相拘禁犯罪嫌疑人。此外，侦查机关拘传犯罪嫌疑人时，必须切实保障其饮食及必要的休息时间，以维护犯罪嫌疑人的基本权利。

9. 适用取保候审有哪些法律规定？

取保候审是刑事诉讼中，针对尚未判决的犯罪嫌疑人或被告人，在一定条件下暂时不予羁押或暂时解除羁押，并要求其遵守相关规定、保证随传随到的强制措施。

（1）取保候审的适用条件

刑罚条件：犯罪嫌疑人或被告人可能被判处管制、拘役或者独立适用附加刑。社会危险性条件：犯罪嫌疑人或被告人可能被判处有期徒刑以上刑罚，但采取取保候审不致发生社会危险性。健康状况条件：犯罪嫌疑人或被告人患有严重疾病、生活不能自理，或者是怀孕、正在哺乳自己婴儿的妇女，且采取取保候审不致发生社会危险性。羁押期限届满条件：犯罪嫌疑人或被告人的羁押期限届满，但案件尚未办结，需采取取保候审措施，以此避免超期羁押，保障犯罪嫌疑人的合法权益。

（2）被取保候审人应遵守的规定

未经执行机关批准，不得离开所居住的市、县；住址、工作单位和联系方式发生变动的，在24小时以内向执行机关报告；在传讯时应及时到案；不得以任何形式干扰证人作证；不得毁灭、伪造证据或串供。

（3）取保候审的方式

取保候审的方式包括保证人担保和保证金担保。保证人担保需提出符合条件的保证人，以确保被保证人遵守法律规定，并随时接受司法机关的传唤。若被保证人违反规定，保证人未及时报告，将面临罚款，情节严重时可能承担刑事责任。保证金担保则要求交纳一定数额的现金作为担保，若违反规定，保证金将被没收，被保证人还可能承担其他法律后果。若犯罪嫌疑人或被告人在取保候审期间未违反规定，保证金应在取保候审结束时退还。需注意，法律禁止对同一犯罪嫌疑人或被告人同时采用保证人担保和保证金担保两种方式。

综上所述，取保候审的适用条件、被取保候审人应遵守的规定以及取保候审的方式，共同构建起取保候审制度的法律框架，确保刑事诉讼活动公正、有效地进行。

10. 被取保候审是否意味着被无罪释放？

被取保候审并不意味着犯罪嫌疑人或被告人被无罪释放。取保候审只是一种暂时性的非羁押措施，允许犯罪嫌疑人、被告人在遵守一定条件下暂时不被羁押，根据《刑事诉讼法》第79条第1款的规定，取保候审的期限最长不得超过12个月。

取保候审后，被取保候审人仍有被收押的可能。首先，取保候审期间被取保候审人需要遵守相关法律规定，如果违反《公安机关办理刑事案件程序规定》第96条、《刑事诉讼法》第71条中关于被取保候审人需遵守的规定，取保候审决定机关会视情况解除取保候审，重新收押。其次，取保候审并不中断对案件的侦查、起诉和审理。根据犯罪事实、犯罪性质、情节及社会危害性，如果公安机关认为应当追究刑事责任，会将案件移送检察院提起公诉。如果检察院审查起诉认为犯罪情节较重，有逮捕必要或不宜判处缓刑，会决定逮捕后再移送法院。法院开庭审理后认为需要判处实刑的，会在宣判前决定逮捕，予以收押。

11. 监视居住需要符合哪些条件？

监视居住是适用于符合逮捕条件但存在特定情形的犯罪嫌疑人或被告人的刑事强制措施。该措施由公安机关执行，并要求被监视居住人在一定期限内不得离开指定区域，同时对其行动进行监视。根据《刑事诉讼法》第74条第1款、第2款的规定，可对以下情形的犯罪嫌疑人、被告人采取监视居住措施：（1）患有严重疾病、生活不能自理的；（2）怀孕或者正在哺乳自己婴儿的妇女；（3）系生活不能自理的人的唯一扶养人；（4）因案件的特殊情况或者办理案件的需要，采取监视居住措施更为适宜的；（5）羁押期限届满，案件尚未办结，需要采取监视居住措施的；（6）符合取保候审条件，但犯罪嫌疑人、被告人不能提出保证人，也不交纳保证金的。

12. 什么是"黄金37天"？

"黄金37天"是犯罪嫌疑人从刑事拘留到逮捕的最长期限，通常是指侦查机关作出刑事拘留决定与检察机关作出批准逮捕决定的这一期间。对于犯罪嫌疑人而言，其在此阶段心理压力巨大；对于侦查机关而言，其在该时间段所收集到的信息和固定的证据将直接决定案件走向；对于律师而言，其在此阶段积极开展辩护活动，有望争取到检察机关作出不批准逮捕的决定，或可能实现撤销案件的目的。故而，将这一事关委托人命运的关键诉讼阶段称为"黄金37天"。

根据《刑事诉讼法》第91条及《公安机关办理刑事案件程序规定》第129条的规定，刑事拘留后提请逮捕的期限分为以下三种情形：（1）对于被拘留的犯罪嫌疑人，经过审查认为需要逮捕的，应当在拘留后的3日内提请检察院审查批准。（2）在特殊情况下，经县级以上公安机关负责人批准，提请审查批准逮捕的时间，在原有3日基础上延长1日至4日。在司法实践中，特殊情况一般指犯罪嫌疑人的行为构成了犯罪的重大嫌疑，但犯罪事实尚未查明的情况；案情复杂、证据材料的收集尚不足以提请批准逮捕的情况；作为认定案件事实的主要证据的鉴定结论尚未作出，影响确定案件性质的情况。（3）对于流窜作案、多次作案、结伙作案的重大嫌疑分子，经县级以上公安机关负责人批准，提请审查批准逮捕的时间可以延长至30日。其中流窜作案是指跨市、县管辖范围连续作案，或者在居住地作案后逃跑到外市、县继续作案；多次作案是指三次以上作案；结伙作案是指两人以上共同作案。

在这"黄金37天"内，会对犯罪嫌疑人密集讯问，收集的信息和固定的证据对案件的后续发展至关重要。同时，家属会收到拘留通知书，了解嫌疑人的基本信息及拘留情况。辩护律师在"黄金37天"内通常会开展以下辩护活动：一是会见犯罪嫌疑人，了解其状态、需求，传达家属问候，提供心理支持，并询问是否存在非法取证情况，了解案件情况，并及时为当事人提供专业的法律意见；二是积极与办案人员沟通，根据案件侦查情况，在最合适的时间点为犯罪嫌疑人争取取保候审或向侦查机关和审查批捕机关提交法律意见书；三是在征得委托人同意或授权的基础上，在法律允许的范围内，与侦查机关、检察机关进行适度的协商，可以及时对被害方进行合理的退赔，也可以及时将涉案财物向侦查机关及时退缴。必要时，律师可以说服委托人在认罪悔罪的前提下，与被害方达成刑事和解协议。

因此，"黄金37天"对于犯罪嫌疑人的辩护权和案件的公正处理具有极其重要的意义。

13. 刑事拘留37天就会放人吗？

刑事拘留37天后是否放人，是犯罪嫌疑人家属极为关心的问题。然而，答案并非必然。上文已详细阐述"刑事拘留的最长期限为37天"，在此期限内以及期限后是否放人可分为以下三种情形。

（1）拘留错误：如果公安机关在侦查过程中发现对嫌疑人的拘留不符合法律规定，即拘留错误，则应当释放犯罪嫌疑人。由于公安机关拘留的对象通常是现行犯或重大嫌疑分子，且具备法定的紧急情况，拘留错误的情况较为少见。

（2）取保候审：在这37天内，一般有两次申请取保候审的机会。一次在侦查机关，另一次则在检察院。具体而言，在拘留后的前30天内，如果侦查机关没有通知取保候审，侦查机关则会向检察院提请批捕。检察院有7天的时间决定是否批捕，在此期间，律师可以向检察院提交不予批捕的意见书，并申请取保候审，若检察院不批准逮捕，通常会变更羁押措施为取保候审。取保候审后，犯罪嫌疑人需遵守相关规定，并随时配合公安机关调查。

（3）批准逮捕：若公安机关提请检察院批准逮捕，检察院审查后作出批准逮捕的决定，执行逮捕后，犯罪嫌疑人从刑事拘留状态转为逮捕状态，此时不会被释放。犯罪嫌疑人的辩护人可向检察院申请启动羁押必要性审查或申请取保候审，但逮捕后变更强制措施为取保候审的可能性较低。

因此，许多人误以为犯罪嫌疑人在37天后会自动被释放，这实则是一种误解。刑事拘留37天后并不保证放人，是否放人需依据案件侦查情况而定。

14. 刑事拘留与逮捕、行政拘留有什么区别？

刑事拘留、行政拘留和逮捕是司法体系中三种不同的强制措施，在法律性质、适用对象、适用机关以及羁押期限等方面存在显著区别。

（1）法律性质不同：刑事拘留是刑事诉讼中的强制措施，逮捕是最严厉的刑事强制措施，二者用于保障刑事诉讼活动的顺利进行。而行政拘留属于行政处罚，是对违反行政法律法规但尚未构成犯罪的行为的处罚。

（2）适用对象不同：刑事拘留适用于触犯《刑法》、需要追究刑事责任的现行犯或重大犯罪嫌疑分子。行政拘留适用于违反《治安管理处罚法》等有关行政法规但不构成犯罪的违法人员。逮捕适用于可能被判处有期徒刑以上刑罚的犯罪嫌疑人或被告人。

（3）适用机关不同：刑事拘留由公安机关决定，但需检察院批准（特殊情况下可先行拘留后报请批准）；行政拘留由公安机关独立决定并执行；逮捕由检察院或法院决定，由公安机关执行。

（4）羁押期限不同：在检察院批准逮捕前，刑事拘留期限一般为 10 日至 14 日，对流窜作案、多次作案、结伙作案的重大犯罪嫌疑分子的拘留期限最长为 37 天；行政拘留的最长期限为 15 天，违法行为人的多个处罚合并执行时，最长拘留 20 日；逮捕后羁押期限取决于案件的侦查、审查起诉和审判进程，直至法院作出最终判决。

15. 犯罪嫌疑人被刑事拘留后，会通知家属吗？家属可以会见吗？

犯罪嫌疑人被刑事拘留后，侦查机关应当在拘留后 24 小时内通知被拘留人的家属，除非存在无法通知或者涉嫌危害国家安全犯罪、恐怖活动犯罪通知可能有碍侦查的情形。

一般情况下，在案件侦查阶段，不允许家属会见犯罪嫌疑人。刑事拘留期间，只有辩护律师可以与犯罪嫌疑人会见和通信。因此，刑事拘留后，家属在案件办结前通常无法会见犯罪嫌疑人，而案件办结是指判决已生效，执行通知书已经送达之后，家属方可凭借相关凭证前往会见。

16. 犯罪嫌疑人被逮捕后，什么时候通知家属？家属可以做什么？

根据《人民检察院刑事诉讼规则》第 144 条的规定，人民检察院应当在公安机关执行逮捕后 24 小时内，通知犯罪嫌疑人的家属，除非存在无法通知的情形。家属在接到逮捕通知后，可以做以下工作。

（1）深入了解案情：家属有权向检察机关询问具体办案机关的名称、联系方式，办案人员姓名，犯罪嫌疑人的羁押地点及联系方式，以及涉嫌罪名等信息。家属掌握这些关键信息后，便能确定犯罪嫌疑人被关押的看守所，为后续沟通与了解案件进展奠定基础。

（2）提供生活支持：明确羁押场所后，家属可向犯罪嫌疑人寄送衣物、日用品，并存入生活费用，以保障其在羁押期间的基本生活需求，传递家人的关怀与支持。

（3）寻求专业法律帮助：家属应及时向专业律师进行法律咨询，并委托律师代理辩护。同时，积极配合律师工作，通过合法途径密切关注案件进展，借助律师的专业知识为犯罪嫌疑人争取有利局面。

17. 申请羁押必要性审查有什么作用？

羁押必要性审查是刑事诉讼中极为关键的司法程序，旨在对已被逮捕或采取其他羁押措施的犯罪嫌疑人、被告人，就其继续羁押的必要性进行全面审查。这一机制的核心目的在于确保羁押措施的合理性与必要性，切实避免不必要的长期羁押，充分维护被羁押人的合法权益。其作用主要体现在以下几个方面。

（1）保障基本权利与自由：羁押必要性审查为被逮捕的犯罪嫌疑人、被告人提供了在判决前解除羁押的可能途径，这无疑是对其基本权利的有力保障。通过综合考量案件性质、犯罪嫌疑人或被告人的行为表现、可能面临的刑期、有无逃跑或毁灭证据的风险等诸多因素，对于那些无须继续羁押的，人民检察院应当依法建议办案机关释放嫌疑人或变更强制措施，有效减少不必要的羁押，彰显司法的公正性与人性化。

（2）规范审查情形与处置标准。《人民检察院、公安机关羁押必要性审查、评估工作规定》第7条明确列举了应立即进行羁押必要性审查、评估的特定情形，具体如下：①犯罪嫌疑人因患有严重疾病、生活不能自理等，不适宜继续羁押的；②犯罪嫌疑人系怀孕或者正在哺乳自己婴儿的妇女；③犯罪嫌疑人系未成年人、生活不能自理的人的唯一抚养人；④继续羁押犯罪嫌疑人、被告人，羁押期限将超过依法可能判处的刑期的；⑤案件事实、情节或者法律、司法解释发生变化，可能导致犯罪嫌疑人、被告人被判处拘役、管制、独立适用附加刑、免予刑事处罚或者判决无罪的；⑥案件证据发生重大变化，可能导致没有证据证明有犯罪事实或者犯罪行为系犯罪嫌疑人、被告人所为的；⑦存在其他对犯罪嫌疑人、被告人采取羁押强制措施不当情形，应当及时撤销或者变更的。

同时，该规定还明确了释放或变更强制措施的适用条件，如预备犯、主观恶性较小的初犯、过失犯等情形；也清晰界定了不予释放或变更强制措施的情形，如涉嫌严重危害社会的犯罪、严重暴力犯罪、重大贪污贿赂犯罪等。这些规定为羁押必要性审查提供了明确的法律依据与操作指引，确保审查工作的规范化与标准化。

（3）强化权利救济与主动申请：鉴于人民检察院可能无法及时掌握每个案件的最新动态，主动申请羁押必要性审查显得尤为重要。根据法律规定，犯罪嫌疑人、被告人及其法定代理人、近亲属或辩护人、值班律师均有权向人民检察院提出申请。因此，家属若了解到犯罪嫌疑人、被告人存在上述有利情形，应及时告知律师，由律师据此起草羁押必要性审查申请书，并提交至相关部门，为犯罪嫌疑人争取解除羁押的宝贵机会。

18. 被逮捕后还能取保候审吗？

被逮捕后，犯罪嫌疑人、被告人仍具备申请取保候审的权利，但是获得取保的难度非常之大。在刑事诉讼的侦查阶段、审查起诉阶段以及审判阶段，均可依法申请取保候审。能否成功申请取保候审，关键取决于是否符合取保候审的法定条件，与案件所处的处理阶段并无直接关联。

《刑事诉讼法》第 97 条明确赋予了犯罪嫌疑人、被告人及其法定代理人、近亲属或者辩护人申请变更强制措施的权利，其中包括申请取保候审。同时，《刑事诉讼法》第 98 条规定，犯罪嫌疑人、被告人被羁押的案件无法在法定的侦查羁押、审查起诉、一审、二审期限内办结，且需要继续查证、审理的，可以对犯罪嫌疑人、被告人取保候审或者监视居住。

由此可见，即使犯罪嫌疑人、被告人已被逮捕，若案件的具体情况发生变化，如出现新的证据或情节，或者羁押期限即将届满，犯罪嫌疑人或被告人仍可通过申请取保候审，获得释放或变更强制措施的机会，以维护自身的合法权益。

19. 被逮捕后多久被作出裁判？

被逮捕后至最终被作出裁判的时间跨度，因案件的具体情况而异，并无统一、固定的标准。这一过程受到诸多因素的综合影响，包括案件的复杂程度、证据收集的难易程度、法律程序的严格遵循等。一般而言，从逮捕到最终判决，需依次经过公安机关的侦查、人民检察院的审查起诉以及人民法院的审判三个阶段。

（1）逮捕后的侦查阶段（2个月起）

犯罪嫌疑人被逮捕后，案件仍处于公安机关的侦查阶段。通常情况下，逮捕后的侦查羁押期限为2个月。但正如前文所述，根据《刑事诉讼法》的相关规定，对于案情复杂、期限届满不能终结的案件，经上一级人民检察院批准，可以延长1个月；对于交通十分不便的边远地区的重大复杂案件、重大的犯罪集团案件、流窜作案的重大复杂案件以及犯罪涉及面广、取证困难的重大复杂案件，在上述延长的期限届满后仍不能侦查终结的，经省、自治区、直辖市人民检察院批准或者决定，可以再延长2个月；若犯罪嫌疑人可能被判处10年有期徒刑以上刑罚，在依照上述规定延长期限届满后仍不能侦查终结的，经省、自治区、直辖市人民检察院批准或者决定，还可以再延长2个月。因此，刑事案件侦查阶段期限最长可达8个月零8天。

（2）人民检察院审查起诉阶段（1个月起）

公安机关完成侦查工作后，会将案件移送至人民检察院进行审查起诉。人民检察院需要对案件的证据是否充分、是否满足起诉条件进行全面评估。一般情况下，人民检察院对于移送起诉的案件，应当在1个月内作出决定。对于重大、复杂的案件，经检察长批准，此期限可以延长15日。在审查过程中，如果人民检察院认为需要补充侦查，可以将案件退回公安机关进行补充侦查。补充侦查以2次为限，每次补充侦查的期限不得超过1个月。补充侦查完毕后，人民检察院将重新计算审查起诉期限。

（3）人民法院审理阶段（一般情况 2 个月起）

人民检察院认为案件满足起诉条件后，会将案件移送至人民法院进行审判。根据《刑事诉讼法》第 208 条第 1 款的规定，人民法院在受理公诉案件后，应当在 2 个月内宣判，至迟不得超过 3 个月。对于可能判处死刑的案件或者附带民事诉讼的案件，以及有《刑事诉讼法》第 158 条规定情形之一的，经上一级人民法院批准，可以延长 3 个月；因特殊情况还需要延长的，报请最高人民法院批准。

综上所述，从逮捕到判刑的时间因案件具体情况而异。一般较为简单的案件，至少需半年左右的时间；而重大、复杂案件，由于可能涉及多次补充侦查、延长审限等情况，则可能需 2 年以上。

第二章　审查起诉阶段

20. 审查起诉的期限是多久？

审查起诉期限的长短会根据当事人是否被羁押而有所不同。若犯罪嫌疑人被逮捕并羁押在看守所，检察机关的审查起诉期限通常为 1 个月，对于重大、复杂的案件，这一期限可以延长 15 天。犯罪嫌疑人认罪认罚，符合速裁程序适用条件的情况下为 10—15 天。

在审查起诉阶段，若案件被退回公安机关进行补充侦查，包括退查和延长审查起诉期限在内，整个流程最长可达 6.5 个月。具体而言，退回补充侦查的次数以 2 次为限，每次公安机关进行补充侦查的期限为 1 个月。待公安机关完成补充侦查并重新移送检察院后，检察院的审查起诉期限将重新计算。因此，理论上，在检察院的审查起诉阶段，期限最长可能达到（1 个月 + 0.5 个月即延长的期限）+ 1 个月（第一次补充侦查）+（1 个月 + 0.5 个月即延长的期限）+ 1 个月（第二次补充侦查）+（1 个月 + 0.5 个月即延长的期限）= 6.5 个月。

21. 审查起诉阶段律师能做什么？

审查起诉阶段，是指检察院在接到公安机关移送的案件后，对案件进行审查，以决定是否有足够的证据和法律依据对犯罪嫌疑人提起公诉的法律程序。这一阶段是刑事诉讼中的关键环节，旨在确保只有那些证据充分、符合起诉条件的案件才会进入法院审判程序。因此，在审查起诉阶段，律师的工作内容主要涵盖以下几个方面。

（1）阅卷。辩护律师自人民检察院对案件审查起诉之日起，可以查阅、照抄、复制本案的案卷材料。律师通过阅卷可以全面了解案件事实，通过对全案证据的系统性分析，如犯罪嫌疑人的讯问笔录、被害人询问笔录、物证、书证，反复研判对当事人有利不利的证据、发现证据的违法之处、矛盾之处等，发现证据链中的薄弱之处，为后续制订合理的辩护方案打下基础。

（2）会见当事人。审查起诉阶段，辩护律师阅卷后再会见当事人，这时会见更具有针对性，辩护律师根据阅卷情况，会重点与当事人沟通核实有利不利证据，与当事人沟通最优辩护方案。

（3）申请变更强制措施。律师通过评估，认为符合变更强制措施条件的，可以向检察院申请羁押必要性审查，或请求对犯罪嫌疑人变更强制措施，如取保候审或监视居住。

（4）调查取证。辩护律师收集的有关犯罪嫌疑人不在犯罪现场、未达到刑事责任年龄、属于依法不负刑事责任的精神病人的证据，应当及时告知公安机关、人民检察院。另外，根据《刑事诉讼法》第43条，辩护律师可依法申请司法机关收集、调取证据。若律师依法自行收集证据，要注意取证过程的合法性，除了获取结果性证据材料，也要真实记录取证全过程，防范执业风险。

（5）与检察院有效沟通。辩护律师与检察机关充分沟通对案件事实和法律适用的意见，另外，争取认罪认罚的从宽处理、提出合理的量刑建议、争取检察院作出不起诉决定，以及在起诉时争取变更罪名或改变案件定性等，以确保当事人的权益得到充分保障。

22. 家属能否查阅刑事案卷材料？

我国《刑事诉讼法》对阅卷权有明确的限制，仅辩护律师被赋予完整的阅卷权，而犯罪嫌疑人及其家属并不享有此权利。这一规定源于刑事案件的特殊性与刑罚的严厉性。为了确保证据的完整性和真实性，防止有人为逃避法律责任而采取毁灭、伪造证据或干扰证人作证等不正当手段，影响刑事诉讼活动的正常进行，阅卷有严格限制。正常情况下家属无权阅卷，只有当家属担任犯罪嫌疑人的辩护人时，经人民法院、人民检察院许可后，方可查阅、复制、摘抄案卷材料。

23. 审查起诉阶段，家属如何为犯罪嫌疑人争取最好的结果？

当亲人面临刑事案件被检察院审查起诉时，家属可以通过以下积极行动来支持当事人。

（1）联系律师阅卷：当亲人面临刑事案件被检察院审查起诉时，家属应尽快委托律师阅卷，律师全面查阅案卷后梳理分析全案证据，提出犯罪嫌疑人无罪、轻罪等专业辩护意见，为当事人争取合法权益。

（2）收集证据：家属应与律师紧密合作，积极收集能够证明亲人无罪或罪轻的关键证据，注意禁止伪造证据或者串供。如果亲人有违法所得，应在律师的指导下依法进行退赃。

（3）与检察官沟通：在审查起诉阶段，家属可以要求律师与检察官当面就案件定罪量刑问题进行沟通，并传达家属的意见。家属可以通过律师了解检察官的量刑建议，也可以要求律师提供类似案例作为参考，有助于评估对亲人的量刑是否合理。在整个审查起诉过程中，家属应保持冷静，严格遵守法律程序。

24. 检察机关在什么情况下决定不起诉，具体适用条件是什么？

不起诉是检察机关在审查起诉阶段，依据案件具体情况和法律规定作出的不将案件提起公诉至法院的决定。在我国《刑事诉讼法》中，不起诉分为法定不起诉、酌定不起诉（相对不起诉）、存疑不起诉（证据不足不起诉）以及未成年人附条件不起诉四种类型，每种类型都有其特定的适用条件。

（1）法定不起诉，也称绝对不起诉，指法律明确规定不得起诉的情形，包括犯罪事实非本案犯罪嫌疑人所为，以及犯罪嫌疑人的行为符合《刑事诉讼法》第16条规定的不追究刑事责任的情形。比如，情节显著轻微、危害不大，不认为是犯罪的；犯罪已过追诉时效期限的；经特赦令免除刑罚的；依照《刑法》告诉才处理的犯罪，没有告诉或者撤回告诉的；犯罪嫌疑人、被告人死亡的；其他法律规定免予追究刑事责任的。

（2）酌定不起诉，又称相对不起诉，是指嫌疑人已经构成犯罪，但依据个案情形，不予刑事处罚同样可以达到刑事诉讼目的，没有必要追究其刑事责任，人民检察院可以作出不起诉决定。既然是相对而言，那么酌定不起诉可以理解为检察院行使自由裁量权的体现。根据《刑事诉讼法》第 177 条的相关规定，于犯罪情节轻微，依照《刑法》的规定不需要判处刑罚或者免除刑罚的，人民检察院可以作出不起诉决定。

（3）存疑不起诉，是指现有证据不能确定犯罪嫌疑人有罪且需要追究刑事责任。由于刑事案件对证据的要求高于民事案件，需要形成证据链且能排除合理怀疑。若认定嫌疑人构成犯罪有一定证据，但达不到确实充分的程度，存在一些重大疑点无法作出合理解释，对这类案件可能会作出存疑不起诉的决定。根据《刑事诉讼法》第 175 条的相关规定，对于二次补充侦查的案件，人民检察院仍然认为证据不足，不符合起诉条件的，应当作出不起诉的决定。

（4）未成年人附条件不起诉，是指对于未成年人涉嫌《刑法》分则第四章、第五章、第六章规定的犯罪，可能判处 1 年有期徒刑以下刑罚，符合起诉条件但有悔罪表现的，人民检察院可以作出附条件不起诉的决定。在作出决定前，需要听取公安机关、被害人的意见。

因此，案件能否不起诉，需要结合案情和犯罪嫌疑人的具体情节进行分析。

25. 检察机关决定不起诉和撤回起诉后，当事人还会被追究刑事责任吗？会留有案底吗？

撤回起诉通常发生在人民检察院发现已经提起公诉的案件存在上文中不起诉的情形，或者人民法院在审理过程中发现案件存在问题，建议人民检察院撤回起诉的情形中。对于决定不起诉或撤回起诉的案件，侦查机关会根据情况重新侦查或撤销案件，若案件撤销或重新侦查后仍无证据证明当事人构成犯罪，则不会被追究刑事责任。根据《公安机关办理犯罪记录查询工作规定》，除人民法院生效裁判文书确认有罪外，其他情况均视为无罪，包括人民检察院作出不起诉决定、办案单位撤销案件、撤回起诉或终止侦查的情形，因此人民检察院作出不起诉决定后，当事人不会留下案底。

26. 刑事案件中是否有必要认罪认罚？

认罪认罚是指在刑事诉讼过程中，犯罪嫌疑人或被告人自愿如实供述自己的罪行，承认检察机关指控的犯罪事实，并表示愿意接受相应的法律处罚的一种法律制度。这一制度的核心在于鼓励犯罪嫌疑人或被告人主动认罪，以提高司法效率，减少诉讼成本，并在一定程度上对犯罪嫌疑人或被告人给予从宽处理。根据《刑事诉讼法》第15条的规定，犯罪嫌疑人、被告人自愿如实供述自己的罪行，承认指控的犯罪事实，愿意接受处罚的，可以依法从宽处理。

根据2021年《关于常见犯罪的量刑指导意见（试行）》第14条的规定，被告人认罪认罚的，综合考虑犯罪性质、罪行轻重、认罪认罚的阶段与程度等因素，可以减少基准刑的30%以下。若被告人还具备自首、重大坦白、退赃退赔、赔偿并获得谅解或达成刑事和解等情节，可以减少基准刑的60%以下，犯罪较轻的，可以减少基准刑的60%以上或者依法免除处罚。

由此来看，如案件证据链充分，对罪名、事实和证据没有意见，辩护空间也极小的案子，自愿认罪认罚，有利于获得从宽处理。

27. 审查起诉阶段签不签认罪认罚具结书？

审查起诉阶段认罪认罚具结书签与不签不能一概而论，需依据案件具体情况判断。须知，认罪指认可犯罪事实，而非指控罪名；认罚指认可量刑建议。决定是否签署认罪认罚具结书可考虑以下因素。

（1）是不是认可案件指控事实与证据认可程度：若案件事实清楚、证据充分且当事人认同，认罪认罚比较稳妥；若不认可事实或证据，应争取不起诉或无罪；若仅不认可罪名但对事实无异议，协商量刑可接受时可考虑签署。

若检察院建议对当事人判处实际执行的刑罚且当事人不认可犯罪,要慎重签署。

(2)辩护空间:审查案件是否有因情节轻微、证据不足等而不起诉的可能,以及当事人是否存在从宽情节或责任阻却因素,若辩护空间充分且与检察院协商困难,不签或许能通过庭审获得更好结果。

(3)量刑建议合理性:在判断检察院的量刑建议是否合理时,需要准确区分当事人预期与量刑建议的合理性。合理的量刑建议应符合罪责刑一致原则,通常存在一定的量刑幅度,当事人和律师往往只能在这个幅度范围内争取更低的量刑。当事人和律师可以与检察官协商量刑建议,如果经过协商,量刑幅度明显降低,甚至接近法定基准刑的最低限度,这表明量刑建议较为有利,此时可以考虑签署认罪认罚具结书。尤其是对于情节轻微或量刑幅度不大的案件,认罪认罚往往能带来较为显著的从宽效果。在这种情况下,当事人更应充分考虑签署认罪认罚具结书,接受合理的量刑建议,避免因无谓的对抗而承受重罚的风险,确保自身合法权益得到最大限度的保障。

第三章 审判阶段

28. 刑事案件一审审理期限是多久？

刑事案件一审阶段有速裁程序、简易程序和普通程序，是人民法院审理刑事案件的三种不同的审判程序，它们各自适用于不同的情况和案件类型，具有不同的审理流程，即程序不同，审理期限不同。

根据《刑事诉讼法》的相关规定，速裁程序是一种快速审理轻微刑事案件的特别程序，适用于基层人民法院管辖的可能判处3年有期徒刑以下刑罚的案件，案件应事实清楚，证据确定、充分，被告人认罪认罚并同意适用速裁程序的情况。速裁程序强调效率，简化了诉讼流程，缩短了审理时间，通常要求法院在受理后10日至15日内作出判决。

简易程序适用于基层人民法院管辖的案件，案件应事实清楚、证据充分，被告人对指控的犯罪事实没有异议，对适用简易程序没有异议。简易程序相对于普通程序而言，审理过程更为简便快捷，但仍需保证审判的公正性。简易程序适用于可能判处较轻刑罚的案件，旨在提高审判效率，减轻法院负担。简易程序要求在20日至一个半月内审结。

普通程序是人民法院审理刑事案件的标准程序，适用于所有刑事案件，除非法律有特别规定适用速裁程序或简易程序。普通程序要求遵循严格的法律程序和证据审查，确保案件审理的公正性和合法性。在普通程序中，法院会进行全面的法庭调查和辩论，确保被告人的辩护权得到充分行使。因此，普通程序要求法院在受理后2个月以内宣判，至迟不得超过3个月。对于可能判处死刑的案件或者附带民事诉讼的案件，以及有《刑事诉讼法》第158条规定情形的案件，经上一级人民法院批准，可以延长3个月；因特殊情况还需要延长的，报请最高人民法院批准。若法院改变管辖，审理期限从改变后的法院收到案件之日起计算；检察院补充侦查的案件，一旦补充侦查结束并移送法院，法院将重新计算审理期限。

29. 一审阶段律师可以做什么？

在一审阶段，人民法院对刑事案件进行初次审理，对案件的事实、证据、适用法律以及被告人的刑事责任进行全面审查，并作出裁判，这一阶段是刑事诉讼中非常重要的一个环节。有效辩护的理念可以在此阶段得到全面的贯彻和体现。因此，在案件进入法院一审阶段后，律师需要完成的工作主要包括以下内容。

（1）准备庭审材料：为了维护被告人的诉讼权益及其他合法权益，辩护律师需要做好庭前准备工作，与委托人进行有效沟通和交流。除了阅卷、会见工作，开庭前，辩护律师还要准备对证据的质证意见、辩护意见等材料，为辩护做好充分准备。对于证人、被害人出庭的案件，辩护律师还要准备好发问提纲，以免遗漏需要询问的关键问题。

（2）收集证据与申请非法证据排除：辩护律师在一审阶段同样需要收集证据，如被告人和被害人（或被害人近亲属）达成的和解协议及被害人出具的谅解书等。对于无法自行收集的证据，辩护律师有权申请法院收集、调取。如有证据证明或者有合理理由怀疑侦查机关在调查取证的过程中，确有违反法律规定，导致证据合法性存疑的情形，如刑讯逼供、鉴定程序违法违规等，辩护律师应及时向法院提出申请排除非法证据。

（3）参加庭前会议及庭审：一些重大案件，特别是需要排除非法证据的案件，法院会安排庭前会议，辩护律师需要做好庭前会议准备工作。庭审过程主要分为法庭调查与法庭辩论。在法庭调查环节，辩护律师比较注重对公诉方案卷材料的研究，对公诉方证据体系的把握，在此基础上，形成针对言词证据、实物证据的质证方式。而在法庭辩论环节，辩护律师将针对控诉方的指控，从事实是否清楚、证据是否确实充分、适用法律是否准确无误、诉讼程序是否合法等方面进行分析论证，并提出关于案件定罪量刑的意见和理由。正如陈瑞华老师在《刑事辩护的艺术》一书中所言，在现行司法制度下，刑事辩护逐渐形成了无罪辩护、量刑辩护、罪轻辩护、程序性辩护、证据辩护等多种形态并存的格局。除了无罪、重罪改轻罪的辩护思路，罪轻辩护还具有另外两种表现形式：一是试图说服法官减少指控罪名的辩护，如检察机关指控被告人构成三个罪名，律师却提出了被告人不构成其中部分罪名的辩护意见；二是说服法官降低犯罪数额的辩护。进行有理、有据、精准、及时的辩护活动，对于说服法官更为有利。

（4）提交书面辩护意见：律师需在一审阶段向法院提交书面辩护意见，并可根据庭审情况对书面辩护意见进行修改或补充完善后再次提交。

30. 所有刑事案件都公开审理吗？家属可否旁听？

刑事案件审判原则上应当公开进行，但涉及国家秘密、个人隐私的案件以及审判时被告人不满18周岁的案件，不公开审理；涉及商业秘密的案件，如果当事人申请不公开审理，法院也可以不公开审理。

在公开审理的案件中，普通公民可以凭身份证原件旁听；未成年被告人案件不公开审理时，犯罪嫌疑人家属可以旁听；而其他不公开审理的案件，犯罪嫌疑人家属则不得旁听。若家属为证人并曾做过笔录，同样不得旁听庭审。旁听人员需严格遵守法庭秩序，不得进入审判活动区，也不得随意走动、发言和提问。未经许可，不得录音、录像、摄影。若犯罪嫌疑人的家属对案情有需要补充说明的，应该通过辩护律师转达或在庭后以书面形式进行沟通。

31. 认罪认罚案件，法院是否一定采纳认罪认罚量刑建议？

认罪认罚量刑建议是指在刑事诉讼中，人民检察院根据犯罪嫌疑人或被告人的认罪态度和认罚情况，依法提出的关于量刑的具体建议。这一制度通过鼓励犯罪嫌疑人或被告人主动认罪认罚，减少诉讼成本，提高司法效率，并在一定程度上实现对认罪认罚者的从宽处理。

根据《刑事诉讼法》第201条第1款的规定，人民法院在审理认罪认罚案件时，原则上应当采纳人民检察院提出的指控罪名及量刑建议，然而，存在以下情形之一时，人民法院有权改变指控的罪名或量刑：被告人的行为不构成犯罪或不应追究刑事责任；被告人非出于自愿认罪认罚；被告人否认被指控的犯罪事实；起诉指控的罪名与法院审理认定的罪名不一致；其他可能影响公正审判的情形。

此外，若法院经审理后认为量刑建议明显不当，或者被告人及辩护人对量刑建议提出异议，且检察院不调整量刑或调整量刑后依然明显不当，法院可以改变量刑。因此，法院并非在所有认罪认罚案件中均必须采纳认罪认罚量刑建议，在特定情形下法院可依法作出独立判断。

32. 一审可以争取无罪吗？

在刑事诉讼的一审阶段，是否可以争取到无罪判决需视情况而论。根据《刑事诉讼法》的相关规定，被告人在一审中有权提出无罪辩护，而法院应当全面审理案件，严格审查证据的合法性、客观性和关联性，并独立作出判决。

具体而言，一审无罪判决基于以下几种情况：法院审理后认为被告人未实施指控的犯罪行为，或虽有行为但依法不构成犯罪的情形；违法行为情节显著轻微且危害不大，不视为犯罪；主要事实不清、证据不足，检察院未能提供足够证据，法院也无法查证清楚，不能认定被告人有罪的情形。

同时，法院还将审查案件程序的合法性，包括侦查、起诉阶段是否遵守法定程序，是否存在侵犯被告人合法权益的行为，若发现程序违法可能影响公正审理，法院将依法作出裁判。

一审阶段被告人及其辩护人应综合实际情况采取对被告人有利的辩护策略，利用一审程序提出有力的辩护意见和证据，积极应对公诉人的指控，法院也将依法独立、公正地审理案件。

33. 满足什么条件可以争取缓刑？

根据《刑法》第 72 条第 1 款的规定，对于被判处拘役、3 年以下有期徒刑的犯罪分子，同时符合下列条件的，可以宣告缓刑，对其中不满 18 周岁的人、怀孕的妇女和已满 75 周岁的人，应当宣告缓刑：①犯罪情节较轻；②有悔罪表现；③没有再犯罪的危险；④宣告缓刑对所居住社区没有重大不良影响。

此外，对于具有自首、立功、积极赔偿并取得被害人谅解、系初犯且犯罪情节较轻等情节的犯罪嫌疑人，人民法院在综合考量案件的具体情况后，也有可能作出缓刑判决。因此，即使犯罪嫌疑人、被告人已被逮捕，辩护律师或其家属仍需积极梳理并向人民法院提出对犯罪嫌疑人、被告人有利的量刑情节，通过合法、合理的辩护策略，为其争取缓刑的机会。

34. 缓刑和短期刑哪种判决结果更好？

在刑事判决中，缓刑与短期实刑哪种结果更有利于当事人，需综合考量羁押状况、可能判处的刑期及当事人的具体情况。缓刑作为一种非羁押性的刑罚执行方式，其考验期较长，宣告缓刑后法院会根据犯罪情况，禁止犯罪分子在考验期限内从事特定活动，进入特定区域、场所，接触特定的人，一旦违反规定或发现漏罪，将面临缓刑撤销及重新收押执行余刑的风险。但无须羁押给予了当事人改造的机会，可以在社会上继续生活和工作。若当事人可能面临的刑期远超已羁押时间，或一直处于取保候审状态，则缓刑在判决后无须羁押更有利于当事人。短期刑虽需羁押，但刑期较短，对于罪行较轻且已被羁押一段时间的当事人来说，由于羁押时间可以折抵刑期，若当事人在审判前已被羁押较长时间，且可能判处的刑期与已羁押时间相近，短期刑在折抵后虽有剩余刑期需执行，但无须承担缓刑考验期的限制，亦无重新收监的风险。此种情况下短期刑可能更加有利。

35. 被判处缓刑的当事人可以继续在原单位工作吗？

根据《公职人员政务处分法》第 14 条的规定，如果被判处缓刑的当事人为公职人员，将会被原单位开除，无法继续在原单位工作。对于非公职人员,如果其被判处缓刑且没有被剥夺政治权利,在法律上仍然有权利继续工作,但原工作单位享有决定权,有权根据单位的用工规定和员工犯罪性质、缓刑期间的表现来决定是否留用该员工。

36. 判决生效前,家属可以会见犯罪嫌疑人或被告人吗?

判决生效前指的是法院对案件作出的判决尚未正式产生法律效力的阶段。在这个时期,判决虽然已经由法院作出,但由于上诉、抗诉或者需要经过法定的期限等程序性因素,判决的结果还不能最终确定,被告人或相关当事人仍有机会通过法定程序对判决提出异议。一旦上诉期限届满且无上诉、抗诉发生,或者上级法院对上诉案件作出终审裁判,原判决即视为生效,此时判决内容将正式成为具有强制执行力的法律文书。

因此,在判决生效前,犯罪嫌疑人或被告人的家属一般不能会见犯罪嫌疑人或被告人,主要是为了防止串供、传递信息、影响案件侦查和审理,以及维护看守所的安全和秩序。但是根据《看守所条例实施办法(试行)》第36条的规定,在特殊情况下,如犯罪嫌疑人、被告人的配偶、父母或者子女病危时,经办案机关同意,并由县级以上公安机关主管局领导批准,可以通知其家属会见,由办案人员在场陪同,并禁止犯罪嫌疑人、被告人使用通信设备。因此,在大多数情况下,家属需要等到判决生效并执行刑罚后,才能按照规定的时间和方式会见犯罪嫌疑人或被告人。

37. 刑事案件一审结果不理想,二审还有机会吗?

在刑事案件中,若当事人对一审判决结果不满意,往往会关注二审是否还有改判机会。我国实行二审终审制,刑事二审的结果包括维持原判、改判或发回重审。若对一审判决不服,当事人可聘请律师对案情进行分析,判断争取改判的可能性大小。若可能性较大,应及时委托专业刑事律师介入。依据《刑事诉讼法》第236条、第238条的规定,二审审理过程中,若出现以下情形,人民法院应当发回重审或直接改判:其一,原判决认定事实无误,

· 395 ·

但适用法律错误或量刑不当的，应当改判；其二，原判决事实不清或证据不足的，可以在查清事实后改判，也可以裁定撤销原判，发回原审人民法院重新审判；其三，第二审人民法院发现第一审人民法院的审理违反法律规定的诉讼程序的，应当裁定撤销原判，发回原审人民法院重新审判。

需注意的是，刑事案件二审辩护存在诸多难点，当前刑事案件二审在案件监督方面存在相对弱化的情况，多数二审以维持原判结束。并且随着认罪认罚从宽制度的广泛适用，若在审查起诉阶段已认罪认罚，后期即便发现认罪认罚存在问题，辩护难度也会显著增加。此外，签署认罪认罚具结书后上诉的，可能会引发检察院抗诉。一旦抗诉，上诉不加刑原则将无法适用，二审结果可能比一审更重。因此，刑事案件应尽早对争议问题进行妥善处理与协商。为争取改判或有利结果，可以采取的策略和措施如下。

（1）充分收集和补充证据，例如，补充在一审中因客观原因未能收集的证据，或者对案件事实的认定具有重大影响的新证据。

（2）如果一审法律适用有误，不仅要指出一审法律适用的错误，还要提出具体的改判意见，包括适用正确的法律条文、司法解释，并结合案件事实进行分析论证。

（3）对一审事实认定进行详细分析，找出事实认定中的矛盾、证据的不足或逻辑的错误，并通过对比不同证据之间的关联性、证人证言的可信度以及证据的合法性等，提出合理的怀疑。

（4）合理制订诉讼策略。根据不同的案件需要制订不同的诉讼策略。例如，对于证据不足的案件，可以重点围绕证据合法性展开；对于法律适用错误的案件，可以重点论证法律适用问题。在二审过程中，要根据庭审情况灵活调整策略。又如，如果发现新的证据线索，及时申请法院调查取证；如果对方证据存在瑕疵，及时质疑。

38. 二审阶段律师可以做什么？

二审阶段是指一审法院作出裁判后，由于被告人、检察机关或者其他相关当事人对一审裁判不服,依法向上一级法院提起上诉,上一级法院对案件进行再次审理的法律程序。这个阶段是对一审裁判的复查和监督,是刑事诉讼中重要的司法救济程序,为当事人提供了一个进一步辩护和申诉的机会。因此,辩护律师在刑事案件二审阶段可以做以下工作:(1)会见。在二审阶段,律师将全面审查一审判决或裁定,深入了解当事人对一审裁判的看法,以便起草上诉状,并解释二审流程及当事人的权利。律师可与当事人仔细核对证据,探讨是否需要补充证据或进行调查取证,制订辩护策略,争取有利的审判结果。(2)阅卷。通过全面阅卷,了解一审公诉人指控被告人犯罪及一审裁判被告人有罪的逻辑及思路,发现案件难点、疑点,并对其进行充分论证,最终形成有效辩护方案。(3)开庭。进行庭前会议准备并参加庭前会议。庭审时律师将依法出庭,向二审法院提交二审辩护意见。在第一审程序中,律师的辩护目标主要是推翻或者削弱检察机关指控的罪名,辩护律师要说服法官不接受检察机关起诉书或量刑建议书中的观点。但在二审程序中,律师的辩护目标是推翻一审法院认定的罪名或者量刑结论,要说服二审法院不接受一审法院的裁判结论,并提出被告人无罪或罪轻或从轻量刑的辩护意见。

综上所述,尽管刑事案件二审辩护难度大,但律师通过刑事辩护仍能发挥重要作用。

39. 被告人对一审判决不服上诉,二审会加重刑期吗?

被告人认为一审法院作出的判决在事实认定、法律适用或者量刑上存在错误或不公正,因此依照法律规定的程序,向具有管辖权的上一级人民法院提出上诉,请求上一级法院对案件进行再次审理,这是被告人行使诉讼权利的一部分。根据《刑事诉讼法》第237条的规定,如果仅被告人或其法定代理人、辩护人、近亲属提起上诉,而没有人民检察院的抗诉或自诉人的上诉,二审法院不得对被告人的刑期作出加重的改判。然而,如果人民检察院提出抗诉或者自诉人提出上诉,则不受这一限制,存在加重刑期的可能性。

40. 一审宣判后，同案犯上诉，当事人的判决会生效吗？

一审法院对共同犯罪的所有被告人作出判决后，其中一名或多名被告人对判决结果不认同，认为判决存在错误或不公正，依法向上一级法院提起上诉的情形下，根据《刑事诉讼法》第 233 条的规定，第二审人民法院应对一审判决认定的事实和适用法律进行全面审查，不受上诉或抗诉范围的限制。在共同犯罪案件中，即使只有部分被告人提出上诉，也应对全案进行审查，并一并处理。因此，在这种情况下，原审判决对所有当事人均不生效，需等待第二审人民法院的最终裁判。

41. 提起上诉或抗诉后，一审判决刑期到期会释放被告人吗？

上诉和抗诉是司法程序中的两个重要概念，上诉是指当事人对一审裁判不服时，依法向上一级法院提出改判或重新审判的请求，以期获得公正的裁判；而抗诉则是指检察机关认为一审法院的判决或裁定确有错误时，向上一级法院提出的重新审理请求。这两种程序都是司法救济手段，允许对一审裁判进行复查，以维护司法公正和法律的权威。

根据《刑事诉讼法》第 98 条的规定，在提起上诉或抗诉后，一审判决的刑期到期并不直接导致被告人的释放。如果被告人已经服满一审判决所确定的刑期，而二审尚未作出判决，实践中通常对被告人采取取保候审或监视居住的措施，以避免超期羁押。因此，除非存在特殊情况，如涉及国家安全等，法院一般会在一审判决刑期届满后对被告人予以释放，并采取相应的非羁押性强制措施，直至二审判决生效。

42. 被告人认罪认罚了，是否还能上诉？上诉是否会加重刑罚？

被告人在认罪认罚后，仍然可以提出上诉。根据《刑事诉讼法》的相关规定，被告人对第一审判决、裁定不服的，有权提出上诉。上诉权是被告人的基本诉讼权利之一，是当事人在对法院作出的判决或裁定不满时，依法享有的向上一级法院提起上诉、请求重新审理的权利。这是司法体系中保障公正审判和法律救济的重要机制，以确保当事人有机会对可能存在错误的判决或裁定进行复审而不受其是否认罪认罚的影响。

至于上诉是否会加重刑罚，通常情况下，如果上诉仅由被告人或其法定代理人、辩护人、近亲属提起，二审人民法院在审理时不得加重被告人的刑罚。然而，如果人民检察院提出抗诉或自诉人提出上诉，那么不受上诉不加刑原则的限制，存在加重刑罚的可能性。因此，被告人认罪认罚后提出上诉，一般不会因此而加重刑罚，认罪认罚与上诉权是两个不同的法律概念，认罪认罚并不剥夺被告人的上诉权。

43. 对生效刑事判决不服，如何申诉？

根据《人民检察院办理刑事申诉案件规定》第2条，刑事申诉，是指对人民检察院诉讼终结的刑事处理决定或者人民法院已经发生法律效力的刑事判决、裁定不服，向人民检察院提出的申诉。刑事申诉为当事人提供了一种救济途径，如果原判决、裁定存在错误，如认定事实不清、证据不足、适用法律错误、违反法定程序等，通过刑事申诉可以启动再审程序，纠正错误裁判，避免错案的发生，保障当事人合法权益。对于当事人及其法定代理人、近亲属来说，刑事申诉也是维护自身合法权益的重要手段。例如，当他们认为生效的刑事判决、裁定侵害了其合法权益时，可以通过申诉请求重新审查和处理。申诉权作为法律赋予公民的重要救济途径，当事人可以通过以下合法、合理的方式予以行使。

（1）申诉主体：根据《刑事诉讼法》第252条、《最高人民法院关于适用〈中华人民共和国刑事诉讼法〉的解释》第451条的规定，有权对发生法律效力的刑事判决、裁定提出申诉的主体有四类：①当事人（被害人、自诉人、犯罪嫌疑人、被告人、附带民事诉讼的原告人和被告人）及其法定代理人；②当事人的近亲属（配偶、父母、子女、同胞兄弟姐妹）；③认为生效裁判文书侵害其合法权益的案外人；④律师。

（2）申诉机关：一般向终审人民法院申请。对驳回申诉不服的，可以向上一级人民法院申诉。对死刑案件的申诉，向原核准的人民法院申请。

（3）申诉材料：需提交申诉状，原一审、二审判决书和裁定书等法律文书，证据材料等其他相关材料，各地法院要求可能有别，建议查询当地法院官网。

（4）根据《刑事诉讼法》第253条的规定，当事人及其法定代理人、近亲属的申诉符合下列情形之一的，人民法院应当重新审判：①有新的证据证明原判决、裁定认定的事实确有错误，可能影响定罪量刑的；②据以定罪量刑的证据不确实、不充分、依法应当予以排除，或者证明案件事实的主要证据之间存在矛盾的；③原判决、裁定适用法律确有错误的；④违反法律规定的诉讼程序，可能影响公正审判的；⑤审判人员在审理该案件的时候，有贪污受贿，徇私舞弊，枉法裁判行为的。

第四章 执行阶段

44. 被判处刑期几个月，在看守所服刑，家属有机会见吗？

被判处有期徒刑的成年和未成年罪犯，在被交付执行前，剩余刑期在3个月以下的，由看守所代为执行刑罚。根据《看守所留所执行刑罚罪犯管理办法》第45条规定，被判处短期自由刑在看守所服刑的罪犯，其家属依法享有会见的权利。具体而言，罪犯每月可与其亲属或监护人会见1次至2次，每次会见时间不超过1小时，且每次会见罪犯的人员不得超过3人。会见应在看守所规定的时间和区域内进行，并需出示有效身份证明。因此，在遵守看守所相关规定的前提下，对于被判处短期自由刑在看守所服刑的罪犯，家属是有会见机会的。

45. 刑事判决、裁定生效后，被告人什么时候被移送监狱服刑？会通知家属吗？

根据《刑事诉讼法》第264条第1款、第2款的规定，交付执行的人民法院应在判决生效后10日内将有关的法律文书送达公安机关、监狱或者其他执行机关。对被判处死刑缓期二年执行、无期徒刑、有期徒刑的罪犯，由公安机关依法将该罪犯送交监狱执行刑罚。根据《监狱法》第15条第1款的规定，公安机关在收到执行通知书、判决书之日起1个月内将罪犯送交监狱执行刑罚。因此，被告人通常在判决生效后40天内被移送至监狱服刑。监狱在收监后5日内向家属发出通知书，家属可根据通知书上的信息到监狱会见探望。监狱通常设有统一的会见日，家属可提前联系监狱了解具体会见安排。若被告人尚未被送往监狱或在看守所执行剩余刑期，家属可根据看守所规定申请会见。

46. 服刑人员需要符合哪些条件才可以减刑？

减刑是指在刑罚执行过程中，对于正在服刑的罪犯，根据其在服刑期间的表现和相关法律规定，适当减轻其原判刑罚的一种刑事司法行为。根据《刑法》第78条及《最高人民法院关于办理减刑、假释案件具体应用法律的规定》第3条、第4条的规定，被判处管制、拘役、有期徒刑、无期徒刑的犯罪分子，在执行期间，认真遵守监规，接受教育改造，确有悔改表现的，或者有立功表现的，可以减刑；有重大立功表现的，应当减刑。

其一，确有悔改表现指同时具备认罪悔罪，遵守法律法规及监规，接受教育改造，积极参加思想、文化和职业技术教育，积极参加劳动并努力完成劳动任务，以及积极执行财产刑和履行附带民事赔偿义务的条件。其二，服刑人员若在服刑期间有立功表现，如阻止他人实施犯罪活动；检举、揭发监狱内外犯罪活动，或者提供重要的破案线索，经查证属实；协助司法机关抓捕其他犯罪嫌疑人；在生产、科研中进行技术革新，成绩突出；在抗御自然灾害或者排除重大事故中，表现积极；对国家和社会有其他较大贡献，可以减刑。其三，若服刑人员有重大立功表现，包括阻止他人实施重大犯罪活动；检举监狱内外重大犯罪活动，经查证属实；协助司法机关抓捕其他重大犯罪嫌疑人；有发明创造或者重大技术革新；在日常生产、生活中舍己救人；在抗御自然灾害或者排除重大事故中，有突出表现；对国家和社会有其他重大贡献，应当减刑。其中发明创造或者重大技术革新应当是罪犯在刑罚执行期间独立或者为主完成并经国家主管部门确认的发明专利，且不包括实用新型专利和外观设计专利；其他重大贡献应当由罪犯在刑罚执行期间独立或者为主完成，并经国家主管部门确认。

减刑以后实际执行刑期的最低限制：判处管制、拘役、有期徒刑的，不能少于原判刑期的一半；判处无期徒刑的，不能少于13年；被判处死刑缓期执行的罪犯经过一次或者几次减刑后，其实际执行的刑期不得少于15年，死刑缓期执行期间不包括在内，判决确定以前先行羁押的时间不予折抵。被判处限制减刑的死刑缓期执行的犯罪分子，缓期执行期满后依法减为无期徒刑的，不能少于25年，缓期执行期满后依法减为25年有期徒刑的，不能少于20年。

根据《刑法》第50条，判处死刑缓期执行的，在死缓执行期间，如果没有故意犯罪，2年期满以后，减为无期徒刑；如果确有重大立功表现，2年期满以后，减为25年有期徒刑；如果故意犯罪，情节恶劣的，报请最高人民法院核准后执行死刑；对于故意犯罪未执行死刑的，死刑缓期执行的期间重新计算，并报最高人民法院备案。对被判处死刑缓期执行的累犯以及因故意杀人、强奸、抢劫、绑架、放火、爆炸、投放危险物质或者有组织的暴力性犯罪被判处死刑缓期执行的犯罪分子，人民法院根据犯罪情节等情况可以同时决定对其限制减刑。

因此，服刑人员减刑的条件严格遵循法律规定，以确保刑罚的公正执行。减刑制度有助于鼓励罪犯积极改造，通过良好的表现获得重新融入社会的机会，同时也是司法人道主义的体现。

47. 服刑人员需要符合哪些条件才可以假释？

假释是一种刑事司法制度，允许符合特定条件的服刑人员在刑期尚未完全执行完毕之前，提前获得释放，并在社会上接受一定期限的监督和管理。假释的目的在于激励罪犯积极改造，减少监狱人口，节约司法资源，并帮助罪犯顺利回归社会。根据《刑法》第81条第1款、第3款的规定，服刑人员申请假释需满足以下条件：服刑人员必须已经执行了一定期限的刑罚，即被判处有期徒刑的，须执行原判刑期的1/2以上，被判处无期徒刑的，须实际执行13年以上；同时，服刑人员需在服刑期间认真遵守监规，接受教育改造，确有悔改表现，且没有再犯罪的危险。在特殊情况下，经最高人民法院核准，可以不受上述执行刑期的限制。在决定假释时，还应考量服刑人员假释后对所居住社区的影响。

然而，对于累犯以及因故意杀人、强奸、抢劫、绑架、放火、爆炸、投放危险物质或者有组织的暴力性犯罪被判处10年以上有期徒刑、无期徒刑的犯罪分子，不得假释。若服刑人员在假释后，在法定考验期内违反法律、行政法规或假释的监管规定，将被撤销假释，收监执行未执行完毕的刑罚。

48. 刑事案件中执行查封、扣押有什么限制？

在刑事案件中，执行查封、扣押是司法机关对涉案财物采取的一种强制性措施，用于防止犯罪嫌疑人或被告人转移、隐匿、变卖或者损毁与案件有关的财物，从而保障被害人的合法权益和司法程序的顺利进行。

在刑事案件中，法律对查封、扣押措施有严格的规定，根据《公安机关办理刑事案件程序规定》第230条的规定，首先，仅可以针对与案件直接相关的财物和文件进行查封、扣押，同时要保护犯罪嫌疑人及其家属的合法权益。其次，法律要求在执行过程中为其所扶养的家属保留必需的生活费用和物品，确保其基本生活需求得到满足。最后，在不影响侦查的前提下，家属可以继续合理使用涉案财物，采取保值和保管措施。如果家属认为措施侵犯了其合法权益，有权提出申诉、控告或申请国家赔偿。

49. 当事人或家属应该缴纳罚金吗？不缴纳罚金有什么影响？

罚金属于财产刑，是指法院在判决中责令犯罪分子向国家支付一定数额金钱的刑罚。罚金的目的是惩罚犯罪行为，以剥夺犯罪人金钱为内容，非经人民法院判决不得执行。当事人或家属应该缴纳罚金，根据《刑事诉讼法》第271条的规定，被判处罚金的罪犯，期满不缴纳的，人民法院应当强制缴纳；如果由于遭遇不能抗拒的灾祸等缴纳确实有困难，经人民法院裁定，可以延期缴纳、酌情减少或者免除。

不缴纳罚金会影响罪犯的减刑。其一，根据《最高人民法院关于办理减刑、假释案件具体应用法律的规定》第2条的规定，对于罪犯符合《刑法》第78条第1款规定"可以减刑"条件的案件，在办理时应当综合考察罪犯犯罪的性质和具体情节、社会危害程度、原判刑罚及生效裁判中财产性判项的履行情况、交付执行后的一贯表现等因素。其二，根据《最高人民法院关于办理减刑、假释案件具体应用法律的规定》第 9 条第 1 款的规定，对被判处无期徒刑的职务犯罪罪犯，破坏金融管理秩序和金融诈骗犯罪罪犯，组织、领导、参加、包庇、纵容黑社会性质组织犯罪罪犯，危害国家安全犯罪罪犯，恐怖活动犯罪罪犯，毒品犯罪集团的首要分子及毒品再犯，累犯以及因故意杀人、强奸、抢劫、绑架、放火、爆炸、投放危险物质或者有组织的暴力性犯罪的罪犯，确有履行能力而不履行或者不全部履行生效裁判中财产性判项的罪犯，数罪并罚被判处无期徒刑的罪犯，符合减刑条件的，执行 3 年以上方可减刑，减刑幅度应当比照该规定第 8 条从严掌握，减刑后的刑期最低不得少于 20 年有期徒刑；减为有期徒刑后再减刑时，减刑幅度比照该规定第 6 条从严掌握，一次不超过 1 年有期徒刑，两次减刑之间应当间隔 2 年以上。其三，根据《最高人民法院关于办理减刑、假释案件具体应用法律的规定》第 11 条的规定，对被判处死刑缓期执行的职务犯罪罪犯，破坏金融管理秩序和金融诈骗犯罪罪犯，组织、领导、参加、包庇、纵容黑社会性质组织犯罪罪犯，危害国家安全犯罪罪犯，恐怖活动犯罪罪犯，毒品犯罪集团的首要分子及毒品再犯，累犯以及因故意杀人、强奸、抢劫、绑架、放火、爆炸、投放危险物质或者有组织的暴力性犯罪的罪犯，确有履行能力而不履行或者不全部履行生效裁判中财产性判项的罪犯，数罪并罚被判处死刑缓期执行的罪犯，减为无期徒刑后，符合减刑条件的，执行 3 年以上方可减刑，一般减为 25 年有期徒刑，有立功表现或者重大立功表现的，可以比照该规定第 10 条减为 23 年以上 25 年以下有期徒刑；减为有期徒刑后再减刑时，减刑幅度比照该规定第 6 条从严掌握，一次不超过 1 年有期徒刑，两次减刑之间应当间隔 2 年以上。

不缴纳罚金会影响罪犯的假释。根据《最高人民法院关于办理减刑、假释案件具体应用法律的规定》第 27 条的规定，对于生效裁判中有财产性判项，罪犯确有履行能力而不履行或者不全部履行的，不予假释。因此，罚金缴纳情况也是减刑、假释时需要综合考察因素之一。

50. 法院会主动执行罚金、没收违法所得吗？

法院会主动执行罚金和没收违法所得。执行罚金和没收违法所得是中国刑事司法体系中对犯罪分子财产进行处罚的两种措施，其目的在于惩罚犯罪、剥夺犯罪收益，并防止犯罪分子从犯罪行为中获得经济利益。

根据《刑法》第64条的规定，犯罪分子违法所得的一切财物应当予以追缴或责令退赔，违禁品和供犯罪所用的本人财物应当予以没收，没收的财物和罚金一律上缴国库。《最高人民法院关于适用〈中华人民共和国刑事诉讼法〉的解释》第523条进一步明确，罚金应在判决规定的期限内一次或者分期缴纳，若期满无故不缴纳或未足额缴纳，人民法院将强制缴纳。即便在主刑执行完毕后，一旦发现被执行人有可供执行的财产，法院亦应随时追缴。